BAHIA
de Todos
os Cantos

BAHIA

deTodos os Cantos

Uma Introdução à Cultura Baiana

AntonioRisério
GustavoFalcón

solisluna
editora

Bahia de todos os cantos: uma introdução à cultura baiana
copyright © 2020 Antonio Risério
copyright © 2020 Gustavo Falcón

EDIÇÃO
Enéas Guerra
Valéria Pergentino

PROJETO GRÁFICO E DESIGN
Valéria Pergentino
Elaine Quirelli

CAPA
Enéas Guerra

REVISÃO DE TEXTO
Ana Maria de Carvalho Luz

Dados Internacionais de Catalogação na Publicação (CIP)
de acordo com ISBD

R595b   Risério, Antonio

Bahia de todos os cantos / Antonio Risério, Gustavo Falcón. -
Lauro de Freitas - BA : Solisluna, 2020.
400 p. : il. ; 16 x 23cm.

Inclui índice anexo e apêndice.
ISBN: 978-65-86539-03-5

1. Bahia. 2. Cultura. 3. Recôncavo Baiano. 4. Chapada
Diamantina. 5. Litoral Baiano. 6. Sertão Baiano. 7. Oeste Baiano.
I. Falcón, Gustavo. II Título.

2020-565   CDD 306.918.142
                                                 CDU 304(813.8)

Elaborado por Odilio Hilario Moreira Junior - CRB-8/9949

Índice para catálogo sistemático:
1. Cultura : Bahia 306.918.142
2. Cultura : Bahia 304(813.8)

Todos os direitos desta edição reservados à Solisluna Design Editora Ltda.
55 71 3379.6691 www.solisluna.com.br editora@solisluna.com.br

Para Bárbara Falcón e
Dina Risério – mães.
In memoriam.

Para o sempreamigo
Fernando Vita

Para Beto Cerqueira
amigoparasempre

Sumário

Casario de Andaraí, núcleo urbano que se desenvolveu em consequência da exploração do diamante e do carbonato. Ponte sobre o rio Gafanhoto.

Manifestação de fé na procissão marítima do Senhor dos Navegantes.
Tradição baiana do primeiro dia do ano.

Notas dos autores

Antonio Risério

Entre o final de 2002 e o começo de 2003, numa conversa noturna regada a cerveja e uísque, na casa de meu pequenino sítio de Santo Amaro do Ipitanga, litoral norte de Salvador, eu e meu grande amigo Gustavo Falcón, que me convertera à esquerda trotskista no já tão distante ano de 1967, resolvemos escrever um estudo geral que abrisse caminho a uma futura compreensão mais clara e profunda das realidades culturais da Bahia. Para mim, naquela noite, foi uma imensa alegria ver que Gustavo, um dos maiores talentos sociológicos de minha geração baiana, se entusiasmou com a ideia.

Redigimos, então, um projeto, que batizamos *Bahia de Todos os Cantos*, e saímos à cata de qualquer bolsa ou financiamento que viabilizasse a empreitada. Enquanto sondávamos possíveis patrocínios, decidimos meter mãos à obra. Escrevi os dois textos mais teóricos de abertura ("Ensaio Geral" e "Pluralidade e Sincretismo"), e escrevemos em parceria, enfileirados e a quatro mãos, três outros textos que hoje são capítulos deste livro: "Recôncavo afrobarroco", "Do açúcar ao cacau" e "Terras diamantinas". Mas ninguém se interessou em financiar nossa viagem – nem no aparelho estatal, nem na iniciativa privada. A ideia foi então deixada de lado, já que tínhamos de arranjar dinheiro para cobrir nossas despesas mensais de sobrevivência, além das incontornáveis contas de água e luz.

Verdade que, mesmo depois do insucesso, nunca deixei de tomar notas para um dia compor o livro. Gustavo, por sua vez, seguiu dando seus cursos universitários. Mas nunca mais falamos do livro. Com o tempo, acabei compondo boa parte dos textos que hoje integram este volume. Gustavo também seguiu escrevendo uma coisa aqui, outra ali, até que, em 2017, ainda no campo das grandes amizades, Sylvia Abreu e Jorge Alfredo Guimarães apareceram com a ideia de participar de um concurso para produzir uma série de documentários sobre a Bahia. Conversaram comigo. E, junto com a viagem cinematográfica, o projeto do livro reacendeu. Completei textos que vinha rabiscando, fiz coisas que faltavam (claro, ainda há muitas lacunas, mas ninguém pode cobrir isso, individualmente, de uma hora para outra). E aqui está o produto. Espero, sinceramente, que o resultado final, este agora livro Bahia de Todos os Cantos, signifique realmente uma abertura de perspectivas e caminhos. E que outros levem adiante a tarefa, mergulhando mais e melhor nas águas variáveis das culturas baianas.

Gustavo Falcón

Minha amizade com o poeta e escritor Antônio Risério remonta aos distantes anos da luta pela redemocratização. Nesse meio século de parceria, vi o amigo se projetar como um craque do pensamento brasileiro contemporâneo e, sem deixar o companheirismo de lado, tornei-me leitor atento de seus escritos e admirador de seu estilo polêmico e original. Nesse meio tempo, o Brasil mudou muito, e nós com ele, e nos dois permaneceu acesa uma espécie de obsessão: entender sua dinâmica cultural desde uma perspectiva ao mesmo tempo compreensiva e inovadora, desplugada dos esquemas clássicos, seja da história personalista, seja dos esquemas neopositivistas da chamada intelectualidade de esquerda.

Na década de 1980, centrei minhas atenções na Bahia. De um lado, trabalhando numa pesquisa de história econômica realizada no âmbito governamental, preocupada em dar uma resposta ao enigma da decadência baiana na transição do escravismo ao capitalismo. Integrada por sociólogos, historiadores, economistas e estatísticos, a equipe vasculhou documentação e arquivos atrás de elementos empíricos para responder, em termos marxianos, ao problema. Lamentavelmente, seus resultados, publicados sob o título "Inserção da Bahia na Evolução Nacional, 1850-1930", tiveram uma tiragem pífia (500 exemplares), tornando-se hoje raridade bibliográfica. Simultaneamente, lecionava, na Faculdade de Filosofia e Ciências Humanas da Universidade Federal da Bahia, uma disciplina intitulada "Formação da Sociedade Brasileira", que incluía a leitura dos clássicos de nossa sociologia, antropologia e história, remetendo à discussão dos "intérpretes do Brasil". Só havia um problema: a ementa passava longe da formação cultural baiana, desconsiderando o significado histórico desse conjunto humano para uma visão mais completa do país e desconectando o estudante de sua própria realidade!

À revelia do Departamento, acresci ao programa original uma bateria de dissertações e teses de estudiosos locais e o maior número possível de romances regionais que tratassem da história social de suas áreas de referência, buscando a conexão entre nossa trajetória e a própria construção do Brasil. Com a estudantada, eu mesmo descobri um forte veio da literatura local que cobria o vasto território baiano e um longo período histórico.

Esse *Bahia de Todos os Cantos* é uma introdução à cultura baiana e culmina uma longa parceria entre dois amigos, ao tempo em que suscita novo encontro entre os dois, que tratam aqui, com mais sabedoria e refinamento, daquilo que sempre estudaram: a riqueza e a complexidade socioantropológica do país, com destaque para a criatividade e o frescor da interpretação teórica de Risério e alguma etnografia que o tempo nos permitiu recolher. Tudo amparado em boa e farta bibliografia e em ensaios de fácil entendimento, que respondem a uma antiga lacuna na compreensão da história e da cultura baianas, inaugurando uma espécie de sociologia de nossas formações locais, que ganham aqui *status* de objeto de estudo e são submetidas a frutuoso exame crítico.

Pensado como guia para leitura da singularidade cultural da Bahia, eis que foi de pronto acolhido pela mais baiana de nossas editoras, que não apenas apostou no projeto como presenteia o leitor com esta bela edição ilustrada e capa de Enéas Guerra, parceiro de muitas décadas.

Finalizo esta nota recorrendo a outro amigo e poeta, Ruy Espinheira Filho, que, ao concluir a leitura do romance de João Ubaldo Ribeiro, *Viva o Povo Brasileiro*, me confidenciou, na redação da Tribuna da Bahia: "Depois desse livro, nunca mais verei o Recôncavo com o mesmo olhar". Essa a impressão que tenho a respeito do livro que o leitor tem agora em mãos: depois dele, jamais verá a Bahia do mesmo jeito.

CAPÍTULO 1

Ensaio geral

De um modo bastante vago e geral, mas nem por isso menos verdadeiro, podemos falar de cultura baiana – ou do conjunto de subculturas existentes no atual território do Estado da Bahia – em termos (não excludentes) de *pluralidade* e *sincretismo*.

O problema está em que esse binômio, pluralidade e sincretismo, pode ser mobilizado a propósito de qualquer região cultural brasileira. E isso para não mencionar o fato de que existiram processos de mestiçagem e sincretismo sobre os quais praticamente nem temos o que falar, como aqueles que ocorreram ao longo da *colonização tupi* do litoral brasílico, em movimentos que atravessaram sertões. Afinal, como observa Nièdes Guidon – em *As Ocupações Pré-Históricas do Brasil (Excetuando a Amazônia)* –, "... o Brasil foi [...] colonizado desde épocas bastante remotas. Todo o país já estava ocupado há 12 mil anos. A população era densa, pelo menos na região Nordeste, a partir de 8 mil anos". Logo, o que temos é um par conceitual que terá de ganhar substância, neste escrito, em terreno limitado e específico. Vale dizer, no campo da relativa singularidade de uma determinada configuração histórico-cultural que particulariza a Bahia no conjunto brasileiro de cultura.

A abordagem do assunto exige, de todo modo, uma breve consideração preliminar. Em primeiro lugar, porque a Bahia, embora tenha sua singularidade, não é, obviamente, um subsistema fechado no interior do sistema cultural brasileiro. Pelo contrário: observações feitas a seu respeito valem, igualmente, para outras (e muitas) áreas culturais do país. Ao falar dos voduns, que nos vieram do antigo Daomé, por exemplo, estaremos dizendo coisas que podem ser reditas a respeito de São Luís do Maranhão, com o seu Tambor de Mina, as suas nochês (equivalente jeje das ialorixás do candomblé nagô) e as suas "irmãs", ou noviches.

Da mesma forma, reisados são festas que se espalham por quase todo o país. E isso para não falar do carnaval. Ou, em plano mais recente, da ação cultural ao mesmo tempo esclarecedora, unificadora e homogeneizadora dos *mass media*, com seu bombardeio sígnico atingindo toda a extensão do território nacional. E, em consequência, levando certas práticas simbólicas (ou "expressivas", diria Edmund Leach) a regiões que antes as desconheciam: conduzindo o baião ao Rio Grande do Sul, por exemplo; escolas de samba do Rio de Janeiro a Fortaleza, Manaus e Belém do Pará; ou o samba de Caymmi e a nova música popular norte-americana aos ouvidos de João Gilberto, na fronteira da Bahia com Pernambuco. Enfim, a Bahia não é e nunca foi, interna ou externamente, uma "ilha" cultural formada por algumas outras "ilhas" culturais. Longe disso.

Em segundo lugar, para entender o caráter plural e os processos sincréticos da Bahia (entidade antropológica que não tem coisíssima alguma a ver com a ideologia do multiculturalismo), não podemos adotar uma postura meramente sincrônica, nem nos restringir a categorias genéricas e a-históricas, tipo "o" branco, "o" índio, "o" negro. Temos de pensar em termos diacrônicos e particularizantes, específicos, em resposta à diversidade de ritmos históricos, atores sociais e circunstâncias ecológicas que caracterizam nosso processo construtivo.

Uma coisa foi o encontro do português e do tupinambá no litoral da Bahia de Todos os Santos, no século XVI, e outra coisa, bem distinta, o encontro do luso-brasileiro (muitas vezes, já um mameluco, descendente também de indígenas) e do tuxá, no século XVII, no sertão de Rodelas. Somente de uma perspectiva histórica, diacrônica, centrada em agentes específicos, estaremos em condições de acompanhar o movimento real da cultura baiana e apreender seus diversos significados. Tome-se a questão dos influxos negro-africanos, por exemplo. A Bahia de Antonio Vieira e Gregório de Mattos, nesse campo, era uma Bahia banto, povoada de calundus, quilombos e inquices. Já a Bahia de Jorge Amado e Dorival Caymmi é uma Bahia predominantemente jeje-nagô, tomada de axés, ilês e orixás. O que aconteceu, então? Simples: os nagôs – assim como os jejes e os hauçás – chegaram à Bahia mais tarde, entre os séculos XVIII e XIX, enquanto que os bantos já se encontravam por aqui desde, pelo menos, o início do século XVII.

Esse simples fato, aliás, coloca definitivamente em cheque ideologias que se cristalizam no conceito estático, museológico, de "identidade cultural". Hoje, quando alguém ouve o sintagma "cultura baiana", pensa, de modo quase natural, em afoxés e orixás. No entanto, os nagôs chegaram aqui como estrangeiros, em levas sucessivas, cultuando deuses que ninguém conhecia e falando línguas que ninguém entendia. Foi somente ao longo do século XIX que esses iorubanos (e seus descendentes) se integraram na vida baiana, para modificá-la em profundidade, dando outro desenho e outro sentido à fisionomia biocultural da gente da Bahia de Todos os Santos e seu Recôncavo.

Foi essa grande migração jeje-nagô, de resto, que gerou nosso atual modelo do *terreiro de candomblé*. Modelo que, como se sabe, não veio pronto da África. Trata-se, em verdade, de uma invenção brasileira – ou da reinvenção brasileira dos elementos africanos originais. Na África, não existe o terreiro de candomblé tal como o conhecemos. Lá – à exceção de deuses mais populares, que circulam livremente pelo espaço da chamada Iorubalândia, como Exu –, cada orixá é cultivado isoladamente, em sua própria região de origem. Xangô, em Oió; Iemanjá, em Abeokutá; Oxóssi, em Ketu – e assim por diante. No Brasil, sob a pressão do sistema escravista, membros de diversos grupos do povo iorubano (ketus, egbás, ijexás, etc.) foram compulsoriamente agrupados num mesmo lugar. Em resposta a essa compactação compulsória, eles também reuniram seus deuses num mesmo espaço, surgindo, assim, o nosso terreiro de candomblé. Desse modo, orixás que, no continente africano, eram cultivados em locais distintos, e distantes entre si, passaram a partilhar, aqui, o mesmo sítio.

Configurou-se então, na Cidade da Bahia e seu Recôncavo, todo um mundo ou uma base cultural que, com o tempo, redimensionou a criação ou produção simbólica da região, do campo artístico ao campo mais propriamente intelectual. A antropologia baiana, de Nina Rodrigues a Vivaldo da Costa Lima, vem justamente disso. No terreno literário, se o que há de negro, na poesia de Gregório de Mattos, é nitidamente congo-angolano, os nagôs irão fazer seu *début*, a sua estreia ficcional, ocupando páginas e páginas do romance *O Feiticeiro*, de Xavier Marques, matriz da qual descendem tanto o *Jubiabá* de Jorge Amado, quanto *Viva o Povo Brasileiro* de João Ubaldo. Desse mesmo solo *iorubaiano* vão se projetar, no espaço da música popular brasileira, diversas composições de Caymmi e Caetano Veloso, entre outros.

Em terceiro lugar, é bom lembrar que não temos, ainda hoje, um mapeamento cultural interno da Bahia que defina, mesmo de modo impreciso e em linhas gerais, suas diversas zonas de cultura. O atual esquema dos "territórios de identidade", de que tanto se orgulham algumas autoridades administrativas locais, nada mais é do que uma classificação capenga e improvisada, promovendo tanto conexões quanto cirurgias de caráter claramente arbitrário, no afã de servir a muitos senhores ao mesmo tempo. Ou, digamos, a demandas das mais diversas origens e naturezas, de modo que o observador cultural mais atento não consegue encontrar argumentos e razões mais fortes para aceitar o quadro que tracejaram.

Além disso, não será excessivo sublinhar o óbvio: a Bahia não é uma realidade antropológica integrada ou homogênea, mas uma entidade política que se foi forjando ao longo dos tempos. Dito de outro modo, o atual Estado da Bahia, antes de ser um espaço delimitado antropologicamente, é uma unidade do federalismo republicano brasileiro. Daí, é claro, advém sua diversidade interna. Suas fronteiras são políticas – e não culturais. Como todos sabem, marcos geográficos e limites territoriais estabelecidos politicamente, embora possam vir a exercer influências no longo prazo, não são capazes de fixar fronteiras antropológicas rígidas, separando entre si áreas de cultura livres de transições, sombreados e interpenetrações. Formações e variantes culturais possuem sua lógica interna, suas próprias determinações e indeterminações, seus movimentos próprios. Costumam ignorar – ou, ao menos, relativizar – lindes geopolíticas. De outra parte, fronteiras entre unidades provinciais e estaduais, no Brasil, sempre experimentaram – e continuam experimentando, com a recente demarcação de Tocantins, por exemplo – modificações em seu traçado. Não são recortes estáticos, dados de uma vez por todas.

Para dar um exemplo que diz respeito a nosso tema, toda a margem esquerda do Rio de São Francisco, ainda no tempo do Império, pertencia a Pernambuco. Cidades que depois se tornaram baianas –

como Remanso, Pilão Arcado e Barra –, encontravam-se em território que era, então, pernambucano. Também pertenciam a Pernambuco as terras do nosso atual Oeste agrícola, onde está a cidade de Barreiras, com suas vastas plantações de soja e suas altas taxas de crescimento populacional, alcançados pela atração, para dentro do espaço do município, de sucessivos contingentes de imigrantes. Na verdade, as fronteiras do Estado da Bahia só ficaram realmente definidas no século XX, através de uma série de tratados de limites assinados, entre 1919 e 1926, com os estados de Minas Gerais, Espírito Santo, Goiás, Piauí, Pernambuco e Sergipe.

O simples fato de que os limites entre Bahia e Pernambuco tenham se movido – de que uma linha imaginária tenha passado a marcar a separação entre ambos, no trecho que vai da Cachoeira do Sobradinho à Serra das Marrecas – não seria suficiente para providenciar espécie alguma de transposição cultural. O convênio lindeiro assinado com Pernambuco não fez com que aquela área migrasse automaticamente da esfera da cultura pernambucana para a esfera da cultura baiana. Ela apenas passou de uma órbita político-administrativa para outra. Culturalmente, porém, permaneceu idêntica a si mesma, indiferente ao jogo político das divisórias estaduais.

Divisórias que são também praticamente irrelevantes, desse ponto de vista, no caso da área de Irecê, lâmina de semiárido retalhada em pequenas e médias propriedades, nas fronteiras da Bahia com o Piauí e Pernambuco: ali, sotaque, costumes e crenças nada têm a ver com o que se vê na Cidade da Bahia, suas ilhas e seu Recôncavo. E o mesmo se pode observar na Bacia do Rio Corrente, que faz fronteira com Goiás e Minas, onde correntinos providenciam "encomendações das almas" na quaresma e onde é corriqueiro o consumo de arroz com pequi e pratos como a galinhada e o mucunjá.

Coisas parecidas ao que afirmamos a propósito de lindes políticas podem ser ditas também com relação a certos acidentes geográficos. É evidente que, no passado, em tempos anteriores ao surgimento do avião, ao advento dos meios elétricos e eletrônicos de comunicação social e à febre digital, uma cadeia de montanhas poderia condenar uma vila ou uma cidade ao isolamento e à solidão. Mas veja-se o caso dos rios. Eles sempre significaram o avesso da montanha: em vez de obstáculo, passagem. É certo que, muitas vezes, rios são tomados como linhas separatórias, apartando municípios, províncias, unidades estaduais. No entanto, para além da função política de que venha eventualmente a ser investido, um rio é, antes de tudo, uma estrada aquática, uma *flúmen via* pela qual circulam e se disseminam, desconhecendo divisas, os mais variados elementos e práticas de cultura. Cantos, rezas, utensílios e crenças deslizam à flor da água, no bojo de barcos e canoas, difundindo-se pelos atracadouros que vão pontuando suas margens e se distribuindo por seus afluentes.

Como se não bastasse, as pessoas andam. Deslocam-se. Transferem-se de um lugar para outro. Cruzam fronteiras. Migram. Nessas viagens e mudanças, como não poderia deixar de ser, além dos objetos ocasionalmente atafulhados num tipo qualquer de mala ou sacola, elas carregam consigo muito da dimensão simbólica característica da vida social reinante em seu lugar de origem. E sabemos o quanto essa dimensão simbólica original é importante para que o migrante preserve sua integridade no novo espaço e nas novas contexturas em que passa a se mover. Isso é muito claro para os nordestinos, de um modo geral. O Nordeste tem sido, historicamente, um inesgotável viveiro de migrantes.

Já à época do chamado *rubber boom*, entre o final do século XIX e o início do século XX, levas e levas de nordestinos migraram para terras amazônidas. Naquele momento, a nova indústria automobilística europeia e norte-americana se voltara para as imensas reservas de seringais da Amazônia, a fim de suprir sua demanda de borracha. E a mão de obra desocupada do Nordeste, sempre atenta a acenos de emprego, meteu os pés na estrada, partindo da caatinga para a floresta. De acordo com Celso Furtado, em *Formação Econômica do Brasil*, o êxodo do Nordeste para a Amazônia, entre 1890 e 1910, teria mobilizado uma verdadeira maré humana, "não inferior a meio milhão de pessoas".

Mais tarde, com o incremento do capitalismo brasileiro se concentrando nas terras meridionais do país, o Nordeste se viu reduzido à função de fornecedor de mão de obra e capitais (drenagem da renda nordestina, via impostos federais, para financiar o desenvolvimento centro-sulista) àquela região. O fato não era exatamente novo, em perspectiva histórica. Tivemos, antes, o tráfico interprovincial de escravos, quando a expansão da lavoura cafeeira sugou uma fatia considerável da escravaria nordestina. Mas a situação, agora, era completamente diversa. No caso da arribação escrava, a migração foi compulsória. No século XX, em regime de trabalho livre, a viagem é ditada pelas circunstâncias, ainda que decidida no âmbito da vontade pessoal.

Diante do fenômeno da fuga de escravos, fato corriqueiro nas sociedades escravistas das Américas, Samuel A. Cartwright chegou à curiosíssima conclusão de que havia uma doença específica do negro, à qual deu o nome de "drapetomania", ou compulsão para fugir de casa. Lembramo-nos de tal hipótese pitoresca pelo seguinte. Em *Migrações Internas no Brasil*, Itamar de Souza recorda que a constância e intensidade da migração nordestina levaram alguns estudiosos a afirmar que o homem nordestino tinha "instinto migratório", ou, o que é ainda mais engraçado: era possuído por alguma espécie de "mania ambulatória".

Deixando de parte a "drapetomania" e a "mania ambulatória", sabemos que tanto o negro prófugo quanto o retirante nordestino podem ser examinados em pauta sociológica. O atraso tecnológico, a miséria social e as asperezas ecossistêmicas confluíram para situar, no Nordeste, as zonas mais expulsivas que se pode encontrar em toda a extensão do território brasileiro. Essa realidade gerou, inclusive, a crença regional de que sair do Nordeste para o centro-sul do país significaria, invariavelmente, melhorar de vida. Nem é por outro motivo que L. A. Costa Pinto, num livro também intitulado *Migrações Internas no Brasil*, pôde discorrer a respeito de uma "ideologia migratória" característica desse espaço geossocial, cuja "ideia dominante é circular, é sair fora do quadro sociológico local e tradicional".

Mas vamos nos concentrar na Bahia. Nossos deslocamentos populacionais internos, assim como afluxos migratórios externos, embaralharam e embaralham as cartas na mesa da cultura. Levam signos e práticas de um lugar para outro. Da Cidade da Bahia e de seu Recôncavo para o Rio das Contas e a Chapada Diamantina. Do sertão para o litoral norte. De Minas Gerais para o Alto Sertão da Serra Geral. E assim por diante.

Por esses caminhos é que vamos encontrar, na Chapada Diamantina, uma variante local do candomblé de caboclo, chamada *jarê*, ou a comemoração cívico-lúdica do 2 de julho, data em que as tropas baianas libertaram Salvador do domínio lusitano, no ano de 1823. Exemplar, neste sentido, é o caso de Santa Brígida, município sertanejo com cerca de 20 mil habitantes, vizinho de Jeremoabo e Paulo Afonso, vale dizer, contíguo à zona considerada mais seca e desértica da Bahia, a Estação Ecológica do Raso da Catarina. Pois bem. Em 1945, o beato Pedro Batista, seguidor de Padre Cícero, migrou para lá. Em seu rastro, seguiram agrupamentos de devotos nascidos em diversas regiões do Nordeste. Com isso, aliás, os baianos se tornaram um contingente minoritário em Santa Brígida. E o reflexo dessas migrações é visível, por exemplo, nos festejos de São Gonçalo do Amarante.

A dança de São Gonçalo, como não há quem ignore, é uma tradição de origem portuguesa. Falando da sexualização dos santos em Portugal, em seu livro *Casa-Grande & Senzala*, Gilberto Freyre se refere justamente a esse São Gonçalo do Amarante. "Ao seu culto é que se acham ligadas as práticas mais livres e sensuais. Às vezes até safadezas e porcarias... Gente estéril, maninha, impotente, é a São Gonçalo que se agarra nas suas últimas esperanças. Antigamente no dia da sua festa dançava-se dentro das igrejas – costume que de Portugal comunicou--se ao Brasil". Mais Freyre: "Dançou-se e namorou-se muito nas igrejas coloniais do Brasil". E ainda: "...outros característicos pagãos do culto de São Gonçalo conservam-se em Portugal. Entre outros, as enfiadas de rosários fálicos fabricados de massa doce e vendidos e 'apregoados em calão fescenino' – informa Luís Chaves – pelas doceiras à porta das igrejas. E já nos referimos ao costume das mulheres estéreis de se friccionarem 'desnudadas', pelas pernas da imagem jacente do Bem-Aventurado, enquanto os crentes rezam baixinho e não erguem os olhos para o que não devem ver. A fricção sexual dos tempos pagãos acomodada a formas católicas". Mesmo hoje, em Amarante, Portugal, boas doceiras, senhoras respeitáveis, produzem um doce chamado "colhões de São Gonçalo". Um doce icônico, figurativo, reproduzindo a genitália do santo – e que é tranquilamente vendido e consumido nas melhores padarias (e para as melhores moças) da cidade.

Esse caráter sexual – erótico-pornô, até – da relação com São Gonçalo do Amarante chegou à Bahia de Todos os Santos. No *Dicionário do Folclore Brasileiro*, Câmara Cascudo – depois de mencionar que os devotos do santo traziam "figuras de trigo, cobertas de açúcar e mesmo pães, com formas fálicas" – informa: "Em janeiro de 1718, Le Gentil de la Barbinais assistia, na capital da Bahia, a uma comemoração entusiástica a São Gonçalo. Compareceu o Vice-Rei Marquês de Angeja, tomando parte na dança furiosa dentro da igreja, com guitarras e gritarias de frades, mulheres, fidalgos, escravos, num saracoteio delirante. No final, os bailarinos tomaram a imagem do santo, retirando-a do altar, e dançaram com ela, substituindo-se os devotos na santa emulação coreográfica".

A propósito, em seu romance *Viva o Povo Brasileiro*, João Ubaldo Ribeiro fala da festa do santo em São João do Manguinho, na Ilha de Itaparica, onde se reproduzia a esfregação lusitana das mulheres na imagem de Gonçalo. "Os versos do santo? Mais que imorais. Os cantos do santo? Mais que carnais. Os louvores do santo? Mais que veniais, senão mortais. Os pedidos ao santo? Mais que safadais. As festas do santo? Mais que bacanais". Vai rimando o romancista, para então transcrever uma quadrinha que os homens cantavam do lado de fora da igreja, enquanto, no interior do templo, as mulheres caprichavam em suas fricções:

São Gonçalo vem do ouro,
Traz uma carga de couro,
Do couro que mais estica,
O qual é couro de pica.

É bem verdade que a Dança de São Gonçalo, em Santa Brígida, não tem nada a ver com isso. Foi inteiramente despida de suas marcas eróticas. De versos despudorados. De fricções públicas, explícitas. A cidade seguiu um bom tempo dominada ideologicamente pela figura do beato Pedro Batista, que faleceu em 1967. Padre Cícero é (ou era) uma referência constante de seus moradores. E ela não deixa de nos remeter ao projeto de uma comunidade rezadeira, penitente, como a que Antonio Conselheiro implantou no sertão de Canudos. É óbvio que, nesse meio ascético-penitente, onde até a brincadeira era sorumbática, ficaria difícil a sobrevivência da face francamente sensual da festa, apesar do "comunismo sexual" que vigorou no Céu das Carnaíbas, por onde também o Conselheiro andou. O que se mantém, em Santa Brígida, é a dança dentro da igreja – aliás, a Dança de São Gonçalo é a única dança litúrgica, religiosa, que os católicos ainda possuem. E o dado curioso, gerado pelas migrações: em Santa Brígida, temos três versões da dança: São Gonçalo Baiano, São Gonçalo Pernambucano e São Gonçalo Alagoano. Já em Itaparica, o acento era mais marinho, quando pastoras dançavam o vira-vira, cantando:

São Gonçalo é pescador
Com ele vou me embarcar
Quero pescar um moreno
Para comigo casar

Por fim, antes de entrar no exame das diversas zonas baianas de cultura, nos sentimos na obrigação de fazer uma reflexão básica. Elementar. Já dissemos que regiões culturais não se deixam demarcar por caprichos da geografia ou por decisões e acordos políticos. Mas isso não é tudo. Diversamente das regiões geográficas e mais ainda das entidades políticas, áreas culturais não são precisamente delimitáveis. Fica-se sempre – e necessariamente – no campo do impreciso, na indefinição de limites, na impossibilidade de fixá-las em desenho claro, cartográfico. Pela simples razão de que elas entram umas pelas outras, suas águas se misturam sempre, suas fronteiras são fluidas, movediças.

Pode-se riscar, numa prancheta, a fisionomia física de um Estado. Mas a vida cultural, a dimensão simbólica da existência social, será para sempre rebelde a qualquer traçado nítido, linear ou retilíneo. Especialmente numa área que, em seu conjunto, faz parte de uma mesma configuração histórico-cultural – a brasileira –, onde todos partilham, básica e fundamentalmente, a mesma língua, os mesmos códigos, os mesmos repertórios de cultura. Desse modo, qualquer mapeamento cultural da Bahia deverá se apresentar como esboço. Ou, antes, como cartografia aberta e mesmo móvel. Sob pena de sacrificar a complexidade real das coisas em função de uma ilusória nitidez de prancheta. Mais que a equações matemáticas, a vida cultural se assemelha a um mosaico de improvisos musicais.

Vejamos, de passagem, dois exemplos. O culto dos ancestrais nagôs, os chamados babás, eguns ou eonguns, é coisa bem conhecida dos terreiros de candomblé da Cidade da Bahia. No entanto, ali ele aparece secundariamente, em casas cultuais voltadas primacialmente para a celebração dos orixás. No entanto, por razões que qualquer pesquisa documental rigorosa poderá esclarecer, os babás ganharam centros cultuais na Ilha de Itaparica, girando em torno de uma família que tem o sobrenome "de Paula", como o do velho Manoel Antonio de Paula. Mas isso poderia ter acontecido em Salvador – como de fato veio a acontecer, mais recentemente, com a implantação do Ilê Axipá, sob o comando de Maximiliano Deoscóredes dos Santos (Didi), filho biológico da Ialorixá Senhora, no bairro de Piatã.

Coisas semelhantes podem ser ditas com relação ao carnaval de Maragogipe, já declarado oficialmente patrimônio cultural baiano. O que há de realmente singular na festa maragojipana? Simples: Maragogipe soube preservar o que Salvador esqueceu ou atirou fora, em seu avanço atropelado e ganancioso pela estrada empresarial, quando passou a encarar a folia principalmente como comércio, negócio, coisa de camarotes e patrocínios. Em Maragogipe, as filarmônicas e caretas (caprichosas e caprichadas) ainda tomam conta da cidade e de seus moradores, num espetáculo que se tornou único entre nós. Mateus Torres (em "Carnaval de Margojipe: 'Você me Conhece?'", na antologia *Casa do Carnaval*) registra: "Diferentemente dos foliões de outras localidades, os de Maragogipe jamais permitiriam que o seu carnaval se conformasse numa micareta, num carnaval fora de época... Do mesmo modo, os maragojipanos jamais aceitariam a simplificação das suas fantasias em abadás; afinal, um dos aspectos que, indiscutivelmente, levam mais a sério é a sua elaboração e a das suas máscaras".

Assim vistas as coisas, o esforço antropológico de leituras das diversas realidades e dimensões culturais baianas deve deixar de lado qualquer aspiração mondrianesca. Deve desistir da busca e do gosto da busca de reconstruções semióticas que vão definindo e articulando cristais perfeitos, rigorosamente simétricos, como aqueles que dominam, muitas vezes beirando o *nonsense*, as ricas e sedutoras produções do pensamento estruturalista de extração lévi-straussiana. Não: o que apresentaremos a seguir virá clara e definitivamente marcado pela imprecisão, pela mescla, pelo fragmentário, pelo lacunar. Esclarecidos esses pontos de vista e de partida, podemos, então, soltar as amarras. E começar nossa viagem.

CAPÍTULO 2

Pluralidade e sincretismo

ixemo-nos no concreto. "O espelho, são muitos..." – escreveu o mestre João Guimarães Rosa, numa das narrativas de *Primeiras Estórias*. E bem que podemos tomar-lhe esses termos de empréstimo, alterando-os de passagem, a fim de falar das múltiplas realidades culturais baianas. Sim: fixemo-nos no concreto. Para, daí, dizer: a Bahia – são muitas.

Regra geral, quando os brasileiros – e mesmo os baianos – empregam o topônimo "Bahia" ou o sintagma "cultura baiana", estão se referindo a um espaço geoantropológico perfeitamente delimitável. Específico. A um espaço físico de cerca de 10 mil km^2, que apresenta alto grau de homogeneidade ecológica, genética e cultural, em decorrência, obviamente, do seu próprio processo de formação histórico-antropológica. É a área da Baía de Todos os Santos e de seu Recôncavo. Da Cidade do Salvador, erguida originalmente em anfiteatro a cavaleiro do Atlântico, e dos núcleos urbanos barrocos de sua hinterlândia, a exemplo da antiga Vila de Nossa Senhora do Rosário do Porto da Cachoeira, debruçada à margem das águas densas do Rio Paraguaçu.

Sem dúvida, essa é a Bahia fundamental. Mas não é a única. Como sabem aqueles que conhecem a região, a Bahia é feita de várias. Bahia da barca e do aboio, das grutas do sertão e das praias cheias de sol, da seca interiorana e dos aguaceiros litorais, da araponga e do beijupirá, da caatinga e dos manguezais, da marujada e da chula, do saveiro e do carro de boi, do mandacaru e dos coqueiros, das missões e procissões, do diamante e do massapê, da cachaça e do vinho, do acarajé e do milho verde, do baião e do samba de roda, das bandas de pífaros e dos trios elétricos, da moqueca de arraia e da carne de sol com pirão de leite, do gibão de couro e da saia rendada, dos mandus de carnaval e das beatas rezadeiras, das carrancas e dos caxixis, da missa do vaqueiro e do xirê dos orixás, do messianismo popular e dos cânticos e atabaques politeístas.

Não é possível apagar as formas, as práticas e os elementos culturais distintivos que personalizam as diversas zonas culturais baianas. Ou jamais conseguiremos entendê-las. Para que se tenha uma ideia de nossa diversidade interna, basta lembrar que Senhor do Bonfim e os orixás, tão presentes na vida da Cidade da Bahia e de seu Recôncavo, não contam (ou não contavam, até hoje de manhã) para nada, por exemplo, no sertão milenarista de Canudos, onde viveu Antonio Conselheiro, ou no Vale do Rio de São Francisco, com as suas visagens caboclas e as suas romarias em direção ao santuário de Bom Jesus da Lapa. Enfim, uma é a Bahia de Dorival Caymmi e Caetano Veloso, rebentos do Recôncavo. Outra é a Bahia de Glauber Rocha, filho luterano de Vitória da Conquista, da cultura sertaneja amineirada da região da Serra Geral. E ainda outra é a Bahia de João Gilberto, nascido em Juazeiro, bem na beira do Velho Chico, fronteira com Pernambuco.

Mas não é hora de apressar o passo. Para começo de conversa, vamos retomar criticamente aqui – como um primeiro passo de leitura, com vistas ao esclarecimento da diversidade cultural baiana – as visões dualistas que escritores-pensadores, como Euclydes da Cunha, Gilberto Freyre e Roger Bastide teceram, em suas obras, sobre o Nordeste. Embora eles falem de modo amplo, em perspectiva panorâmica, sobre a região nordestina, é óbvio que aí está incluído o território baiano. E o recorte que eles desenvolvem, com raro brilho e mesmo relâmpagos de genialidade (nos casos de Euclydes e Freyre), vai segmentar também o Estado da Bahia, seccionando-o, fundamentalmente, em duas faixas: a litorânea e a sertaneja.

Mas, antes de expor resumidamente o pensamento desses autores, cabe um esclarecimento de caráter geral. Na verdade, a definição do que seja o Nordeste, apesar do seu berço ideológico, é muito mais político-administrativa do que qualquer outra coisa. De uma perspectiva geográfico-ambiental, por exemplo, "Nordeste" é uma definição que carece de critérios. Que não prima pela clareza, nem pelo rigor. Aqui, as configurações ecossistêmicas podem ser simplesmente ignoradas. Eclipsadas por determinações políticas. Basta refletir um pouco para reconhecer essas violações da geografia e das realidades ambientais. Em horizonte ecológico, ecossistêmico, a Mata Atlântica não se interrompe bruscamente na região de Porto Seguro, Alcobaça, Ponta de Areia ou Mucuri. Não estaciona na fronteira da Bahia com o Espírito Santo. Pelo contrário, desce em direção ao Rio de Janeiro e segue adiante. Se, desse ângulo, é difícil aceitar a classificação do Recôncavo Baiano no Nordeste, mais complicada ainda é a inclusão, aí, da região de Trancoso e do Arraial d'Ajuda.

Da mesma maneira, o cerrado conecta o Oeste da Bahia não ao Recôncavo, mas ao Planalto Central do país. É a mesma a paisagem que hoje cobre fatias de Goiás e a zona atualmente também conhecida pela sigla "Mapito", agregando o sul do Maranhão, o sul do Piauí e o norte do Tocantins, fazendas onde a soja viceja em vastidão. Em outro extremo, as terras frescas do Maranhão, antes que se vincular ecologicamente ao Raso da Catarina ou ao agreste pernambucano, ligam-se

Baiana preparando caruru.

naturalmente, ao mundo amazônico. E enquanto o litoral é reino de árvores frondosas, a caatinga, com seus cactos, toma conta de impressionantes extensões interioranas.

Mas passemos do ecológico ao antropológico. Ficou célebre a contraposição feita por Euclydes da Cunha em *Os Sertões*, livro onde, por sinal, nunca encontramos a expressão "Nordeste": de um lado, o sertanejo-antes-de-tudo-um-forte; de outro, os mestiços neurastênicos do litoral, vivendo parasitariamente à beira do Atlântico. Euclydes via a autenticidade como uma espécie de marca registrada do sertão, ao passo que teríamos um Brasil postiço e corrompido em nossa extensão praieira. Mas não é o julgamento euclidiano que nos interessa aqui – e sim sua bipartição ecológica e etnocultural da Bahia e "dos Estados do Norte". O que ele vê no sertão é a paisagem atormentada. O "martírio da terra" – que se deixa imediatamente ler "no enterroado do chão, no desmantelo dos cerros quase desnudos, no contorcido dos leitos secos dos ribeirões efêmeros, no constrito das gargantas e no quase convulsivo de uma flora decídua embaralhada em esgalhos". É o sertão dos verões queimosos e das chuvas torrenciais. Dos tabuleiros rasos. Das juremas e dos mandacarus. Da luz mais crua – e mais cruel.

É no interior desse quadro global, envolvente, do martírio da terra, no interior da ambiência ecológica, que Euclydes vai situar o martírio humano. "O martírio do homem, ali, é o reflexo da tortura maior, mais ampla, abrangendo a economia geral da Vida. Nasce do martírio secular da Terra", escreve. O ser humano em questão é, obviamente, o sertanejo, "rocha viva da nacionalidade". E, assim como vê a diferença climática entre o território interiorano e a orla marítima, ele também vai notar a dessemelhança antropológica entre o habitante do litoral e o morador do sertão. Etnicamente, a fachada atlântica é, sobretudo, o espaço do cruzamento de brancos e negros, gerando, como produto típico, o mulato. A propósito da forte presença africana nesse espaço, chama a nossa atenção para "a grande tarja negra [que] debruava a costa da Bahia ao Maranhão". O sertão, por sua vez, aparece como o reino da mistura de brancos e índios, gerando mamelucos. Tome-se o caso de Pernambuco, ou o caso baiano. Na Bahia, entre o Recôncavo e o sertão, a distância antropológica é muito maior do que a distância física. Na cor da pele, na fala, na música, na culinária, na religião, na moral sexual, etc.

Dessa leitura ecoantropológica, de olho na contextura ambiental e em nossa "mestiçagem embaralhada", resulta, lógica e necessariamente, um espaço geográfico dividido em dois. De uma parte, a terra mestiça e úmida do litoral mulato. De outra, a terra mestiça e seca do sertão mameluco, com os seus vaqueiros e os seus jagunços. Uma Bahia sertaneja, que teria, no umbuzeiro, sua árvore sagrada.

E essa visão dualista, já sob o signo de um "Nordeste", será seguida, explicitada, matizada e enriquecida, mas sempre ratificada, em estudos como *Nordeste*, de Gilberto Freyre, e *Brasil, Terra de Contrastes*, do sociólogo francês Roger Bastide. Porque, entre Euclydes e a dupla Freyre-Bastide, teremos a oficialização da questão. A criação governamental dessa entidade chamada "Nordeste". Veja-se, a propósito, o que nos diz Carlos Sávio Teixeira, roçando, de passagem, o problema, no texto "A Economia Política da Transformação do Nordeste: de Furtado a Unger": "O Nordeste foi 'inventado' oficialmente como realidade espacial durante a ditadura do Estado Novo, quando o Instituto Brasileiro de Geografia e Estatística (IBGE) definiu em cinco a composição geográfica das regiões brasileiras, no âmbito do esforço do governo Vargas para construir e consolidar a identidade da nação". Feito o esclarecimento, vamos em frente.

Freyre distingue entre o Nordeste litorâneo, da cultura do açúcar, alongando-se por terras de massapê e várzeas, do Recôncavo da Bahia ao mar do Maranhão, e o Nordeste pastoril, que se alarga para o interior. O primeiro – e, na história brasileira, o mais velho – é o Nordeste "onde nunca deixa de haver uma mancha de água: um avanço de mar, um rio, um riacho, o esverdeado de uma lagoa". Nordeste de "árvores gordas, de sombras profundas, de bois pachorrentos, de gente vagarosa e às vezes arredondada quase em sancho-panças". Nordeste da terra "pegajenta e melada", que, em sua definição no mínimo pitoresca, se agarra aos homens "com modos de garanhona". Nordeste das casas-grandes recobertas pela cal dos mariscos, dos sobrados de azulejos, dos mocambos de palha de coqueiro. "Um Nordeste oleoso onde noite de lua parece escorrer um óleo gordo das coisas e das pessoas. Da terra. Do cabelo preto das mulatas e das caboclas. Das árvores lambuzadas de resinas. Das águas. Do corpo pardo dos homens que trabalham dentro do mar e dos rios". Enfim, um Nordeste que é muito mais Leste do que Nordeste, como o Recôncavo Baiano, que podemos localizar, geograficamente, como parte integrante do Brasil Atlântico Central.

O outro é o Nordeste das "figuras de homens e de bichos se alongando quase em figuras de El Greco". Nordeste das secas. Do céu azul sem nuvens. Das ossadas esbranquiçadas de animais mortos. Dos "sertões de areia seca rangendo debaixo dos pés". Das "paisagens duras doendo nos olhos". Dos bois e cavalos magros, angulosos. Das "sombras leves como umas almas do outro mundo com medo do sol". Não é o Nordeste dos canaviais sedeando ao vento, mas o Nordeste dos mandacarus, onde, como em "Paraíba" de Luiz Gonzaga e Humberto Teixeira, a lama pode virar pedra e a vegetação esturricar, levando pessoas e aves a fugir dali. Onde a terra pode arder, qual fogueira de São João.

Roger Bastide acentuou ao extremo tais contrastes, do plano genético ao plano simbólico, incursionando, inclusive, pelo campo da semiótica gestual. "A civilização da cana é também a civilização do negro. O negro lhe deu cantos, risos, danças, o ritmo dos tambores, o modo de caminhar. O jeito de andar do sertanejo, anguloso, duro, ossudo, é inteiramente diferente do andar cadenciado das mulatas que, com um doce balancear de ancas, vão para as fontes, pote de água à cabeça, pés descalços, acariciando a terra". Mais: "A própria religião se modifica quando passa de uma zona para outra. A beira-mar, eis o grande apelo místico das igrejas cintilantes de ouro, das cabeças dos querubins alados, ou das cariátides voluptuosamente retorcidas sob o altar dos santos. No sertão, a religião é tão trágica, tão machucada de espinhos, tão torturada de sol quanto a paisagem; religião da cólera divina, num solo em que a seca encena imagens do Juízo Final, e em que os rubicundos anjos barrocos, negros ou brancos, cedem lugar aos anjos do extermínio". E ainda: "A civilização da cana é uma civilização carnal. A do sertão tem a dureza do osso".

Em síntese, um é o Nordeste afro-barroco-canavieiro, místico-erótico, com as suas praias e os seus orixás. Outro é o Nordeste do gado e do couro, ascético-milenarista, com as procissões que se arrastam pedindo chuva. A divisão é verdadeira. Esses dois nordestes são reais. Embora caiba aqui uma primeira advertência, para que a visão dualista não nos conduza a equívocos. Por exemplo: estamos já habituados a fazer um desenho trágico do Nordeste Sertanejo. Está corretíssimo.

Mas, mesmo quando sublinhamos as secas, ou quando dizemos que o Recôncavo Baiano é místico-carnal em contraposição a um sertão ascético-penitente-milenarista, não podemos jamais pretender, com isso, abolir ou sequer desfigurar a alegria sertaneja.

A realidade nordestino-sertaneja é dramática, machucada, sofrida, mas não exclui, de modo algum, a alegria, a festa, a gargalhada. Podemos ver isso até no cangaço. Quem quer que conheça a realidade jagunça ou cangaceira sabe do que estamos falando. O cangaço foi uma farra. Colorida. O bando de Lampião, cheio de poetas e músicos, promovia festas e mais festas. Mesmo quando não havia mulheres nas redondezas, eles dançavam entre si, homem com homem, o chamado "dançar de marmanjo". Quando, em "A Volta da Asa Branca" (Gonzaga-Zé Dantas), Luiz Gonzaga canta "sertão das muié séria/ dos home trabaiadô", ele não diz exatamente uma inverdade. Mas está se referindo, apenas, a uma face da realidade que estetiza.

Esta definição corresponde ao padrão ideológico dominante na região, que, evidentemente, tem sua correspondência factual. Mas é igualmente certo que nenhuma leitura da dor deve eliminar do horizonte o prazer da vida sertaneja. Festa e sensualidade. Não queremos dizer, com isso, que o sertanejo não seja "trabaiadô". É, sim. Mas é, também, o rei do forrobodó. Ouçam "Dezessete Légua e Meia". Da mesma maneira, não estamos afirmando que as mulheres desse mundo nordestino não sejam "sérias". Elas são – e, às vezes, até demais. Mas erotismo é erotismo em qualquer latitude ou longitude. Há caboclas que são senhoras da sedução. Ao falar do "choradinho ou baião", Euclydes não deixou de se encantar: "serenam, em vagarosos meneios, as caboclas bonitas". E o baião é – também – um reino de malícia. Quem já dançou um bom forró, sabe o que é "encoxação". Pensem, de passagem, nessa obra prima da gostosura que é "Vem, Morena" (Gonzaga e Zé Dantas): a cabocla remexendo e fungando quente no cangote do caboclo.

De qualquer sorte, o contraste existente entre os dois nordestes é claro e veraz. O universo em que se movem o Fabiano, de *Vidas Secas*, e o Riobaldo Tatarana, de *Grande Sertão: Veredas*, não é, de maneira alguma, o universo em que se movem o Pedro Archanjo, de *Tenda dos Milagres*, e o Nego Leléu, de *Viva o Povo Brasileiro*. Fabiano é um "judeu errante" – "um vagabundo empurrado pela seca". Cheio de chinfra e com toda a picardia do mundo. Nego Leléu, ao contrário do filho dos "areais exsicados" (Euclydes), faz a festa – e como! – em sua própria terra. "Quem é aquele que lá vem lá longe, todo serelepe, lépido e fagueiro? Ora, se não é Nego Leléu muito bem fatiotado, chapeirão de couro mole, burjaca toda catita, pantalonas mais que galhardas, gravata tipo plastrão, alcobaça repolhada, camisa de batista fino, ceroulas do melhor algodãozinho, um par de chapins lustrosos pendurado nos dedos, embotadeiras com ligas de cadarço jogadas no ombro – e as piores intenções!"... Da mesma forma, sentimos, de imediato, que a Rosinha de "Asa Branca" (Gonzaga e Teixeira) vive num mundo completamente distinto do mundo em que vive a Rosinha de "O Mar", a canção praieira de Caymmi: duas rosinhas, duas ecologias, duas culturas.

É possível, então, de uma perspectiva bem geral, em *extreme long--shot* (ou no *plan lointain* dos cineastas franceses), separar a Bahia em duas. Uma seria a Bahia Afrobarroca, que se desenvolveu na Cidade do Salvador e sua hinterlândia. Outra seria a Bahia Sertaneja, cobrindo todo o interior do Estado. E é certo que essa bipartição antropológica não só pode ser razoavelmente bem esclarecedora, iluminando dimensões essenciais da vida baiana, como pode também nos levar a fazer determinadas conexões de natureza mais ampla. Verificaremos, por exemplo, que, cultural e geneticamente, Salvador e o Recôncavo – a Bahia Afrobarroca – estão, sob muitos aspectos, mais próximos do Rio de Janeiro, do Recife e de São Luís do Maranhão do que de Monte Santo, Barreiras, Xique-Xique, Vitória da Conquista ou Brumado. Assim como a Bahia sertaneja está mais próxima do interior do Ceará, do norte de Minas ou do agreste e sertão pernambucanos do que da Baía de Todos os Santos.

Mas – apesar de toda a finura das análises e observações feitas por Euclydes, Freyre e Bastide –, o fato é que a leitura dualista do Nordeste e da Bahia nos parece excessivamente genérica, perigosamente simplificadora e definitivamente insatisfatória. Numa passagem do seu estudo, por sinal, o próprio Freyre reconhece: "...há mais de dois Nordestes e não um, muito menos o Norte maciço e único de que se fala tanto no Sul com exagero de simplificação. As especializações regionais de vida, de cultura e de tipo físico no Brasil estão ainda por ser traçadas debaixo de um critério rigoroso de ecologia ou de sociologia regional, que corrija tais exageros e mostre que dentro da unidade essencial, que nos une, há diferenças às vezes profundas".

No caso particular de que estamos tratando, devemos dizer que o dualismo é incapaz de dar conta da complexidade antropológica da Bahia. Na verdade, atropela dessemelhanças evidentes, desconhece nuances, apaga matizes e passa ao largo do fato de que outras áreas ou subsistemas culturais podem ser definidos ou delineados em terras baianas. Se quisermos realmente responder ao colorido da configuração cultural da Bahia, teremos, portanto, de ir além do mero dualismo. Claro: se o Brasil é um mosaico, a Bahia é um mosaico menor dentro do mosaico maior.

Já falamos do Recôncavo místico, lúdico e erótico (impressionantemente homo ou bissexual, aliás) e de um sertão ascético-milenarista, com seus beatos e suas penitências. Da diferença entre a região de Cachoeira, Santo Amaro da Purificação, Nazaré das Farinhas e Jaguaripe e, digamos, a região de Uauá, Ribeira do Pombal, Tucano e Chorrochó. O principal diferencial antropológico do Recôncavo está, sem dúvida, na forte presença africana que aí encontramos, sob a hegemonia do complexo cultural jeje-nagô. Compare-se essa realidade com a da formação étnica do Vale do São Francisco, por exemplo. Formou-se aqui, diversamente da mulataria predominante no Recôncavo, um tipo humano de extração basicamente lusitana e ameríndia. O negro chegou mais tarde, em número pouco significativo, e foi prontamente absorvido na massa etnocultural sanfranciscana.

Mas isso ainda não diz tudo. Temos de abrir o leque das observações. A vida sociocultural que encontramos na Cidade da Bahia, suas ilhas e seu Recôncavo, apesar de todos os parentescos, não é, de modo algum, a mesma vida sociocultural que vamos encontrar em terras da Chapada Diamantina ou circulando pela região cacaueira, área da chamada "cultura grapiúna", nucleada no eixo Ilhéus–Itabuna.

A segunda metade do século XIX foi o tempo do diamante baiano. Dos dias mais ricos e tumultuados da mineração numa zona que, por isso mesmo, ganhou a denominação de Chapada Diamantina, com sua paisagem de pedra, orquídea e mistério, onde se prolongam as montanhas majestosas de Minas Gerais. Lendas, lendas e mais lendas povoam a imaginário local. Das lapas, capões e grutas pétreas, passa-se, quase imperceptivelmente, às lapas e grutas lendárias, às narrativas de coloração mítica. Mas, graças à sua própria formação antropológica, de base luso-africana, a Chapada Diamantina produziu uma mitologia bem distinta da mitologia do vale sanfranciscano, por exemplo.

Outra zona cultural é a que se estende por boa parte do sul do Estado, girando em torno de Ilhéus e Itabuna. Jorge Amado fez a sua socioantropologia da região, recriando-a esteticamente em diversos romances, de *Terras do Sem Fim* a *Tocaia Grande*, passando pela festa de cores e risos de *Gabriela, Cravo e Canela*. Ainda em princípios do século XIX, Ilhéus não passava de um pequeno povoado fundado pelos padres da Companhia de Jesus. Vieram, então, os cacauais. E a região entrou no século XX como um centro gerador de muitas riquezas. Antropologicamente, é difícil defini-la em termos esquemáticos. Fronteira agrícola, espaço aberto a migrações, viviam por ali os tipos humanos mais variados, do comerciante árabe ao migrante sergipano, passando por variados mestiços de ascendência indígena ou africana.

A Bahia sertaneja, por seu turno, se subdivide em várias. De um modo geral, é a Bahia da pecuária e do pastoreio – a Bahia da "cultura do couro". Mas Feira de Santana e Juazeiro não são confundíveis. Um mundo de fazendeiros e de vaqueiros não demorou a se delinear desde os tempos coloniais, ao lado dos canaviais do Recôncavo, nos campos do Jacuípe e das Itapororocas, região da atual Feira de Santana. "Outra vida, outra economia, outra cultura" – na síntese do estudioso Eurico Alves Boaventura, em *Fidalgos e Vaqueiros*. Ali, já ninguém vivia entre o samba de roda, a produção de tabaco e açúcar, a frota de saveiros e a varanda da casa-grande. Eram mundos dessemelhantes, apesar de contíguos. Não se tratava mais do reino do senhor de engenho, mas da extensão do pasto do fazendeiro. Horizonte da casa de fazenda, do curral, do boi de passo lento, do chifre tocado pelo vaqueiro andante, do tropel das boiadas.

Também a região cultural do Rio de São Francisco – assim batizado pelo piloto florentino Américo Vespúcio, em outubro de 1501 – foi colonizada com a expansão da pecuária, a multiplicação dos currais, o movimento das boiadas. De uma perspectiva histórico-antropológica, o curral teve, aí, função eminentemente colonizadora. E acabou gerando arraiais, futuras vilas, algumas das quais se converteriam em cidades. Mas, com relação à região de Feira de Santana ou à do sertão de Canudos, com as suas bandas de pífaros chamadas "calumbis", ou à da Serra Geral, com as suas conexões mineiras se refletindo até no modo de falar, há a diferença do Velho Chico, da vida religiosa, dos mitos. No segundo volume de sua obra *Pequenos Mundos*, Nelson de Araújo fala a propósito do "imenso corpo físico e espiritual que as águas do São Francisco plasmaram no coração do Brasil".

Tomando a direção nordeste do Estado da Bahia, vamos ingressar no sertão de Uauá, Canudos, Quijingue, Santaluz, Queimadas, Monte Santo, Euclides da Cunha, Cipó, Chorrochó, Jeremoabo, Tucano. Numa terra cuja culinária nada tem a ver com as moquecas litorâneas, centrando-se, antes, na carne de bode e na de carneiro. É, como foi dito, o sertão de Antonio Conselheiro. Sertão messiânico. Sebastianista. A vertente popular do sebastianismo na Bahia (no plano erudito, o sebastianismo se encarnou, aqui, em Antonio Vieira, para repercutir, ainda no século XX, em obras de Glauber Rocha e João Ubaldo Ribeiro, além de ter mexido sensivelmente com a Tropicália). Em terras do município de Monte Santo, lugar intensamente místico, onde a presença cultural negra é reduzidíssima, aconteceram quase todos os eventos da Guerra de Canudos. Em Massacará, distrito de Euclides da Cunha, vivem os índios Kaimbé, hoje cultivando uma mistura de catolicismo e espiritismo kardecista.

Além disso, talvez devamos falar de zonas culturais de transição, zonas híbridas, mistas. A região de Valença, Baía de Tinharé (onde fica o Morro de São Paulo), Cairu, Taperoá e Camamu ficaria sob essa rubrica. Espaço litoral, encontra-se a meio caminho entre o Recôncavo e o sul do Estado. Entre a Cidade da Bahia e Itaparica, de um lado, e Ilhéus e Porto Seguro, de outro. "A região de Valença guarda em si características próprias, sejam geográficas ou econômicas, sejam de cultura popular, muitas delas aproximadas das do Recôncavo, outras bem distintas", como já assinalou o supracitado Nélson de Araújo.

Bem, julgamos que não é preciso prosseguir com exemplos. Com a multiplicação de dados e fados. A pluralidade cultural do Estado da Bahia é um fato. E é evidente que essas diferenciações culturais internas se inscrevem nas criações simbólicas de nossa gente. Não raro, uma mesma manifestação cultural, de base lusitana (ou ibérica, ou europeia), comparece em todas ou quase todas as regiões do Estado, mas recebendo leituras diferentes e tratamentos diferenciados em cada uma delas. O próprio fato de a relação com os santos católicos ser uma na Bahia afrobarroca e outra na Bahia sertaneja é um atestado incontestável dessa variabilidade. Mas é óbvio que isso não ocorre somente na dimensão do sagrado, e sim nos mais variados planos da vida cultural. Temos a viola portuguesa, com certeza – mas um é seu desempenho na chula do Recôncavo e bem outro é seu uso no "desafio" sertanejo.

Assista-se, por exemplo, às festas do Divino Espírito Santo, vinculadas ao sebastianismo português, que se realizam em diversas cidades baianas, na Chapada, no Recôncavo, no Alto Sertão, ao longo do Rio de São Francisco. Elas vão assumindo traços peculiares em cada local. Em Carinhanha, na margem do Velho Chico, por exemplo, temos um reflexo da forte presença indígena que marcou a história do lugar. Ali, a Festa do Divino é animada pela "dança dos caboclos", elemento que nada tem a ver com o modelo original da festa ibérica. E seu momento mais marcante é o chamado "ritual do balaio", quando cerca de quarenta caboclos trançam, em poucos minutos, um cesto enorme e colocam lá dentro uma criança com nítidos traços ameríndios. Temos, então, uma manifestação que mistura a tradição judaica de Pentecostes, a heresia lusitana do Espírito Santo e a cestaria dos índios que ocuparam a região, em tempos pré-coloniais.

Independentemente de sua origem (ameríndia, portuguesa, africana ou outra), a verdade é que nenhum elemento – forma, prática ou sistema cultural – que chegou ao trópico baiano preservou sua pureza original – se é que algum dia alguma "pureza" existiu. Na Bahia, tudo passou a girar num espaço transcultural de trocas, fusões, atritos, invenções e reinvenções. Tudo se colocou sob o signo do sincretismo – da língua à moral sexual, da arquitetura à culinária, da religião à música. Daí que, ao lado da noção de *pluralidade*, tenhamos sublinhado, logo no título deste escrito, o conceito de *sincretismo*.

É a partir de processos específicos de sincretização que se vai desenhando a pluralidade cultural baiana. E é óbvio que essa pluralidade nada tem a ver com a moda supérflua do "multiculturalismo", com guetos ou com qualquer outra espécie de *apartheid* ideológico e (ou) semiótico. É uma pluralidade feita de misturas. Que nasce de um solo relacional e sincrético. Da espécie de sincretismo que ocorreu, em determinada situação histórico-social, nesse ou naquele recanto do território hoje baiano.

Aglutinação, simbiose, mescla, correspondência, acordo, justaposição, adaptação, fusão – e mesmo confusão. Todos esses conceitos linguísticos, designando processos interculturais, cabem sob o rótulo geral de *sincretismo*. Mas o sincretismo não acontece a vácuo, em circunstâncias ideais ou eternas – e sim em circunstâncias históricas concretas. É preciso, portanto, examinar cada caso. Cada processo. Verificar que repertórios genéticos e que matrizes simbólicas se viram envolvidos nessa ou naquela cena cultural. Em que nicho ecológico e em que conjuntura ou contextura histórica, social e política isso ocorreu. O esclarecimento do contexto histórico-antropológico é indispensável para o entendimento dos diversos fenômenos e processos sincréticos que conduziram à configuração cultural da Bahia, tal como hoje a conhecemos.

E é justamente disso que vamos tratar de agora em diante, nas próximas páginas. Na medida do possível, claro. E óbvia e inevitavelmente constrangidos por nossas próprias limitações pessoais. Mas advertindo, de qualquer forma, que este é um estudo meramente introdutório. Queremos abrir caminhos, assentar bases que possam favonear futuros zoneamentos. Só. Muitas vezes, aliás, providenciaremos apenas bosquejos histórico-sociológicos de uma região, nem sequer entrando em particularidades de cultura, sejam elas supostas ou reais.

Matriz de Nossa Senhora do Rosário em Cachoeira, construída no século XVIII.

CAPÍTULO 3

Recôncavo afrobarroco

Estudiosos costumam dividir o chamado Recôncavo Baiano – a hinterlândia mais imediata da Cidade da Bahia, com seus 10 mil km² de terras – em diversas subáreas. Entre elas, até um Recôncavo Norte, abrangendo uma zona de municípios como Catu, Camaçari e Santo Amaro do Ipitanga, por exemplo. Está certo. Mas esse Recôncavo Norte, durante séculos, não só foi espaço pouco significativo, de população rarefeita, escassa mesmo, como viveu praticamente desligado das áreas mais importantes da região.

Vamos nos concentrar aqui, portanto, em zona mais reduzida do que a demarcada pelos pesquisadores. Para falar do Recôncavo propriamente dito, "histórico". O Recôncavo do Rio Paraguaçu, dos extensos canaviais, de construções admiráveis como o Convento de São Francisco e o Engenho Vitória, dos terreiros de candomblé, das muitas plantações de fumo, de grupos humanos tanto ribeirinhos quanto praianos. É o Recôncavo tradicional, afrobarroco, dono do "mais extenso parque de arquitetura barroca do país", que tem seu coração no triângulo formado por Nossa Senhora do Rosário do Porto da Cachoeira, Santo Amaro da Purificação e São Francisco do Conde.

Suas terras foram dominadas, até meados do século XVI, por grupos tupinambás. Diogo Caramuru circulava por ali, entre aldeias, guerreiros e cunhãs. Mas a conquista e a colonização daquelas terras só se realizaram, de fato, a partir da implantação do Governo Geral e da construção da Cidade da Bahia. Nessa época, os índios da região se tornaram objeto da política indigenista da coroa lusitana. Uma política firme, clara, que previa com franqueza o emprego da violência. Mas jamais uma política genocida, se dermos sentido preciso às palavras. Afinal, seu propósito não era o extermínio étnico. Nunca se propôs realizar uma guerra total contra os índios brasis, com o objetivo de varrê-los de uma vez por todas de nossas latitudes tropicais.

Já o "Regimento" de Thomé de Sousa trazia as principais determinações para a execução da política indigenista portuguesa na América. Entre outras coisas, previa o trabalho de conversão dos pagãos ao catolicismo; a proteção dos índios "pacíficos" ou aliados; a fixação dos indígenas em aldeamentos; e a guerra aos grupos inimigos, que disparassem flechas para tentar atravancar os caminhos da expansão lusitana. Além disso, proibia-se a ação descontrolada dos portugueses caçadores de escravos – embora sem maior resultado prático.

Como se vê (e ao contrário do que diz a nova história oficial do Brasil, que se tornou hegemônica da década de 1970 para cá), não se tratava, pura e simplesmente, de exterminar os ameríndios da Terra do Brasil. E o mais relevante, sob todos os pontos de vista: brancos e índios foram se misturando geneticamente. E seus descendentes mamelucos chegaram a ocupar posições sociais de prestígio, como no caso das famílias do Caramuru e de Garcia d'Ávila, inclusive comandando tropas para guerrear índios rebeldes.

Vista parcial da cidade de Santo Amaro.

Verdade que Thomé de Sousa não levou assim tão a sério a ordem lisboeta de submeter os índios hostis. Ao longo de sua administração, não imperou, na Bahia, um estado de guerra aberta entre portugueses e ameríndios. O tempo só começou a fechar um pouco adiante, no período de Duarte da Costa, o segundo governador. Duarte guerreou em duas direções. Para um lado, em campanha contra aldeias do litoral norte da cidade, indo do Rio Vermelho a Itapuã. Para o outro, entrando em terras e caminhos do Recôncavo, para além de São Tomé de Paripe, no sentido de Aratu e Passé. Mas o grande massacre da massa indígena ainda se achava por vir. E viria com a aliança que se estabeleceu entre Mem de Sá, terceiro governador geral, e os missionários da Companhia de Jesus. Mem de Sá se empenhou na sustentação da política de aldeamento dos jesuítas – e eles, por sua vez, apoiaram a guerra do governador contra os índios insubmissos, que recusavam a colonização lusitana.

Em *Política Indigenista dos Portugueses no Brasil 1500-1640*, George Thomas observa que todos os esforços do governador, no trato da questão indígena, perseguiam "todas e cada uma" das seguintes metas. Primeiro, "estabelecer a segurança e a paz na terra, mediante a vitória e a sujeição completa sobre as tribos índias revoltadas ou inimigas e sobre os seus aliados, os franceses". Segundo, "intensificar os esforços para a proteção dos indígenas aliados dos portugueses, contra a espoliação e a escravização e, em especial, acelerar a civilização e a cristianização dos índios, mediante a fundação sistemática de aldeias". Terceiro, "estabelecer um contato estreito e amistoso com os jesuítas, como pioneiros da política indigenista real, e sustentar as suas obras com apoio material". Ou seja: Mem de Sá levava realmente à prática, em todos os seus pontos, o que estava determinado no "Regimento" entregue ao primeiro governador geral. Com isso, os índios livres ou revoltosos do Recôncavo teriam de se preparar para o pior. E o pior aconteceu.

Entre outras coisas, o governador comandou a chamada Guerra do Paraguaçu, entre 1558 e 1559, quando cerca de cem aldeias indígenas foram desmanteladas. No dizer de Gabriel Soares, Mem de Sá "destruiu e desbaratou o gentio que vivia de redor da Bahia", queimando e assolando suas aldeias – "e os que escaparam de mortos ou cativos, fugiram para o sertão e se afastaram do mar mais de quarenta léguas". Thomé de Sousa abrira caminhos. Duarte da Costa levou adiante o processo. E, com Mem de Sá impondo sua autoridade na região de São Francisco do Conde, consumou-se a conquista militar do hoje chamado Recôncavo Baiano.

As terras foram ocupadas pelos colonizadores. E os engenhos avançaram sobre o massapé. Na década de 1580, segundo Gabriel Soares, eles já eram 36, caminhando de Água de Meninos para o Recôncavo. Escreve Luís Henrique Dias Tavares, em sua *História da Bahia*: "Massacrado o índio e destruída a comunidade tribal, o colono plantou algodão, mandioca e cana-de-açúcar. Os resultados apareceram na segunda metade do século 16, quando a Bahia já era citada como produtora de açúcar [...] Essa situação estava consolidada cerca de cinquenta anos depois com diversos engenhos de açúcar, plantações dos lavradores de cana e de mandioca, em terras que pertencem hoje aos municípios de Candeias, São Francisco do Conde, Santo Amaro da Purificação, Cachoeira, Maragogipe, Jaguaripe, Nazaré das Farinhas e Aratuípe".

Era o tempo da expansão irresistível dos canaviais. "O século XVI caracteriza-se pela implantação e desenvolvimento ininterrupto da agroindústria açucareira", escreve, a propósito, Esterzilda Berenstein de Azevedo, em seu *Arquitetura do Açúcar*. Havia estímulos oficiais para isso. Associação de capitais privados portugueses com capitais privados de outros países. Facilidades para aquisição de escravos negros na África. Assim, a produção colonial de açúcar se fixou. E os engenhos do Recôncavo passaram a competir, em número, com as igrejas então existentes na Capitania Real.

O último grande grito de protesto de tupinambás do Recôncavo, contra as implicações e consequências de todo esse processo, ocorreu na década de 1580, num movimento ainda hoje conhecido como Santidade do Jaguaripe. "Santidade" era expressão que os jesuítas empregavam, para designar: o "caraíba", profeta-feiticeiro tupi; os ritos que ele oficiava; o seu conjunto de crenças; os movimentos messiânicos que deflagrava, na busca da Terra sem Mal. Em *A Heresia dos Índios: Catolicismo e Rebeldia no Brasil Colonial*, Ronaldo Vainfas diz que a Santidade do Jaguaripe foi a "mais importante de nossa história quinhentista, autêntica seita herética que, comandada por um caraíba já marcado pela catequese jesuítica, desafiou o colonialismo, a escravidão e a obra missionária dos inacianos, incendiando engenhos, promovendo fugas em massa dos aldeamentos, pondo em xeque, enfim, o *status quo* colonialista da velha Bahia de Todos os Santos".

Seu líder foi um índio, um caraíba, mas que conhecera os ensinamentos dos jesuítas no aldeamento da Ilha de Tinharé, onde chegou a ser batizado, recebendo então o nome de Antonio. Essa passagem pela catequese explica o sincretismo da heresia que comandou. A Santidade do Jaguaripe se articulou como uma espécie de catolicismo tupinambá, se assim se pode dizer. Antonio se apresentava como portador dos poderes mágicos dos caraíbas: seria capaz de fazer as plantas crescerem e de rejuvenescer as velhas, por exemplo. Mas "dizia ser também o verdadeiro papa, chefe da verdadeira Igreja, que levaria os índios para o céu".

Bem. Antonio fugira de Tinharé com o objetivo de sublevar os índios. Conseguiu. E ainda atraiu "negros da Guiné" para a subversão. Fugas e revoltas indígenas aumentaram, então, na Bahia. Índios botavam fogo em fazendas e matavam colonos. Um senhor de engenho, Fernão Cabral, que planejava se tornar o "verdadeiro rei da Bahia", quis cooptar o movimento para os seus desígnios pessoais. Atraiu os índios heréticos para suas terras, acolhendo e protegendo a Santidade, que ali construiu sua igreja. Mas Cabral perdeu o controle da situação. A heresia se tornou mais poderosa do que ele. Os senhores de engenho do Recôncavo bateram firme na mesa. Fizeram o governador ordenar a destruição da Santidade. A expedição repressora foi até lá, cercou e incendiou a igreja, dominando os índios. Entre surpresos e perplexos, eles não esboçaram qualquer reação. A Santidade, derrotada, ficou, enfim, como uma espécie de canto de cisne da resistência tupinambá na Bahia.

Naquele final do século XVI, era já possível falar da Cidade da Bahia e do Recôncavo como realidades entrelaçadas. Indissociáveis. Vivendo toda a região um período de expansão e enriquecimento. Na verdade, estabelecera-se uma espécie de circuito reversível entre Salvador e os povoados e campos do Recôncavo. Em todas as dimensões, da vida econômica à vida doméstica. Como escreveu um historiador: "Cidade e Recôncavo viviam um movimento complementar de fluxo e refluxo, a depender do que estava em jogo na temporada. Demografia sazonal. Na época da moagem, todos para o campo; no 'inverno', de abril a junho, todos para a cidade. Mais do que *siameses*, a Cidade da Bahia e seu Recôncavo se fizeram siamesmos. Porque eram os mesmos os seus senhores, os mesmos os seus índios detonados e os mesmos seus escravos negros".

Sim: pretos escravizados. Na década de 1580, os engenhos do Recôncavo já se achavam cheios de africanos. Em *O Negro na Bahia*, Luís Viana Filho calcula que havia, naquela época, em nossas terras, cerca de sete mil escravos negros. Um contingente populacional bastante significativo para a realidade de então. Eram negros de procedências étnicas muito diversas, trazidos do empório chamado Cabo Verde e do litoral da África Ocidental – em especial, da costa ao norte da linha equatorial, mas não só. Os historiadores, no rastro de Luís Viana Filho e Pierre Verger, tratam esse primeiro período do tráfico escravista sob a denominação de Ciclo da Guiné.

No texto "Quem Eram os 'Negros da Guiné'? – A Origem dos Africanos na Bahia", Maria Inês Côrtes de Oliveira esclarece: "... sob a denominação de 'gentio da Guiné' e 'negro da Guiné', entraram no Brasil escravos procedentes de toda a costa ocidental africana, da Gâmbia ao Congo, durante a segunda metade do século 16, sendo que as principais bases portuguesas para o tráfico na África eram então Cachéu, São Jorge da Mina, São Tomé e Príncipe e o reino do Congo. Os especialistas no estudo do tráfico para a Bahia convencionaram chamar de *Ciclo da Guiné* o primeiro período dessa atividade, mesmo cientes da imprecisão de ordem geográfica e cultural do termo, tendo em vista seu uso generalizado nos documentos da época".

No século XVII, a paisagem do Recôncavo experimentou uma dupla mudança. Natural e cultural. No primeiro caso, com o fumo. No segundo, com a importação sistemática de negros bantos vindos de Angola e do Congo, com suas línguas, seus saberes, seus costumes, seus ritmos e danças, seus deuses. Inês de Oliveira: "Segundo os historiadores que abordaram o tema do tráfico, os dados sobre o número de escravos exportados de cada região da África para o Brasil, no século XVII, são pouco numerosos e pairam dúvidas sobre a confiabilidade dos registros até então disponíveis. Contudo, existe um consenso entre esses historiadores, quanto ao primado de Angola nas exportações de cativos das regiões centro-meridionais da África, naquele período". Tabaco e bantos, portanto.

De fato, as plantações fumageiras, que surgiram timidamente, espalharam-se então pelos campos do Recôncavo, pelos então chamados altos da Cachoeira – em áreas dos atuais municípios de Cruz das Almas e São Gonçalo, por exemplo –, onde as terras, algo arenosas, não eram tão propícias aos canaviais quanto o massapé. Nas palavras de L. A. Costa Pinto, em "Recôncavo Baiano: Laboratório de uma Experiência Humana", eram terras "de um amarelo pardacento, secas e arenosas e, quer a lama que fazem quando caem as chuvadas, quer a poeira que delas se levanta nas estiagens, têm a cor esquálida que recobre tudo, que combina e estende a tudo a mesma tonalidade das manocas de fumo que secam nos trapiches, exalando o cheiro da fermentação do tabaco".

Escrevendo em princípios do século XVIII, o jesuíta Antonil nos dá uma saborosa síntese histórica da evolução do cultivo do tabaco nessas terras: "Há pouco mais de cem anos, que esta folha se começou a plantar e beneficiar na Bahia: e vendo o primeiro, que a plantou, o lucro, posto que moderado, que então lhe deram umas poucas arrobas, mandadas com pequena esperança de algum retorno a Lisboa, animou-se a plantar mais, não tanto por cobiça de negociante, quanto por se lhe pedir dos seus correspondentes e amigos, que a repartiram por preço acomodado, porém jamais levantado. Até que imitado dos vizinhos, que com ambição a plantaram e enviaram em maior quantidade; e depois de grande parte dos moradores dos campos, que chamam da Cachoeira, e de outros do sertão da Bahia; passou pouco a pouco a ser um dos gêneros de maior estimação, que hoje sai desta América Meridional para o reino de Portugal, e para outros reinos e repúblicas de nações estranhas. E desta sorte uma folha de antes desprezada, e quase desconhecida, tem dado, e dá atualmente, grandes cabedais aos moradores do Brasil e incríveis emolumentos aos erários dos príncipes".

Já Kátia M. de Queirós Mattoso, em *Bahia Século XIX – uma Província no Império*, esclarece para nós a tradicional caracterização da plantação de fumo como "lavoura de pobre", assim diversa dos canaviais, que exigiam estrutura produtiva mais complexa: "Desde o período colonial, a cultura do fumo era de tipo familiar, praticada por agricultores livres, muitos dos quais tinham a posse da terra que cultivavam. Era comum também que proprietários alugassem partes de suas terras a pequenos agricultores, o que acabou por criar um grupo heterogêneo de médios e pequenos proprietários e de rendeiros (locatários), a que se juntavam empregados, chamados colonos [...] As propriedades que cultivavam fumo comportavam em geral uma sede – construção térrea muito simples, sem qualquer semelhança com as belas casas-grandes dos engenhos – e exigiam de dois a 25 escravos, alojamentos para eles e um barracão para a secagem e estocagem do produto. O capital a investir era, assim, três vezes menor que o necessário para o cultivo da cana-de-açúcar".

Enquanto a lavoura fumageira transformava ecologicamente a região, os bantos se encarregavam de modificá-la substancialmente, do ponto de vista cultural. De origem banto, congo-angolana, como se sabe, são a capoeira, hoje uma arte-dança marcial praticada nos mais diversos recantos do planeta, e o samba de roda do Recôncavo. Trata-se, em ambos os casos, de criações tropicais brasileiras que brotaram de matrizes culturais dos bantos e do repertório simbólico e corporal, plástico-sonoro, de negros que trouxeram, para o lado de cá do Atlântico, instrumentos musicais como o berimbau (palavra banto: *mberimbau*) – e todo um elenco de estilos dançarinos. A propósito, o estudioso africano Kazadi wa Mukuma, em *Contribuição Bantu na Música Popular Brasileira*, aponta para a semelhança entre coreografias eróticas encontráveis no Zaire e a "umbigada" das mais tradicionais rodas de samba do Recôncavo Baiano.

A coincidência da chegada dos negros bantos e da expansão da lavoura fumageira nos leva, de resto, a outro ponto. É que a relação entre tabaco e escravagismo comporta um aspecto que não deve ser deixado de parte. Com o fumo se firmando no Recôncavo, passou ele a ser usado à maneira de moeda na compra de escravos no litoral africano. Mas a importância do tabaco, no jogo do tráfico, só se tornará realmente notável, como nos ensina Pierre Verger, a partir de inícios do século seguinte.

Vamos nos demorar um pouco mais, no entanto, no século XVII. Foi também nessa época que, evoluindo de povoados nascidos na vizinhança de engenhos e capelas ou em pontos fluviais que as favoreceram, surgiram as primeiras vilas do nosso futuro Recôncavo afrobarroco. Eram vilas que, com o tempo, converter-se-iam em cidades senhoriais. A primeira delas foi a de São Francisco da Barra do Rio de Sergipe do Conde. Em seguida, no ano de 1693, foi criada a de Nossa Senhora do Rosário do Porto da Cachoeira. Em inícios do século seguinte, as de Santo Amaro de Nossa Senhora da Purificação e a de São Bartolomeu de Maragogipe. Outras póvoas antigas, que se tornariam importantes na vida baiana, só seriam elevadas a vilas bem mais tarde, como a de Nazaré das Farinhas, por exemplo, em 1831.

No final do século XVIII, o Recôncavo apresentava já um alto grau de urbanização. "Essas vilas configuravam uma malha urbana significativa, e sua imbricação, 'como nós de um sistema mais amplo de sociedade, economia e governo', girando como satélites em torno de Salvador, integrando, com esta, um conjunto consideravelmente urbanizado pelos padrões da época, superior, neste sentido, aos índices da Escandinávia, da Suíça (cuja população urbanizada, por volta de 1800, não passava, no total, de 63 mil pessoas), ou ao verificado na Europa centro-oriental, onde Budapeste, na Hungria, contava com uma população de 54.000 habitantes e Belgrado, na Sérvia, somente por volta de 1850 alcançaria a cifra de 17.000", escreve István Jancsó, em *Na Bahia, contra o Império – História do Ensaio de Sedição de 1798*, lembrando que Salvador e as vilas do Recôncavo somariam cerca de 80 mil habitantes.

Essa marca urbana do Recôncavo era, realmente, um diferencial na paisagem baiana. E se manteria no tempo. O professor Milton Santos, escrevendo em meados do século passado, em "A Rede Urbana do Recôncavo", observa: "O Recôncavo é, por excelência, a região de cidades da Bahia. A natureza da sua economia de exportação (Recôncavo açucareiro e fumageiro) condicionou a formação de numerosos núcleos urbanos e mesmo nas áreas de cultura de subsistência (Recôncavo Sul) pôde-se criar uma vida urbana, em virtude da proximidade com Salvador".

E a verdade é que essa malha urbana, desde sua formação inicial, não deixou de ir estreitando crescentemente seus nexos internos. Em sua *História Social de Salvador*, Wanderley Pinho escreveu que a Cidade da Bahia nunca se isolou. Esteve sempre ligada, desde a sua origem, "ao Recôncavo que a envolve, ou para que se expande". Ao longo do século XVII, capital e Recôncavo aprofundaram seus vínculos. Para alguns, essa foi mesmo a "idade de ouro" da região, estendendo-se de 1650 a 1700, sob o reinado incontestável do açúcar. E, na centúria seguinte, os vínculos não afrouxaram. Longe disso.

Acompanhando historicamente esse movimento solidarizante, o supracitado István Jancsó comentou: "A cidade [Salvador] e o Recôncavo formavam um todo notavelmente integrado e integrador. Os espaços rural e urbano encontravam na ampla baía e na rede fluvial que a esta demandava a solução natural para os problemas de transporte e comunicação, cronicamente graves no período colonial brasileiro". E mais: "Não era esse o problema do Recôncavo, cujos rios e baía eram cortados em todas as direções por barcas, lanchas, saveiros e canoas, transportando uma infinidade de mercadorias para prover o consumo das cidades ou para armazenar nos trapiches e armazéns aquilo que se destinava à exportação. De toda parte vinha açúcar, em maior ou menor quantidade, notando-se, entretanto, o despontar de uma certa especialização regional no tocante aos produtos de vária destinação [...] Da Vila de São Francisco saíam camarão seco e sardinha; de Santo Amaro da Purificação, aguardente e, a par com o açúcar, também tabaco. De Cachoeira, as cidades do Recôncavo recebiam milho, peixe seco e a cerâmica de Vila Velha. Jaguaripe distribuía, sempre por barco, os produtos de suas olarias (telhas e tijolos), além de muita louça de barro e vidrada, sem falar de tabuados, madeira de construção e muita lenha. Maragogipe complementava as produções locais de farinha de mandioca, da qual produzia muito excedente, além de recolher e vender mariscos em quantidade".

Como se vê, não há menção a caminhos de terra. Só a caminhos de água. As comunicações fluíam tão bem por eles, que os potentados rurais nunca uniram recursos e energias para abrir estradas terrestres. Na verdade, caminhos de terra eram praticamente inexistentes – e, quando chegavam a existir, eram extremamente precários. Trilhas ou picadas para tropas de burros que conduziam mercadorias; para pessoas que se dispunham a se deslocar aos trancos e barrancos, em lombos de animais. Caminhos de água, diversamente, corriam em todos os sentidos, conectando os mais variados pontos daquele espaço regional. E pareciam merecer, por isso mesmo, as célebres palavras da Carta de Pero Vaz de Caminha: "águas são muitas – e infindas."

Já no século XVI, o padre José de Anchieta dizia: "... quase todo o serviço dessa baía é por mar". Embarcações pequenas e médias coloriam diariamente a paisagem, circulando sem cessar pelas águas do grande golfo e do Recôncavo. E o Recôncavo era mesmo uma realidade atlântica, vivendo entre águas salgadas e rios marinhos. Escreve Kátia Mattoso: "...não há tempestade na baía que não faça subir as águas dos rios do Recôncavo". São rios sujeitos ao movimento das marés. Rios que, desaguando no golfo, providenciavam o entrelaçamento da capital, das ilhas e das vilas da hinterlândia. Fala Braz do Amaral, em sua *História da Independência na Bahia*: "...todos os que conhecem a Bahia sabem que esta cidade é alimentada pelas vitualhas que lhe são trazidas dos inúmeros portos da beira d'água, onde são colhidos os cereais, farinhas, frutas, animais domésticos, etc., artigos que são conduzidos ao mercado, graças à ativa navegação que se faz no golfo todas as semanas".

E a mesma Kátia Mattoso, nome principal de nossa historiografia: "A Baía de Todos os Santos é um mar interior para as pequenas embarcações. Elas não se aventuram além da barra que separa a baía e o oceano sem limites. Podem ignorá-la fragatas, bergantins, grandes veleiros, grandes vapores vindos de além-ilhas. Mas são os homens do mar do Recôncavo e da Cidade do Salvador que garantem, com seus barcos, as trocas cotidianas. Marinheiros das ilhas, das praias e das enseadas, marinheiros de inúmeros cursos d'água que penetram nas terras, pescadores, transportadores – eles conhecem as riquezas de sua baía, mas conhecem também as traições sempre possíveis de suas águas e ventos [...] Na Baía de Todos os Santos, águas e terras entremeadas guardavam, consertavam, reabasteciam, carregavam e descarregavam mais de mil embarcações de todo tipo. Descrevê-las todas seria impossível: barcos rudimentares, canoas e botes; barcos de tamanhos variados, que se lançavam corajosamente ao mar, tendo a bordo um, dois ou três homens; saveiros para transporte ou pesca, barcaças, tábuas, balcões, lanchas, sumacas e, principalmente, jangadas de quatro troncos. Águas, salgadas e doces, eram os caminhos percorridos por homens e mercadorias [...] No século 19, as vias terrestres eram precárias e insuficientes, mas havia água por toda parte. Os velhos saveiros, hoje transformados em barcos de lazer, lembram-se ainda dos périplos de antanho, dos peixes espalhados e escolhidos na areia, dos fardos descarregados em ancoradouros ou diretamente na praia".

Essas embarcações, como as jangadas e os saveiros, que rendilhavam o golfo setecentista baiano, singraram por séculos nossas águas, inclusive para alcançar, ainda que à beira da (ou entrando já na) aposentadoria, os dias atuais. Não é por outro motivo que elas vêm atravessando com desenvoltura toda a história da criação plástica e textual baiana, da poesia de Gregório de Mattos ("...trespassamos o saveiro,/ que ia então vendendo azeite") ao desenho de Carybé e ao cancioneiro de Caymmi, com suas jangadas, seus barquinhos brancos, sua galeota, passando por versos barrocos de Santa Maria Itaparica e pelo artesanato linguístico do simbolista Pedro Kilkerry, para não falar do romance de Jorge Amado, onde o saveiro aparece como instrumento de trabalho, meio de transporte, veículo para farras (as "saveiradas") e abrigo de casais em noites de amor.

Na história náutica da Bahia, o saveiro ocupou, durante séculos, um lugar especial, com o seu ir e vir sobre águas doces e salgadas, servindo à pesca, carregando mercadorias, transportando pessoas. Praticamente todos os engenhos baianos do período colonial contavam com uma

Porto de Nazaré, onde os saveiros carregavam mercadorias para abastecer a cidade de Salvador.

frota de carros de bois e uma frota de barcos. Saveiros, quase sempre. Os carros transportavam cana e lenha para a unidade fabril – e os barcos conduziam o açúcar, branco ou mascavo, para o porto da Bahia. E o que se pode dizer é que o saveiro teve um papel fundamental em nossa história econômica, social e cultural. Para não falar de história política, com sua presença decisiva nos confrontos da luta pela independência, entre 1822 e 1823. E em outras ocasiões de fuga e combate.

Mas não devemos atravessar o século XVIII sem falar da rebeldia negromestiça que se alastrou então pelas terras do Recôncavo. Em 1705, por exemplo, atendendo a uma solicitação da Câmara da Vila de Cachoeira, o governador Rodrigo da Costa despachou uma tropa em direção a Jacuípe. Com a missão, segundo o próprio governador, de dar um fim às "insolências e roubos que os negros de um mocambo que há nos matos de Jacuípe fazem ao povo daquela vila". No ano seguinte, foi a vez de moradores de Jaguaripe se queixarem ao governador. Não falavam no singular, mas no plural: havia quilombos na área – e se diziam cercados por pretos foragidos. Em 1714, circula a notícia sobre o quilombo dos Campos da Cachoeira, em terras do atual município de São Gonçalo dos Campos. Em seguida, na mesma região, ouve-se falar de um quilombo ainda mais poderoso – o de Caracuanha. Em 1734, expedições militares são enviadas contra os mocambos de Nazaré das Farinhas e Santo Amaro da Purificação. E os exemplos podem ser multiplicados, daí até ao final daquele século. O que significa dizer que quilombos nasciam e renasciam sem cessar, com a cumplicidade das noites e das matas.

Mas vamos em frente. Entre o final do século XVIII e princípios do XIX, a economia baiana viveu, na região, um momento certamente especial. Na verdade, o final do *settecento* foi, para a Cidade da Bahia e seu Recôncavo, ilhas e vilas, um período de alta animação econômica. Nossos historiadores ensinam que, entre 1790 e 1820, a economia regional conheceu dias altamente favoráveis, escapando de um declínio que parecia incontornável. Rodrigues de Brito não se cansa de comentar, a esse respeito, sobre a expansão das lavouras. A decadência açucareira foi substituída por sentimentos de larga euforia. E o fumo se firmou – inclusive, para atravessar com desenvoltura a crise dos canaviais a partir da década de 1820.

Mas vamos nos concentrar no período eufórico. Sua palavra-chave foi: expansão. Novos engenhos foram surgindo no Recôncavo, ao tempo em que engenhos tradicionais eram reedificados ou ampliados, intensificando suas operações. A produção aumentava. O otimismo reinava. Era a revitalização da agroindústria açucareira do Recôncavo, depois das dificuldades que marcaram todo o século XVIII, em consequência, principalmente, do colapso econômico da grande colônia açucareira do Haiti, onde os negros, mergulhando em violenta guerra de independência nacional, simplesmente destruíram os engenhos de açúcar ali existentes. Mas as coisas não prosseguiriam assim por muito tempo. No dizer de Celso Furtado, passávamos da "letargia secular" de setecentos para a falsa euforia dos últimos dias coloniais. Mas logo assistiríamos ao retorno dos tempos depressivos. E o final do século traria, para os senhores do açúcar, o gosto mais amargo da crise.

Diverso foi o caso da produção fumageira. A lavoura do tabaco escapou da triste sina açucareira e ingressou no campo da manufatura. Em termos gerais, o que se pode dizer é o seguinte: a produção de fumo, que vinha crescendo pelo Recôncavo desde o século XVII, conheceu bons dias ao longo do século XIX – especialmente, na segunda metade daquela centúria. A Bahia foi favorecida, nesse particular, pela guerra civil em Cuba, que se prolongou de 1868 a 1878. Além disso, aumentou consideravelmente, nas últimas décadas daquele século, o consumo mundial do produto. Cachoeira, São Félix, Cruz das Almas, Santo Antônio de Jesus, Nazaré e Maragogipe se destacavam como centros exportadores. A cultura do fumo continuava basicamente obra de homens livres – e bem mais barata do que a da cana-de-açúcar. E o fato é que, no final do século, o fumo passou a ser nosso principal produto de exportação.

De outra parte, não nos esqueçamos de que data de 1819 a chegada das manufaturas de fumo na região. E elas irão se desenvolver ao longo dos oitocentos. Primeiro, produzindo rapé. Em seguida, charutos e cigarros. São as fabriquetas de fumo do Recôncavo, como a "Juventude" e a "Fragrância", pequenas unidades produtoras de caráter doméstico e artesanal, com seus charutos e cigarros enrolados à mão. Mais tarde, já a caminho do fim do século, teremos não só essa produção artesanal, mas fábricas de maior porte, investindo na produção de rapé e charutos (o tabaco baiano não vingou na produção de cigarros), como a Leite & Alves e a Dannemann, instalada na cidade de São Félix.

Depois da disseminação do fabrico familiar na região, chegaram as manufaturas de charutos em Cachoeira e Maragogipe, como a Leite & Alves, Dannemann e Suerdieck, empregando milhares de pessoas.

Naquele mesmo século XIX, a Baía de Todos os Santos e o Recôncavo experimentaram uma transformação radical no campo das vias de comunicação. Tudo começa com a entrada triunfal dos vapores nos mares e nos rios dos saveiros. Ouçamos, uma vez mais, Kátia Mattoso: "Desde 1819, um vapor deixava Salvador, atravessava a baía e subia o Paraguaçu, ligando a capital a Cachoeira. Era o Vapor de Cachoeira. Com sua fabulosa máquina inglesa, seus cobres rutilantes e sua fumaça cinzenta, foi, durante muito tempo, uma das maravilhas do Recôncavo, nutrindo em torno de si um folclore bem sugestivo. Espécie de Torre Eiffel longínqua, mas também bicho-papão para os vaqueiros-trovadores do sertão, que gostavam, nos momentos de descanso, de improvisar cantigas ao som da viola". Mais próxima e imediatamente, também, o Vapor de Cachoeira deixaria a sua marca na poesia das rodas de samba de Cachoeira e de Santo Amaro da Purificação.

Numa observação de caráter geral, Milton Santos escreveu: "A introdução da navegação a vapor encontrou já uma situação estabelecida, que veio reforçar. As vantagens da velocidade e do conforto, quanto aos passageiros, somavam-se às do menor preço e da maior segurança

Os navios a vapor e os saveiros asseguravam a conexão da Capital com o Recôncavo, sendo o porto de Cachoeira centro de grande movimento, no tempo em que inexistia o transporte rodoviário.

quanto às cargas. Conquanto os vapores, conforme o povo logo se acostumou a chamá-los, jamais pudessem desbancar inteiramente as embarcações a vela, foram um fator considerável de importância para os lugares em que paravam. As localidades que eram ponto final da navegação gozavam de vantagens ainda maiores, nessa fase".

Em seguida, na segunda metade do século XIX, tivemos os primeiros passos da nossa "era ferroviária". Trilhos de trem começaram a cortar as terras do Recôncavo, provocando alterações regionais de natureza física, econômica e cultural. Um processo relativamente lento, na verdade, mas significativo. Linhas férreas partiam de Salvador em busca dos núcleos urbanos de sua hinterlândia. Estações foram construídas em Cachoeira, Santo Amaro e Nazaré das Farinhas, irradiando o brilho dos trilhos, mesmo sob o protesto de alguns senhores de engenho, que não gostaram de ver locomotivas cruzando seus canaviais. Mas não haveria mais como abafar, naquela conjuntura, o apito do trem. E a Imperial Ponte D. Pedro II – ponte metálica com pranchões de madeira, planejada desde meados do século XVIII, mas só construída no final daquele século XIX – ligaria, finalmente, com sua admirável estrutura, as duas margens do velho Paraguaçu.

Mais Milton Santos: "A era ferroviária, iniciada na segunda metade do século XIX, iria ter uma importância decisiva no processo de elaboração urbana do Recôncavo [...] A presença de ferrovias numa área que até então desconhecia outro tipo de transporte, salvo a tração animal, correspondeu, também, a uma nova valoração dos respectivos núcleos [...] De maneira mais ou menos genérica, a estrada de ferro preferiu servir às aglomerações já presentes, seu traçado interligando os pontos de concentração demográfica já existentes [...] Os núcleos assim procurados pela estrada ficaram melhor dotados para o papel de centro que já vinham exercendo, na era pré-mecânica da região."

Manufatura do fumo, modernização de engenhos, introdução dos vapores, abertura de estradas de ferro. A soma de tudo isso, caracterizando a realidade oitocentista do Recôncavo, modificou – e muito – o panorama regional. Mas tal conjunto de novidades técnicas, por mais ostensivo que tenha sido, conjunturalmente, vai de certa forma empalidecer diante da grande transformação que a área irá experimentar no século seguinte, a partir da descoberta da existência de petróleo no subsolo do Recôncavo Baiano. Mais precisamente, em Lobato, no ano de 1939.

Importada da Inglaterra, a Ponte Dom Pedro II, com mais de 350 metros, ligou Cachoeira a São Felix, permitindo a passagem da estrada de ferro rumo ao sertão no final do século XIX.

Naqueles tempos de forte nacionalismo econômico, a questão do petróleo centralizou todas as atenções. Triunfou, ali, a proposta do monopólio da exploração e produção do então chamado "ouro negro" e da criação de uma empresa estatal, a Petrobras, para levar adiante a empreitada. A empresa foi criada em 1953. E logo a Petrobras iniciou a pesquisa e a exploração de petróleo na bacia do Recôncavo. Em meados da década de 1950, assistiu-se à instalação de uma pequena refinaria no município de Mataripe. E, a partir daí, durante três décadas, o Recôncavo Baiano foi o único produtor brasileiro de petróleo.

O que essas atividades petrolíferas significaram, naquele ambiente, cabe numa única palavra: impacto. Mas impacto profundo. Porque a mudança foi total. Por um lado, o que havia de mais tradicional na paisagem produtiva do Recôncavo, a agroindústria do açúcar, que vinha agonizando há algum tempo, foi despachado com um tiro de misericórdia. Por outro, o que se instalou, naquela mesma paisagem, foi algo de inusitado. De radicalmente novo. "Uma atividade econômica totalmente estranha à matriz técnica e social da economia baiana", no dizer do economista-sociólogo Francisco de Oliveira, em *O Elo Perdido – Classe e Identidade de Classe.*

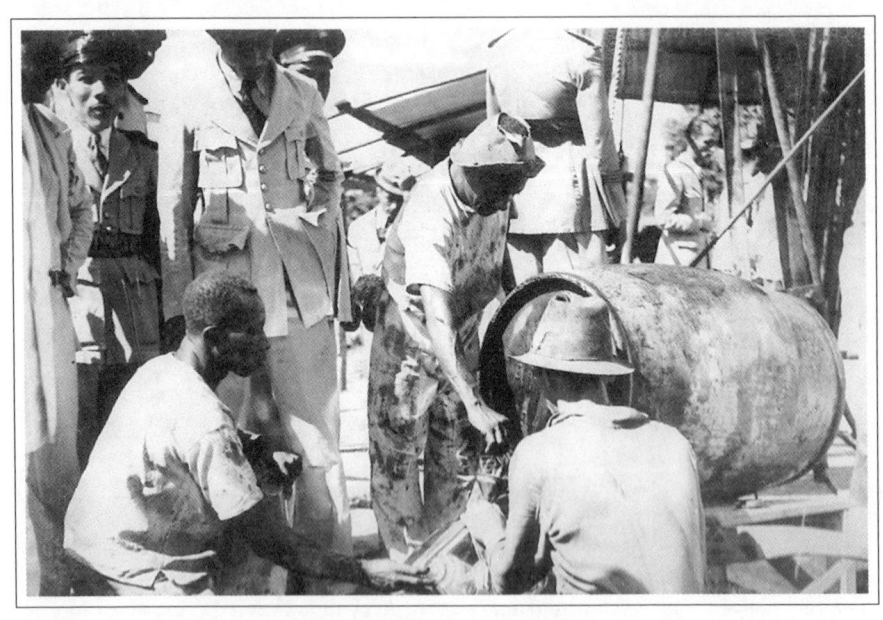

Do solo ao subsolo: o petróleo surgiu para arrancar a Bahia de longo período de estagnação econômica e constituir seu proletariado original.

Ao se implantar no Recôncavo, a Petrobras representou um volume inédito de investimentos, em toda a história econômica da Bahia. Inédita foi, igualmente, a expansão salarial que aí se produziu. Os salários pagos pela empresa eram superiores aos encontráveis no mercado baiano, chegando a provocar altas de preços em áreas de concentração petroleira. Além disso, o volume de investimentos e a massa de salários, numa região marcada pela carência habitacional, resultou no crescimento da indústria da construção civil e numa lamentável desfiguração arquitetônica de antigos núcleos urbanos do Recôncavo.

Em seu livro *Verdade Tropical*, Caetano Veloso comentou: "...operário de capacete era uma novidade que, em Santo Amaro [...] aparecera recentemente com a Petrobras, para a alegria de muitos jovens que, em comparação com a vida que levariam não fosse por isso, sentiam-se ricos com os salários que lhes permitiam renovar as fachadas das casas, o que destruiu, em pouco tempo, grande parte do tesouro arquitetônico do Recôncavo". Por fim, além de afetar as feições urbanísticas e arquitetônicas das cidades da região, destruindo-lhes a "unidade visual", a Petrobras provocou a construção de novas estradas na área petrolífera – de rodovias, reino de caminhões e caminhoneiros, com todas as suas implicações ambientais, sociais e culturais.

Em suma, e para lembrar palavras de Costa Pinto, o petróleo significou a abertura de "um novo capítulo da saga do Recôncavo". Produziu ali toda uma outra paisagem – humana, técnica e social. O que se passou a ter, então, foi o Recôncavo dos capacetes de alumínio rebrilhando ao sol, das torres metálicas se projetando contra o fundo azul do céu, das estradas e caminhões cortando canaviais. O antropólogo Thales de Azevedo informa, por sinal, que, em fins da década de 1950, as torres de petróleo já se constituíam em "símbolo da região" – "incorporadas inclusive ao grande painel da Virgem, pintado no teto do santuário das Candeias, e às estampas religiosas veneradas pelos romeiros que ali afluem anualmente".

Thales chama a atenção, ainda, para o fato de a Petrobras trazer trabalhadores, milhares de trabalhadores, de fora da região. Massa de homens solteiros, com dinheiro no bolso, incrementando bares, bilhares, bordéis. Tempos de contratualização das relações trabalhistas e de secularização da vida social – completa, por sua vez, em linhas

Uma luz na noite do Brasil. Foi assim que o escritor Jorge Amado se referiu à refinaria Landulpho Alves, em Mataripe, para denotar seu significado na luta pela nossa autonomia energética.

gerais, o sociólogo Luiz de Aguiar Costa Pinto. Mas houve ainda outro e lamentável – ou até mesmo dramático – processo. As atividades de prospecção e exploração de petróleo terminaram por provocar uma espécie de corte ou ruptura entre a Cidade da Bahia e o Recôncavo, subvertendo e dessolidarizando, assim, uma realidade de séculos.

Vejamos. De início, a Petrobras atuou no centro mesmo da antiga zona da produção cacaueira, terras de Santo Amaro da Purificação e São Francisco do Conde. Mas logo se foi encaminhando para o Recôncavo Norte, agitando a vida de municípios como Catu, Pojuca e Mata de São João. Essa expansão para o norte se fortaleceu, adiante, com a implantação do Centro Industrial de Aratu. O CIA já estava fora do cerne do Recôncavo barroco. Por fim, assentou-se o Polo Petroquímico de Camaçari. O Polo rematou o processo de marginalização do Recôncavo Histórico – que passou a conhecer ruínas e mais ruínas, uma sonolência generalizada, apesar da existência de alguns focos economicamente ativos (mas já arquitetonicamente desfigurados), como Santo Amaro.

Entre a instalação do CIA e a do Polo Petroquímico, desenhou-se o traçado de uma Região Metropolitana de Salvador (RMS) que abarca a Ilha de Itaparica, municípios petroleiros como Candeias e São Francisco do Conde, municípios vizinhos da capital (Água Comprida, Santo Amaro do Ipitanga), Camaçari e Dias d'Ávila. Para retomar a leitura de Costa Pinto, a delimitação dessa RMS trocou o coração do Recôncavo, a região colonial-barroca de Cachoeira e Santo Amaro, por uma "área adjacente", entre Lauro de Freitas (a antiga Santo Amaro do Ipitanga) e Dias d'Ávila, quando, na verdade, poder-se-ia ter lucidamente reconhecido, no Recôncavo, a verdadeira Região Metropolitana de Salvador. Uma região metropolitana lógica e natural, histórica e culturalmente constituída.

Seja como tenha sido, o fato é que os laços foram desfeitos. Os vínculos foram cortados. As conexões perderam o nexo. Rompeu-se a secular e intensa relação entre capital e hinterlândia. E o Recôncavo se viu só, vendo avançar o arruinamento, o estado chagoso de obras majestosas como a do Convento de São Francisco do Paraguaçu. No dizer de Fernando Pedrão – em "Novos Rumos, Novos Personagens" –, o Recôncavo "passou a ser sinônimo de região cronicamente pobre". E, mesmo, de região *excluída*. Mais Pedrão: "... o Recôncavo, de São Francisco do Conde a Amargosa, dos baixios do Iguape a Belém, configurou-se como o negativo do retrato do progresso da área metropolitana de Salvador". Recôncavo da carência, da escassez, do marasmo. Recôncavo da emigração de jovens. Recôncavo prostrado às margens do Paraguaçu.

Mas talvez seja precipitado falar de uma espécie qualquer de "fim" do Recôncavo, como se chegou a fazer. Ao tempo de seu isolamento e de sua pobreza, aquela é uma região profundamente vital e imensamente rica do ponto de vista da cultura. E há sinais de que começa ou pode começar a sair de sua hibernação. Coisas como a recuperação de parte significativa de seu admirável patrimônio arquitetônico, com todas suas possibilidades turísticas, e a recente criação de um *campus* universitário na região apontam nesse sentido. Com carinho – e investimentos –, o Recôncavo virá, com certeza, para a luz do sol. E retomará seu lugar fundante e fundamental no espaço da vida baiana.

Itaparica, ilustração de Rugendas em 1827.

Bordejando ilhas

Entre nós, o contexto ilhéu se desenvolveu seguindo os passos do continente. No final do século XVI e início do XVII, diversos pontos da Baía de Todos os Santos eram já também habitados por lusos e mestiços, da Ilha de Cururupeba à das Fontes – e assim outras ilhas, que se apresentavam lavradas de canaviais. A Ilha dos Frades pertencia, então, a "um João Nogueira, lavrador, o qual está de assento nela com seis ou sete lavradores, que nela têm da sua mão, onde têm suas granjearias de roças de mantimentos, com criações de vacas e porcos" (Gabriel Soares). Um engenho de açúcar e a Igreja de Nossa Senhora das Neves se projetavam, por sua vez, do solo da Ilha de Maré – ou da Maré. Uma ilha que, por sinal, ganharia, no século XVII, versos barrocos de Botelho de Oliveira, o virtuose que escrevia sonetos, madrigais, epigramas, etc., em nada menos do que quatro idiomas. É dele o texto *À Ilha de Maré – Termo desta Cidade da Bahia*, celebrando o clima, os pescadores, peixes, plantas e frutas do lugar. Como o próprio poeta esclarece, a Ilha de Maré vem tomada, no poema, como uma espécie de *modèle réduit* do Brasil.

E essas ilhas tiveram enorme importância em nossa história social, política, cultural e econômica. Na passagem do século XVIII para o XIX, aliás, Luiz dos Santos Vilhena teve, a seu respeito, uma ideia que fascina. Achou que poderíamos ter construído nossa capital num agrupamento de ilhas, arquipélago ao sul de Salvador, que, de certa forma, divide em dois o grande golfo da Bahia. De fato, depois da Ilha de Maré, temos um grupo ilhéu, com a Ilha dos Frades e a da Madre de Deus, separadas uma da outra por um canal, o Boqueirão, e suas ilhas vizinhas, como a de Santo Antônio, a do Bom Jesus, a do Capeta, a das Vacas e a de Maria Guarda. Quase coladas ao continente, a Bimbarra (ou as Bimbarras) e a do Pati – e, depois da Ponta do Ferrolho e da entrada do Rio Paramirim, a Ilha das Fontes, com as suas pontas de São João e do Engenho.

Falando desse conjunto de ilhas e de seus canais, próximos às praias do continente, Vilhena não se contém, extasiado, e expõe seu projeto: "É a sua [do arquipélago] vista tal, que eu não sei se a Natureza em alguma outra parte terá feito um tão aprazível quadro, digno verdadeiramente de ser decantado pelos insignes poetas da antiga Grécia [Vilhena, lembre-se, era professor de grego na Bahia]. Dez Venezas juntas não poderiam comparar-se com a cidade que naquele Dédalo se fundasse; porque é tal o labirinto de canais que dividem aquelas ilhas grandes e pequenas, e tantos os esteiros que por elas rompem, que os mesmos naturais vacilam e muitas, repetidas vezes se enganam". Em suma, o nosso Vilhena, criticando a Salvador erguida em acrópole na colina escarpada, a cavaleiro do mar, sonhava com uma Veneza tropical brasílica, saveiros deslizando de praia em praia, com suas velas brancas sobre as águas claras dos canais.

No rol dessas ilhas baianas, destaca-se, historicamente, a de Itaparica – do tupi *ita-parí*, segundo Theodoro Sampaio, em *O Tupi na Geografia Nacional*, cerca ou tapagem de pedras, "em alusão à corda de recifes que lhe protege a costa oceânica". Foi em Itaparica, nos arrecifes das Pinaúnas, que naufragou o donatário da Capitania da Bahia de Todos os Santos, sendo canibalizado, então, pelos tupinambás, na areia clara da praia de Aratuba. Diz Capistrano de Abreu (*Capítulos de História Colonial*), com base num manuscrito jesuítico, que, em suas lutas contra os índios, o Rusticão mandara matar um morubixaba. Naufragando em Itaparica, caiu ele nas mãos desses mesmos índios – e foi prontamente conduzido à fogueira antropofágica. Vingança: "... foi ritualmente sacrificado por um irmão do finado, de cinco anos, tão pequeno que foi preciso segurarem-lhe a maça do sacrifício", escreve Capistrano.

Com a vinda de Thomé de Sousa, Itaparica foi doada, em regime de sesmaria, ao Conde da Castanheira, seu primo, que nunca pôs os pés no Brasil. Pouco tempo depois, chegaram àquelas praias os missionários da Companhia de Jesus. Na quaresma de 1561, fundaram eles, sob o comando de Luiz da Grã, a Aldeia de Santa Cruz de Itaparica,

Tupinambás em banquete canibal, Hans Staden, 1557.

onde agruparam índios e fizeram uma igreja, que logo estaria promovendo missas e procissões. José de Anchieta andou por ali, missionando e, dizem, fazendo milagres. Na década de 1560, a ilha ganhou também seus primeiros engenhos e assistiu ao começo da criação de gado bovino, com reses importadas do arquipélago do Cabo Verde. Mas os ventos nem sempre foram propícios. Em 1563, por exemplo, Itaparica foi largamente castigada pela peste das bexigas. A Aldeia de Santa Cruz viu-se, então, despovoada. E, entre o final do século XVI e meados do século XVII, experimentou o fogo da guerra. Foi atacada por piratas e pelas forças holandesas que tentaram, algumas vezes, dominar a Baía de Todos os Santos.

Escreve Ubaldo Osório, em *A Ilha de Itaparica – História e Tradição*: "Em 1587, foi a Ilha de Itaparica abordada pelas naus que, sob o comando de Robert Withrington, infestavam as costas do Brasil [...]. Os corsários de Withrington foram destroçados, nas praias itaparicanas, pelo valente Antônio Álvares Caapara, o que, no assalto a Ponta da Cruz, decepara a cabeça de cinco ingleses, mandando-as, como demonstração da sua façanha, à Junta que havia substituído o governador Teles

Barreto". Enfrentar os flamengos, porém, foi bem mais complicado do que desbaratar discípulos de Sir Francis Drake. O primeiro ataque flamengo a Itaparica ocorreu no finalzinho do século XVI, quando os batavos incendiaram, inclusive, o engenho de um holandês que lá residia. Frei Vicente do Salvador informa: "... foram [os holandeses] buscar à Ilha de Itaparica, e desembarcando em terra puseram fogo a um engenho, que ali estava, de Duarte Osquier, sem lhe valer ser também flamengo, posto que casado com portuguesa e antigo na terra. Mas logo chegaram os nossos capitães [...] e os cometeram com tanto ânimo que mataram cinquenta e fizeram embarcar os mais e recolherem-se à sua armada, que também logo se fez à vela e despejou o porto".

Em 1624, a forte esquadra flamenga comandada por Willekens e Heyn – trazendo a bordo o general Van Dorth, enviado pela Companhia das Índias Ocidentais para nos governar – ocupou a Cidade do Salvador e o mar da Baía de Todos os Santos. Seus soldados dominaram rapidamente a capital do Brasil Colônia. Itaparica – a *Insula Tapesiqua* a que se refere Gaspar Barléu, em sua *História dos Feitos Praticados durante Oito Anos no Brasil* – foi mais uma vez atacada. E, mais uma vez, se defendeu com êxito. Em 1640, novo ataque: "A Ilha

Forte de São Lourenço, na Ilha de Itaparica.

Capela de São Lourenço, na Ilha de Itaparica. 1884.

de Itaparica e outras foram postas a saque, para não se mencionarem outros danos, porquanto em parte alguma estorvou ou sustentou o inimigo a nossa violência", noticia Barléu, acrescentando: "Trucidavam-se a ferro os homens e os que podiam pegar em armas. Foram poupadas somente as mulheres e as crianças". Mas von Schkoppe, na brutal investida de 1647, não perdoou nem elas. É o que nos conta Pierre Moreau, em sua *História das Últimas Lutas no Brasil entre Holandeses e Portugueses*: "Logo de entrada os soldados não pouparam nenhuma vida; mataram até as mulheres e crianças, pilharam tudo e só foram proibidos de provocar incêndios".

Em todo esse tempo, contudo, Itaparica foi conhecendo transformações significativas. Além dos engenhos de açúcar e do gado caboverdiano, viu surgir igrejas como a de Nossa Senhora do Bom Despacho e a bela Capela de Santo Antônio dos Velasquez, com a fachada voltada para o mar, contemplando, da faixa costeira entre a Gameleira e o Jaburu, as águas azuis da baía. Entre as edificações militares, sobressaía o Forte de São Lourenço, levantado sobre as ruínas de uma fortificação construída por von Schkoppe em 1647. Existiam já as armações para a pesca da baleia. E, além da gente do azeite, havia a gente da birita – nos meados do século XVII, quatro destilarias operavam na ilha, produzindo cachaça em meio aos canaviais. Enfim, apesar de todas as adversidades – apesar da doença, da fome e da guerra –, as coisas foram sendo feitas.

O século XVIII correu tranquilo para aqueles ilhéus. A produção do açúcar continuou rendendo. Novos estaleiros foram instalados, gerando uma considerável frota de saveiros, feitos de madeiras da própria ilha e empregados no comércio com Salvador e portos do Recôncavo. Aconteceu a migração açoriana. Ubaldo Osório: "Diziam os cronistas do seu tempo que D. João V protegia, com engodos especiais, açorianas moças que se dispusessem a vir para o Brasil [...]. No seu reinado, muitas açorianas emigraram para a Ilha de Itaparica". E a mestiçagem se intensificou. Nesse particular, aliás, Osório exemplifica com o sucedido na Conceição de Vera Cruz: "...deixou fama, entre os praieiros, Manoel de Melo e Castro, o que veio de Portugal em 1721, no governo do conde de Sabugosa, ocupou as terras da Conceição de Vera Cruz, instituindo, nas mesmas terras, a devoção do Divino Espírito Santo. Tendo deixado a família numa Quinta, nos arredores de Lisboa, amancebou-se, anos depois, com uma negra fula cheia de carnes, que povoou de mestiços as terras do seu domínio". Finalmente, e já na segunda metade do século XVIII, o franciscano Manoel de Santa Maria Itaparica, nascido na Ponta das Baleias, deu à luz, em Lisboa, sua produção poética.

No século XIX, porém, com a guerra pela independência da Bahia, Itaparica voltou a se agitar. E muito. No Recôncavo, Santo Amaro da Purificação, Cachoeira e São Francisco do Conde, agora "vilas confederadas", haviam se pronunciado pela independência brasileira e partiam para guerrear as tropas portuguesas chefiadas por Madeira de Melo, que ocupavam a Cidade da Bahia. "Em Itaparica se preparava de há muito a propaganda separatista", observou Braz do Amaral, acrescentando que, ali como em toda a Bahia, "se sublevavam não só os brasileiros, ou filhos do país, como muitos portugueses", a exemplo de Souza Lima, "um dos mais entusiastas dissidentes". Na ilha, esses "dissidentes" costumavam se reunir na botica de Batista Massa – "e aí deliberaram se entender com os revolucionários do Recôncavo, logo que souberam do pronunciamento das vilas confederadas".

Impedidos de navegar pelo Rio Paraguaçu, em cuja barra os militares portugueses tinham estacionado uma canhoneira, os subversivos enviados por Itaparica desembarcaram na Saubara, seguindo por terra para Cachoeira. Em resposta à iniciativa itaparicana, Madeira de Melo despachou uma expedição punitiva para a ilha, sob as ordens do capitão Trinta Diabos. A partir daí, os itaparicanos se viram no meio da briga. Souza Lima levou armas de Itaparica para Cachoeira, dando poder de fogo ao primeiro núcleo do Exército Libertador. João das Botas – outro português que aderira à causa da independência – "fortificou a Ponta de Nossa Senhora, para fechar o interior da Bahia e artilhou barcos com peças de *vaivém* dos engenhos, como rodízios. Na Ponta de Nossa Senhora estabeleceu ele o seu quartel-general". E os entreveros vieram.

A defesa do Funil, por exemplo. Para quem não sabe, o Funil é um canal estreito entre a ilha e o continente, cuja posse era estratégica, já que se tratava de passagem obrigatória para os barcos que traziam gêneros alimentares de Nazaré das Farinhas. Os portugueses, a bordo de barcas canhoneiras, tentaram tomar aquela posição. Mas os itaparicanos não arredaram pé dali. Braz do Amaral: "Escondidos nos matos próximos

Forte de São Lourenço, na Ilha de Itaparica.

Ilha de Itaparica - desenho de Rugendas.

à praia atiravam a salvo contra a gente das canhoneiras, fuzilando-a de emboscada [...] A artilharia dos canhoneiros, troando sem cessar, atraiu a gente da ilha [Batista Massa, o boticário subversivo, inclusive], que acudiu aos defensores, trazendo-lhes munições [...] Cada árvore era uma trincheira e o asilo de um caçador". Os lusos viram o tempo fechar. Bateram em retirada. E a vitória incendiou o ânimo dos "nacionais". Note-se, aliás, que o "partido brasileiro", estruturando-se militarmente no Recôncavo, sabia, através da ilha, o que ia se passando em Salvador: seus adeptos da capital transmitiam informações "por meio de sinais combinados de luzes [fogueiras ou movimentos de archotes em pontos prefixados] para a Ilha de Itaparica". Nesta, guarnições permaneciam acordadas. A esquadrilha de João das Botas, por sua vez, continuava infernizando a vida dos lusos, fustigando a frota colonialista que flutuava algo sonâmbula nas águas do grande golfo baiano.

Finalmente, os lusos se decidiram a empreender um esforço mais enérgico, com o propósito de dominar a ilha. O ataque se deu a 7 de janeiro de 1823. Com o dia amanhecendo, a frota portuguesa mandou chumbo grosso visando à fortaleza de São Lourenço. Da terra, as baterias responderam no mesmo tom. "A ponta da ilha ficou em fogo e a povoação coberta e obscurecida pelo fumo, continuando por toda a manhã as canhoneiras da flotilha a bater fortemente as trincheiras com artilharia grossa e metralha". Os portugueses desceram, então, para embarcações menores, na tentativa de alcançar a terra. Ainda Braz do Amaral, em sua *História da Bahia – do Império à República*: "Desde que os portugueses apareceram melhor, enchendo os escaleres e lanchas descobertas, rompeu de terra fuzilaria intensa, regular e incessante, para os alvos certos da gente acumulada nos transportes. As bordas das embarcações baixas não podiam proteger os combatentes, fuzilados em monte [...]. Debalde as canhoneiras crivavam de metralha as moitas e as vizinhanças dos pontos de desembarque. Passada a refrega da metralha, a fuzilaria dos defensores invisíveis da ilha dizimava os assaltantes".

Ao cair da noite, os portugueses desistiram. Foram embora. Arrasados. Não tomariam aquela passagem, aquele segmento da orla ilhoa do mar. Não controlariam Itaparica. Não teriam como dominar o Recôncavo. Pelo contrário – poucos meses depois do ataque frustrado a Itaparica, o comandante lusitano estaria zarpando de volta para Portugal, derrotado. Itaparica e as demais ilhas da Baía de Todos os Santos retomariam suas vidas mais rotineiras, aplicando-se às pescas e aprofundando cultos, como o dos babás ou eguns, os ancestrais nagôs, comandado pelas mais tradicionais famílias negromestiças da região, como a de Daniel de Paula, por exemplo. E só voltariam a se agitar no século seguinte, a partir de duas investidas variavelmente predatórias. De uma parte, com a grande predação da Petrobras, que praticamente destruiu a Madre de Deus. De outra, com uma nova leva invasora – dessa vez, pacífica –, formada por contingentes de turistas e veranistas, durante os meses do verão. Com isso, e com o tempo, as ilhas voltariam a ter seu cotidiano subvertido e sua paisagem perturbada, sofrendo redesenhos "urbanísticos" e avanços de casas, bares, restaurantes, condomínios, pousadas e hotéis (para não falar da praga das barracas de praia, como hoje se vê na Ponta de Areia), servidos por um sistema de transporte, o *ferry boat*, que, por mais precário que se encontre, já apontou, para os saveiros do tempo de João das Botas, o caminho da aposentadoria compulsória – ou da obsolescência decretada pelo governo.

Agora, todas as conversas giram em torno do projeto da construção de uma ponte ligando Salvador a Itaparica, que se desejou encaixar no pacote de obras governamentais para a Copa do Mundo. A oportunidade passou, mas os governos petistas da Bahia parecem querer realizá-la a qualquer custo, não sei se pensando em oportunidades futuras de superfaturamento e desvios de dinheiro público (afinal, a prática existe: o ex-governador Jaques Wagner, cheio de relógios e nove horas, vai sendo cercado por operações anticorrupção – e o atual governador já merece menções de personalidade suspeita). As posições, diante do assunto, se exaltam. De um lado, ficam os que acham que essa obra vai "salvar" a ilha. De outro, estão os "apocalípticos", que acham que ela vai destruí-la de uma vez por todas. Não é preciso aderir a nenhum dos extremos. Se a ponte é inevitável, numa perspectiva de longo prazo, ela nada tem de prioritária na contextura em que vivemos há décadas. Mais do que de obras de infraestrutura viária, Itaparica (toda a ilha) precisa mesmo é de obras de infraestrutura social.

Diariamente, uma legião de moradores da ilha, tanto de Itaparica quanto de Vera Cruz, é obrigada a cruzar a baía em direção a Salva-

Vista parcial da cidade de Vera Cruz.

dor. O motivo: faltam na ilha, *inter alia*, empregos, escolas e serviço de saúde. Em vez de qualquer *campus* ou de unidades de saúde bem equipadas, o que se está construindo, no Mar Grande, é um complexo penitenciário. Em vez de discutir a necessária desfavelização do lugar, o que se vê é a satisfação que gera cada condomínio fechado que se implanta. Afora isso, nenhuma das duas prefeituras locais mostra o mínimo interesse ou sensibilidade com relação a questões de natureza ambiental. Nesse caso, de resto, são acompanhadas por praticamente toda a população local. Basta fazer uma enquete para saber dos moradores o que eles querem para o litoral ilhéu. Salvo exceções, três pedidos logo se destacam: atafulhar a orla de barracas de bebida e comida, liberar o som a decibéis intoleráveis e, claro, asfaltar tudo.

Ninguém reclama de poluição, seja ela de que tipo for – atmosférica, sonora ou visual. Assiste-se normalmente à progressiva destruição dos espaços de relaxamento, convívio tranquilo e contemplação, assim como à predação de obras de valor histórico-cultural. Lembre-se, aliás, que a matriz de Itaparica, construída no século XVIII, foi simplesmente saqueada em 2008: hoje, na igreja, não há uma só imagem original, todas são cópias vagabundas feitas em gesso. Enfim, as pessoas dizem gostar da ilha, mas não cuidam dela. Somando-se a tudo isso a pasteurização "pagodeira" ou "trielétrica" de seus ritos sociais (à exceção de procissões e do singelo terno de reis), não surpreende que o turismo decaia a cada ano. Quem quer praias sujas, vegetação agredida, patrimônio cultural destroçado, motos atravessando praças, barulho de submúsica para tudo quanto é lado, 24 horas por dia?

Do açúcar ao cacau

N a época da grande divisão territorial do que é hoje Estado da Bahia, durante o reinado de João III, couberam, à Capitania de São Jorge dos Ilhéus, terras que se estendiam do sul da Baía de Todos os Santos, às margens do Rio Jequitinhonha. Cinquenta léguas de litoral, suas ilhas e solos que avançavam para o sertão, entre as capitanias da Bahia e de Porto Seguro.

Essa Capitania dos Ilhéus foi doada pelo rei, por meio de uma carta assinada em Évora a 26 de junho de 1534, a Jorge de Figueiredo Correa, escrivão da Fazenda Real. Ao contrário dos donatários da Bahia e de Porto Seguro, porém, Jorge de Figueiredo não se dispôs à travessia atlântica para o Brasil, a fim de comandar pessoalmente o empreendimento. Preferiu permanecer em Portugal, enviando em seu lugar, como administrador das terras ultramarinas que recebera em doação, um senhor chamado Francisco Romeiro, fidalgo espanhol, natural de Castela.

Pouco depois de Francisco Pereira Coutinho, o Rusticão, ter construído as casas de sua Vila Velha, e de Pero do Campo Tourinho ter reforçado militarmente e feito melhoramentos na póvoa que encontrara no Rio Buranhém – núcleo do que um dia viria a ser a cidade de Porto Seguro –, o administrador Francisco Romeiro partiu de Lisboa para alcançar o litoral do Brasil, ancorando seus navios e desembarcando seus homens no arquipélago de Tinharé, no alto-sul do atual Estado da Bahia, onde ergueu um povoado, coroando o Morro de São Paulo. Nele, um pequeno grupo de portugueses se assentou e principiou a se dedicar ao cultivo do algodão e à extração do pau-brasil. Nascia assim, sob o comando de um militar castelhano, a primeira sede da Capitania dos Ilhéus, a primeira povoação lusitana (ou ibérica) do latifúndio concedido a Jorge de Figueiredo Correa – umas das primeiras póvoas do atual Estado da Bahia, uma das mais antigas de todo o território hoje brasileiro.

Cavaleiro da Ordem de Cristo, o militar e navegante Francisco Romeiro era um homem experimentado nas artes da guerra, tendo, inclusive, morado em Santa Cruz do Cabo de Gué (atual Agadir) e lutado contra os mouros no Marrocos, no norte da África, disputado então por Portugal e pela Espanha, em confrontos armados contra xerifes locais. Foi este o homem que, em meados de 1537, desembarcou em Tinharé, para construir a citada povoação no cimo do Morro de São Paulo. Povoação que, durante cerca de dez anos, foi a sede da capitania da qual ele, Romeiro, era, na prática, o capitão-mor. Na verdade, a primeira e única povoação da capitania – até, pelo menos, 1545. Afora ela, o que havia por ali eram aldeias indígenas. E só anos depois do seu nascimento é que se foi desenhar, na cabeça dos colonizadores, a ideia ou o projeto de uma Vila de São Jorge dos Ilhéus.

No livro *A Capitania de São Jorge e a Década do Açúcar*, Luiz Walter Coelho Filho escreve: "No final de 1545 ou 1546, Francisco Romeiro desceu a costa determinado a povoar o novo sítio [...] A fundação da vila, neste ano, não induz à conclusão de que a região dos Ilhéus fosse desconhecida. Ao contrário. Em 1544, Mem de Sá recebeu [de Jorge de Figueiredo Correa] a sesmaria de Santana [...] O que parece ter determinado a mudança [da sede da capitania] foi a destruição, no ano de 1545, da Capitania da Bahia de Todos os Santos. A perigosa proximidade com os tupinambás e o risco de tudo ser perdido deslancharam o projeto [de produção açucareira] e a vila. Foram [os europeus] habitar e colonizar as terras dos tupiniquins, nação mais amistosa aos portugueses".

De fato, como se sabe, grupos tupinambás tinham sob controle, como seu espaço litorâneo no Estado da Bahia, uma faixa territorial que vinha do Rio Real e se prolongava até a Baía de Camamu, abarcando, portanto, o arquipélago de Tinharé. A partir daí, entrava-se em território tupiniquim. Ocorre ainda que, diante das forças europeias que disputavam então o domínio sobre as terras do Brasil – Portugal e França, principalmente –, interesses geopolíticos fizeram com que, de um modo geral, naquela conjuntura, os tupinambás se aliassem aos franceses e os tupiniquins, aos portugueses. E a destruição de Vila

Velha pelos tupinambás só poderia ter repercutido fortemente no povoado de Tinharé. Até porque Vila Velha fora submetida a tal cerco, a Capitania dos Ilhéus se viu na obrigação de abastecê-la até de água. Com prudência agia, portanto, o experiente Romeiro, ao se dispor a deslocar a cabeça da capitania para fora e para longe da área dos tupinambás, a fim de implantá-la na linha litoral habitada pelos índios tupiniquins. Em todo caso, a sede oficial da capitania não foi transferida de imediato para o novo sítio, localizado na Baía do Pontal.

Em março de 1544, Mem de Sá recebeu sua primeira sesmaria – doze maravilhosas léguas de terras à beira-mar, indo da foz do Rio das Contas, na praia de Itacaré, até à Baía de Camamu, uma das maiores e mais belas baías do Brasil. Em seguida, e ainda morando em Lisboa, onde ocupava alto posto na burocracia estatal, desembargador na mais importante Corte de Justiça do Reino, Mem de Sá ganhou mais uma sesmaria – pequena, essa –, terras às margens do Rio de Santana, na banda sul da Vila dos Ilhéus, onde veio a abrir fazenda e a montar um engenho – o Engenho de Sant'Ana, que começou a ser construído em fevereiro de 1548, dez anos antes, portanto, de ele assumir o cargo de governador geral do Brasil.

"Ainda hoje, o visitante, ao subir o Rio de Santana, partindo da Baía do Pontal, poderá contemplar, à margem direita da primeira cachoeira, a capela e os vestígios do empreendimento", escreve Coelho Filho. E a construção religiosa a que ele se refere é uma capela rural do século XVI, dedicada à Senhora de Sant'Ana – uma das mais antigas igrejas do Brasil. Ao conceder essa sesmaria de Sant'Ana a Mem de Sá – que, assim, passou a deter, no total, cerca de um terço do território da capitania –, o que Jorge de Figueiredo queria era isso mesmo: começar a povoar, com engenhos, as terras adjacentes ao sítio dos Ilhéus. Ou, pelo menos, a partir de março de 1547, próximas à "Vila de São Jorge, povoação do Rio Ilhéus", como a chamou Mem de Sá, naquela que é a primeira referência documental que se conhece acerca da futura "capital do cacau", cenário colorido para os também futuros jogos amorosos e sexuais da Gabriela, do romance jorgeamadiano.

Esse projeto de implantação de engenhos e de produção de açúcar, na Capitania dos Ilhéus, foi feito de forma sólida e bem pensada. Algo singular – para o lugar e para a época. Jorge de Figueiredo e Mem de Sá, associando-se a Fernão Alvarez e ao florentino Lucas Giraldes, criaram, na expressão de Coelho Filho, uma espécie de *consórcio empresarial*. E montaram pelo menos três engenhos de açúcar, em torno da agora Vila de São Jorge do Rio dos Ilhéus. Como se organizou o tal consórcio, onde todos partilhavam planos e custos? Coelho Filho esclarece: "Cada um recebeu uma sesmaria de terras, próximas umas das outras, tendo à retaguarda a Vila de São Jorge, o direito a explorar a força da água em determinados rios e a concessão política relacionada com a edificação de vilas. Deveriam ainda participar na armação dos navios por enviar à Costa do Brasil, assumindo o ônus de mandarem determinado número de homens livres e escravos para povoarem e defenderem a capitania. Armas, munições e mais um valor básico de investimento na fazenda e engenho. Esse sistema fez surgir o núcleo econômico em torno do qual outros engenhos foram erguidos".

Tratava-se, em suma, de um interesse comum, estruturado empresarialmente. E o certo é que, a partir da articulação do consórcio e de seus reflexos na ação de outros empreendedores, deu-se a expansão dos canaviais e do número de engenhos em São Jorge dos Ilhéus. A capitania prosperou. E muito, como se verá, entre os anos de 1550 e 1560. A própria povoação dos Ilhéus, "filha da Capitania de São Jorge", nasceu e se consolidou, no dizer do mesmo Coelho Filho, "com parte do negócio orquestrado pelos quatro empreendedores [Figueiredo, Mem de Sá, Alvarez e Giraldes], sequiosos de ver florescer na Costa do Brasil um megaprojeto devotado à produção de açúcar".

No ano de 1550, aconteceu o primeiro desembarque do açúcar da Capitania de São Jorge no porto de Lisboa. O projeto açucareiro vingara. Via-se, ali, seu primeiro resultado. O marco inicial de uma trajetória ascendente. De um crescimento notavelmente rápido. Lembre-se, a propósito, a viagem que o governador geral Thomé de Sousa fez em 1553, com o intuito de ver de perto a realidade das capitanias que ficavam ao sul da Bahia. Thomé percorreu o litoral brasílico até São Vicente. Visitou uma a uma as capitanias costeiras. E voltou impressionado com a de Ilhéus. Em carta ao rei de Portugal, declarou que ela era a mais rentável de todas: "...a melhor cousa desta costa para fazendas e que mais agora rende para sua Alteza". E o movimento ascensional prosseguiu.

Diz Borges de Barros, em sua *Memória sobre o Município de Ilhéus*, que a produção de açúcar foi espetacular em 1557. Enfim, a Capitania de São Jorge seguia em frente, caprichando em sua arrancada econômica. Mas não por muito tempo. Dez anos depois do primeiro desembarque de açúcar ilheense em Lisboa, a trajetória começou a se inverter. Rumo ao declínio. Do mesmo modo que subiu, Ilhéus desceu: com rapidez. No centro de tudo, estava a questão indígena. Em 1559, explodiu a guerra dos tupiniquins, também chamada Guerra dos Ilhéus. Em 1563, os mesmos tupiniquins foram devastados por uma epidemia. E, em 1565, tiveram início as investidas arrasadoras dos aimorés – também chamados botocudos ou gueréns –, que deixaram a capitania prostrada. Caída e decaída. O período de florescimento de São Jorge dos Ilhéus, no século XVI, pode ser definido, então, em poucas palavras. Por seu brilho. E pela brevidade desse mesmo brilho.

A relação dos colonizadores de Ilhéus com os índios da região não diferiu em nada do padrão em vigor nas demais capitanias. Daí o confronto entre colonos e jesuítas, missionários que começaram a aparecer por lá, sob ordens de Manuel da Nóbrega, já em 1549. Para o colono, o índio era um corpo destinado ao trabalho. Para o jesuíta, uma alma à espera da luz divina. O colono queria escravizá-lo. O jesuíta, convertê-lo. E é evidente que os índios, quando não aderiam ou se aliavam ao projeto português, reagiam ao avanço colonizador. De um modo geral, pode-se dizer que as guerras ameríndias foram movidas por duas razões relativamente distintas, embora obviamente entrelaçáveis. Havia a guerra indígena contra a instalação de um novo organismo social nas terras que estavam ocupando. E a guerra indígena contra a opressão, ou contra sua própria escravização, por esse mesmo novo organismo.

Os colonos de Ilhéus, àquela altura dos acontecimentos, já deveriam ter aprendido que não era bom negócio escravizar índios da vizinhança. Tanto é que, em 1548, chegaram a providenciar o sequestro de índios carijós na distante Santa Catarina, trazendo-os para a Vila de São Jorge, a fim de empregá-los como escravos na edificação dos primeiros engenhos e na plantação dos primeiros canaviais da região. Quanto aos tupiniquins, se, por acaso, não continuavam sendo escravizados, experimentavam, com certeza, a opressão.

A Guerra dos Ilhéus foi, justamente, fruto da violência, do descaso e do preconceito com que aqueles índios eram tratados. Nóbrega relata os fatos, como se pode ler nas *Cartas do Brasil*. Tinham assassinado um índio. E o assassino ficou impune. Revoltados, os tupiniquins deram o troco. Mataram dois ou três brancos no caminho de Ilhéus para Porto Seguro e atacaram uma roça perto da Vila de São Jorge. Sentindo-se já vingados, seguiram adiante. Mas o pânico tomou conta do pedaço. Ao simplesmente passarem por um engenho, sem fazer cara feia ou disparar qualquer flecha, aqueles índios viram que seus moradores largaram o que estavam fazendo e fugiram espavoridos, deixando para trás alguns escravos. Do mesmo modo, moradores dos demais engenhos desertaram e se refugiaram todos dentro da vila.

Diante desse quadro de não planejada intimidação dos colonos, os tupiniquins se sentiram à vontade, certamente rindo do pavor alheio. Entraram em engenhos e fazendas, tomando escravos, saqueando, incendiando prédios e plantações. Vendo que tudo corria fácil demais, decidiram, então, sitiar Ilhéus. E o fizeram. Os moradores, cercados na vila, sem munição e sem mantimentos, viram-se em maus, péssimos lençóis. No fim das contas, ainda segundo Nóbrega, restava-lhes para comer apenas as laranjas de seus quintais. Foi aí que, sob protestos da população de Salvador, Mem de Sá reuniu tupinambás aliados das aldeias da Bahia e embarcou para a Baía do Pontal, onde chegou depois de dois dias de viagem.

Reconta o historiador Silva Campos, em sua *Crônica da Capitania de São Jorge dos Ilhéus*, que, à meia noite, o governador "pôs pés em terra com sua gente, marchando para o sul, ao longo da praia, havendo-se-lhe reunido um troço de moradores da vila, que cobraram ânimo com a sua providencial chegada". Nessa caminhada, deram cabo de espias indígenas. Entraram em aldeias vazias (os índios, à sua aproximação, iam dando no pé), que incendiaram. Até que o governador ordenou a volta à vila.

Era o que os tupiniquins estavam esperando. Avançaram no rastro da tropa luso-tupinambá, disparando flechas no seu costado. Parte da tropa se emboscou então no mato, deixando-os passar – e aí se inverteu o jogo. Sem alternativa, os tupiniquins correram para a praia – chamada Cururupé – e se meteram a nado no mar. Os tupinambás não pensaram duas vezes: "...nadadores exímios, lançaram-se n'água também, em sua perseguição e alcançaram-nos a uma légua da praia [...] e aí travou-se rija e singularíssima peleja, como bem poucas devem-se ter dado no mundo, e que na história pátria ficou conhecida por *batalha dos nadadores*." (Silva Campos). A briga rolou dentro d'água, na mão grande, na base do sufoco e da asfixia. Conta Nóbrega que muitos tupiniquins morreram no mar – e outros foram arrastados pelos tupinambás até à beira da praia, para aí serem mortos.

Os tupiniquins tentaram ainda assaltar a vila, levando mais uma surra. Numa única cilada, aliás, os comandados de Mem de Sá despacharam quarenta deles para o além. E a campanha findou. Mas Ilhéus sentiu o golpe: seus quatro engenhos destruídos, roças e canaviais incendiados. O próprio número de tupiniquins mortos significou um problema, já que reduziu drasticamente a mão de obra disponível para as labutas da cana e do açúcar. Em todo caso, embora cambaleante, Ilhéus não se rendeu. Respirou fundo, aprumou o passo e seguiu adiante, refazendo-se das perdas. Agora, com os tupiniquins definitivamente submetidos – e, inclusive, acompanhando Mem de Sá na expedição para expulsar os franceses da Guanabara e ali fundar São Sebastião do Rio de Janeiro.

Em inícios de 1563, Ilhéus estava já com seus engenhos reconstruídos, seus arredores repovoados e mais ou menos recobrada sua prosperidade. Foi quando nova maré devastadora varreu a capitania – a varíola –, atingindo mortalmente os tupiniquins. Estudiosos estimam que de 35 a 75% daqueles índios desencarnaram com a epidemia. Com isso, instalou-se a paralisia das lavouras. A carência quase completa de alimentos. A grande fome. E os tupiniquins restantes iam morrendo de inanição. Muitos, desesperados, tentavam se vender e a seus filhos como escravos, em troca de um prato de comida. De um pedaço de carne. Ou de uma cuia de farinha.

Os moradores de Ilhéus deram, então, um passo totalmente em falso. Suicida. Estavam eles com o flanco inteiramente aberto, sem poder contar, em qualquer necessidade de esforço bélico, com o reforço dos tupiniquins, praticamente dizimados. Apesar disso, em resposta à tremenda escassez de força de trabalho, decidiram partir para a caça e a escravização de bandos indígenas que vagavam pela floresta.

Sobreveio, então, a reação daqueles que se tinham tornado os alvos principais da nova caçada humana. A reação e os ataques dos aimorés, que agora descortinavam, à sua frente, um caminho desimpedido de bloqueios tupiniquins.

Nesse novo passo da história regional, a Capitania dos Ilhéus teve de comer o pão que o botocudo amassou. Flechas e incêndios se espalharam em todas as direções. Roças e engenhos foram arrasados. Os moradores se refugiavam nas povoações do litoral e, mesmo aí, eram atacados. Muitos migraram para a Baía, o Recôncavo, outras capitanias. Ao apagar das luzes do século XVI, a outrora próspera Vila de São Jorge dos Ilhéus aparecia como o retrato acabado do medo e da decadência. Em princípios da centúria seguinte, regredira quase ao estado de ruína, a uma tosca economia de subsistência, com seus moradores pescando e plantando para, ao menos, ter o que comer.

Cabem aqui algumas palavras sobre os responsáveis pelo despovoar e decair da Vila de São Jorge. Viviam os aimorés ou botocudos (assim chamados por seus botoques labiais e auriculares feitos de madeira) pelas terras mais ao interior, movendo-se por ali de modo errático, só descendo ao litoral para saques e ataques. Informa Gabriel Soares que

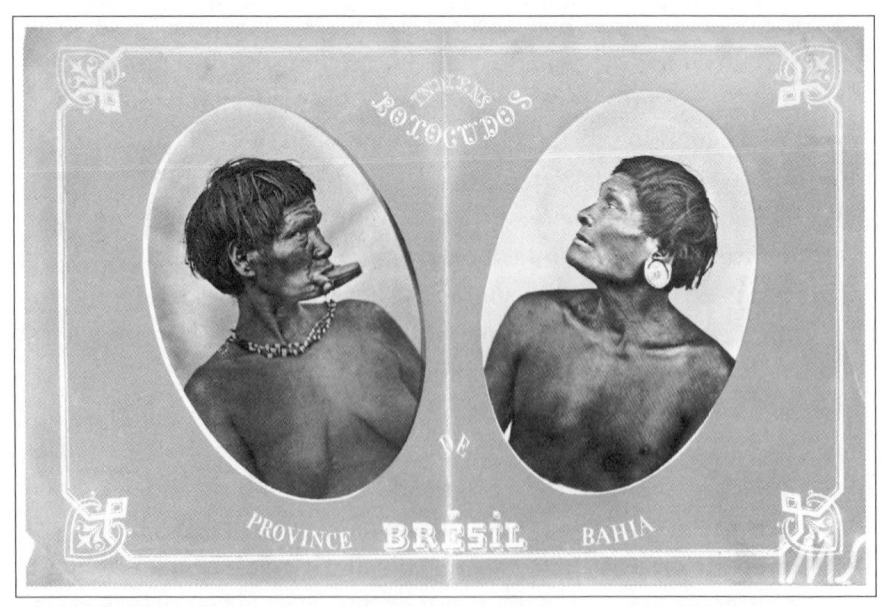

Botocudos, Marc Ferrez.

eles não tinham aldeias, dormiam sobre folhas espalhadas pelo chão e se alimentavam da caça, da pesca e da coleta de frutos silvestres. Nos seus ataques, a tática era a da surpresa. A da emboscada guerrilheira.

Sua religião – escreveu Maria Hilda B. Paraíso, em estudo incluído no volume *História dos Índios no Brasil* (organizado por Manuela Carneiro da Cunha) – definia a existência de quatro tipos de espíritos: os que viviam na esfera superior, os que permaneciam no âmbito da natureza, os que habitavam os corpos humanos sob a forma de almas e os que moravam no mundo subterrâneo, aonde o sol ia brilhar enquanto durava a noite terrestre. O mais eminente de todos esses espíritos – Marét-Khamaknian – "era considerado uma entidade benevolente, que atendia aos pedidos da comunidade, mas que também a castigava com chuvas, tempestades ou matando com o toque de sua flecha invisível no coração. Era o responsável pelo ensino de todo o conhecimento detido pelos botocudos, caracterizando-se como o seu herói civilizador [...] Ele viveria no céu e jamais viria à terra. Ele viveria nas estrelas, era muito alto, cabelos ruivos, cabeça branca e possuía um pênis colossal que atingia até à garganta das mulheres humanas".

Esses indígenas fizeram pesar ao extremo a barra regional. Até mesmo uma expedição de índios potiguaras do Rio Grande do Norte foi enviada a Ilhéus, com o propósito de dar cabo dos botocudos. Não deu. É bem verdade que a vila não sumiu do mapa, mas permaneceu abatida e pobre. Em sua *História do Brasil*, composta nos primórdios do século XVII, Frei Vicente do Salvador deixaria anotado: o mal da Capitania dos Ilhéus foi "a praga dos selvagens aimorés, que com seus assaltos cruéis fizeram despovoar os engenhos e [...] ficaram os homens tão desbaratados de escravos e mais fábrica que se contentam com plantar mantimento para comer". Falando da vila no século XVIII, Luiz Vilhena se refere à sua grandeza passada, para acentuar: "... hoje porém está tudo arruinado, sem que já pareça vila, mas sim uma pobre aldeia". Observa que a população local vivia em "indigência suma". E profetiza: "...sendo muito de esperar que esta comarca venha dentro em poucos anos a ficar despovoada, pois que os pobres irão procurar país, onde sem contradição tirem da terra o preciso sustento, ficando unicamente nela os que tiverem propriedades e escravos expostos ao furor do gentio".

Já não há uma guerra indígena. Mas os botocudos que vivem por ali não deixam de eventualmente disparar suas flechas. Bandos de índios continuarão aprontando na região, a bem da verdade, até as primeiras décadas do século 20. Àquela época, por sinal, pataxós não davam descanso à recém-criada Vila de Olivença, antiga missão jesuítica de Nossa Senhora da Escada, habitada por tupiniquins "integrados". Bem vistas as coisas, pataxós e mongoiós tornavam bem difícil a vida colonial na costa ao sul de Ilhéus, entre Olivença e Belmonte.

Quanto à própria Vila de São Jorge, não seria muito diferente, no século XIX, do que fora no século XVII. Visitando-a em 1819, os naturalistas alemães Spix e Martius registraram: "A posição da Vila de S. Jorge é muito graciosa. A ponta de terra arenosa, em cuja margem ocidental está edificada, é ornada de viçoso e ondeante coqueiral, imprimindo essa bela palmeira, como sempre, especial encanto à paisagem [...] Quem lançar o olhar cheio de encanto para essa linda paisagem e se lembrar de que, já em 1540, aí foi fundada uma colônia portuguesa, perguntará admirado por que não se encontra uma cidade populosa e rica, em vez de algumas ruas cobertas de capim e de cabanas baixas". Quarenta anos depois, outro viajante-pesquisador alemão, Avé-Lallemant, em *Viagens pelas Províncias da Bahia, Pernambuco, Alagoas e Sergipe*, disse praticamente a mesma coisa: "... a muito modesta povoação, a Vila de Ilhéus, velha, pequena, mesquinha, vista de fora, e quase que ainda mais mesquinha por dentro [...] Muito pouco há ali realmente que ver [...] casas pequenas, por demais modestas, de taipa, cobertas de folhas de coqueiro e tão primitivas que realmente não se pode compreender como uma povoação, que já existe há 300 anos, tenha feito tão pequeno progresso e se tenha feito tão pouco pelo asseio e aspecto local".

Descendo a costa da capitania, Avé-Lallemant ficou igualmente mal impressionado com Canavieiras: "Um grande relvado verde estende-se para o norte, ao longo do rio [Pardo]. Sobre ele enfileiram-se algumas casas, por cima das quais balouçam-se os inevitáveis coqueiros. Uma mata mais adiante e uma vegetação de rizóforos resume tudo. Isto é realmente tudo; um pequeno e pobre tudo". Racista (e ali vendo índios e descendentes mestiços de índios a cada passo), puritano "clássico", protestante que não se cansa de fazer a apologia da seriedade e do trabalho, quase um *idealtypus* weberiano, o viajante faz de tudo para enxovalhar o lugar. Condena a paralisia, a indolência, a falta de empenho para fazer progressos materiais. E o curioso é que, do retrato que faz, Canavieiras acaba emergindo como uma espécie de paraíso terrestre: "Os cocos caem por si dos coqueiros, a mandioca cresce por si na terra arenosa; peixe há em abundância nos rios e nos seus braços próximos; milhares de caranguejos correm sob o mangue na baixa-mar. A vida lá é fácil de se prover, e deseja-se o sossego e a paz da preguiça, ao que os coqueiros, esses símbolos da paz e do sossego, sussurram sim e amém".

Àquela altura, no entanto, a paisagem regional já estava a mudar. O próprio Avé-Lallemant não pôde deixar de anotar: "Há, porém, alguns decênios, colonos europeus começaram a empregar sua atividade como agricultores no interior, a algumas milhas da vila [de São Jorge], e parece que estão prosperando admiravelmente. Fizeram principalmente numerosas plantações de cacau, ao longo do pequeno Rio dos Ilhéus, de maneira que Ilhéus será sempre contada entre os mais importantes portos de exportação daquele produto". O cacau transformaria vastamente a região, retirando-a de uma sonolência de séculos, em todos os seus planos, dimensões e aspectos. Do ecológico ao antropológico. Mas as coisas não aconteceriam de uma hora para a outra. De uma parte, a sede da antiga capitania via seu poder se reduzir. Em 1833, desmembrava-se, com a criação da Comarca de Valença. Em seguida, com a de Camamu, abarcando Maraú e Itacaré. De outra parte, era alcançada, em 1852, pela navegação a vapor. E as sumacas que circulavam entre a Cidade da Bahia e o Rio de Janeiro faziam escala em seu porto. Persistia, no entanto, o problema – crônico – da falta de estradas.

De todo modo, tudo começou aos poucos. No século XVIII. Mais precisamente, no ano de 1746, quando um francês, Louis Fredéric Warneau, trouxe uma muda de cacau do Pará e a plantou numa fazenda chamada Cubículo, às margens do Rio Pardo, no hoje município de Canavieiras. Em princípios do século seguinte, alguns estrangeiros, colonos alemães, prosseguiam plantando novos pés de cacau na região. No que foram acompanhados por pequenos lavradores locais. E o fato é que, já na década de 1850, cresciam por ali as culturas do café e do cacau, comparecendo ambos no rol dos produtos que a região exportava para a Bahia. Mesmo índios aldeados, como os de Ferradas, plantavam café e cacau, "de cujo granjeio proviam a subsistência". O cacau, na verdade, crescia no bojo do crescimento da produção agrícola ilheense. Crescia, mas não reinava. Ainda.

Mais de um século depois da muda paraense de Warneau, em 1866, o cacau apareceu em primeiro lugar, na lista de exportações de Ilhéus para a Cidade da Bahia, deixando para trás as madeiras, o açúcar, o café, a farinha, a piaçava, a aguardente. Aos poucos, ia tomando conta dos terrenos. Regra geral, em roças abertas por pequenos agricultores. Uma cultura de minifúndios. Como aconteceu, por exemplo, no núcleo de imigrantes do norte do país, que se criou na Cachoeira de Ilhéus (depois, de Itabuna), próximo à aldeia do Catolé, habitada por índios kamakãs. Em todo caso, de acordo com Borges de Barros, o cacau ilheense só viria realmente a ter alta importância econômica de 1890 em diante. Antes disso, todavia, não deixou de ter seu peso decisivo na transformação legal da velha Vila de São Jorge em cidade. Cidade de São Jorge dos Ilhéus. Mudava-se, assim, o estatuto oficial da povoação, mas não a situação e a fisionomia daquele pequeno núcleo urbano, que contava, então, com pouco mais de mil habitantes, somente 65 dos quais eram escravos. Eusínio Lavigne, por sinal, caracterizou a nova cidade como "bisonha, em suas doze ruas arrevesadas, pontilhadas de casas de palha e chãos vagos, apenas três calçadas a pedra bruta". Silva Campos completa o quadro: "Chovia muito, porque não ainda devastadas as matas, muita lama, e o povo andava de tamancos de pau-paraíba".

De qualquer sorte, havia casas assoalhadas e alguns sobrados tinham surgido. Contavam-se ali duas fontes públicas e duas farmácias, ainda que nenhum médico. A estação telegráfica funcionava desde 1876. Havia duas escolas primárias, mas o professor "retirava-se de quando em vez para o Almada, e lá se ficava meses em casa do sogro". Embarcações naufragavam à vista de um cais ainda em construção. O peixe era o alimento mais encontrado na área. E a iluminação pública – a querosene – só chegaria tempos depois, no 7 de setembro de 1890. Ao longo da década anterior, contudo, os cacauais foram aumentando sem cessar. De ano para ano. Eram agora milhares e milhares de pés, como nos terrenos da Lagoa de Itaípe. Suas exportações aumentavam rapidamente, chegando então, segundo os historiadores, a centenas de milhares de arrobas. Em poucas palavras, o cacau se convertera já na base da economia do município. Era grande a oferta de mão de obra, formada, em boa parte, por sergipanos e alagoanos, que secas cíclicas expulsavam de seus lugares de origem. E assim a lavoura, no dizer de Braz do Amaral, "tomava ali cada dia maior incremento". Na década seguinte, o cacau se impôs de uma vez por todas. E a transformação do lugar foi rápida e completa.

O velho Silva Campos fez uma excelente síntese do que ocorria e continuaria a ocorrer na região, com o espraiar dos cacauais. No seu entender, a história de Ilhéus, desde os últimos decênios do século XIX até as primeiras décadas do século XX – "e pelos anos além" – poderia ser resumida em apenas duas palavras: política e cacau. "Nunca se tratou seriamente ali de outra coisa". Mas vamos por partes, caminhando algo livremente por uma periodização sociológica que se impõe quase que por si mesma, quando pensamos na incorporação de Ilhéus, Itabuna e outros municípios da região ao espaço econômico estadual.

Passada a fase realmente pioneira dos desbravadores, abrindo a ferro e fogo clareiras na floresta tropical, expulsando índios e vivendo o clima de tensão e violência típico das fronteiras agrícolas – como se vê em Tocaia Grande, de Jorge Amado, por exemplo –, entrou-se no período da cacauicultura consolidada e em franca expansão, com suas ásperas disputas territoriais e a progressiva grilagem das roças dos pequenos produtores. O cacau se projetou então, poderosamente, em meio à letargia baiana, com suas atividades agrícolas sofrendo dias de estagnação e decadência, à simples exceção do fumo.

De 1890 a 1910, o salto da monocultura cacaueira foi, de fato, formidável. Os três milhões de quilos produzidos no final do século XIX aumentaram "para o quíntuplo" em 1905, quando o produto assumiu disparado a liderança das exportações do Estado da Bahia, feitas principalmente para os Estados Unidos e a Europa. Novas terras eram ininterruptamente incorporadas à lavoura, que se afastava mais e mais da faixa litorânea, para se enraizar nos solos férteis do interior: plantações a perder de vista, embora quase invisíveis à distância, pois o cacaueiro, espécie nativa da Amazônia, é planta que integra o sub-bosque da floresta, crescendo sob árvores mais altas, ao abrigo da incidência direta do sol. Abriu-se assim, na região, um horizonte de franca mobilidade social. Povoados cresceram, com destaque para Itabuna, o antigo arraial das Tabocas, fazendo-se vila e município em 1908, cidade em 1910, ansiosa para avançar e avançar.

Ilhéus, por sua vez, como disse um cronista local, vivia "a vertigem do desenvolvimento". Ganhou, nessa época, suas famosas "pensões de mulheres", sobrados sólidos, serviço de água, iluminação pública de acetileno, times de futebol, cinemas, a primeira agência bancária, filarmônicas, clubes carnavalescos, jornais. Proliferava o comércio varejista, expandia-se a prestação de serviços e ramificavam-se os principais grupos sociais em grupos menores e diversos subgrupos. Artesãos, estivadores, operários, prostitutas, comerciários etc. principiaram a compor a vida urbana municipal. Com tudo isso, cresceu também em complexidade antropológica a zona cacaueira. E um estudo da etnodemografia grapiúna, ainda que apenas em mero esboço, irá revelar coisas interessantes.

De saída, escravos negros não estiveram ausentes da Vila de São Jorge, nem dos arraiais e plantações ao sul de seu litoral. Mas eles de-

O cacau promoveu a ocupação econômica do Sul da Bahia, passando a ser o mais importante produto de exportação do estado, dando origem à "civilização grapiúna".

moraram a chegar lá – e só muito tardiamente sua presença se fez realmente visível e densa. Ouvimos falar de um grupelho de "escravos da Guiné", trabalhando num engenho, à época da Guerra dos Ilhéus, no século XVI. Mas a capitania não fez importações sistemáticas de africanos escravizados, nesse período. Depois disso, seu estado de penúria não lhe permitiria fazê-lo. Antropologicamente, aquela região foi, essencialmente e por muito tempo, euroameríndia, plena de mamelucos.

É mais fácil ter notícias de negros por ali – como os que Spix e Martius viram trabalhando para o alemão P. Weyll, no Almada – já entrado o século XIX do que em centúrias anteriores. Assim é que vamos ouvir falar, por exemplo, de uma sublevação de negros no Engenho de Sant'Ana, em 1824. De negros fugidos da Vila de São Jorge, em 1828. De negros aquilombados em São Miguel da Barra do Rio das Contas, no Borrachudo, no Corisco. De negros fuzilados em Ilhéus, em 1838. Referindo-se ao ano de 1834, Silva Campos escreve: "Os habitantes da Barra do Rio de Contas continuavam a viver intranquilos com as correrias dos negros do célebre quilombo do Borrachudo, e outros".

Mais tarde, Ilhéus foi lugar de abrigo de navios negreiros, no período do tráfico clandestino de escravos. Ainda Silva Campos: "Depois que, em 1848, as costas próximas da Cidade da Bahia e as ribas do Recôncavo começaram a ser vigiadas a fim de evitar que os navios negreiros nelas despejassem a sua ignóbil carga, entraram eles de procurar os portos de Ilhéus e de Camamu, onde em paz procediam àquela operação". Por vezes, um só navio podia despejar e vender ali mesmo, na noite de uma praia de Ilhéus, de 300 a 400 africanos. Em *Fluxo e Refluxo do Tráfico de Escravos entre o Golfo do Benin e a Bahia de Todos os Santos*, Pierre Verger nos fala desses movimentos ilegais no litoral de Ilhéus. Registrava na época, a 17 de setembro de 1851, o cônsul britânico na Bahia: "No dia 5 do corrente, aproximadamente 600 escravos foram desembarcados perto de Ilhéus, um pequeno porto situado a 90 milhas ao sul da Bahia. O vice-presidente da província, ao receber a notícia, enviou dois iates de guerra para ajudar na captura dos negros. O juiz de Ilhéus já prendeu 112 daqueles escravos e os enviou para a Bahia a bordo do *Itapagipe*. O vaso negreiro foi afundado por seu capitão. A tripulação fugiu para o interior do país".

Foi, que se saiba, o penúltimo negreiro a fundear em águas baianas. Sobre ele, em carta a Raphael Floquet, morador da Cidade da Bahia, escreveu David Besuchet, colono suíço, de sua Fazenda Bom Gosto, na Cachoeira dos Ilhéus: "...faz uma dezena de dias que um infeliz negreiro veio dar na costa a três léguas de Ilhéus, com falta de tudo; já tinham morrido tantos e tantos; os outros foram desembarcados [...] e ninguém sabia de nada. Não tinha lá a não ser aquele burro do major Balduíno, comandante da guarda nacional em Ilhéus [...] que poderia ter salvo a todos. Em vez disso, estava passando a noite na casa das putas [...] Que bela ocasião para comprar [...] Se os vendem a crédito, estou no caso de comprar cinco ou seis, pagáveis em um ano ou dois".

Em *Mulheres e Costumes do Brasil*, o francês Charles Expilly, que visitou Ilhéus em 1854, fala de negros que, vigiados por um feitor de chicote em punho, colhiam algodão cantando. E de um grupo de negras bordando e fazendo cafunés em suas senhoras, na sala de uma casa de fazenda. Pouco depois, em 1859, o presidente da província ainda iria recomendar ao juiz de direito assentado em Ilhéus que tratasse de impedir qualquer desembarque de africanos no litoral de sua comarca. E tinha motivos para isso. Naquele mesmo ano, Avé-Lallemant encontrou uma leva de africanos – nagôs ou iorubás – em Poaçu, na região de Belmonte. Capturados, estavam eles prestando serviços públicos na área.

Relata o viajante: "Os negros em Poaçu tinham um aspecto peculiar. Na maioria criaturas moças e bonitas, tanto homens como mulheres, que viviam maritalmente e tinham uma multidão de crianças negras de azeviche, muito interessantes. Sabendo muito bem que não eram escravos, e sim livres, eram difíceis de governar [...] O conjunto era um quadro perfeito duma aldeia africana. Via com prazer os negros semisselvagens e seminus cheios de vida. Jovens negras, de magníficas formas, o torso desnudo, lembravam as negras verdadeiras da Bahia [...] eram todas as mais exuberantes imagens de robustez, saúde e provocação, inigualáveis no mundo europeu, encontradiças apenas na orla das florestas virgens, o que só em peles mais negras pode ser tolerado e admirado [...] Poucos negros falavam português fluente. Entre si tagarelavam animada e apaixonadamente no seu dialeto nagô, que soa o mais desagradavelmente possível". Adiante, já no começo do século XX, fala-se de negros que se deslocaram de Amargosa para Nova Ibiá, então distrito de Gandu, concentrando-se no Canariço, ou Aldeia. Assim como dos terreiros de candomblé de Gandu, Ilhéus e Itabuna.

Como na região havia muitos índios, portugueses e colonos europeus, como suíços e alemães, a mistura racial, por ali, foi das mais animadas – especialmente, ao que parece, entre pretos e índios, já que alguns observadores falam da preponderância de cafuzos sobre mamelucos. E animou-se muito mais com a expansão do cacau, quando se converteu em fronteira agrícola, atraindo um número expressivo de nordestinos – sergipanos, principalmente – e de árabes (sírios e libaneses), a ponto de o quibe se ter praticamente convertido em "comida típica" do lugar. O que se dá imediatamente a ler no romance de Jorge Amado, do Nacib de *Gabriela, Cravo e Canela* ao Fadul Abdala de *Tocaia Grande*. Como bem disse Jorge Medauar, na conferência "Personagens Árabes na Obra de Jorge Amado", os árabes e seus descendentes caminham, no romance amadiano, "com a mesma naturalidade dos tabaréus, coronéis, bacharéis, prostitutas, malandros, trabalhadores de roça, capoeiristas, jagunços, gente anônima das ruas". Dessa perspectiva, o casal Nacib e Gabriela, o árabe e a mulata, aparece como uma espécie de supersigno etnodemográfico do lugar.

Mas vamos adiante. É fato que a I Guerra Mundial afetou o mercado internacional do cacau, mas não bloqueou os caminhos da expansão da lavoura em terras baianas. Novidades técnicas, urbanas e comunicacionais continuaram chegando à zona cacaueira. Sem parar. Esse foi o período em que entrou em funcionamento a estrada de ferro Ilhéus–Itabuna, explorada por uma companhia estrangeira, a "State of Bahia South Western Railway". Em que a luz elétrica clareou Ilhéus, que então passou a ser, também, o segundo município baiano a contar com rede telefônica. Em que foram construídos, seguindo o figurino do ecletismo arquitetônico em voga, os prédios da Intendência Municipal, da Associação Comercial de Ilhéus e palacetes de "coronéis do cacau" – um deles, inclusive, não mais que custosa cópia do Palácio do Catete, no Rio de Janeiro. Em que surgiram escolas primárias "mistas", vale dizer, sem apartar meninos e meninas. Período, ainda, da criação do Bispado, da inauguração de uma agência do Banco do Brasil e da abertura do Bataclã, bordel que Jorge Amado celebrizaria nacionalmente na festa de cores e risos de *Gabriela, Cravo e Canela*. E da elite local comprando fonógrafos, pianos alemães e máquinas datilográficas; usando casimiras e linhos importados; bebendo champanhe e vinhos de Bordeaux; acendendo charutos com dinheiro, aqui já segundo a lenda.

Deve-se chamar a atenção ainda para o processo de concentração da propriedade, que então ocorreu. Ela se tornou-se condição fundamental para o aumento da renda da terra e passou a requerer não apenas maior complexidade da divisão do trabalho como também a adoção da racionalidade contábil capitalista. Deu-se então, em termos sociológicos, a passagem da produção mercantil a uma etapa mais sofisticada: a da produção capitalista. E esse tipo de produção supõe a existência de uma burguesia agrária – ao mesmo tempo causa e resultado da nova racionalidade produtiva.

A região se tornou o maior polo brasileiro de exportação de cacau – seus grandes proprietários produziam milhares de arrobas por ano e chegavam a empregar 300 ou mais peões em suas fazendas. E assim ela entrou no decênio 1920-1930. Numa visão geral, pode-se dizer que – para além das belas ciclistas do Cycle Ball, da aparição de garçonetes nos bares locais, de alguma propaganda comunista e do primeiro concurso para a escolha de Miss Ilhéus, vencido por uma descendente de italianos – os traços centrais dessa década foram o fortalecimento da burguesia cacaueira e o avanço do capital comercial sobre a atividade produtiva propriamente dita, tipificado pela empresa Wildberger, de origem suíça. Foi também na década de 1930 que se criou o Instituto do Cacau da Bahia, a fim de equilibrar as coisas em períodos economicamente críticos. Instituto que se movimentou em função de dois objetivos básicos: fomentar o crédito agrícola e facilitar a comunicação entre o interior e o litoral. Emprestava dinheiro e tomou a seu cargo a expansão da trama rodoviária dos municípios cacaueiros, ligando-os intimamente entre si.

Na década de 1950, as plantações vicejavam nas colinas cristalinas da zona cacaueira. Fazendas e mais fazendas operavam ao longo das rodovias. E nas margens dos rios maiores, como o Pardo, o das Contas, o Jequitinhonha, o Mucuri. Uma área imensa. Da antiga freguesia do Divino Espírito Santo de Boipeba (depois de 1930, infelizmente, cidade de

Barcaça para secagem de grãos construída sobre trilhos com o objetivo de desidratação das sementes.

Nilo Peçanha), no Rio das Almas, até Belmonte – com a produção concentrada no eixo Ilhéus–Itabuna, mas também pontilhando terras mais ao sul, em Alcobaça, Mucuri. Um verdadeiro país do cacau. Proporcionando, quase sempre, duas safras. A temporã, entre os meses de abril e agosto. E a safra propriamente dita, o cacaual rebrilhando em frutas, de setembro a dezembro, na reiteração das montanhas de amêndoas.

Alterou-se, contudo, a composição da mão de obra, como registram Alfredo José Porto Domingues e Elza Coelho de Souza Keller, no volume *Bahia*, da União Geográfica Internacional: "Ao contrário do que sucedia no passado, na fase pioneira de ocupação da zona do cacau, em que o sergipano foi elemento vital do seu desbravamento, ao lado dos nordestinos, hoje em dia já o cacau não exerce a mesma atração, sendo pouco numerosos os elementos dessas áreas que para aí se dirigem. Quando por motivos de ordem econômica ou climática, o nordestino emigra, é para se dirigir ao sul do país, para São Paulo ou para o norte do Paraná, que são atualmente os grandes centros de atração das correntes migratórias internas. Apenas os baianos da zona sertaneja do nordeste ainda procuram a zona cacaueira".

A essa altura, as picadas das tropas de burros, os caminhos fluviais e os trilhos dos trens encontravam-se já ultrapassados em importância, como as principais vias comunicacionais da zona cacaueira, pelas estradas de rodagem (também aqui nossa classe dominante burramente perdulária deletou o trem). "A linha mestra do sistema de comunicações é a estrada federal BA-2 [...] que atravessando a zona cacaueira no sentido norte-sul, de Gandu a Itabepi, tem grande importância no quadro regional. A construção da BA-2 aumentou consideravelmente a área de influência de Ilhéus, reforçando a captura das áreas cacaueiras dos demais pequenos portos [...] que já se esboçara com a construção da ferrovia", escrevem, ainda, Domingos e Keller.

Ilhéus continuava sendo o maior centro brasileiro de exportação de cacau. Em 1930, época do seu grande surto de crescimento, era já a quarta cidade mais populosa do Estado da Bahia, em seguida a Salvador, Santo Amaro da Purificação e Feira de Santana. Em 1950, detinha a mesma posição. Sua principal função urbana, em termos econômicos, era certamente a portuária. Desbancara, inclusive, a Cidade da Bahia, como principal porto de exportação do cacau brasileiro. E isso apesar dos problemas técnicos de seu porto, que obrigavam os cargueiros a ancorar ao largo e, consequentemente, oneravam as expor-

Porto de Ilhéus, por onde começou a sair o grosso da exportação local para o exterior.

tações. Por outro lado, a cidade conquistara áreas ao mar, ampliando, assim, sua dimensão urbana. Mantinha ares de cidade *nouveau riche*, aquela que fora um pequeno povoado que a mata e os índios se haviam encarregado de isolar em sítio sedutor.

Itabuna, por sua vez, dera um salto. Não tinha o charme natural de Ilhéus (nesse sentido, a relação entre ambas como que se vai repetir entre Eunápolis e Porto Seguro), mas avançara com vigor, desbastando a mata virgem em que uns poucos caboclos habitavam. Entre 1940 e 1950, sua população experimentou um aumento de 66%. Entroncamento rodoviário – "centro coletor da produção regional e centro distribuidor de gêneros e mercadorias importadas" –, polo comercial varejista, Itabuna marchou a passos largos, explodiu demograficamente, passando à frente de Ilhéus, para, então, chegar ao terceiro lugar, depois da Cidade da Bahia e de Feira de Santana, no *ranking* das cidades baianas mais populosas.

Mais para o final dessa mesma década de 1950, em sua "Análise do Problema Econômico Baiano", o banqueiro (e político) Clemente Mariani escrevia: "Quando se fala em termos econômicos sobre a Bahia, pensa-se logo no cacau, o seu grande produto de exportação, representando 96% da produção nacional e 18 a 20% da produção mundial [...]. A sua importância na vida econômica do Estado adquire excepcional vulto [...] pelas maiores margens de lucro que proporciona tanto aos produtores como aos manipuladores do seu comércio de exportação, possibilitando [...] substanciais poupanças que, quando não desviadas para gastos supérfluos ou investimentos fora do Estado, vão estimular outros setores econômicos, já que a própria limitação da zona cacaueira, o padrão modesto das instalações e o caráter primitivo do trabalho não permitem a sua integral absorção por ela própria". Ainda Mariani, que não deixaria de alertar para o perigo das oscilações no preço do cacau, para a necessidade de constituição de outras lavouras fortes e de criação de uma "base sadia" para a nossa industrialização: "A exemplo do que se diz do café para São Paulo e Paraná, do açúcar para Pernambuco e Alagoas, também na Bahia já se formou a impressão de que 'quando o cacau vai bem, tudo vai bem'. O que é realmente um fato, se entendermos por 'tudo' o bem-estar econômico das regiões supridoras da zona cacaueira, a folga das finanças do Estado e as melhores oportunidades para quantos, direta ou indiretamente, se beneficiam com essa folga ou com o maior movimento comercial de exportação".

Mas os tempos áureos do cacau não durariam para sempre. Um primeiro e forte sinal, nessa direção, fora dado na crise econômica mundial que se seguiu à quebra da Bolsa de Nova York, na passagem da década de 1920 para a de 1930. Essa crise puxou para baixo o preço das amêndoas grapiúnas, alarmando produtores. E foi justamente em resposta a tal quadro crítico que se formou, em 1931, o Instituto do Cacau. A região se recuperou, mas não voltaria a ser exatamente a mesma. Tanto é que os governos federal e estadual continuaram prestando socorros à lavoura. Mais: a produção nunca chegou, de fato, a se industrializar – o que talvez, a longo prazo, terá sido melhor para a região.

Na década de 1970, os preços mundiais do produto voltaram a subir – ao tempo em que a região gerava safras realmente expressivas. Criou-se então, na zona cacaueira, um ambiente de prosperidade e de otimismo que, mais tarde, se revelaria excessivo. No final da década de 1980, apareceu na região uma praga arrasadora: a "vassoura de bruxa". De lá para cá, o cacau só fez cair. No dizer de Sérgio Barbosa da Silva, em *Ilhéus: do Cacau ao Turismo. Passa-se o Ponto?*, a produção regional de amêndoas despencou de quase 400 mil toneladas, em 1987, para menos de 100 mil, no ano 2000, "arrastando a região para a mais profunda depressão econômica da sua história, levando à derrocada aqueles que no passado foram os abastados, chamados de coronéis, agora dependentes da incerteza do 'fim da cacauicultura'. Foi a bruxa varrendo, com sua perniciosa praga, o fruto de ouro do território ilheense". Ainda Barbosa da Silva: "Encerra-se, dessa maneira melancólica, o ciclo do cacau, com preços e produção em queda, deprimindo a vida econômica e social do território".

Assim, a antiga Capitania dos Ilhéus, depois de viver a longa decadência do açúcar, viu-se, então, mergulhada na decadência do cacau. Mas o próprio Barbosa da Silva admite que a cacauicultura pode não estar simplesmente morta, pertencendo, em definitivo, ao passado econômico da Bahia. Por outro lado, não há dúvida de que a região saiu em busca de outros caminhos de produção de riquezas, voltando-se para a industrialização e o turismo.

Em publicação oficial da Superintendência de Estudos Econômicos e Sociais da Bahia, lê-se: "Grande suporte da economia baiana por um longo período, a agroindústria do cacau vem sofrendo grave crise (resultado de baixos preços no mercado externo e dos altos custos de produção), com drásticos efeitos sobre a economia e a dinâmica demográfica regionais. O município de Ilhéus, em particular, vem conseguindo contornar essa situação adversa mediante novos investimentos em indústrias e em turismo. O mesmo não vem acontecendo com Itabuna, que, em 1980, inclusive, superava a população de Ilhéus, condição que já perdera em 1991, chegando a registrar perda absoluta de população, como efeito direto da crise da cacauicultura".

De uma parte, portanto, o turismo. Em 1930, a cidade portuária viu surgir, à beira do seu antigo porto, o confortável Ilhéus Hotel, primeiro prédio baiano, fora da capital, a ter elevador. Além disso, havia diversas pensões e hospedarias. Mas não se tratava, ainda, de turismo. Afora uma ou outra personalidade ilustre (político, funcionário governamental, etc.), as camas eram ocupadas, sobretudo, por negociantes. Ilhéus, na verdade, não estava interessada em turismo. Só tinha olhos para o cacau. E isso apesar do tremendo *marketing* que ganhou, de graça, em inícios da década de 1970, com a telenovelização da *Gabriela* de Jorge Amado. A mudança de perspectiva só foi acontecer no decênio seguinte. "Cresce o turismo quando 'acaba' a cacauicultura", na síntese de Barbosa da Silva. De fato, os investimentos em turismo se acentuaram na década de 1990. E Ilhéus, a meio caminho entre Itacaré e Comandatuba, apareceu como foco de atração.

De outra parte, como foi dito, a indústria. A caminho do final do século passado, o governo estadual fez surgir, no antigo "distrito industrial" de Ilhéus, um elenco de montadoras de computadores. O chamado "polo de informática". Desse modo, a cidade fez uma aposta entre fornecer serviços à tecnologia dos *chips* e as trilhas praieiras do turismo. Falou-se, ainda, de porto e via férrea. Mas, aqui, o que parece ter-se consolidado de fato é o polo universitário. E, seja como for, o cacau permanece como referência central e signo maior da região.

Arco do porto de Morro de São Paulo.

CAPÍTULO 6

Ao sol de Tinharé

Falamos já da póvoa que Francisco Romeiro fez erguer no alto do Morro de São Paulo, na primeira metade do século XVI. Foi a primeira povoação europeia da Capitania de São Jorge dos Ilhéus. Mas aqueles não foram os primeiros brancos a chegar ou passar por ali. Nem a região ensolarada, que corre litoraneamente de Valença à Baía de Camamu, teve a sua história estreitamente vinculada à de Ilhéus.

Em março de 1531, soldados e marinheiros de uma esquadra comandada por Martim Afonso de Sousa divisaram terras do arquipélago de Tinharé. Os navios vinham da Baía de Todos os Santos, perlongando o litoral brasílico no sentido sul. Pero Lopes de Sousa, irmão do capitão Martim, registrou a viagem por escrito, em seu *Diário da Navegação*. Segundo Pero Lopes, o que as naves encontraram pela frente, ao deixar a Baía de Todos os Santos, foram ventos nada propícios. O "caminho do sul" parecia fechado. Aos olhos do jovem mestre na arte náutica, o mar estava feio e grosso. Parecia impossível romper caminho por aquela espessa massa marinha. De repente, ao sol se pôr do dia 24 de março, a visão. Um trecho de terra invadiu o raio de alcance do olhar dos navegantes. E eles não encontraram a menor dificuldade para identificar o segmento litorâneo que veio colorir suas retinas. Era a boca do Rio de Tinharé. Mas, antes que pudessem alcançar terra, desceu a noite. O tempo fechado. Com ventos fortes. E trovões.

As naves ancoraram, lançando ferro na areia limpa, poucas braças de fundo. Mas o mar permanecia denso, agitado, com ondas altas. Antes que o dia amanhecesse, ninguém ousou se arriscar em direção à costa. Só quando apareceram os primeiros brilhos do sol. Mas o pouso foi breve. Brevíssimo. Nascida a manhã de sexta-feira, os navios fizeram à vela. Teimaram em abrir caminho pelo meio da massa de ondas revoltas. Ao meio dia, o vento começou a empurrá-los para trás. E foi com esse vento que eles correram ao revés, rentes ao litoral, durante toda a noite. Até que, quando o sol começou a iluminar as ilhas e enseadas, dando vida à manhã de sábado, toda a esquadra se achava de volta na boca da Baía de Todos os Santos, de onde partira nove dias antes.

Martim viera de Lisboa comandando uma armada de cinco embarcações e 400 homens. Sua missão era, simultaneamente, geográfica, militar e colonizadora. Tratava-se mapear mais detalhadamente o litoral brasílico, tentar obter notícias precisas de metais preciosos, distribuir terras, estimular o cultivo do solo e fundar ou oficializar povoações, como aconteceu em São Vicente. Mas, sobretudo, tratava-se de abrir fogo contra a forte presença francesa na fachada atlântica do Brasil. E foi mais como armada guarda-costas do que como frota colonizadora que os navios de Martim repontaram na Baía de Todos os Santos, vindos de Pernambuco e determinados a prosseguir em direção a Cabo Frio.

Nesse passo, sob tempo tormentoso, a flotilha foi dar em Tinharé, ancorando, provavelmente, ao pé da clara falésia de arenito que

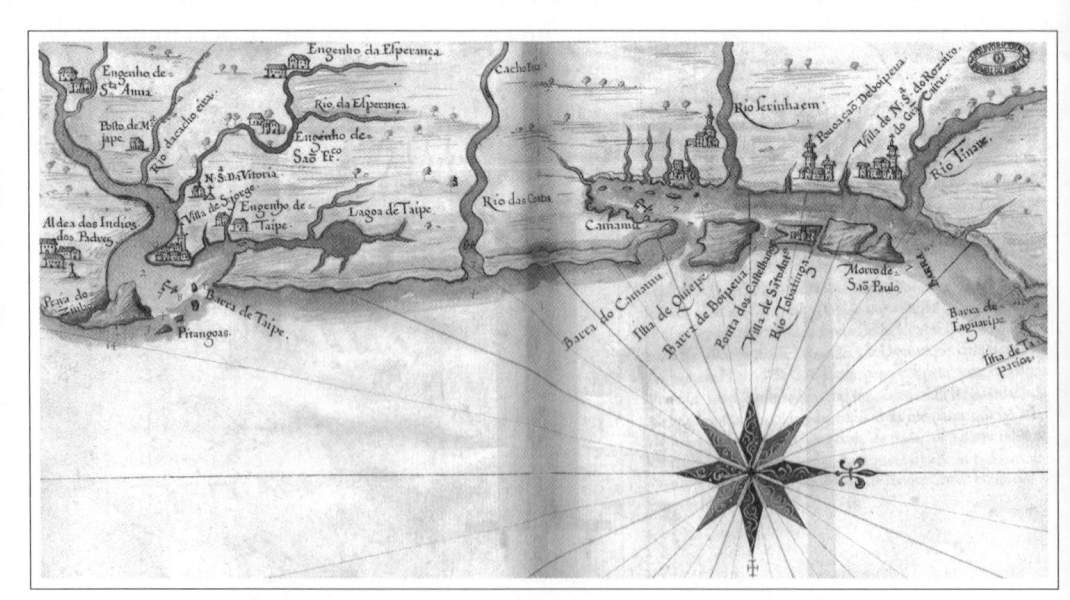

Mapa do Atlas de João Teixeira Albernaz, de 1640, mostra parte do litoral da Capitania de Ilhéus, incluindo Camamu e Morro de São Paulo.

se levanta na contracosta do atual Morro de São Paulo. Registrando a peripécia do périplo afonsino, Pero Lopes se encarregou de veicular as primeiras informações escritas de que temos notícia sobre a ilha – ou, mais precisamente, o arquipélago – de Tinharé. Mas, ao contrário do que se costuma dizer, muito dificilmente Martim e seus comandados foram os primeiros europeus a pisar na praia daquele segmento litoral do atual alto-sul do Estado da Bahia.

Basta pensar na imediatez com que a armada reconheceu o lugar e a naturalidade com que Pero Lopes o nomeou. No *Diário*, numa observação seca, típica do laconismo perolopino, lê-se: "E, ao pôr do sol vimos terra e conhecemos a boca do rio de Tinharé da banda do sul". Só. O verbo "conhecer" está aí no seu antigo sentido corrente de "ver", "reconhecer", "identificar". E não há qualquer preparação prévia para o emprego do topônimo. Pero Lopes se refere a Tinharé como algo já familiar ao mundo dos navegadores. O local foi certamente visto e (ou) visitado, antes da passagem de Martim, por alguns dos vários navios espanhóis, franceses e mesmo portugueses que circularam por ali. E seu nome, memorizado, passou a viajar de boca em boca no meio dos navegantes que vagavam sob o céu tropical brasileiro.

Desde 1500, os portugueses haviam dado início ao reconhecimento da nova terra que acabavam de incorporar a seus domínios. Espanhóis e franceses andavam sem cessar por aqueles litorais. Assim como lusos desgarrados, colonizadores individuais e informais, à maneira de Diogo Caramuru. A própria armada de Martim trazia a bordo um especialista na "costa do pau-brasil", chamado Pero Capico. Enfim, Tinharé já era, antes da ancoragem afonsina, marco assinalado no horizonte dos que velejavam.

Além disso, Pero Lopes usa a designação indígena do lugar. Não se trata de um acidente geográfico relanceado à distância ou visto pela primeira vez – e logo batizado em conformidade com o calendário católico, a exemplo do Monte Pascoal. Àquela altura, o nome indígena já se impusera no uso dos viajantes europeus. O que significa que o contato entre brancos e índios vinha já se processando há algum tempo naquele trecho litoral. Martim chegou, assim, num lugar de que a sua própria armada já tinha notícia. E sua brevíssima ancoragem não deixou traço algum naquelas terras. Não foi mais do que efeito de um contratempo meteorológico. Tinharé estava – e continuou a estar – sob domínio tupinambá. Seu próprio nome era tupi, corruptela de *ty-nhã-ré*, "o que avança sobre a água".

Mas vamos em frente. O litoral do alto-sul da Bahia estava situado dentro dos limites da Capitania de São Jorge dos Ilhéus. E foi justamente em Tinharé (arquipélago hoje pertencente ao município de Cairu, formado pelas ilhas de Tinharé, Boipeba e Cairu) que Francisco Romeiro desembarcou, erguendo uma povoação no Morro de São Paulo, em meados de 1537. Durante uma década, essa povoação foi a cabeça da capitania. Um manuscrito espanhol da época informa que, ainda em 1545, ficava, na ponta norte da Ilha de Tinharé, a póvoa solitária da Capitania dos Ilhéus.

Mas dois acontecimentos deixaram Tinharé ainda mais perdida no meio daquelas matas. De uma parte, o desfecho da guerra dos tupinambás contra Vila Velha, destruindo a sede da Capitania da Bahia de Todos os Santos. Com isso, Tinharé perdeu sua parceira. De outra parte, o surgimento da Vila de São Jorge dos Ilhéus, que logo floresceria, em gentes e investimentos. Mas fazendo par não com Tinharé, e sim com o núcleo de Porto Seguro. Em consequência dessas mudanças, a póvoa do Morro de São Paulo afundou no isolamento e na paralisia.

Mas os aldeamentos catequéticos não demoraram a se implantar na região – graças, para variar, à ação missionária dos jesuítas. Esses aldeamentos eram espaços fechados, onde deveria se concretizar a cristianização da humanidade "adâmica" que habitava a Terra do Brasil, desde antes da chegada dos europeus. E essas neoaldeias – com seu desenho típico, como ainda hoje se pode ver, por exemplo, no "quadrado" de Trancoso, em Porto Seguro, ou no da Vila de Santarém – se espalharam pelo território baiano. Muitas delas, por sinal, acabaram se desdobrando em futuras povoações, vilas e cidades mestiças. Tivemos vários exemplos disso no século XVI. No litoral do alto-sul, especificamente, ocorre-nos, de imediato, o exemplo de Camamu (outro vocábulo tupi, designação de uma ave aquática, contração de *cama-m-um*, "o peito preto"), cidade que fica no estuário do Rio Acaraí, numa das maiores baías brasileiras, com suas ilhas, suas águas azuis, seus manguezais. Sua origem remonta ao ano de 1560. E está numa aldeia de índios catequizados pelos missionários da Companhia de Jesus.

A *Enciclopédia dos Municípios*, do IBGE, nos dá o seguinte resumo histórico. "Em novembro de 1561, o padre provincial Luiz da Grã, a pedido de um índio cristão de Ilhéus, chamado Henrique Luiz, transferiu a aldeia mais para o sul do local em que se encontrava, fixando-a no lugar denominado Passagem do Macamamu, por ser de terras mais férteis e banhado por diversos rios. Nesse local foi fundada uma grande aldeia, congregando índios de outras menores, situadas em lugares distantes e quase inacessíveis, com o nome de Aldeia de Nossa Senhora da Assunção de Macamamu". Também a pequena Taperoá, plantada no canal que separa Tinharé do continente, nasceu de um aldeamento jesuítico, fundado no mesmo ano do de Camamu, com o nome de São Miguel de Taperoguá. De uma aldeia jesuítica brotou, ainda, a bela Itacaré (mais um topônimo tupi, provável aglutinação de *ita + karé*, "a pedra arqueada"), então denominada São Miguel da Barra do Rio das Contas.

Essa geração de vilas e cidades, a partir de aldeamentos jesuíticos, é facilmente explicável. Os missionários da Companhia de Jesus se lançaram pelas terras do atual Estado da Bahia empenhados em converter índios, fixando-os em espaços bem delimitados, sob seu controle. O tempo, o crescimento demográfico, os inevitáveis contatos e

Taperoá - Praça da Bandeira.

as trocas extra-aldeões, a própria expulsão dos jesuítas do território brasileiro no período pombalino, a capacidade agregadora dos assentamentos e as misturas raciais e culturais acabaram transformando antigos focos missionários em espaços mais amplos e mais abertos, capazes de se transmudar em vilas. E Pombal, enquanto esteve no poder, estimulou essas passagens.

Apesar do apoio oficial de Mem de Sá – que doou aos padres da Companhia de Jesus sua sesmaria entre Camamu e Itacaré e sempre se mostrou empenhado na proteção dos índios aliados aos portugueses –, a ação jesuítica encontrou um sério obstáculo nos conquistadores e colonizadores leigos ou mesmo "hereges". Além disso, nem todos os ameríndios aderiram ou se submeteram à dominação lusitana. Nem aceitaram a vida cinzenta e reprimida de aldeado, que lhes garantia terra e proteção, mas sob a condição de que, culturalmente, deixassem de ser índios – com hora marcada para trepar, inclusive. Isto é, abandonassem práticas milenares, como o canibalismo e a poligamia, submergindo no sistema luso-cristão de cultura, ainda que para transformá-lo um pouco aqui e ali. Daí as reações e revoltas indígenas. Como as dos nossos já conhecidos aimorés.

Camamu foi originalmente concebida como posto avançado de ocupação para expulsão do gentio.

Camamu virou vila em 1565, juntamente com Cairu e Santo Antonio de Boipeba. O objetivo, segundo Silva Campos, era "instituir núcleos de moradores brancos que constituíssem outros tantos centros de resistência às incursões do numeroso e fero gentio daquela parte do feudo, bem como de atração de índios mansos. Além de vantagens outras que acarretariam em benefício do desenvolvimento da região". A criação de vilas, contudo, em nada atenuou a ira aimoré. Portugueses, mamelucos e índios integrados tiveram sempre de se proteger e fugir. De procurar o refúgio seguro das ilhas, refúgios de Tinharé e Boipeba, já que, para a sua sorte imensa, os aimorés ou gueréns não nadavam, não se arriscavam a entrar no mar, nem possuíam embarcações.

Mais ou menos na mesma época em que foram criadas as vilas de Cairu, Boipeba e Camamu, começou a ser povoado o território onde hoje está Valença. Entre os primeiros moradores do lugar, achava-se o fidalgo português Sebastião da Ponte, homem rico, senhor de engenho no Recôncavo, que entrou em cena fazendo altos investimentos no lugar. Construiu uma igreja. Montou um engenho de açúcar na primeira cachoeira do Rio Una, a duas léguas de sua foz. E abriu uma fazenda de gado no sítio ainda hoje denominado Ponta do Curral, que avança para o mar apontando para a enseada de ondinas que vai da praia da Gamboa ao Morro de São Paulo, em Tinharé. Os demais moradores que vieram se estabelecer naquele território também fizeram seus investimentos, com grandes roças de mantimentos e plantações de cana-de-açúcar.

Completando a nova paisagem antropológica do local, detalhe curiosíssimo: uma aldeia de aimorés, para lá conduzidos por Sebastião e a ele vinculados, sabe-se lá por meio de que laços. Foi essa última e inusitada combinação que produziu uma reviravolta no caminho da futura Valença. Silva Campos se refere ao ocorrido: "Dizem ter sido [Sebastião da Ponte] indivíduo mui violento, prepotente e soberbo, intitulando-se arrogantemente primeiro rei do Brasil. Em 1574, mandou ferrar um homem branco na omoplata. Foi a vítima à corte queixar-se a el-rei Dom Sebastião, mostrando-lhe a marca ignominiosa. Então, o monarca ordenou a prisão do atrevido senhor de engenho [...] Preso o nosso herói, os selvagens que ele conseguiu pacificar, ou conter à distância, destruíram as habitações e lavouras dos moradores, que fugiram". Que fugiram – claro – para Cairu, Tinharé e Boipeba, abrigos de praxe daqueles que se viam ao alcance da violência dos sempre mais temidos e temíveis guerreiros aimorés.

Ainda no século XVI, os aimorés fizeram com que os jesuítas se retirassem, juntamente com seus rendeiros, da sesmaria que Mem de Sá lhes doara. Além das povoações do Una e de Camamu, despovoadas ficaram também as margens do Rio das Contas, antigo Jussiape dos indígenas, "onde os truculentos selvagens enxameavam". Os habitantes de Camamu e de outros pontos da Capitania dos Ilhéus tomaram, então, o rumo das ilhas de Boipeba e Tinharé, que assim conheceram um súbito e razoável incremento populacional.

"Nessa época, a parte mais cultivada da capitania era constituída pelos distritos de Camamu, Cairu e Boipeba", lembra Silva Campos. A guerra movida pelos aimorés reacendeu-se em toda a sua fúria naquele final de século, mas, já nos primeiros dias da centúria seguinte, firmou-se um acordo de paz. A colonização voltou a se organizar. Cairu, Camamu e Boipeba – com Cairu, agora, à frente – como que ressuscitaram. À entrada do século XVII, portanto, Cairu era a estrela do litoral sul da Bahia. A velha Boipeba vinha em seguida. Enquanto Camamu marcava passo em sua baía cintilante. Mas ao menos havia ali um engenho dos jesuítas e a maior concentração regional de índios convertidos ao catolicismo. O Morro de São Paulo é que foi deixado de lado, sem ter quem o quisesse povoar, de modo que sua enseada, desabitada e desguarnecida, acabou se transformando em "ninho de corsários".

Na década de 1620, as vilas e campos do alto-sul iam bem – especialmente, é claro, numa comparação com São Jorge dos Ilhéus, àquela altura sede meramente nominal da capitania onde o donatário praticamente não tinha o que fazer. Os moradores de Cairu, Boipeba e Camamu não tomavam conhecimento de sua existência. Estavam ocupados em conduzir os engenhos e fazendas que começavam a se alargar por suas terras, produzindo. E quando ficaram preocupados, atemorizados mesmo, foi por causa da aparição de embarcações holandesas em suas águas, colorindo com tons de guerra aquele mar. Era previsível. Em abril de 1624, a velha Boipeba assistiu a uma cena inédita. Um navio de guerra à vista, uma vela holandesa, publicando-se no horizonte. Era a nau em que vinha Van Dorth, dando já o seu primeiro bote, no aprisionamento de um navio negreiro. Ele estava ali, "andando aos bordos dos Ilhéus para o Morro" (Frei Vicente do Salvador), à espera de sua esquadra. Pouco tempo depois, foi possível contemplar, do alto do Morro de São Paulo, a aparição deslumbrante de toda a grande armada holandesa singrando o mar. Van Dorth juntou-se aos seus. E todos tomaram o rumo da Cidade da Bahia.

Mais tarde, sitiados em Salvador, os holandeses viram que era preciso buscar por mar os comestíveis e outros artigos de que necessitavam. Nessas incursões, retornaram às águas de Boipeba, Tinharé, Camamu e Cairu. Tempos antes da invasão de 1624, o capitão holandês Francisco Vilhena estivera preso na Bahia, fazendo amizade, então, com Antonio de Couros, senhor de engenho em Cairu. Agora, vendo-se obrigado a conseguir mantimentos, Vilhena resolveu recorrer ao amigo. Estacionou sua nau no Morro de São Paulo e, com duas lanchas tripuladas por mosqueteiros e um português que levava por guia, foi até Boipeba, entrando pelo rio em direção à Vila de Cairu. Lá chegando, Vilhena enviou o português à procura de Antonio de Couros. Antonio veio. Saudou o capitão holandês "com as palavras e cerimônias devidas", ao tempo em que, virando-se para o português, o chamou de traidor. Vilhena disse a que tinha vindo. Antonio respondeu que, naquela circunstância, não havia lugar para a amizade – "que não queria com ele paz senão a guerra e para ela o ia esperar em terra".

O capitão flamengo retornou para a sua nau e voltou de mãos abanando para Salvador. De lá, tomou outra nau e foi tentar fazer algum negócio em Camamu. Ainda segundo Frei Vicente do Salvador, levava negros – "que haviam tomado dos navios de Angola" – para trocar por vacas, porcos ou galinhas. Como em Camamu ninguém quisesse negociar com ele, tomou à força doze bois do pasto do engenho dos jesuítas. Bois caros, por sinal, pois que custaram a vida de oito holandeses, abatidos a flechadas pelos índios do aldeamento. Mas não foi de todo um mau negócio. Vilhena queria trocar pretos por vacas – apenas acabou trocando batavos por bois.

Os holandeses foram expulsos da Cidade da Bahia, mas as coisas não ficariam por isso mesmo. A década seguinte não correu tranquila para os moradores do litoral do alto-sul. Eles seriam visados como mantenedores da base de onde partiam carregamentos alimentares para a capital baiana, que se convertera, então, no principal reduto contrário à dominação flamenga dos trópicos. Logo, mais cedo ou mais tarde, seriam atacados pelos holandeses. Foi justamente por isso que as autoridades coloniais determinaram a construção de uma fortaleza naquela área – fortaleza cujas ruínas ainda hoje divisamos e visitamos à entrada mesma do Morro de São Paulo.

De fato, o alto-sul veio a sofrer ataques batavos. Em sua *História dos Feitos Recentemente Praticados durante Oito Anos no Brasil*, o historiador holandês Gaspar Barléu se refere, por exemplo, a um ataque devastador, com saques e incêndios a Camamu, ataque comandado pelo almirante Lichthardt, que, em seguida, desceu em direção ao sul, para golpear a Vila de São Jorge dos Ilhéus. Conta-nos Robert Southey, em sua *História do Brasil*, que, depois de ter feito estragos enormes na Baía de Camamu, Lichthardt "correu, correu [...] com o vento até aos Ilhéus, que atacou, sendo, porém, repelido pelos moradores". Mas a fortaleza do Morro de São Paulo não participou de tais confrontos. Na verdade, só veio a ter uma guarnição fixa em 1664. A partir daí, sim, começou a ter um papel na história política e militar da Bahia. Ou, antes de mais nada, um lugar na história da arquitetura colonial brasileira, erguendo-se nítida na extremidade norte da Ilha de Tinharé.

Afastada a ameaça dos holandeses – que, em suas negociações com Portugal, quiseram ficar com o Morro de São Paulo –, os aimorés ou botocudos voltaram ao centro do palco. Na segunda metade do século XVII, deixaram em polvorosa toda aquela região. Foram décadas de guerra, desdobrando-se em inúmeros combates e ataques ferozes. Em consequência, os colonos voltaram a preferir as ilhas para habitar, "pois no continente de Tinharé, com especialidade, a vida era impossível" (Silva Campos). A repressão a esses índios foi duríssima. Mas nem por isso mais eficaz. Somente no ano de 1673, depois de cerca de 35 anos de guerra, os aimorés ou gueréns finalmente refluíram – e sob disparos de bandeirantes paulistas,

Na primeira metade daquele mesmo século XVII, temos notícia de que, em Camamu, havia extração de madeiras destinadas à construção naval. Nas primeiras décadas do século XVIII, a própria Fazenda Real mantinha feitoria para o corte de madeiras de lei na Vila de Cairu. E essa atividade extrativo-destrutiva veio do século XVII ao XIX. As matas do litoral do alto-sul se transformaram em minas madeireiras. Madeiras obtidas não apenas como matéria-prima exportável, mas também direcionadas à produção náutica local, já que a região fabricava embarcações para consumo interno e externo. Para as frotas dos engenhos, para as águas da Baía de Todos os Santos. No caso desta e de seu Recôncavo, o saveiro ocupou, durante séculos, um lugar muito especial, com o seu incessante ir e vir sobre águas doces e salgadas, servindo à pesca, carregando mercadorias, atacando barcos inimigos, patrulhando ilhas, transportando pessoas. Saveiros de voo breve, produzidos em Salvador, nas ilhas da grande baía e no Recôncavo. Saveiros "de barra fora", produzidos em Valença, Cairu, Ilhéus, Porto Seguro, Caravelas, Nova Viçosa. Vale dizer, ao longo do longo litoral ao sul da Cidade da Bahia.

Por essa mesma época, quilombos proliferaram pelo alto-sul. "Embora fossem as paróquias açucareiras do Recôncavo Baiano as que possuíssem o maior número e a porcentagem mais alta de escravos, a região da Bahia que experimentou a maior incidência de mocambos [quilombos] foi a dos distritos sulinos de Cairu, Camamu e Ilhéus", como escreveu Stuart B. Schwartz em *Escravos, Roceiros e Rebeldes*. Dizem, aliás, que os escravos viviam melhor nas vilas e roças do sul do que nos canaviais do Recôncavo. Mas Schwartz coloca essa própria realidade entre os fatores que favoreceram a formação dos quilombos do sul – "...presume-se que as condições relativamente boas de exigências de trabalho, dieta e bem-estar físico, bem como uma grande proporção de escravos na população, tenham sido fatores que estimulavam a resistência escrava". Além disso, as vilas do alto-sul não se achavam, então, com força suficiente para bloquear fugas de negros ou detonar quilombos malocados nos matos. Cairu e Camamu eram, entre os séculos XVII e XVIII, vilas fragilizadas, com dificuldades para se defender, sem ímpeto para reprimir, sem ânimo para atacar. De uma parte, eram vilas feridas, fraturadas pelos ataques indígenas. De outra, eram vilas algo desamparadas, já que a Cidade da Bahia não se achava suficientemente perto para lhes prestar socorro bélico imediato.

"Embora os mocambos do sul da Bahia jamais tivessem alcançado o tamanho e a população de Palmares, a ameaça que representavam não era menor. Um relato de 1723 dá conta de um mocambo com mais de 400 habitantes [em Cairu], mas o tamanho não era o único determinante da periculosidade do mocambo nessa região", escreve ainda Scwartz. E essa história de quilombos do litoral alto--sul foi se tornar mais aguda a partir das últimas décadas do século XVII, quando começou a se apagar o fogo da guerra dos gueréns. Vimos que, sob a mira de bandeirantes paulistas e seus aguerridos soldados indígenas, os botocudos se dobraram, finalmente, em 1673. Nesse mesmo ano, Cairu estava pedindo providências para se livrar de um quilombo, "novo flagelo que aparecia nas terras da atribulada capitania" (Silva Campos). Não chegou a ter tempo de respirar, portanto, o litoral de nosso alto-sul. Mesmo porque, embora situando-se em locais de acesso complicado, esses quilombos se fixaram, de preferência, na proximidade de vilas e plantações. E, em vez de produzir seus próprios bens, optaram pela pilhagem e pela rapina nas redondezas. Pela sobrevivência econômica parasitária, na base do roubo, do assalto e da extorsão.

Em 1692, tivemos a emergência do célebre quilombo de Camamu. Reconta Schwartz: "...um grupo de fugitivos liderado por cinco comandantes mulatos passou a saquear as lavouras próximas a Camamu e ameaçou tomar posse da própria cidade. A intranquilidade atingiu não somente o sul da Bahia, mas também o Recôncavo, onde a desordem imperou quando a notícia daqueles eventos chegou às senzalas dos engenhos e os senhores começaram a temer insurreições semelhantes. Uma expedição militar portuguesa, em 1693, finalmente destruiu o mocambo, sitiando o povoado protegido por paliçadas". E os quilombos entraram ativos no século XVIII. Silva Campos: "O Conde de Sabugosa [então governador do Brasil] [...] visitou em 1720 parte da Capitania de Ilhéus [...] E ordenou forte campanha contra os quilombos das matas de Jequiriçá, de Cairu, do Rio das Contas, do Pardo e do Jequitinhonha, na qual se empregaram contingentes dos terços regulares da capital, ordenanças dos distritos e índios mansos". Ainda assim, descobre-se, dois anos depois, o grande quilombo de Cairu.

De qualquer sorte, o movimento quilombola do alto-sul parece ter refluído a partir de então. Mas os moradores das vilas continuaram sem conseguir trabalhar em paz. O refluxo quilombola coincidiu com nova preamar dos aimorés, que voltaram a retesar os arcos e despedir flechas. Especialmente, a partir de 1727. Por fim, nos meados do século XVIII, tivemos a chamada "última guerra" dos gueréns-aimorés, que se estendeu de 1749 a 1755.

Cite-se, uma vez mais, Silva Campos: "Depois de alguns anos de calmaria, em fevereiro de 1749, eis de novo em efervescência a belicosa atividade dos gueréns. Limitavam-se, agora, a assolar o distrito de Cairu e parte de Camamu, praticando, até 1755, incêndios, depredações e homicídios. Finalmente [...] um dos índios aldeados no Una de Valença [...] trouxe aqueles silvícolas para o convívio dos civilizados, localizando-os perto da aldeia. Desde então cessaram as suas hostilidades, terminando assim a derradeira 'guerra dos gueréns' [...] Esta, da mesma sorte que as outras passadas, não teve verdadeiramente outra causa senão a ganância, a cupidez dos escravizadores de índios".

Enfim, os quilombos não mais atazanavam a vida das vilas. E os botocudos, quase inteiramente destruídos, haviam baixado as armas. Inédita calmaria no alto-sul. Tempo para a retomada dos trabalhos e das coisas cotidianas. Nessa época, povoações que vinham engatinhando foram transformadas em vilas. Como a antiga Vila de Santarém, atual Ituberá, por exemplo. Ou Maraú, de *Mayrahú*, também originalmente uma aldeia de índios tupiniquins. O aldeamento catequético de São Sebastião de Maraú, fundado em 1705 por capuchinhos italianos. Seu título de "vila" foi alcançado em 1761. Na década seguinte, Maraú já contava com o seu terço de infantaria, um funcionário do recém-inaugurado correio terrestre e perto de dois mil moradores. Exportava, sobretudo, farinha e aguardente, mas também melado, goma, remos, abacaxis e melancias, famosas por sua doçura. Valença, por sua vez, renasceu no século XVIII, a partir do povoado de Amparo. E apresentando já algum florescimento, graças aos cortes de madeiras nas margens do Una. Seu título de "vila" – Vila de Valença – veio em 1799.

Entre os séculos XVIII e XIX, a vida no litoral sul era a de uma região pobre – entre outras coisas, pela proibição de fabricar açúcar, privilégio do Recôncavo. Região que vira uma boiada, pela primeira vez, em 1793, e onde reinava o jacarandá e surgiam, nos campos, as novas plantações de café, pimenta da índia, canela e cacau. Região onde as pessoas se alimentavam quase diariamente de caranguejos, camarão com limão, peixe frito, ostras e outros mariscos – morando em casas rústicas, praticamente desmobiliadas e desfilando pelas ruas a sua seminudez, embora bem mais vestidas do que as mocinhas que hoje passeiam pelas mesmas praias e ilhas do lugar, dourando seus corpos em biquínis mínimos. Uma região, enfim, onde as vilas viviam em câmera lenta, e os núcleos indígenas produziam cestos e contas de rezar, vendo a piaçava crescer e o rosto da mata litorânea cobrir-se de baunilha.

Ainda nas primeiras décadas do século XIX, quando as vilas do Recôncavo aclamaram Pedro I, reconhecendo sua autoridade e se dispondo a enfrentar as tropas portuguesas do general Madeira de Melo, a revolução teve início na Bahia. Logo outras vilas da Província aderiram à "causa nacional", à luta pela independência. Entre elas, na linha de frente, Valença e Maraú. Também Cairu e Camamu contribuíram com homens, armas e mantimentos para a campanha bélica de libertação nacional. E o porto do Morro de São Paulo abriu suas águas para abrigar nossos navios de guerra. O desfecho da história é do conhecimento de todos. Os portugueses se viram obrigados a fugir de Salvador. A Bahia se incorporou, então, ao Estado nacional brasileiro. E o litoral sul pôde se congratular consigo mesmo por ter participado da empreitada.

Na segunda metade do século XIX, Maraú experimentou um esboço de processo industrial. No campo da mineração petrolífera. A história econômica e social do petróleo, no Brasil, não começa, portanto, no século XX. Nem tem o seu ponto de partida no Recôncavo. Começa em Maraú – e na Baía de Camamu. E essa riqueza petrolífera regional já está sendo novamente explorada. O futuro imediato de Maraú e Camamu, infelizmente, não será apenas ecoturístico, se vingar a obsessão predatória de uma fonte de energia suja. De uns anos para cá, aliás, Cairu tem praticado a exploração de gás natural do poço de Manati.

Também a Vila de Valença teve o seu breve ensaio de iniciativa de industrialização. Na década de 1840, iniciou-se ali a construção de uma fábrica de tecidos. Era o capital comercial se deslocando para a produção de manufaturas. Para a fabricação dos tecidos rudes de que a Bahia carecia, a fim de ensacar produtos destinados ao mercado externo e confeccionar roupas para seus escravos e mesmo para as camadas mais pobres da população.

Apesar do poder econômico dos comerciantes envolvidos no empreendimento e da proteção do governo imperial, a história da fábrica

Companhia Valença Industrial, uma das grandes fábricas têxteis da pioneira indústria brasileira do final do século XIX. Tal experiência industrializante, infelizmente, fracassou.

de Valença foi um rol de dificuldades. Com seus muitos fusos e teares e dezenas de operários de ambos os sexos, a unidade fabril viveu em permanente situação de crise. Mesmo assim, para facilitar o acesso de embarcações maiores ao porto de Valença, construiu-se, no Morro de São Paulo, o farol ainda hoje lá existente – farol considerado, na época, o mais moderno de todo o litoral brasileiro. Em 1860, Pedro II foi até Valença – e ficou encantado com o que viu. As dificuldades, contudo, nunca cessaram. Instalaram por lá ainda mais uma fábrica de tecidos. E as duas faliram. Mas o importante foi o sistema de trabalho adotado naquelas fábricas. O Brasil inteiro vivia, então, sob regime escravista. As fábricas de Valença, porém, adotaram o sistema de trabalho assalariado. Sem distinção de sexo.

A partir desses anos, de todo modo, o alto-sul da Bahia estacionou. Ao mesmo tempo, o retardamento de impulsos modernizadores significou, também, o atraso das investidas predatórias. O que viria, mais tarde, a contribuir de modo decisivo para a dinamização das atividades turísticas em Tinharé, Boipeba e Camamu. Houve, é claro, a explosão dos cacauais ao sul. Mas no eixo Ilhéus–Itabuna. As terras de Boipeba, Cairu e Camamu não foram atingidas por essa forte expansão agrícola. É certo que houve algum reflexo, ali, do mundo cacaueiro – e gente que se enriqueceu com isso. Mas os cacauais mais afastaram do que aproximaram Ilhéus e o Morro de São Paulo, por exemplo. Enquanto Ilhéus ganhava novidades urbanas e vida noturna, com seus "coronéis" endinheirados pipocando grana em hotéis e bordéis do Rio de Janeiro, a Ilha de Tinharé vivia um cotidiano remansoso – e era iluminada pelas noites estreladas e a lua cheia, com candeeiros bruxuleando nas casas humildes.

Também culturalmente a região é distinta. Deve ser tratada, desse ponto de vista, como uma espécie de "zona de transição", como a classificou Nelson de Araújo, num dos tomos de sua pioneira e inestimável obra *Pequenos Mundos*, ao examinar a faixa territorial que se estende ao sul dos tabuleiros de Valença. Ou seja: a região cultural que vai de terras de Valença a terras de Itacaré, passando pelo arquipélago de Tinharé e pela Baía de Camamu, aparece como uma área de transição entre a cultura afrobarroca da Baía de Todos os Santos e seu Recôncavo, a chamada "cultura grapiúna" concentrada em Ilhéus e Itabuna e a cultura mais acaboclada do extremo-sul, terras da antiga Capitania de Porto Seguro.

É claro que manifestações culturais idênticas (ou quase, já que muitas vezes uma cor local se impõe, como no caso do bumba-meu-boi de Belmonte, por exemplo, lá chamado "boi duro") podem aparecer tanto num subúrbio da Cidade da Bahia quanto na velha Gamboa do Morro, tanto num distrito de Santo Amaro da Purificação quanto em Ilhéus e Nova Viçosa. Manifestações culturais idênticas se reproduzem, de fato, com pequenas variações, por toda a extensão territorial da Bahia. Mas nem por isso estamos autorizados a perder de vista a significativa diversidade interna de cultura que nos caracteriza, em vários planos e dimensões.

Quanto mais próxima das águas de Itaparica, dos terreiros do candomblé de caboclo de Santo Amaro da Purificação, do maculelê e do samba de roda de Cachoeira, mais a cultura do alto-sul, com seus claros traços negro-ameríndios, se aproxima do que se passa na Cidade da Bahia e no Recôncavo Baiano. Quanto mais próxima da praia de Ilhéus, das cores do Arraial d'Ajuda, das casas de Caravelas, mais ela se aproxima, com seus traços ostensivamente caboclos, do que se passa por aquelas bandas mais ao sul.

Algumas das manifestações estético-culturais da região, no entanto, são capazes de chamar, de imediato, nossa atenção – pela sua singularidade. Uma delas é, com certeza, o zambiapungo (ou zambiapunga), vivo na antiga Santo Antonio de Boipeba, onde ainda hoje existem uns remanescentes de velhos quilombos, assim como em Cairu e Taperoá. O zambiapungo ou zambiapunga, de evidente origem negro-africana, de extração banto, é certamente marcante, em termos vestuais e musicais. Suas máscaras encantam. E sua formação instrumental surpreende, com tambores, sopro de búzios e enxadas percutidas.

Foi assim – com as suas fascinantes belezas naturais, praias deslumbrantes como Taipus de Fora, com os seus muitos monumentos arquitetônicos, a exemplo do Convento de Santo Antonio, em Cairu, com sua riqueza cultural – que a região, no século XX, entrou em cheio no campo das atividades do setor turístico. Aos poucos, mas sem retorno, toda a paisagem do alto-sul foi mudando, com empreendedores, viajantes e curtidores das mais variadas procedências.

Na década de 1950, por exemplo, ao falar da economia do município de Camamu, com suas lagoas e suas serras, prestaríamos atenção, de imediato, em suas palmeiras e frutas – dendês e araçás –, para

Zambiapunga.

Convento e Igreja de Santo Antônio em Cairu.

nos referir a um mundo fundamentalmente agrícola, voltado, então, para a cultura do cacau. Taperoá, com suas reservas de maçaranduba e sucupira e seus dendezeiros, também vivia, basicamente, da lavoura. Hoje, tanto Camamu quanto Taperoá se incluem, sem rodeios, nos fluxos dos roteiros turísticos brasileiros. E o mesmo se pode dizer da antiga Vila de Cairu. Na mesma década de 1950, quando alguém mencionava a economia de Cairu, apresentavam-se a extração da piaçava e as plantações de coco, ao lado de algum artesanato feito no Morro de São Paulo e na Gamboa. Hoje, diversamente, é impossível dissociar Morro e turismo. Jatinhos tomam o rumo do lugar. Lanchas, iates e catamarãs cortam aquelas águas. Enfim, o local se inscreveu de vez no novo universo brasileiro das economias do turismo e do lazer.

Mas o processo não foi tão rápido assim. A implantação do *ferry boat*, ligando Salvador a Itaparica, a construção de uma estrada-avenida, atravessando a ilha e a Ponte do Funil, ligando a ilha ao continente, tiveram grande importância nessas mudanças. Adiante, foram feitas a estrada vinculando Itaparica a Nazaré das Farinhas e a pavimentação da BR-101, espécie de Rio-Bahia dos litorais, que foi fundamental para o incremento das atividades turísticas na região de Porto Seguro.

Vindo por Itaparica ou pelo extremo sul, essas vias aproximaram mais gente das praias do alto-sul. Com tudo isso, abriu-se e se firmou uma nova frente turística baiana.

Na passagem do século XX para o século XXI, a infraestrutura turística do alto-sul da Bahia era capaz de receber, de modo tranquilo e confortável, milhares e milhares de visitantes de todas as cores, credos, idades e cidades. Morro de São Paulo, que chegou a ser chamado "Brazilian Caribbean", era exemplo consumado disso, com seus hotéis, suas pousadas, seus restaurantes, bares, iates e escunas. Mas o Morro não era uma exceção. Outros lugares contemplados com feitiços ecovisuais receberam infraestrutura turística. A Baía de Camamu, terceira maior baía do país (menor apenas do que a de Todos os Santos e a de Guanabara), dispõe de pousadas, restaurantes e hotéis. Pesqueira e portuária, Valença conta atualmente não só com os principais estaleiros da Bahia, como também com um aeroporto capaz de suportar aterrissagem de jatos. Mas há, ainda, a vertente dos viajantes ou visitantes que procuram belezas menos exploradas, o que vai levando jovens turistas (principalmente) a lugares como Garapuá e, em especial, Moreré. O fato é que o turismo tomou inteiramente conta da região.

Curiosa iconografia de indígenas em Porto Seguro datada de 1826.

CAPÍTULO 7

Um porto de luz

Numa quarta-feira, entre as três horas da tarde e o pôr do sol, uma esquadra de navegadores ousados, que vinha, há mais de um mês, cortando as águas do oceano Atlântico, viu, de repente, surgir, diante de seus olhos mareados, um monte muito alto. Em seguida, serras mais suaves. E, finalmente, a terra plana. Era o dia 22 de abril de 1500. Data de nascimento do que, no futuro, viria a ser o Brasil.

Aconteceu assim – nas praias das atuais cidades de Santa Cruz Cabrália e Porto Seguro – aquele que foi o primeiro encontro dos portugueses com seres, coisas e cores que povoavam a faixa litorânea das terras brasílicas. Índios e lusos trocaram, então, sinais, acenos, presentes. Apesar da distância física, linguística e cultural que os separava – uns apenas pintados de urucum, outros envelopados em tecidos grossos –, chegaram mesmo a dançar juntos, de mãos dadas, ao som de uma gaita lusitana. Dias de festa, férias e congraçamento sob o céu azul dos trópicos.

Mas não apenas isso, é claro. No domingo de Páscoa, plena Semana Santa, os portugueses promoveram a celebração de uma missa no ilhéu de Coroa Vermelha. Adiante, achantaram uma grande cruz na praia, próxima às margens do Mutari (onde havia abastecido de água doce seus navios), como signo ou marco de uma tomada de posse espiritual daquelas terras. Pragmáticos, os lusos registravam a fartura de águas, a fertilidade do solo, a natureza ou o temperamento dos "nativos" e, ainda, procuravam acreditar que ali se encontraria muito ouro e prata. Um olhar para Deus, outro para os metais preciosos – portanto. O ouro e a fé eram, de fato, os móveis centrais da expansão lusitana pelo mundo, entre os séculos XVI e XVI. Por fim, no dia 2 de maio, a armada cabralina levantou âncoras e seguiu viagem, rumo a

Missa campal em pleno período de catequese indígena logo após a descoberta.

seu destino final, que era Calicute, nas Índias. A ancoragem na baía cabralina – que alteraria, de forma radical e profunda, os mundos brasílico e português – foi, então, somente um breve pouso, uma simples escala no périplo oceânico das naus do capitão Cabral.

Mas a esquadra não deixou apenas lembranças na atual região de Porto Seguro. Deixou também dois degredados, a fim de que, aprendendo a língua e os costumes do lugar, viessem a ter alguma serventia futura, em função da conquista e da eventual colonização das novas terras. Conta-se que esses dois degredados, ao se verem abandonados no litoral ameríndio, naquela imensidão de céu e mar, desataram em prantos, no que foram consolados pelos índios. E já a partir daí nasce a lenda de que o Brasil, em seus primeiros tempos de existência, não passou de uma vasta e esparsa colônia de degredados. De contraventores. De gente indesejada em Portugal. Mas essa é apenas uma parte – e nem sempre a maior – da verdade.

Primeiro, porque os degredados não eram simplesmente criminosos, como geralmente se costuma pensar. Pessoas eram condenadas ao degredo, naquela época, por motivos que hoje soariam ridículos.

Por serem "videntes", por exemplo, predizendo coisas futuras, olhando a sorte daqueles que as procuravam. Segundo, porque, nem todos vieram para cá ou ficaram por aqui contra sua vontade. Muitos vieram por impulso próprio. Muitos ficaram porque se deixaram fascinar pela vida e pelas luzes dos trópicos. Veja-se o que aconteceu à passagem da expedição cabralina. Os dois degredados chorões permaneceram compulsoriamente entre os índios de Cabrália e Porto Seguro. Mas alguns marinheiros, na véspera da partida da esquadra, simplesmente fugiram das embarcações, mergulhando na noite tropical. Ocultaram-se na mata, em alguma dobra de rio ou nas malocas indígenas. Não mais desejaram prosseguir em direção às Índias, nem retornar a terras lusitanas. Pelo contrário. Haviam *escolhido* viver ao sol e à sombra do Monte Pascoal, circulando livres por aquelas praias claras, entregues ao doce balanço das redes tupis.

Pero Vaz de Caminha, escrevendo a sua "Carta" no mesmo dia da fuga dos marujos, diz que eram dois os fugitivos. Mais tarde, a conta subiu para cinco. Ou seja: o número de marinheiros que fez a opção (e opção arriscada) pelos trópicos foi igual ou mais que o dobro do número dos degredados. Em *A Expedição de Pedro Álvares Cabral e o Descobrimento do Brasil*, o historiador português Jaime Cortesão comentou: "E se Caminha fala dos dois degredados, que são forçados a ficar em terra, acrescenta que dois marinheiros, na véspera da partida, desertaram da armada, por se acolherem às selvas. Um dos espiões italianos, que então vivia em Lisboa, mais bem informado, porventura, sobre o número de desertores, só mais tarde com precisão verificável, vai mais longe e fala de cinco marinheiros, que fugiram, atraídos pelo encanto da terra. Assim, desde a origem, Portugal sagra também a sua posse com a atração irresistível dos nossos pelas florestas brasileiras".

De quatro a sete europeus passaram a viver, portanto, em terras do atual extremo-sul da Bahia. O que significa que – salvo a ocorrência de algum desastre, que nada indica ter acontecido – aí tiveram início os processos de miscigenação e sincretismo cultural entre europeus e ameríndios na Terra do Brasil. Porque os índios não rejeitaram os forasteiros. Antes, os abrigaram. Eles, por sua vez, estavam já enfeitiçados pela beleza das mulheres indígenas. Note-se, a propósito, que nem mesmo durante a celebração da Santa Missa, o escrivão Caminha conseguiu desviar os olhos das coxas de uma jovem índia, que se estendia nua nas imediações do altar.

Mas quem eram, afinal, aqueles índios? Pela descrição de Caminha – a aldeia, o feitio das malocas, os tembetás, etc. –, é difícil não reconhecer que aquela era uma gente tupi. Mais precisamente, os futuramente célebres tupiniquins, que ocupavam então, a partir da baía de Camamu, a fachada atlântica da Bahia. Mas eles não eram os únicos – nem tinham sido os primeiros, como indicam as pesquisas arqueológicas – habitantes da região. Repete-se, na geografia (e também na história, como se verá), o quadro que descortinamos a propósito da Capitania de Ilhéus. Os tupiniquins mantinham sob controle, como terras suas, a linha litorânea sobre a qual tinham avançado, expulsando dali outros agrupamentos indígenas. Despejados violentamente de seus territórios, esses agrupamentos, pertencentes ao chamado tronco linguístico macro-jê, foram obrigados a se deslocar para o interior, onde passaram a viver. Eram os aimorés ou botocudos, os maxakalis, os pataxós, os mongoiós ou kamakãs. Viviam eles em bandos, guer-

Índios Botocudos, Maximilian.

reando entre si e contra os tupiniquins, pelas terras interioranas, que iam da foz do Jequitionha à do Mucuri.

Depois da partida da armada cabralina, os contatos dos índios com europeus não foram interrompidos. Naus portuguesas continuavam desovando degredados ao longo do litoral brasílico. Algum náufrago contemplado pela sorte lograva pôr os pés na praia. E não é nada improvável que o extremo-sul baiano tenha acolhido gente assim. Além disso, desde inícios do século XVI, navegadores franceses começaram a percorrer, com alguma frequência, nossos litorais, em busca, principalmente, de pau-brasil.

Em 1504, por exemplo, a nau *L'Espoir*, capitaneada pelo normando Paulmier de Gonneville, fez uma parada na região de Porto Seguro. Não se sabe exatamente por quanto tempo, mas o suficiente para que os navegadores observassem, ao menos, como os índios dormiam e o que comiam. Em todo caso, a visita foi breve. Alguns franceses que desceram da embarcação foram capturados. Outros, embora feridos, conseguiram fugir e retornar ao navio. Não se sabe o que aconteceu aos prisioneiros. Não é improvável que tenham sido churrasqueados em cerimônia canibal – quando, antes do dia da tacapada final, teriam recebido, como era de praxe entre os tupis, jovens índias para servi-los, inclusive, é claro, em material sexual – o que pode ter gerado mestiços franco-tupiniquins. E mais mestiços ainda, caso poupados do fogo antropofágico. E o episódio do *L'Espoir* não terá sido o único.

Mas o importante mesmo, na história dos primeiros contatos entre ameríndios e europeus, foi a criação da feitoria de Porto Seguro, cuja data de fundação ainda hoje é discutida. Alguns estudiosos afirmam que ela foi criada já em 1503, quando da passagem da esquadrilha exploradora de Gonçalo Coelho, que ali teria deixado 12 peças de artilharia e 24 pessoas, munidas de armas e víveres. Outro atribuem o feito ao capitão Cristóvão Jaques, comandante de uma armada guarda-costas que, anos mais tarde, percorreu a costa brasílica com o propósito de afugentar franceses. Não importa. O que realmente conta é que uma feitoria era um misto de fortificação e entreposto comercial, voltada basicamente para as operações comerciais do pau-brasil. Os índios carregavam até lá a cobiçada madeira, que trocavam pelos mais variados artigos. A mercadoria era, então, estocada, ficando à espera de navios que a viessem recolher. Com a implantação de uma feitoria, portanto, a relação entre o europeu e o ameríndio atingia novo patamar. Não se tratava mais de simples contato. O que passava a acontecer, então, merece outro nome: convívio.

Com o passar do tempo, formou-se ali, no alto de uma colina próxima à foz do Buranhém (do tupi *ybyrá-nhê*, 'a madeira doce'), uma pequena povoação, uma póvoa, embrião da atual Porto Seguro. Pouquíssimo, quase nada, se sabe a seu respeito. Com um mínimo de lógica, deve-se supor que foi um desdobramento natural, digamos assim, da feitoria. E seria habitada, além disso, por náufragos europeus e, quem sabe, por aqueles degredados e desertores da armada cabralina e alguns de seus descendentes mestiços. Seu líder era um português chamado João de Tiba, que, mais tarde, viria a servir de intérprete nas primeiras conversações mantidas entre o donatário da capitania e os índios tupiniquins. Pois, assim ao léu, a vida foi rolando por aquelas praias e matas até julho de 1535, quando duas naus e duas caravelas chegaram à foz do Buranhém, ao sul da Baía Cabrália. Era a turma de Pero do Campo Tourinho, primeiro donatário da – agora – Capitania de Porto Seguro.

Pero do Campo Tourinho, como Diogo Álvares Caramuru, era natural de Viana do Castelo. Ao contrário deste, porém, nada tinha de pobre. Era filho de família aristocrática, proprietário de terras e mercador – um mareante, mestre de caravela na rota de Flandres, labutando no comércio europeu de tecidos finos. Quando João III lhe concedeu a Capitania de Porto Seguro – terras que se estendiam do Jequitinhonha ao Mucuri, já próximo do atual Espírito Santo –, Tourinho não fez por menos. Vendeu tudo o que tinha em Portugal e partiu para aquela região, hoje baiana, com mulher, filhos, parentes e cerca de 600 colonos – em sua grande maioria, pequenos agricultores e homens afeitos ao mar, pescadores nascidos na mesma Viana do Castelo, às margens do Rio Lima.

Ao desembarcar no Buranhém, Pero do Campo Tourinho ingressou num espaço geográfico que, como se viu, vinha sendo colonizado, de modo menos formal que informal, há mais de três décadas. Vale dizer, desde os dias dos "caramurus" deixados pela – e fugidos da – esquadra do capitão Cabral. "Nenhum dos outros donatários teve tão próspero desembarque. A sua colônia mais pareceu um aumento à de

Igreja Nossa Senhora da Pena, em Porto Seguro.

Cristóvão Jaques, ou à feitoria, onde achou muitos portugueses, e alguns deles com mais de trinta anos no país com vários mamelucos em boa paz, e harmonia com os indígenas", escreveu, a propósito, Aires de Casal, em sua *Corografia Brasílica*.

Pero do Campo logo se encontrou com João de Tiba. Entenderam-se. E o donatário entrou então em cena para fazer melhoramentos na póvoa ali existente. Construiu uma capela dedicada a Nossa Senhora da Pena, fortificou o vilarejo com uma paliçada de taipa, abriu uma forja e montou um estaleiro. Ergueu vilas, como a de Santa Cruz, próxima ao Mutari, mas que logo foi transferida para as margens de um outro rio, chamado Sernambetida, atual João de Tiba. Distribuiu terras para os colonos abrirem as suas roças. Doou uma sesmaria a um nobre lusitano, o Duque de Aveiro, e o autorizou a construir engenhos para a produção de açúcar.

De imediato, os tupiniquins reagiram. Aconteceram breves escaramuças e encontros bélicos mais sérios. O donatário logo percebeu que não conseguiria derrotar os índios. Com o auxílio de João de Tiba, tratou de celebrar acordos de paz. Estabelecidos tais tratados, os tupiniquins passaram então a abastecer – com farinha de mandioca, frutas, caça, etc. – os arraiais que iam brotando no território da capitania. E a se engajarem nas expedições de pesca de seus moradores. "Os colonos cultivavam apenas em suas roças o que restritamente necessitavam para alimento; e, como homens do mar que pela maior parte eram na Europa, favorecidos pela proximidade dos baixos Abrolhos, tão abundante de garoupas, ao mar iam buscar a indústria a que mais se dedicaram: a da pesca. E não só levavam pescado às capitanias vizinhas, como, devidamente preparado, ao próprio Reino. Os pescadores encontravam sempre entre os índios, pouco amigos de cultivar a terra, gente para as suas campanhas", informa Francisco Adolpho de Varnhagen, em sua *História Geral do Brasil*.

Houve, ainda, uma curiosa coincidência. Já em 1483, os portugueses haviam deparado, em regiões de Angola e do Congo, com a existência de uma moeda, a que se dava o nome de *nzimbu*. Claro que não se tratava de papel, nem de pedaço de cobre, mas de um "buziozinho mui miúdo", que fazia as vezes de dinheiro naquelas terras africanas. Acontece que era então praticamente impossível andar pela foz do Rio Caravelas, no extreme-sul baiano, sem ir pisando em dezenas e dezenas, centenas desses pequenos búzios, que ali se acumulavam diariamente. Uma verdadeira fortuna ao ar livre, na beira do mar. Não demorou muito e traficantes lusos começaram a levar para a África inúmeras pipas cheias de tais "moedas", que trocavam por escravos. A capitania, no entanto, que nunca chegou a contar com qualquer número significativo de pretos, não lucrava com isso.

De todo modo, pode-se dizer que, a partir dos entendimentos com os tupiniquins, a paz e a prosperidade premiaram a Capitania de Porto Seguro. Não por muito tempo, contudo. Para ser preciso, por exatos dez anos: de 1536 a 1546. Verdade que corsários e contrabandistas franceses nunca deixaram de perambular por aqueles mares, praias e enseadas. Mas o fato é que não chegavam a colocar a capitania em xeque, apesar dos temores do donatário. O caldo engrossou por outras razões. De uma parte, pelo início do assédio armado dos implacáveis aimorés. De outra, por conflitos internos que indispunham o donatário e seus colonos – ou melhor, e os demais poderes e representantes seus estabelecidos na organização da capitania, incluindo-se aqui os sacerdotes, o Duque de Aveiro e mesmo um filho de Pero do Campo Tourinho, que se levantou contra o pai.

Tal disputa política foi ter como desfecho a prisão do donatário, acusado de blasfêmia e heresia, naquele que foi o primeiro processo movido no Brasil pela Santa Inquisição. O donatário abrira o flanco para que tal acontecesse. Revoltado com o número de dias santos determinados pela Igreja, nos quais estava teoricamente impedido de obrigar seus escravos índios ao trabalho, não se limitou ele a abrir fogo contra os padres. Passou a disparar também contra os próprios santos. A chamar São Francisco de bêbado e a dizer que mandaria Santo Antonio "pera a p... que ho pario". Além disso, era homem irascível e grosseiro no trato com os demais. No final das contas, Pero do Campo se viu preso e remetido para Lisboa, de onde jamais retornou.

Quanto aos conflitos com indígenas, a história é longa e plena de revezes para a capitania. O clima foi sempre instável, na verdade, em consequência dos avanços territoriais lusos e da escravização de índios. Os tupiniquins foram progressivamente perdendo ou abandonando as suas aldeias originais. Aproximavam-se das vilas, misturavam-se genética e culturalmente com os colonizadores, eram severamente atingidos por doenças europeias e, sobretudo, passavam a viver em aldeamentos missionários dos jesuítas, como o de São João Batista – que, criado em meados do século XVI, tornou-se vila no século XVIII, batizada com o nome de Trancoso.

Em decorrência da desarticulação das estruturas tupiniquins, que mantinham à distância grupos indígenas do interior, as póvoas litorais da capitania ficaram praticamente entregues às investidas predatórias desses mesmos grupos – especialmente, é claro, às dos aimorés, que viviam circulando em bandos nômades, sempre livres e sempre prontos para atacar. Os saques foram, assim, se sucedendo. Botocudos (ou gueréns ou aimorés, como também eram chamados) atacavam de surpresa, incendiando casas e canaviais, para, em seguida, sumir nas matas. Prolongava-se aqui, como se vê, a trama devastadora que desmantelou Ilhéus. No final do século XVI, o panorama era desolador. No seu *Tratado Descritivo do Brasil em 1587*, Gabriel Soares informa que a Capitania de Porto Seguro se achava destruída e praticamente despovoada.

Decadência. E o panorama não vai experimentar qualquer alteração realmente significativa ao longo dos três séculos seguintes. Apesar de uma ou outra rápida e pequena chama que se acendesse aqui ou ali, nada ia adiante. A paisagem era de ruínas. De vida vegetativa. De pobreza, doença e fome. Numa das regiões ao mesmo tempo mais belas e mais isoladas de toda a Bahia.

A guerra de guerrilhas dos índios aimorés prosseguiu sem descanso durante todo o século XVII. Vilas e campos eram assolados. Santa Cruz – que, em meados do século anterior, chegara a ser mais abastada e vistosa do que Porto Seguro, cabeça da capitania – quase desapareceu da paisagem. Além de índios inimigos, doenças. "Em 1666, uma nova epidemia de varíola aniquilou parte da população, agravando-se, ainda mais, a situação de pauperização", informa Sidrach Carvalho Neto, em *Santa Cruz Cabrália, Cinco Séculos de História*. Em inícios do século XVIII, um documento oficial registra a "notória e manifesta pobreza" da região, com os seus assentamentos costeiros acuados em estreitíssima faixa litoral. No final daquele mesmo século, ao descrever a agora Comarca de Porto Seguro – que abrangia, entre outras, as povoações de Belmonte, Santa Cruz, Caravelas, Viçosa e Alcobaça –, Luiz dos Santos Vilhena desenha um quadro social sombrio, em forte contraste com uma paisagem natural cheia de luz: fortificações caindo aos pedaços, sem uma só peça de artilharia; sítios abandonados; povoamento escasso; pobreza e medo generalizados; todos sob a mira dos aimorés.

Mesmo quando a capitania foi readquirida pela Coroa portuguesa, em meados do século XVIII, o panorama em nada se modificou. No texto "Os Botocudos e sua Trajetória Histórica", Maria Hilda B. Paraíso resume: "É interessante observarmos que, entre os séculos XVII e XVIII, ocorreram as falências das capitanias de Ilhéus, Porto Seguro e Espírito Santo, resultando na sua reversão para a Coroa, que interrompeu os investimentos na região [...] Consequentemente, a zona tornou-se o refúgio privilegiado dos grupos indígenas que se mantiveram nas matas interiores, afastados do processo de expansão da sociedade nacional [sic]. Eram os Botocudos, Mongoyó, Pataxó, Cumanoxó, Cutaxó, Pañame, Malali, Maxakali, Baenã e Kamakã. Tal situação permitiu-lhes, até 1760, manterem seus padrões sociais e a integridade de seus territórios".

Enquanto mantinham íntegros seus territórios, aqueles índios não hesitavam um segundo em desintegrar territórios alheios. Quem hoje contempla os belos monumentos históricos do lugar, erguendo-se claros contra o céu azul, dificilmente consegue imaginar o que se está a narrar nestas páginas. Mas a verdade é que ali vivia, entre prédios chagosos e arruinados, uma gente encolhida e trêmula, que não se atrevia a avançar suas roças para o interior, nem a penetrar navegando nos muitos rios da região. Uma gente que se movia apenas, como disse Aires de Casal, nas "adjacências do mar". Uma gente cercada por um cinturão móvel de índios livres e aguerridos, amantes das cenas de guerra, e que eram, de fato, os senhores daquelas terras.

Sem contar esses grupos de índios, que viviam de modo solto e autônomo nas matas e nas margens dos rios, cumpre notar, a essa altura, que a população reunida em póvoas e roças do extremo-sul era essencialmente luso-ameríndia – túpico-vianesa ou minhoto-tupiniquim, para ser mais preciso, já que ali se vinham misturando, basicamente, naturais de Viana do Castelo e índios do litoral –, com predominância de traços indígenas em seus desenhos fenotípicos. Na textura e na cor dos cabelos, na coloração corporal, no repuxado asiático dos olhos. E era facilmente verificável, em contraste com a população do Recôncavo e mesmo de outros segmentos do litoral sul, entre a Vila de Valença e o arquipélago de Tinharé, a quase absoluta ausência do elemento negro, fosse africano ou nascido já no Brasil. O que ia conferindo características particulares de cultura às terras que desciam de Belmonte em direção ao Espírito Santo. Características que iriam se acentuar com o tempo, em consequência do isolamento regional.

De Belmonte, disse Vilhena: "Na sua [do Jequitinhonha] margem meridional, em uma planície próxima do mar, se acha situada a vila de Belmonte, habitada de índios e brancos, de que a matriz tem a invocação de Nossa Senhora do Monte do Carmo. É governada alternativamente por dois juízes, branco um e o outro índio". Da vila, diz o mesmo cronista: "Na margem setentrional deste rio [Jucuruçu], à vista do mar, em lugar alto e plano, se bem que pouco, se acha fundada a vila do Belmonte, habitada de índios e brancos, governada por um juiz ordinário; há nela uma companhia de ordenanças de broncos e índios, comandada por um capitão, responsável ao capitão-mor da vila de Caravelas".

Não devemos nos esquecer, de resto, que Belmonte nasceu de um aldeamento missionário. De que os jesuítas se instalaram na foz do

Jequitinhonha com o propósito de promover a catequese dos índios, erguendo ali uma capela dedicada a Nossa Senhora Madre de Deus. E, se brancos predominavam em Caravelas, os índios povoavam Trancoso – e brancos e índios condividiam Alcobaça. Não era notável a presença negra na região. A paisagem humana mantinha-se invariável: brancos e índios – sempre. Índios "mansos" ou pacificados, vivendo em aldeamentos, vilas e povoados. Participando tranquila e rotineiramente do comum da vida de todos, nas roças e póvoas do litoral. Influenciando e sendo influenciados, do plano das técnicas ao plano dos signos. E índios "bravos", selvagens, correndo livres pelos campos. Índios que – longe de terem aceito a tutela lusitana, firmando acordos com donatários ou se misturando com os colonos já mestiços, gerando filhos caboclos, mamelucos – combatiam sem descanso os moradores dos acanhados e decadentes assentamentos litorâneos. Índios que sempre foram uma tremenda dor de cabeça para as autoridades coloniais e que provocaram o mais inteiro fracasso dos projetos originais das capitanias de Ilhéus e Porto Seguro.

Em princípios do século XIX, a guinada. Instalado no Brasil, o então príncipe regente João VI bateu forte na mesa. Não queria saber de contemporização, e muito menos de fraqueza com relação a grupos indígenas que bloqueavam, com suas armas, a marcha da colonização em diversos rincões do Brasil. Os brasileiros não podiam continuar encurralados, apenas se defendendo ou tentando se defender das flechadas certeiras de ameríndios bravios. Era hora de sair do confinamento costeiro. De romper o cerco. E partir para a ofensiva. Para o ataque. Foi com essa disposição que o príncipe assinou, então, uma surpreendente *declaração de guerra* aos botocudos do Vale do Rio Doce.

No escrito "Política Indigenista no Século XIX", Manuela Carneiro da Cunha comenta: "Houve, ao longo dos séculos, adeptos da brandura e adeptos da violência [no trato com os índios]. Destes últimos, o mais célebre foi D. João VI, que, recém-chegado ao Brasil, desencadeara uma guerra ofensiva contra os genericamente chamados botocudos, para liberar para a colonização o vale do Rio Doce no Espírito Santo e os campos de Garapuava, no Paraná. Inaugurara também uma inédita franqueza no combate aos índios. Antes dele, ao longo de três séculos de colônia, a guerra aos índios fora sempre dada como defensiva, sua sujeição benéfica aos que se sujeitavam e as leis como interessadas no seu bem-estar geral, seu acesso à sociedade civil e ao cristianismo. A retórica, ou melhor, sua relativa ausência em D. João VI, constituirá uma exceção passageira".

O príncipe queria a guerra: nua, crua – e cruel. E ela não se reduziria, de modo algum, aos aimorés, nem ficaria restrita ao Rio Doce e ao Espírito Santo. Atingiria também outros agrupamentos ameríndios. E o seu raio de ação cobriria os cursos médios de todos os rios existentes entre o Doce e o Pardo, já no sul da Bahia – e em cuja foz descansava então o povoado de Canavieiras. Fortificações e destacamentos militares – "quartéis" – irão pontuar todo esse vasto pedaço de chão, na região do Jequitinhonha, na do Pardo, na do Mucuri. Dando origem, inclusive, a arraiais que um dia se transformarão em cidades. Como Linhares, no Espírito Santo, Salto da Divisa, em Minas Gerais. E a povoação de Escondido, atual cidade de Itamaraju, no extremo-sul baiano.

Por mais estragos que tenha feito, todavia, a guerra movida pelo príncipe regente e outras autoridades governamentais não liquidou, de imediato, os índios dos rios Doce, Pardo, Jequitinhonha e Mucuri. Não liquidou, mas os feriu – funda, séria e inapelavelmente, apesar dos ataques que, de caju em caju, eles continuariam desferindo na região, ainda por alguns anos. Maria Hilda: "A caça aos botocudos criou uma nova situação no relacionamento colonizador/colonizado. Cada vez mais, pequenos bandos procuravam contatos pacíficos, entregando-se ao aldeamento como forma de garantir a sua sobrevivência, ameaçada pelos choques com os colonizadores e com outros grupos indígenas, em função da redução e da perda dos territórios. A fome é uma das razões atribuídas por vários responsáveis pela administração da região para tal atitude. Isso pode ser comprovado pelas constantes afirmativas de que os índios se aproximavam dos quartéis em busca de alimentos e pelas notícias de ataques às roças dos colonos".

O fato era que o processo colonizador avançava de modo irreversível. Militarmente. Terras habitadas por índios livres eram expropriadas – e seus organismos sociais desarticulados. A política de aldeamentos abrangia um contingente cada vez maior de índios. Como se não bastasse, grupos indígenas não davam tréguas uns aos outros, guerreando entre si, por causa, principalmente, de disputas territoriais, como se pôde ver tanto nas brigas entre pataxós e kamakãs quanto na aliança de pataxós e maxakalis, no extremo-sul da Bahia, para dar combate aos sempre temidos aimorés.

Mesmo grupos indígenas autônomos ou relativamente autônomos se empenhavam para incrementar seu contato e comércio com as vilas do litoral. Em sua *Viagem ao Brasil*, país onde permaneceu de 1815 a 1817, o príncipe alemão Maximiliano de Wied-Neuwied, além de se deter na observação e no estudo dos nossos botocudos, fez registros do seguinte teor: "...apareceram na vila um bando de selvagens que eu tanto queria conhecer. Eram da tribo dos pataxós, da qual eu não tinha visto nenhum até então, e haviam chegado poucos dias antes das florestas. Entraram na vila completamente nus, sopesando as armas, e foram imediatamente envolvidos por um magote de gente. Traziam para vender grandes bolos de cera, tendo nos conseguido uma porção de arcos e flechas, em troca de facas e lenços vermelhos".

Pela metade da centúria seguinte, já ninguém mais fala de índios vivendo livres e isolados pelas terras do extremo-sul. Se os havia, tinham-se afundado mais e mais para dentro das moitas dos matos, fora do alcance das mãos e dos olhos da sociedade global, envolvente. O que encontramos, para essa época, são notícias de sucessivos aldeamentos ao longo do litoral, em Santa Cruz, Viçosa, Cumuruxatiba, Alcobaça, Mucuri. Parece que toda a população indígena da região se agregara já às vilas e póvoas mestiças do litoral, vivendo em sua vizinhança mais próxima, como extensões delas. Vilas e póvoas que, por sua vez, perduravam paralisadas no tempo.

Sim. Salvo um ou outro ensaio de avanço econômico, ou alguma agitação diferente – como a da implantação da Colônia Leopoldina (imigrantes europeus servindo-se de escravos para a produção de café) em Nova Viçosa, o inesperado fluxo migratório a partir de 1884, ou o incremento das atividades comerciais em Caravelas e da pesca da baleia no parcel de Abrolhos –, as descrições do extremo-sul baiano, nos primórdios ou em meados do século XIX, poderiam todas elas ser copiadas, tranquilamente, para falar de tempos passados. Das vidas e das vilas da região nos séculos XVII e XVIII. Porque nenhuma alteração digna de nota ocorreu por ali, em décadas e mais décadas. O panorama humano, social e produtivo permaneceu basicamente o mesmo. Um quadro de mormaço e monotonia. Em verdade, teria sido aquela uma existência luminosamente estável, não fosse a pobreza geral dos moradores da região.

As margens do Jequitinhonha prosseguiam incultas e belas. Aqui e ali, índios ou lembranças de índios ainda possuíam algum dom de assustar. A mata crescia vigorosa. As enchentes inundavam ilhotas, arrastando árvores e canoas. Mariscos rabiscavam os manguezais litorâneos. As técnicas eram todas arcaicas. Nas palavras de Robert Avé-Lallemant (um médico-viajante racista de Lübeck), em *Viagens pelas Províncias da Bahia, Pernambuco, Alagoas e Sergipe*, Belmonte se reduzia a "algumas filas seguidas de casas e cabanas" – "mas maravilhosos coqueiros agitam suas copas sobre a humilde povoação, que recebe assim verdadeiro matiz romântico". E, por falar em coqueiros, a descrição que Avé-Lallemant faz de uma vila próxima, Canavieiras, apesar de todos os seus preconceitos, nos remete a figurações utópicas do paraíso terrestre: "Os cocos caem por si dos coqueiros, a mandioca cresce por si na terra arenosa; peixe há em abundância nos rios e nos seus braços próximos; milhares de grandes caranguejos correm sob o mangue na baixa-mar. A vida lá é tão fácil de se prover, e deseja-se o sossego e a paz da preguiça, ao que as palmeiras, esses símbolos da paz e do sossego, sussurram sim e amém".

Nessa mesma época, Porto Seguro – com o Solar dos Martírios, a Casa da Lenha e os bonitos sobrados da atual Avenida Portugal – era ainda povoado pequeno, vivendo da pesca da garoupa (como no século XVI), à sombra da Casa de Câmara e Cadeia e da sua matriz setecentista, erguidas ambas em praça-belvedere, que se debruçava sobre a encosta, com vista aberta e limpa para o mar. Muita gente ali mais não fazia do que passar o tempo na vadiagem das canoas ou caçando nas matas dos arredores. De meados do século XVI era a Igreja de Nossa Senhora, construída pelos jesuítas no Arraial d'Ajuda. No século XIX, como naquela época, faziam-se romarias para lá, passando por sua fonte de água milagrosa, referida já por Frei Vicente do Salvador, em sua *História do Brasil*: "...uma fonte de água milagrosa, assim nos efeitos que Deus obra por meio dela, dando saúde aos enfermos que a bebem, como na origem, que subitamente a deu o Senhor ali pela oração de um religioso da Companhia [de Jesus]..."

Santa Cruz de Cabrália, por seu turno, parecia pertencer, de uma vez por todas, ao passado. No final do século XIX, para lembrar observações de Salvador Pires de Carvalho e Aragão, em seus *Estudos sobre a Baía Cabrália e Vera Cruz*, as ruínas ali existentes serviam somente para atestar "certo desenvolvimento" que a vila, então com pouco mais de 800 habitantes, conhecera em dias idos. Naquele momento, porém, não só a parte alta e velha da vila se havia estragado, como também sua parte baixa. Embora "regularmente arruada" e possuindo "umas casas boas", achava-se igualmente decaída.

Com os índios assentados nos arredores das vilas litorais – não mais se deslocando insubmissos e desembaraçados pelos matos –, os conflitos entre eles e os moradores mestiços, seus parentes próximos, passaram a pipocar ali mesmo, nas franjas dos pequenos núcleos habitacionais da orla do mar. Daí que, em 1861, o poder público baiano tenha decidido concentrar todos aqueles índios numa única aldeia, ali pelas margens do Rio Corumbau, próximo a Porto Seguro. Tratava-se de reunir, numa só povoação isolada, os pataxós, maxakalis e filhos e demais descendentes de outros grupos que viviam aldeados no entorno das vilas da região. Dizem os especialistas em história indígena

Ponto original da descoberta, Porto Seguro virou *point* internacional de turismo, favorecido por belas praias e rico acervo.

baiana que foi desse projeto que nasceu a aldeia de Barra Velha, maioritariamente pataxó, na área do Monte Pascoal. Uma espécie de confinamento, agrupando a indiada regional numa comunidade à margem não só do Corumbau, mas também da sociedade envolvente.

Os índios saíram de cena durante praticamente toda a primeira metade do século XX. Permaneceram reclusos e quietos, curtindo o ramerrame "tribal" em terras de Barra Velha, de modo que ninguém mais ouviu falar deles. Mas coisa algo parecida pode ser dita também a respeito de todo o conjunto de municípios, cidades, distritos e arraiais do extremo-sul da Bahia, ao longo desse mesmo período. Tudo se passava como se aquela gente do extremo-sul levasse por lá mesmo, solitária, naquelas paragens ensolaradas e encantadoras, sua vidinha rotineira de sempre, quase total e inteiramente afastada do convívio geral das sociedades baiana e brasileira.

A "veneranda povoação" de Santa Cruz Cabrália – "duzentas e poucas casas – em grande parte feitas de ruínas [...] disposta metade na planura e metade na rechã do morro que lhe fica a cavaleiro", segundo a descrição de Eduardo Santos Maia, em *Sob os Céus de Porto Seguro* –, por exemplo, entrou no século XX assim como veio do XIX: devagar, quase parando. Em 1938, o antigo assentamento foi elevado à categoria de cidade. Uma cidade de 856 habitantes, sede de um município de economia agrícola, que tinha, na extração da piaçava, sua principal fonte de renda. Alambiques produziam alguma cachaça. Havia plantações de mandioca e de espécimes frutíferas. Pequenos rebanhos pastavam no campo. E as pescarias prosseguiam. Mas o que contava mesmo era o extrativismo vegetal. A piaçava.

Descrevendo a cidade em 1948, Sidrach Carvalho Neto registrou: "Suas ruas, atualmente, estão constantemente limpas, porém, sinuosas e sem calçamento, com as construções de estilo primevo. No extremo da cidade baixa, está localizado o jardim da Praça da Bandeira, onde a prefeitura mantém um possante alto-falante para distrair a população que ali se aglomera todas as noites, domingos e dias santificados [...]A cidade é iluminada a querosene, não havendo serviço de abastecimento de água encanada, nem rede de esgotos". Ainda nessa década de 1940, Santa Cruz estava subordinada, juridicamente, à comarca de Belmonte. Seu ensino não passava do básico. E suas duas escolas primárias, mantidas pelo governo estadual, funcionavam em casas particulares – tão precárias e pobres que, em tempos de chuva, as aulas eram suspensas.

Algumas coisas, aliás, retrocediam, acentuando a solidão local. Sidrach Carvalho Neto: "...durante os séculos XVIII, XIX e XX, havia um fluxo de embarcações no porto de Santa Cruz, devido ao comércio inter-regional de exportação e importação de produtos e, sobretudo, de transporte de passageiros. De Santa Cruz partiam peixes salgados, especialmente garoupas, madeiras, piaçava e farinha de mandioca. Em contrapartida, os moradores compravam cerâmica e demais objetos manufaturados, além de gêneros de consumo industrializados. O transporte marítimo era realizado em navios a vapor e a vela. No decorrer do século XX, com a implementação de navios maiores e mais modernos, cujo calado impossibilitava a entrada no porto, a região é condenada ao isolamento econômico".

Ainda na década de 1940, uns raríssimos privilegiados podiam alcançar Santa Cruz por via aérea, em pequenos aviões. Era o tempo do célebre teco-teco, levantando poeira com suas aterrissagens feitas aos trancos e barrancos, em pistas de pouso abertas em alguma propriedade particular. Era o caso da Fazenda Cabrália, no lírico povoado de Santo André, com sua bonita enseada, voltada em parte para o mar e parte para as garças azuis do Rio João de Tiba, antigo Sernambetiba – do tupi *çurunamby-tyba*, o sítio dos pequenos mariscos chamados sernambis. Contudo, a quase totalidade da população não tinha, obviamente, acesso ao teco-teco, designação onomatopaica dos pequenos e leves aviões de um só motor "de explosão". Quando era necessário viajar ou fazer algum deslocamento mais longo, o que as pessoas tinham à sua disposição eram os carros de bois e as canoas, que conduziam cargas e passageiros pelos caminhos de água do lugar. Ou o lombo de mulas, burros e cavalos, avançando por estradas estreitas e, muitas vezes, enlameadas, pela margem da linha telegráfica que levava a Belmonte e Porto Seguro, e até por picadas abertas no meio do mato. A menos que o caboclo se aventurasse a caminhar, olhando as coisas miúdas das trilhas, molhando eventualmente os pés nas águas frescas dos riachos, a fim de aliviar o sacrifício da andarilhada.

Coisas semelhantes podem ser ditas sobre os canoeiros deslizando pelo Jucuruçu, rio que vem lá de Minas Gerais, das Serras das Sete

Catedral de Santo Antônio em Caravelas.

Voltas. Somente na década de 1880, assistiu à abertura de suas primeiras "estradas para pedestres". Em 1896, quando passou de vila a cidade, sede municipal, com os distritos de Cumuruxatiba e Escondido, o lugarejo ganhou um presente especial: sua iluminação a querosene (a eletricidade só chegaria por lá em 1949). Durante tempos, a principal fonte de divisas da cidade esteve na extração de madeiras. Jacarandá, inclusive. Nos primeiros anos do século XX, o cacau passou a ser plantado no município. E era também por canoas e tropas de burros que era transportado desde o interior, em dias de viagem. Só se foi conhecer sua primeira estrada de terra, ligando a cidade a Alcobaça e Caravelas, em 1930 – estrada percorrida por "fobicas" e, mais tarde, por jipes, que atravessavam de balsa o velho Jucuruçu.

Mas não é preciso somar exemplos. Digamos apenas que foram *exceções efêmeras*, nesse quadro de estagnação generalizada, as cidades de Belmonte – exibindo um inesperado solar neogótico com mirante voltado para a passagem do grande rio – e, principalmente, Caravelas. No primeiro caso, com a aproximação do século XX, a vila virou cidade, recebendo o nome de Belmonte do Jequitinhonha. E cresceu tocada pelo ritmo dos cacauais que se estenderam em direção às suas terras, para, de algum modo, ser anexada a uma entidade historicamente nova, que se foi configurando a partir das cidades de Ilhéus e Itabuna: a zona cacaueira. Daí, evidentemente, as bonitas casas de fazenda, construídas no município nos primórdios do século XX, nos distritos de Boca do Córrego e Mugiquiçaba.

Caravelas já vinha destoando, desde meados do século XIX, do declínio do extremo-sul. No ano de 1859, por exemplo, Avé-Lallemant escrevia: "É uma cidade que, logo à primeira vista, causa impressão inteiramente diferente da de todas as povoações costeiras até aqui citadas, tomadas em conjunto. Aí há uma verdadeira embora pequena cidade, uma fila de casas na margem e três ruas compridas, paralelas ao rio, entre as quais se veem muitos sobrados e mesmo edifícios bonitos, embora a maioria das casas seja térrea".

Também em outros domínios Caravelas se destacava. Em matéria de transportes, por exemplo. A cidade era servida pela ferrovia Bahia–Minas, que a ligava a vários outros municípios, partindo do distrito de Ponta de Areia (uma antiga póvoa de pescadores, que, um dia, irá rebrilhar no canto de Milton Nascimento) em direção à cidade mineira de Teófilo Ottoni. Desse modo, constituiu-se em escoadouro da produção regional para os portos da Cidade da Bahia e do Rio de Janeiro. Como se não bastasse, fora escolhida pelos norte-americanos para abrigar uma base aérea durante a Segunda Guerra Mundial – fato que lhe deixou de herança, passado o confronto, um campo de aviação, como então se dizia.

Chegamos, enfim, à década de 1950. E, à entrada da segunda metade do século XX, a mudança se anuncia, se insinua e se inicia na região. Aos poucos, bem lentamente, mas sem retorno. Processo gradual e irreversível que aponta, em última análise, para a ruptura final do isolamento em que viviam as comunidades locais. Ruptura futura e definitiva com a vida estacionária e os modos tradicionais do viver que vigoravam no extremo-sul da Bahia, até então entregue a uma espécie de *siesta* secular entre a praia e a floresta.

Em 1951, para a surpresa de todos, que já nem se lembravam mais de que eles existiam, índios e caboclos de ascendência pataxó fizeram a sua *reentrée* na cena regional. Foi a chamada Revolta dos Caboclos de Porto Seguro. Àquela altura, mesmo a antropologia brasileira considerava os pataxós extintos. Pelo visto, portanto, uma revolta indígena anterior, o impropriamente denominado Levante do Posto Paraguaçu, em 1936, passara em brancas nuvens. Não tivera qualquer repercussão em meio à opinião pública – e nem mesmo entre os estudiosos da questão indígena.

Vamos resumir aqui. O posto era o núcleo administrativo de uma reserva indígena que, criada pelo antigo Serviço de Proteção aos Índios (SPI), viu-se envolvida pela expansão da lavoura cacaueira. Logo, surgiram conflitos entre posseiros, fazendeiros e pataxós. "Políticos, fazendeiros e oficiais da PM baseados na região enviavam informes [ao governo] que acentuavam a circulação de estranhos no Posto Paraguaçu e insinuavam que eram 'agentes comunistas' preparando um levante de índios contra os fazendeiros. O próprio chefe do Posto Paraguaçu foi acusado de ser comunista e estar envolvido na organização do levante", informa Luís Henrique Dias Tavares, em sua *História da Bahia*. Em outubro de 1936, a polícia militar tentou ocupar o posto, mas deu de cara com pataxós armados. Fez, então, uma segunda investida e não encontrou ninguém. Os pataxós tinham se enfurnado na mata.

A acusação de "comunista" era então muito fácil, no rastro do levante vermelho que tinha pipocado em vários pontos do país em 1935, passando à nossa história sob a designação de Intentona Comunista. Mas o curioso é que o fantasma do comunismo foi reaparecer também na sublevação de 1951, sobre a qual Omar da Rocha Jr., em "Persistência, Mudança e Perspectivas dos Pataxós Meridionais", escreveu: "Em 1951, ocorre uma sublevação de índios, o 'fogo de 51'. Um 'capitão' pataxó, Honório, havia ido ao Rio, procurando o SPI e lá conheceu dois indivíduos que se declararam amigos dos índios. Essas pessoas visitaram a aldeia de Barra Velha e incitaram os índios a saquear um armazém em Corumbau e a cortar as linhas do telégrafo. A repressão foi imediata e violenta, tendo os dois estranhos [sobre os quais recaiu a suspeita de comunismo] sido mortos no confronto com policiais [...] A aldeia foi incendiada, vários índios morreram e a partir disso o grupo se dispersou e se desorganizou".

O incidente, fartamente noticiado pela mídia baiana da época, retirou os pataxós do esquecimento. Mas a verdade é que o próprio extremo-sul, em seu conjunto, principiaria, também naquela década, a se aproximar da luz do dia, chamando para si alguma atenção. Do governo federal, especialmente, que, já em 1954, iria se mover (ainda que muito, muito lentamente) em função da construção de uma longa via litorânea brasileira, a BR-101, de modo a ligar praias do Rio de Janeiro, do Espírito Santo e da Bahia, cortando a floresta do extremo-sul baiano, para providenciar, posteriormente, acesso também asfaltado aos litorais de Porto Seguro e Santa Cruz Cabrália.

Já durante o processo de realização da obra, o extremo-sul experimentou sensíveis alterações em seus desenhos urbanos e sociais. Exemplo? "Um novo povoado começa a desenvolver-se a 84 quilômetros da sede do município [de Santa Cruz], denominado Ponto dos Quatro, por suas terras terem pertencido a um antigo posseiro conhecido como Joaquim Quatro. O local era ponto de parada dos romeiros que vinham de outras regiões para o santuário do Arraial d'Ajuda [...]. Depois, passou a ter outros nomes como Km 64, Nova Floresta, Ibiapina e, por último, Eunápolis. Com as obras da rodovia [...] o povoado assiste a um crescimento populacional acelerado", informa Sidrach Carvalho Neto. Eunápolis logo ficaria maior e mais rica do que Santa Cruz – e dela se destacaria para sediar novo município.

Em contrapartida, ao tempo em que se vai impondo a perspectiva de um despertar regional, com a abertura de estradas, acontece uma espécie de eclipsamento de Caravelas. Interligando diversas cidades, as estradas, mesmo que ainda não pavimentadas, passaram a gozar da preferência de todos. Os velhos vapores foram deixados de lado, praticamente desativando o porto de Caravelas. Desativada foi também, em 1966, a Estrada de Ferro Bahia-Minas, que, como se disse, passa a sobreviver somente, anos depois disso, numa canção de Milton Nascimento.

Mas a grande virada regional só foi acontecer, de fato, a partir da década de 1970. "Até o final da década de 1960, as estradas de acesso à cidade de Santa Cruz Cabrália eram muito precárias. A população vivia praticamente isolada das grandes cidades", lembra Carvalho Neto, numa observação válida também para Porto Seguro. Em 1973, finalmente, são inauguradas a BR-101, que passa por Eunápolis, e a BR-367, descendo do antigo Ponto dos Quatro para Porto Seguro e Santa Cruz. Depois disso, a vida no velho extremo-sul jamais será como antes. Ficam radical e definitivamente para trás os tempos simples, comezinhos, monotonamente repetitivos e insulares da região.

No rastro das estradas, vieram as madeireiras, promovendo uma ofensiva predatória contra as matas regionais. A pecuária se alargou de forma até então inédita, com grandes fazendas abrindo pastos e mais pastos para o gado bovino. A corrida migratória e a especulação imobiliária (principalmente no litoral) não demoraram a aparecer e a se impor. Tudo mudou. Mas o que veio mesmo a prevalecer, no centro de tudo, foi o turismo. Em Caravelas, Santa Cruz, Porto Seguro, etc. – o turismo passou a dar o tom e o tônus de uma nova vida regional.

Os primeiros a chegar por ali, chocando por seu comportamento os padrões e costumes das pequenas cidades e dos povoados da região, naqueles inícios da década de 1970, foram – entre *freaks* e *hippies* – jovens curtidores criados ao som dos acordes dissidentes do tropicalismo e(ou) vinculados, de uma forma ou de outra, ao movimento da contracultura, da variante brasileira da revolucionária onda jovem internacional, do *underground*. Dirigiam-se, de preferência, a Porto Seguro, Trancoso, Arraial d'Ajuda. A maioria, de passagem, pousando em lugares onde nem pequenos hotéis havia ainda. Mas alguns ficando por lá. Como se ali estivesse, finalmente se encontrado, o paraíso terreal, o sítio edênico que tanto se procurou.

A "vocação turística" do extremo-sul se foi exibindo e se impondo de um modo quase lógico, "natural". Diversos fatores convergiram para que isso ocorresse. Praias cálidas e "virgens" contavam, sim – e muito. Contavam também as igrejas, os prédios públicos do período colonial, os antigos sobrados. Contavam a Mata Atlântica, as ilhas, os mirantes naturais, os rios. Contavam o Monte Pascoal e o parcel de Abrolhos. Mas o que contava, acima de tudo, era que todo aquele patrimônio histórico, cultural e ecológico trazia uma aura especial e única. Porque estava todo ele imantado por nosso *mito de origem*. Afinal, estava ali o lugar onde tudo começou. O sítio inaugural do país e de seu povo. O berço esplêndido onde o Brasil viera à luz. E mais: graças ao isolamento e à estagnação regionais, ao longo de séculos, a paisagem era praticamente a mesma que fora descrita na *Carta* de Caminha. Até índios – "índios de verdade" – circulavam pelas praias límpidas dos povoados cheios de sol.

Levas e mais levas de pessoas começaram, então, a tomar o rumo daqueles litorais, onde já começavam a surgir as primeiras pousadas e os primeiros restaurantes. Pessoas de formação e extração bem variadas. Artistas, jovens empresários do Sudeste e do Centro-sul do país, aposentados, moças que andavam de *top less* e mesmo com suas "vergonhas" tocadas de leve pela brisa do mar, quase à maneira das jovens índias – "bem moças e bem gentis" – que afloravam na *Carta* de Caminha. E todos comprando, como se fosse nativo, o artesanato "xinguano" dos pataxós, que surgiu exatamente em função do turismo. Um artesanato recentíssimo – copiado de outros grupos indígenas, via Funai (Fundação Nacional do Índio) –, que encontrou, assim, o seu nicho de mercado e, em resposta à demanda turística, não só gerou uma "aldeia" voltada exclusivamente para a sua produção e comercialização, como se diversificou a ponto de vir a fabricar adereços para o carnaval.

E o turismo decolou, redefinindo e impulsionando a economia regional. Turismo de lazer, turismo ecológico, turismo cultural. Hotéis, pousadas, butiques, *shoppings*, restaurantes e bares variavelmente sofisticados ocuparam seus espaços. Casas chiques e caras passaram a pontuar o ambiente, com *socialites* e estrelas da cultura de massa aterrissando aqui e ali, para dançar, tomar um sorvete, cheirar, comer *sushi*. Antigas aldeias jesuíticas, como o "quadrado" quinhentista de Trancoso, converteram-se em *points* da moçada rica. Passaram a ter "vida noturna". Receberam equipamentos impensáveis pouco antes, como o gigantesco parque aquático do Arraial d'Ajuda. Ao tempo em que veleiros, escunas e iates cortavam o azul das águas cabralinas. E ultraleves, o azul do céu. Para que se tenha uma ideia, no ano de 1998, os municípios de Porto Seguro, Santa Cruz Cabrália e Belmonte – que, em conjunto, somavam cerca de 108 mil habitantes – hospedaram nada menos do que 765 mil turistas... E isso para não falar dos turistas que optaram por descansar e (ou) circular pelas terras, ilhas e praias de Nova Viçosa, Caravelas, Mucuri. Dos que preferiram curtir as águas e cenas marinhas do arquipélago de Abrolhos.

Mudança em ritmo rápido, veloz. Mudança profunda e abrangente. Espetacular, mesmo – para o bem e para o mal. De fato, o extremo-sul deu um salto formidável. Houve uma ampliação considerável da estrutura de comércio e serviços. Obras de infraestrutura urbana. Trabalhos de restauração de monumentos, sob a coordenação do IPHAN – Instituto do Patrimônio Histórico e Artístico Nacional. A implantação do polo baiano de celulose em Mucuri. O crescimento, por tabela, de lugares como Teixeira de Freitas e Itamaraju. A construção, em 1997, pelo governo estadual, da BA-001, que recolocou Belmonte em sua zona de origem, agregando-a ao circuito turístico regional. E assim, empresas aéreas decidiram manter linhas regulares para o extremo-sul, com voos diários partindo de São Paulo – aviões de grande porte com destino ao Aeroporto Internacional de Porto Seguro (na verdade, a terra que, em 1500, recebeu as naves cabralinas passou a receber aeronaves de Portugal).

Diante de toda essa imensa transformação da vida e da paisagem regionais, formaram-se duas atitudes extremas. De um lado, encontram-se aqueles que adotam uma postura celebratória. Que saúdam irrestritamente o "progresso" – o avanço, a modernização e a capitalização do extremo-sul, que se desprovincianizou, recebendo visitantes (e novos moradores) dos mais diversos cantos e recantos do país e do exterior. De outro, situam-se aqueles que cultivam uma postura condenatória. Os detratores do processo transformador, que enfatizam a violência com que tudo teria sido feito.

Entre um extremo e outro, a grande maioria. Que parece recitar, para si e para os outros, a velha fórmula latina do *in medio virtus*. Lembrando, aos fanáticos do progresso a qualquer custo, o alto preço pago com a devastação de grande parte da Mata Atlântica – em consequência da extração desordenada de madeiras, de atividades agrícolas, da criação de gado, da expansão urbana, do crescimento populacional –, que tinha permanecido praticamente intacta na região até a década de 1950. Mas também lembrando, aos fanáticos da preservação a qualquer custo, que os pataxós passaram a viver melhor do que nos tempos da visita do almirante Gago Coutinho e da sublevação de 1951, quando, nas palavras da antropóloga Maria Rosário Gonçalves Carvalho, em "Os Pataxós de Barra Velha", encontravam-se em "lastimável estado de miséria, todos passando fome e alguns doentes". Em verdade, na nova rede de relações interétnicas que a transformação regional teceu, os pataxós passaram, digamos, de caboclos desprezíveis a índios relativamente valorizados.

A questão, mais uma vez, é de equilíbrio. De alguma sensatez. Para que o extremo-sul saiba cuidar de seu patrimônio histórico, de suas belezas naturais e de sua riqueza humana e cultural.

Litoral Norte da Bahia na altura de Praia do Forte.

CAPÍTULO 8

Caminhos de Tatuapara

chados arqueológicos recentes, datados pela técnica do Carbono 14, sinalizam que a ocupação humana do litoral norte da Bahia teve início há, pelo menos, três mil anos. Essas pesquisas – conduzidas, na região de Porto Sauipe, por Erika Marion Robrahn-Gonzalez, do Museu de Arqueologia e Etnologia da Universidade de São Paulo – indicam que os primeiros povoadores do local formavam microssociedades cinéticas. Eram grupos de caçadores-coletores, deslocando-se em direção à linha costeira, atualmente baiana. O sítio em que tais vestígios (fogueiras, artefatos de quartzo e sílex) foram encontrados está localizado numa colina, a três quilômetros da praia. E a hipótese é a de que esses caçadores tenham vindo do Médio São Francisco – local de ocupação bem mais antiga –, descendo o vale do Rio Itapicuru, para, enfim, alcançar a orla.

Com a suas típicas (e espetaculares) lacunas – no caso, um hiato de mais de mil anos –, os estudos de arqueologia sugerem que uma nova leva migratória assentou-se na região entre os séculos 1 e 2 da chamada Era Cristã. Vestígios desses novos habitantes, também caçadores, aparecem ao longo da linha litoral, com sua mata atlântica, sua vegetação de restinga e paisagens dunares bem alvas, em consequência da lixiviação dos grãos de quartzo da areia.

"Esta faixa apresenta um relevo ondulado suave, formado por uma sucessão de dunas de areia clara, entremeadas por grande número de lagoas, mangues e brejos. É no topo de várias dessas dunas que o material arqueológico aflora", escreve Erika, em texto sem título e (até o momento, que a gente saiba) ainda inédito. Prosseguindo: "Maiores ou menores, os sítios [arqueológicos] em dunas apresentam vestígios materiais bastante semelhantes: uma numerosa e diversificada coleção de pedras lascadas, grande quantidade de material corante amarelo ou vermelho e poucos fragmentos de cerâmica [vasilhas queimadas em fogueiras a céu aberto]".

Tecnicamente, esses novos moradores do nosso hoje tão concorrido litoral norte, talvez pertencentes ao tronco macro-jê (não-tupi), revelam-se mais hábeis do que seus antecessores do terceiro milênio. Mas, visto isso, temos mais um novo e longo silêncio arqueológico (ainda há muito a ser pesquisado na área). A história da ocupação ameríndia desse segmento litorâneo da Bahia – estendendo-se de Santo Amaro do Ipitanga (atual Lauro de Freitas) e de Praia do Forte e Açu da Torre até as barras dos rios Itariri, Itapicuru e Piranji – só vai nos oferecer novos registros à entrada do século XIII.

"O terceiro grupo indígena que se estabeleceu na área era formado por sociedades ceramistas, instaladas em grandes aldeias e com sustento fortemente baseado na agricultura intensiva", anota Erika, falando, a propósito, de "uma aldeia de 320 metros de diâmetro, formada por diferentes cabanas dispostas em círculo [em dois círculos concêntricos, na verdade] e mantendo um espaço central vazio. As cabanas teriam sido utilizadas como unidades residenciais, enquanto na área central se desenvolveriam diferentes atividades comunitárias".

A maior dessas cabanas, encontrada no sítio arqueológico Sauípe 10, tinha 405 m². Entre os restos arqueológicos locais, foram encontrados, entre outras coisas, rodelas de fuso utilizadas para fiação (o que implica o conhecimento da cultura algodoeira), lâminas de machado, uma urna funerária e cachimbos de cerâmica, sinalizando, obviamente, o cultivo do tabaco. Pelas evidências disponíveis, ali vivia uma gente que praticava a coleta, a caça, a agricultura e a pesca. Infelizmente, a pesquisa arqueológica costuma nos falar apenas, em casos assim, da cultura material, concentrando-se na utensilagem, no *kit* das ferramentas humanas. As atividades simbólicas – a linguagem, inclusive – não deixam traços físicos, de modo que não temos como conhecer melhor os índios a que estamos nos referindo.

Com a chegada do século XV, chegam também, à região, nossos conhecidos tupinambás. É bem provável que tenham tido contato com os grupos que já se achavam ali, desde que, no mencionado sítio Sauípe 10, encontra-se alguma cerâmica tipicamente tupi. Mas o desaparecimento súbito das antigas aldeias circulares indica que aquela gente ou foi tupinizada ou escorraçada dali – ou, muito simplesmente, destruída pelos implacáveis e sanguinários guerreiros tupinambás. A tupinização forçada de grupos étnicos pertencentes a outras famílias linguísticas, que não a tupi-guarani, nada teve de incomum em nossa história indígena. Especialmente, é claro, quando a onda expansionista de tupinaés, tupiniquins e tupinambás tomou a direção dos claros litorais brasílicos. No litoral norte do atual Estado da Bahia, os tupinambás expulsaram moradores preexistentes e ergueram aldeias onde praticavam seus rituais, abriam roças, teciam redes para o sexo e o sono, e produziam seus objetos de cerâmica, observando movimentos da lua e das estrelas, tanto em morros relativamente afastados da orla quanto sobre as dunas brancas da praia marítima.

Ao amanhecer do século XVI, os tupinambás do litoral norte entraram em contato com navegadores e comerciantes europeus. Franceses e portugueses, principalmente. Como se sabe, Portugal esperou algumas décadas, a partir da ancoragem da armada cabralina na região de Porto Seguro, para se interessar de fato, objetivamente, pelas terras brasílicas. Os franceses, ao contrário, não perderam tempo. Desde a passagem de Paulmier de Gonneville em 1503, por exemplo, só fizeram incrementar seu comércio litorâneo com grupos ameríndios. E, assim como havia uma Ilha dos Franceses, no baixo curso do Rio Paraguaçu, no Recôncavo, houve também um Porto dos Franceses na região de Tatuapara, atual Praia do Forte, no litoral norte. De muito não adiantaram, com relação a impedir o trato entre índios e franceses, a instalação do Governo Geral e a construção da Cidade da Bahia, em 1549. O comércio franco-ameríndio prosseguiu firme no litoral norte, avançando facilmente pela segunda metade do século XVI. De qualquer modo, a expansão colonial lusitana, marchando de Salvador em direção ao Rio Real, já estava prevista no próprio "Regimento" que D. João III passou a Thomé de Sousa, onde se fala da necessidade de conquistar as terras que se estendiam entre a Baía de Todos os Santos e a Capitania de Pernambuco, comandada por Duarte Coelho.

Na verdade, com a chegada de Thomé de Sousa, a região de Tatuapara começou a se articular com o processo colonizador português, como um dos centros de fornecimento de gêneros alimentares

– farinha de mandioca, em especial –, que viabilizaram a obra construtiva da nova capital. As trocas de farinha da terra por artefatos europeus, todavia, não retiraram dos tupinambás o controle daquela área. Mas por pouco tempo. O domínio tupinambá sobre Ipitanga, Tatuapara, Sauípe e Subaúma estava já com os dias contados. O poder lusitano não se implantara nos trópicos para ficar trocando farinha com aldeias indígenas. Mas sim para ocupar e controlar as terras hoje brasileiras, atropelando quem se postasse de arma em riste no meio do caminho. E foi o que aconteceu. Com métodos e propósitos muito diferentes, Garcia d'Ávila e missionários católicos assumiram a vanguarda dos processos de conquista e colonização daquelas belas terras tropicais.

O jovem português Garcia d'Ávila veio para cá na própria armada de Thomé de Sousa, na qual se engajara como "homem d'armas". Mas, se aqui chegou como soldado raso, sua sorte logo mudaria. Thomé de Sousa, que o havia criado, não demorou em fazê-lo feitor e almoxarife da cidade que se começou a construir, primeira capital do Brasil Colônia. No dizer de Pedro Calmon, em sua *História da Casa da Torre*, Thomé entregou-lhe "as chaves dos armazéns, confiando-lhe coisas trazidas do Reino, para a guarda e a distribuição nos dias febris em que se edificou, sobre os barrancos que dominavam o ancoradouro, a fortaleza do Salvador". Terminada a construção do núcleo urbano, arraial no cimo de uma colina escarpada, a cavaleiro do mar, boa parte dos companheiros de Garcia d'Ávila embarcou de torna-viagem para Portugal. Mas ele decidiu ficar, vivendo naquela cidade-fortaleza quase inteiramente rodeada de aldeias tupinambás.

Em 1551, chegou à Cidade da Bahia, por via marítima, a primeira leva de gado vacum que desembarcou no Brasil. Eram reses despachadas do arquipélago de Cabo Verde, para serem repartidas aqui, em pagamento por serviços prestados na construção da cidade. Garcia d'Ávila se dispôs, então, a trocar a gerência dos paióis pela criação de gado. Sentiu que ali estava sua chance de se tornar senhor de terras e rebanhos. De se fazer rico e poderoso. Para isso, por sinal, não deixaria de tirar partido do fato de ter o governador geral como seu protetor. Garcia foi tanger suas primeiras reses nas terras baixas de Itaparica. Em seguida, recebeu, de Thomé de Sousa, terras adjacentes à então ermida de Nossa Senhora da Conceição da Praia. Mas logo aqueles currais ficaram apertados para abrigar o rebanho. Garcia solicitou então ao governador a doação de alguma terra "pelos campos de Itapoã". E foi atendido. Por uma carta de sesmaria, recebeu uma légua ao longo do mar, a partir do Rio Vermelho, abarcando o que hoje conhecemos como Jardim de Alá, Carimbamba, Armação e Boca do Rio, até a barra do Jaguaripe, em Piatã. Com isso, ele colocou os dois pés fora da cidade, no rumo norte.

Nessa época, aldeias indígenas se espalhavam pelas vizinhanças da nova capital. E foi no meio daquela indiada que Garcia colheu sua flor antropofágica, unindo-se, em casamento extraeclesial a uma índia tupinambá, que recebera o nome cristão de Francisca. Dela ganhou uma filha: a mestiça brasileira Isabel d'Ávila, natural dos campos de Itapoã. Isabel, por sua vez, viria a se casar com o também mameluco Diogo Dias, neto de Diogo Caramuru e Catarina Paraguaçu. Segundo Frei Jaboatão, em seu *Catálogo Genealógico*, Isabel e Diogo "viveram sempre no Itapoã, aonde existe um grande penedo, à beira-mar do porto de cima, chamado a Pedra de Diogo Dias". Foram eles os pais de Francisco Dias d'Ávila Caramuru. O que significa que, depois da morte do velho Garcia, a célebre Casa da Torre passou às mãos de um descendente direto de índios canibais. De um neto de tupinambás.

Mas não vamos antecipar as coisas. Em 1553, Thomé de Sousa voltou para Portugal, no mesmo navio em que Duarte da Costa, o novo governador, chegara à Bahia. O governo de Duarte da Costa, empenhando-se na ampliação do domínio lusitano sobre o Recôncavo, provocou a ira de muitos índios. E essa ira foi explodir na insurreição tupinambá de 1555, a Guerra de Itapoã, como já foi chamada. De acordo com Theodoro Sampaio, índios que dominavam terras ao sul de Salvador (Pirajá, Matoim, Passé) se aliaram a índios do litoral norte, chefiados pelo morubixaba Mirangaba, que incluíam, em seus domínios, a região da Praia do Forte, para sitiar e destruir a capital colonial. O grande ataque se deu no dia 26 de maio de 1555.

"A surpresa do golpe, o número de inimigos confederados, a tibieza e quase desânimo dos moradores da cidade sitiada, o risco em que estava todo o Estado do Brasil, que dependia mais da fama que da potência da Bahia, nada disso pôde quebrar o ânimo ao governador, que, de pronto, se meteu a agir", escreve Theodoro. A ordem de Duarte da Costa – que costumava dizer que poucos homens de fogo bastariam para destruir a frecharia toda do Brasil – era massacrar os tupinambás sublevados. Foram combates duros. Ferozes. E os portugueses venceram. Consta que incendiaram cinco aldeias pelas bandas do Rio Vermelho, para, na sequência, destruir outras treze nos arredores da capital, levando à morte, ao cativeiro e à fuga cerca de três mil indígenas.

O fracasso da insurreição, com os portugueses passando a tomar a iniciativa dos ataques e desbaratando as tropas ameríndias, repercutiu fundamente na vida dos tupinambás locais, conduzindo-os à submissão ou à adesão à sociedade e à cultura triunfantes. A visão de aldeias arrasadas e guerreiros em fuga aumentou, em muito, o movimento indígena em busca dos aldeamentos jesuíticos, o que fez com que eles abrigassem, durante décadas, a maioria da população de Salvador. Chegando ali em 1583, o jesuíta Fernão Cardim, em seus *Tratados da Terra e Gente do Brasil*, registrou: "Terá a cidade com seu termo passante de três mil vizinhos portugueses, oito mil índios cristãos e três ou quatro mil escravos da Guiné". Havia, então, mais índios, dentro dos limites da Cidade da Bahia do que a soma total dos portugueses e pretos ali residentes.

Para os portugueses, obviamente, foram bem diversas as consequências da guerra de 1555-1556. Veja-se o caso de Garcia d'Ávila. Suas terras foram saqueadas na grande ofensiva indígena. "O gentio de Miranguaba [...] desceu pela costa e chegou até perto do Rio Vermelho, talando no trajeto as fazendas de criar de Garcia d'Ávila" (Theodoro). Mas depois da vitória lusa, tranquilo e bem instalado nos campos de Itapoã, Garcia começou a curtir o sabor da riqueza. Não era mais o rapaz pobre que veio com Thomé de Sousa na década anterior – e, sim, um sólido senhor rural. Um fazendeiro forte, estável, mas que ambicionava muito mais. E assim como conterrâneos seus avançaram com engenhos e canaviais para o sul e o oeste da Cidade da Bahia, ele se decidiu a avançar pelas terras do Recôncavo Norte. Conseguiu, então, um arrendamento perpétuo da sesmaria que Thomé de Sousa outorgara ao Conde de Castanheira. Seis léguas contadas do Rio Jacuípe para cima, no sentido da barra do Itapicuru, envolvendo a enseada de Tatuapara.

Ao tomar esse rumo, apontando os cornos de seus rebanhos para Açu da Torre e Praia do Forte, Garcia d'Ávila estava cumprindo o programa que D. João III confiara a Thomé de Sousa. Era a expansão para o norte, em direção à Nova Lusitânia de Duarte Coelho. No caminho, mais índios. Que se saiba, o primeiro confronto de Garcia com os tupinambás de Tatuapara aconteceu na citada insurreição de 1555, quando os índios de Praia do Forte depredaram sua Fazenda São Francisco, ferindo vaqueiros e sequestrando reses. Um relacionamento que admitiria aspectos variados e até antagônicos. De fato, Garcia contava com índios aliados na lida dos campos, das casas, do gado. Sua mulher era índia. Mas tinha de contar também com índios inimigos, que ameaçavam aqueles mesmos campos, casas e gado.

A expansão de suas fazendas, a partir do Rio Vermelho, se fez pela conquista de terras até então controladas por tupinambás, que dali haviam expulso com violência moradores índios mais antigos, como os tupinaés. Houve luta nos campos de Itapoã. A caminhada do Rio Joanes para Tatuapara, por sua vez, seria feita com mamelucos e índios amigos *contra* índios inimigos. Escreve o historiador Luís Henrique Dias Tavares: "Garcia d'Ávila [...] combateu e subjugou os índios que habitavam Tatuapara e a região dos rios Joanes, Jacuípe e Pojuca". Foi em consequência de seu triunfo, nessas disputas bélicas, que ele pôde erguer sua Casa da Torre (cujas obras devem ter ficado prontas aí por volta de 1570), no alto de uma colina esclarecida pela luz atlântica e lavada pelas brisas marinhas. E ainda em guerra prosseguiu Garcia, alargando seus domínios pela costa do Sauípe, pelo Subaúma, pelo Inhambupe, pelo Itariri e para além da foz do Itapicuru.

Para Robert Smith, a designação de Casa da Torre, dada por Garcia d'Ávila a seu sobrado quinhentista de Tatuapara, vinha dos solares de Entre Douro e Minho, região de Portugal onde tinha nascido esse pioneiro da pecuária no Brasil. Mas o que se ergueu em Tatuapara não foi um mero sobrado ou solar. Foi um conjunto arquitetônico formado por casa e capela, com 407 m² de área. Além disso, parece que havia outros prédios por ali, que funcionavam como dormitórios, depósitos, áreas de serviço. Foi a esse conjunto que se referiu Gabriel Soares de Sousa, escrevendo, em finais do século 16: "Aqui [em Tatuapara] tem Garcia d'Ávila, que é um dos principais e mais ricos moradores da cidade do Salvador, uma povoação com grandes edifícios de casas de sua vivenda, e uma igreja de Nossa Senhora, mui ornada, toda de abóbada, na qual tem um capelão que lhe ministra os sacramentos". Um *expert* dos dias de hoje, Paulo Ormindo de Azevedo ficou impressionado com o "requinte construtivo" daquele solar, que considerou risco de arquiteto de formação erudita, acionando elementos da nova linguagem arquitetônica da época.

Mas a Casa da Torre, com a sua capela, já fascinava aqueles que, no próprio século 16, tinham ocasião de contemplá-la. Os jesuítas Fernão Cardim e José de Anchieta, por exemplo. Cardim, que lá foi hospedado, escreveu: "Aquela noite fomos ter à casa de um homem rico [Garcia d'Ávila] que esperava o padre visitador: é nesta Bahia o segundo em riquezas por ter sete ou oito léguas de terra por costa, em a qual se acha o melhor âmbar que por cá há [...] Tem tanto gado que lhe não sabe o número, e só do bravo e perdido sustentou as armadas d'El-Rei. Agasalhou o padre em sua casa armada de guadamecins com uma rica cama, deu-nos sempre de comer aves, perus, manjar branco, etc. Ele mesmo, desbarretado, servia a mesa e nos ajudava à missa, em

Casa da Torre de Garcia d'Ávila: Mata de São João.

uma sua capela, a mais formosa que há no Brasil, feita toda de estuque e timtim de obra maravilhosa de molduras, laçarias e cornijas; é de abóbada sextavada com três portas, e tem-na mui bem provida de ornamentos".

Da Torre de Tatuapara, Garcia d'Ávila comandaria sua nova empreitada expansionista. Thomé de Sousa transferira para ele uma sesmaria que lhe fora doada em 1563, quando já se encontrava na Europa. Eram terras que se estendiam para o Rio Real. Àquela altura, a coroa lusitana se preocupava com a tomada e o povoamento do mesmo Rio Real, a caminho da conquista de Sergipe, julgada inadiável para solucionar o problema da comunicação entre Salvador e Olinda, os principais polos da colonização portuguesa nos trópicos hoje brasileiros. E Garcia d'Ávila se envolveu na empresa conquistadora. Para lembrar a formulação sintética de Acrísio Torres de Araújo, em sua *História de Sergipe*, aquele processo de conquista e colonização se assentou num tripé: o evangelho, o curral e a espada. O evangelho – os missionários católicos e seus aldeamentos; o curral – a expansão da pecuária, a partir da Casa da Torre; a espada – as investidas militares, que culminaram na expedição de Cristóvão de Barros. Foi uma empresa árdua e sanguinolenta, estirando-se por quinze anos (1575-1590), quando, finalmente, o território sergipano foi, de fato, incorporado à vida colonial.

Naquele processo, colonos e boiadas da Casa da Torre avançaram gradualmente de Açu da Torre para o Itapicuru – e daí para o Rio Real. Sauípe estava, então, inteiramente nos domínios mais próximos do império territorial da Torre de Tatuapara, que se estendia agora do Rio Vermelho ao Rio Real. Pontuavam essas terras e suas fazendas (na linguagem da época, currais), esparsamente, aldeamentos missionários, onde os catequistas abrigavam índios convertidos ou supostamente conversíveis, protegendo-os da escravidão e do contato corruptor de portugueses e mestiços integrados na vida colonial. O referido pernoite do jesuíta Cardim na Torre de Tatuapara foi, aliás, uma parada em meio a uma viagem de visitação a aldeamentos religiosos. Cardim vinha do aldeamento jesuítico do Espírito Santo – antiga aldeia indígena de Ipitanga, atual Abrantes – em viagem feita a pé e em jangadas. Estacionou na Casa da Torre, onde saboreou o manjar branco, mas, para retomar a viagem no dia seguinte, por entre pés de caju e mangaba, em busca de outra aldeia jesuítica, a de Santo Antonio.

A atual região de Porto Sauípe foi também objeto de atividades sacerdotais proselitistas. Em primeiro lugar, o curral. Em segundo, o aldeamento catequético. Na verdade, as origens do atual vilarejo de Sauípe remontam a um dos muitos currais da Casa da Torre e seus rendeiros. Sabe-se que, em 1652, determinou-se a abertura de uma nova estrada ou caminho, de desenho mais apropriado ao trânsito de boiadas, conectando Mata de São João aos "campos fora da mata que chamam de Saguípe" e às bandas do Rio Real e do Rio Sergipe. E ainda em fins do século XVII, missionários italianos, Carmelitas Descalços da Reforma de Santa Teresa de Jesus, que tinham chegado à Bahia em 1655, fundaram um aldeamento na região – Massarandupió. "Tiveram estes religiosos diferentes missões pelo sertão, das quais conservam a de Massarandupió, em que têm uma igreja da invocação de São João da Cruz", informa Luiz dos Santos Vilhena. De acordo com o mapeamento de Vilhena, a Aldeia de Massarandupió – integrando o termo de Santa Luzia do Rio Real e pertencente à freguesia de Santo Amaro do Ipitanga – fora agraciada com uma extensão de seis léguas de terra e nela viviam 240 índios tupinambás.

A doação ou demarcação de terras, para aldeias de índios aliados e aldeamentos missionários, era parte integrante essencial da política indigenista da coroa lusitana em nossos trópicos. "A política indigenista portuguesa no Brasil esteve dirigida essencialmente à legislação para a liberdade dos índios, ao seu assentamento em aldeias e à regulamentação do seu trabalho", escreveu, a propósito, o estudioso alemão Georg Thomas, em *Política Indigenista dos Portugueses no Brasil*. Foi Mem de Sá, em seus quinze anos no comando do Governo Geral, quem, de fato, levou à prática a política para os índios delineada no "Regimento" de Thomé de Sousa. Ainda George Thomas: "Uma das preocupações do governador Mem de Sá e dos seus sucessores, desde o começo do aldeamento na Bahia, foi a de assegurar o sustento dos índios nas aldeias mediante a repartição da terra [...]. Mem de Sá concedeu aos indígenas da aldeia do Espírito Santo, na Bahia, de acordo com a petição deles, uma extensão de três léguas [cerca de 18 quilômetros], na qual pudessem cultivar todo o necessário para o seu sustento. Mais tarde, aconteceram novas doações de terras aos índios das aldeias do Recôncavo".

A aldeia de Massarandupió ficava na proximidade do litoral, da faixa de mar que ondulava entre as desembocaduras dos rios Sauípe e Subaúma. Com sua igreja e suas casas assentadas, os aldeados logo passaram às práticas devotas e às práticas agrícolas, abrindo roças onde plantavam espécimes destinados à sua própria alimentação. Agricultura de subsistência, como se diz. Mas que, em breve, estaria produzindo excedentes direcionados ao mercado. Em inícios do século 18, Massarandupió ia de vela plena, produzindo mandioca e algodão, além do ticum, fibra mais resistente do que o cânhamo, coletada nas matas da vizinhança. Esses produtos eram levados em lombos de animais até a foz do Sauípe, de onde seguiam de barco com destino ao Rio Vermelho, para serem comercializados em Salvador (sabendo disso, aliás, fica ainda mais incompreensível que Salvador não tenha, hoje, linhas de transporte marítimo para a sua população).

E assim, apesar dos contratempos e das adversidades, transcorreu o século XVIII. No final daquela centúria, Massarandupió aparecia como um dos maiores assentamentos indígenas da Bahia – ou talvez fosse melhor caracterizá-lo como aldeamento afro-indígena, já que boa parte de seus moradores, àquela altura, era cafuza, filha da mestiçagem de negros e índios. Escreve Waldemar Mattos: "Na última década setecentista, [Massarandupió] era uma das maiores [aldeias] [...] formando uma povoação dispersa, com cerca de 180 palhoças [...] A população da aldeia era de 400 índios, aproximadamente, muitos deles de espécie [...] com pretos, por serem as índias nacionais muito inclinadas aos desta cor".

Patriarca da pecuária brasileira, Garcia d'Ávila fez com que a economia baiana, no primeiro século colonial, não ficasse restrita às plantações de cana-de-açúcar nos terrenos férteis do Recôncavo. E foi um imenso mundo de terras o que ele deixou para sua descendência mestiça, mameluca, que, de resto, se encarregaria de ampliar de forma quase inacreditável o patrimônio herdado, para formar um megalatifúndio ímpar no universo fundiário do Brasil. A história da conformação desse megalatifúndio não foi feita somente através de cartas oficiais de doações de sesmarias. Muito pelo contrário. Foi uma história de guerras contra grupos indígenas que se contrapunham ao avanço da colonização e uma história de frequentes entreveros com missionários religiosos, que chegaram a classificar Garcia d'Ávila como inimigo da obra catequética. Bem vistas as coisas, o choque entre curraleiros e missionários não era apenas previsível. Era inevitável. Na base do confronto, o problema indígena. Para o curraleiro, o índio significava mão de obra. Escravizável, inclusive. Para o missionário, era um espírito à espera da iluminação cristã. E ele escolhera garantir a sua liberdade, para convertê-lo. Perspectivas incompatíveis, como se vê. Daí, o antagonismo.

A criação da Aldeia de Massarandupió não deixou de gerar disputas com a gente da Casa da Torre, que achava um desperdício aquela indiada ali reunida para rezar, quando poderiam todos estar trabalhando nas plantações ou nos currais da família Ávila. Mas não houve nenhum conflito especialmente sério, a exemplo dos que ocorreram com Martinho de Nantes e seus capuchinhos nas missões do sertão de Rodelas, onde tiveram de suportar a perseguição implacável de Francisco Dias d'Ávila II. A desarticulação da Aldeia de Massarandupió (que abriga, atualmente, entre outras coisas e por ironia da história, uma colônia de nudismo) não foi consequência de qualquer investida drástica ou perseguição sistemática movida pelos senhores da Praia do Forte. Tudo indica que ela se descosturou por si mesma, em decorrência de dissensões internas, de desistências e fugas (não era nada fácil o cotidiano numa aldeia missionária), da incompetência dos sacerdotes no gerenciamento da empreitada, etc. Seja como tenha sido, o fato é que, nas primeiras décadas do século XIX, sua capela de Nossa Senhora estava já completamente destruída.

Mas voltemos à Torre. Durante muito tempo, do século 16 ao 19, a região banhada pelo Joanes, o Pojuca e o Subaúma viveu praticamente em função dos desejos, das ordens, dos gestos, das atitudes e das iniciativas dos Ávila. A Casa da Torre, experimentando sucessivas reformas, converteu-se num palácio barroco com vista para o mar. Mas seus herdeiros iam gradualmente se distanciando dos currais e da solidão dos campos, para se deixar fascinar, sempre mais, pelos salões de festas dos amplos solares da primeira capital da América Portuguesa. Era a vitória progressiva da orquestra musical de formação europeia sobre o mugido dos bois e o aboio desgarrado dos vaqueiros.

Em síntese, a Torre se voltou para o mundo urbano – para, adiante, conhecer seu declínio e seu fim.

Os primeiros Ávila tinham construído um império, terras que iam da Cidade da Bahia ao Maranhão, passando pelo Rio de São Francisco, para compor o maior latifúndio de toda a história territorial do Brasil. Para administrar tal extensão de terras seria necessário um aparato de envergadura estatal, coisa de que a Casa da Torre não dispunha. Quanto mais seu território se alargava, menos a Torre o trazia sob controle. O que significa que a expansão carregava, em si mesma, os germes da desagregação. Mas não era só. No século XVIII, dois outros processos concorreriam para a pulverização do megalatifúndio sediado em Tatuapara.

Primeiro, a intensificação do povoamento dos sertões. A necessidade de terras livres, disponíveis para a abertura de roças e currais independentes, crescia com o crescimento populacional. Megalatifúndios, como os da Casa da Torre e da Casa da Ponte, apareciam, então, como pedreiras no caminho. Daí os constantes embates entre os representantes do novo avanço colonizador (algumas autoridades governamentais, curraleiros independentes, rendeiros, pequenos lavradores) de um lado, e, de outro, os senhores das grandes sesmarias de terras a perder de vista, obtidas ao tempo da conquista do território.

Segundo, houve a progressiva sedentarização dos Ávila, a que nos referimos. Lembrando que Francisco Dias d'Ávila III não se sentia atraído pelos sertões – "nem para novas conquistas, nem para administrar o já conquistado". Angelina Garcez escreveu, em *As Terras da Casa da Torre na Obra de Pedro Calmon*: "As imensas extensões dos sertões afora não atraíam o novo senhor da Casa da Torre, opulento amante da vida social da cidade. As terras arrendadas ou cometidas a terceiros rendiam suficientemente para prover a vida luxuosa da Casa e de seus apaniguados. Na Casa da Torre não havia mais o sertanista brigando para ampliar seus domínios, nem o guerreiro lutando pela sua proteção; apenas o Morgado, desfrutando a riqueza e o prestígio acumulados ao longo dos séculos". E, quando os casamentos exógenos passaram a predominar (os Ávila costumavam casar entre si), entrelaçando a gente da Torre e famílias ricas de Salvador e do Recôncavo, o desligamento entre Tatuapara e o sertão se aprofundou. Por fim, a

Casa da Torre caiu na órbita da família Pires de Carvalho e Albuquerque, clã de fidalgos urbanos, senhores de açúcares litorais.

Mas o golpe de misericórdia, no sentido da fragmentação final do megalatifúndio de Tatuapara, foi dado pela extinção da instituição do morgadio, coisa que só veio a acontecer, no Brasil, em 1835. Com isso, os bens da Casa da Torre, que era um morgado, deixaram de estar vinculados. Em vez de passar integralmente às mãos de um único herdeiro (de varão a varão – e sempre o primogênito), como rezava a lei antiga, estabelecendo uma espécie de dinastia familiar, eles seriam agora parcelados e distribuídos entre os descendentes, que os iriam colocando sucessivamente à venda, até à desfiguração última do patrimônio original, amealhado em guerras de conquista e no avanço das boiadas. Assim, o século XIX assistiu às cenas derradeiras do desmantelamento do megalatifúndio da Casa da Torre.

Foi uma filha do Visconde da Torre e de sua sobrinha e esposa, Ana Maria Pires de São José e Aragão, quem herdou o solar da colina de Tatuapara, com a morte do último morgado em dezembro de 1852. Quinto renovo do casal, chamava-se Leonor. Ao casar, Leonor passou ao marido a propriedade do antigo palácio barroco. A partir daí, o que se viu não foi somente mais um capítulo da história da desintegração

Capela sextavada do Castelo da Torre, datado dos séculos XVI-XVIII, sede do mais famoso e poderoso morgado do Brasil que, durante três séculos, colonizou o litoral e o nordeste, constituindo o maior latifúndio conhecido em todos os tempos.

final do império fundiário da Casa da Torre. Mas a crônica da progressiva decadência do próprio palácio, agora singularizado – isto é, como prédio particular, específico, e não mais como centro político e administrativo de um conjunto de indivíduos e propriedades.

Em paralelo ao longo processo de fragmentação territorial do megalatifúndio da Torre de Tatuapara, outros processos começaram a acontecer no litoral norte, envolvendo grupos populares de moradores do local (predominantemente caboclo-rurais) e imigrantes. Era uma gente nascida dos seculares cruzamentos e entrecruzamentos de brancos e índios, cada vez mais mamelucos, na tez e no desenho corporal, com seus cabelos escorridos e a "prega asiática" no olhar, mas também recebendo a influência preta na definição de coxas e quadris. A antropologia física do litoral norte da Bahia, em todo caso, é algo que ainda está por ser feito.

Mas vamos adiante. A própria malha dos currais da Torre de Tatuapara – com os seus prepostos e procuradores, seus rendeiros e seus vaqueiros – funcionava como uma espécie de frente colonizadora. Para gerar arraiais, inclusive. Aconteceu assim em várias áreas da Bahia. E o litoral norte não destoou desse padrão ocupacional, ao longo dos séculos da colonização e dos primeiros tempos de um Brasil já independente. Rendeiros e representantes da família Ávila ergueram suas residências em pontos estratégicos das rotas e dos roteiros das boiadas, dos caminhos do gado. Foram se fazendo, assim, posseiros e proprietários. Gerando pequeninos povoados ao redor de seus pousos e moradas. Foi por aí que apareceu a póvoa de Sauípe. Mais uma vez, Erika: "...o traçado irregular apresentado pelo atual vilarejo de Sauípe, conformando uma grande praça central, gerada a partir da confluência de antigos caminhos, nos suscita ter esse traçado origem no processo de ocupação promovido com o avanço da pecuária". E ainda: "As pesquisas arqueológicas realizadas na região de Sauípe conduziram à localização de vestígios cerâmicos similares àqueles identificados nas imediações do forte de Garcia d'Ávila. Eles surgem esparsos, nas imediações do vilarejo atual, atestando a ocupação do local em fins do século XVII".

Na verdade, apareceram, na região, a Vila de Sauípe e Porto Sauípe. Vilhena se refere ao Rio Sauípe, depois de falar de Santo Amaro do

Ipitanga, dos rios Joanes, Jacuípe e Pojuca, e da capela de São Bento, localizada "em uma aldeia chamada Monte Gordo", póvoa existente ainda hoje: "Poucas léguas ao norte [do Pojuca] faz barra na costa o Rio Sauípe, que admite semelhante navegação [de canoas e pequenos saveiros] por curta distância; junto às suas margens assistem diversos moradores em pequenas povoações; vivendo todas das suas lavouras e todos muito pobres; tem a sua nascença junto ao Outeiro Redondo, na borda da mata, termo da Vila de São João da Água Fria". A vila nasceu antes do porto, com as suas olarias produzindo panelas e gamelas. "Vez por outra, negros forros se instalavam e não eram muito bem recebidos pelos moradores, que não gostavam dos cultos feitos nos terreiros improvisados da vila", informa Erika. O porto veio depois, nascendo no entorno de um cruzeiro lavrado em pau-brasil, quando cresceu a ocupação litorânea.

Igrejas, feiras e aldeamentos missionários também viram povoados se formar ao seu redor. Santo Amaro do Ipitanga, por exemplo, nasceu em torno da sua igreja matriz, construída nas últimas décadas do século XVII. Abrantes é filha de um aldeamento jesuítico quinhentista, a Aldeia do Espírito Santo. Também Arembepe e Camaçari têm, nos seus pontos de partida, missões da catequese. A atual Dias d'Ávila, por sua vez, brotou da velha Feira do Capoame. Mas boa parte das manchas citadinas se formou mesmo foi a partir de currais e em entroncamentos dos caminhos do gado bovino. Daí que, em resposta ao movimento das boiadas, que não se moviam pela arrebentação das marés, a vasta maioria desses povoados se tenha levantado em terras mais interioranas, relativamente afastadas da linha litoral, a exemplo de Açu da Torre, Monte Gordo, Estiva, Entre Rios, Inhambupe e Mata de São João.

Nessa paisagem, Praia do Forte, nascida na beira do mar, porto do palácio-fortaleza barroco de Tatuapara, foi certamente uma exceção, desenvolvendo atividades pesqueiras e, inclusive, a pesca da baleia, da qual se extraía azeite para iluminar a Cidade da Bahia. De todo modo, tendo surgido de currais, capelas e (ou) feiras, o que importa é que, com o tempo, uma embrionária rede urbana principiou a se enramar e a crescer, desenhando-se no litoral norte entre os séculos XVIII e XIX. E assim, sob a sombra dominadora da Casa da Torre, foram se encontrando e se dinamizando, se trocando e se entroncando, e mesmo não

Aldeia jesuíta do Espírito Santo, mais tarde Vila de Abrantes.

deixando de ganhar matizes algo peculiares, em meio às escassas populações regionais, formas e práticas culturais de extração sobretudo ibero-ameríndia ou, mais imediatamente, luso-tupinambá.

Predomina a herança indígena na pesca, nas atividades mariscadoras, nos trançados de cipós. Os próprios nomes dos peixes e mariscos são, geralmente, nomes tupis. Tupis são também, regra geral, as técnicas da pescaria. Moradias de sapé e a própria noção de póvoa vieram da Península Ibérica. As embarcações, por sua vez, mesclaram estilos náuticos oriundos da Península com jangadas e canoas de raiz ameríndia. A mescla chegou também ao terreiro de festas. Na Folia de Reis, por exemplo, temos, ainda hoje, o cruzamento de um modelo ibérico de festa com a circunstância ecológica local. Basta pensar no Reis do Guará. É a velha folia de reis, em estilo lusitano, mas celebrando, em vestuário e canções, o guará, lobo-cão do Novo Mundo, que era muito comum na região, em tempos passados.

A chegada de gente sertaneja e de negros fugidos ou alforriados veio para introduzir novos fios e novas cores na tessitura cabocla da cultura regional. Com a desintegração do patrimônio territorial da Casa da Torre de Tatuapara, essa vida cultural pôde, então, se desdobrar de forma socialmente mais simétrica e mais livre. A festa coletiva passava a depender, a partir daí, do grau de organização comunitária. Só.

Mas logo a região vai conhecer o sabor do isolamento, da vida insularizada, num longo período de solidão. Feira de Santana, nascida da capela de uma fazenda, vai destronar Capoame. Erika: "As mudanças no cenário econômico baiano contribuem para uma nova apropriação da paisagem do litoral norte, levando, de um lado, à partilha das terras férteis existentes mais ao interior e, de outro, ao efetivo povoamento da faixa costeira, caracterizada por solos arenosos e pobres, 'sem valor', porém rica em alternativas ambientais, que serão amplamente exploradas". As terras interioranas passam a exibir, então, suas casas de farinha, seus pequenos engenhos de açúcar, sua produção de telhas, tijolos, melaço e aguardente. O litoral, por sua vez, recebe novos migrantes, gente vinda de lugares como Inhambupe e Tucano, e assiste à invasão (programada) dos coqueiros do Oriente – que, segundo Gabriel Soares, chegaram até nós, como o gado, através do arquipélago do Cabo Verde –, vindos para alterar radicalmente sua configuração ambiental.

Num texto sobre a formação histórico-cultural de Pernambuco, enfeixado na coletânea *Viagem Incompleta. A Experiência Brasileira (1500-2000). Formação: Histórias* (organizada por Carlos Guilherme Mota), o historiador Evaldo Cabral de Mello fez observações que podem ser repetidas para o nosso litoral norte: "...o coqueiro, o qual inicialmente só existia nas hortas e quintais, donde se disseminou pela franja costeira, cujos terraços marítimos haviam sido o habitat do cajueiro. Devido à escassez de documentação, mal se vislumbra a verdadeira mutação da paisagem ao impor-se o coqueiro do Oriente ao cajueiro nativo, tão vinculado à alimentação e à cultura indígenas". Para Evaldo, a "substituição maciça" do cajueiro pelo coqueiro, em nossos litorais, significou "uma verdadeira revolução ecológica". E ele está certo.

Já bem para o final do século XIX, um prussiano naturalizado norte-americano, Sigismundo Schindler, adquiriu terras em grande parte do litoral norte – de Itapoã aos municípios de Esplanada, Pojuca e Mata de São João –, pertencentes, em suas maiores extensões, a antigas sesmarias da Casa da Torre. Cônsul dos Estados Unidos na Cidade da Bahia, Schindler era um empreendedor ousado e incansável. E entrou em cena para agitar o litoral norte. Começou a criar bois, cabras e ovelhas. A plantar coqueiros e mais coqueiros, em multidão organizada. A incrementar o extrativismo, envolvendo a piaçava, o coquilho, a castanha de caju, a mamona, raízes medicinais, etc.

Atento para o *rubber boom* da Amazônia, quando a indústria automobilística começou a cobrar toda a borracha possível, Schindler partiu para a extração do látex de mangaba, também pensando em entrar na dança para suprir aquela demanda internacional. Possuía, ainda, armazéns para estocar seus produtos, fábricas de beneficiamento de fibras e diversas embarcações que levavam suas mercadorias até Salvador, de onde eram exportadas para a Europa. Como se fosse pouco, Schindler dinamitou a barra do Rio Sauípe, em 1898, para franquear passagem a barcaças, construindo ali seu próprio porto. Por fim, ele também entrou na roda da mestiçagem, como nos relatam descendentes seus. Além de manter a mulher "oficial", que morava no bairro da Vitória, em Salvador, teve filhos de uma cabocla e de uma negra em Sauípe, reconhecendo a todos. Daí os mestiços baianos de sobrenome Schindler, com seus evidentes traços negros e ameríndios, descendentes de prussianos que se vincularam, inclusive, ao mundo do candomblé. Um deles, hoje, é, inclusive, assobá de Obaluaiê.

Por volta de 1920, o velho Schindler entrou em parafuso, vendendo parte de suas propriedades a uma empresa inglesa de borracha, a British and Brazilian Rubber Planters and Manufacturers. Essa "companhia inglesa", como era geralmente chamada, permaneceu cerca de três décadas na região, onde não só deu prosseguimento às atividades desenvolvidas por Schindler, como introduziu ali as culturas do sisal e da seringueira. Mas a empresa foi à falência, na década de 1940, com suas terras passando, então, às mãos do Bank of London, detentor da penhora, que, em 1949, as vendeu ao empresário Norberto Odebrecht. Depois de se formar em engenharia, ele havia organizado sua cons-

Feira de Água de Meninos à beira-mar, em Salvador, 1952.

trutora, pagando inicialmente as dívidas que seu pai fora obrigado a contrair, em consequência da perseguição aos alemães, no Brasil, à época da II Guerra Mundial.

Ao longo desse mesmo período, Praia do Forte foi tocando sua vida. Conheceu novos proprietários de suas terras – basicamente, senhores de famílias relativamente ilustres, que se dedicavam à criação de gado e à plantação de coqueiros. A gente economicamente menos favorecida dava continuidade às suas atividades tradicionais, da pescaria à coleta de frutos, do plantio em pequenas lavouras à caça e ao artesanato. Da pesca – que ia da recolha de tartarugas marinhas, fornecedoras de carne e ovos, aos arpões disparados contra baleias –, parte ficava para o consumo dos moradores locais e parte seguia por via marítima para a comercialização em Salvador, na feira de Água de Meninos.

Praia do Forte também tinha sua pequena feira, seu pequeno comércio, que respondia às necessidades de sua pequena população. Mas a região parecia realmente parada e perdida no tempo, marcando seu compasso antes por brilhos solares do que pela marcha regular dos relógios mecânicos. E, por isso mesmo, levava vida de algum sabor tribal. Mas as mudanças, embora graduais, não iriam demorar muito, aguardando apenas pela segunda metade do século XX. Primeiro, com o petróleo e a política de incentivos fiscais da Sudene. À Petrobras e à Sudene aliaram-se os primeiros passos baianos no caminho do planejamento econômico estadual. De início, a Petrobras desenvolveu atividades em Mataripe e no Recôncavo Histórico (ou Barroco), no centro mesmo da antiga zona da produção açucareira. Mas logo foi tomando a direção do Recôncavo Norte, para agitar municípios como Catu, Pojuca e Mata de São João. Essa expansão para o norte se fortaleceu, tempos depois, com a implantação do Centro Industrial de Aratu, que aconteceu fora do "âmago cultural" do Recôncavo.

Por fim, veio o Polo Petroquímico de Camaçari. A nortização radical da expansão econômica. Lugares de peso praticamente nulo, em nossa recente história econômica, cultural e demográfica, como Catu, Camaçari e Santo Amaro do Ipitanga (rebatizado oficialmente, sabe-se lá a razão, como "Lauro de Freitas"), foram tomando a cena a Nazaré das Farinhas, Cachoeira e Santo Amaro da Purificação. Em suma, com a Petrobras, o Centro Industrial de Aratu e o Complexo Petroquímico de Camaçari, a produção das riquezas se deslocou para o litoral norte.

Aspecto do Polo Petroquímico de Camaçari, que, na década de 70 do século passado, transformou a economia da região metropolitana de Salvador.

Saiu do cerne da sociedade açucareira e tabagista para as fímbrias e franjas nortistas, descendo de Pojuca e Mata de São João para Camaçari e Santo Amaro de Ipitanga. Assim, o litoral norte se viu de fato religado à Cidade da Bahia, num processo que iria culminar com a abertura da Estrada do Coco e da Linha Verde.

Depois disso, o litoral norte não será mais o mesmo. Tornou-se espaço da atividade dita "reflorestadora", com o plantio das chamadas "florestas homogêneas", de espécies como o pinho e o eucalipto, para a produção de celulose e carvão vegetal. A região, a partir de Itinga e Santo Amaro de Ipitanga, começou, então, a ganhar ruas e avenidas asfaltadas, viadutos, supermercados, *shopping centers*, pizzarias, revendedoras de piscinas de fibra, lojas de informática, sorveterias, clínicas de animais domésticos, luxuosos condomínios fechados. Milhares de pessoas trocaram Salvador pela nova onda em expansão.

Poço de Petróleo em Pojuca - Unidade de absorvição de planta de gasolina natural, Petrobras.

O que antes era praticamente deserto conhece, hoje, intermináveis congestionamentos de automóveis. E será atingida, em breve, por um trem suburbano (ao qual os baianos chamam "metrô"), que produziu já o maior crime urbanístico de Salvador, desde a construção da cidade nos meados do século XVI.

E já a partir da década de 1970, o litoral norte começou a sentir os efeitos da atividade econômica chamada turismo. Arembepe ganhou novo fôlego. Imbassaí se converteu, quase da noite para o dia, numa cidade de pousadas. Guarajuba viu suas praias se encherem de veranistas. A antiga vila de pescadores de Praia do Forte experimentou uma guinada radical em sua vida. Pessoas se deslocam para as barras do Jacuípe e do Itariri. Mangue Seco se tornou celebridade nacional com o romance e o filme Tieta do Agreste, assinados, respectivamente, por Jorge Amado e Cacá Diegues. E a Linha Verde, prolongando as pistas da Estrada do Coco, vai abrindo novas perspectivas para o turismo, franqueando praias, atraindo altos investimentos, como aconteceu em Sauípe.

Em resumo: o isolamento do litoral norte foi definitivamente rompido – e a vida local jamais será a mesma. A esperança e o otimismo das comunidades não eram pequenos (pelo menos até a crise a que o país foi conduzido de 2010 para cá), apesar dos temores dos mais velhos. Resta esperar que as estratégias turísticas, alertadas já com relação às questões ambientais (numa Bahia onde a Secretaria do Meio Ambiente apenas bate o carimbo aprovando quaisquer iniciativas governamentais), abram os olhos, também, para as dimensões societárias em jogo. Porque essas estratégias tanto podem empurrar as comunidades para a marginalização e a favelização, quanto promover alguma inclusão social.

CAPÍTULO 9

A base do Rio Real

Na Cidade da Bahia e na Capitania de Pernambuco haviam se estruturado os dois principais núcleos da colonização portuguesa em nossos trópicos. Era nessa área que se construía, então, o Brasil. Mas a conexão entre a Bahia e Pernambuco, nesse período, não poderia, de modo algum, ser considerada fácil.

Havia, é claro, o caminho marítimo. Mas o mar era, muitas vezes, um adversário que não se conseguia vencer. Não se tratava somente de naufrágios. Textos da época empregam, com alta frequência, a propósito desse percurso aquático, o verbo arribar e o substantivo arribada. No caso, as expressões não apontavam para a chegada ao porto demandado, mas para o extravio, o descaminho, a perda, o retorno não programados nem desejados. Uma nau "arribava" quando o mar, em vez de conduzi-la a seu destino, a devolvia a seu porto de origem, ou a remetia para um outro ancoradouro, distinto do seu ponto de partida e distante do seu ponto de chegada. E são muitas as narrativas seiscentistas que relatam arribadas no pedaço de mar que vai da Bahia a Pernambuco.

Sob esse aspecto, é quase inacreditável a peripécia vivida por Fernão Cardim, militante dos quadros dirigentes dos padres jesuítas no Brasil. No dia 18 de agosto de 1583, Cardim e seus companheiros partiram para Pernambuco – "e logo no dia seguinte com vento contrário, por mais não podermos, arribamos à Bahia". No dia 20, reencetaram a viagem [...] e foram lançar âncora na barra do Camamu. "Do Camamu tornamos a tentar viagem, e não podendo, arribamos à capitania dos Ilhéus", prossegue o jesuíta. Insistentes, eles voltam ao mar no dia 21 de setembro. E experimentam outra arribada, indo parar em Porto Seguro, onde caminham uma légua a pé, em romaria a Nossa

Senhora da Ajuda. Finalmente, no dia 2 de outubro, viajam – mas não mais em busca de Pernambuco, e sim de retorno à Baía de Todos os Santos. Ficam um tempo por aqui, ocasião em que conhecem a Torre de Tatuapara e as terras de Garcia d'Ávila, com a sua capela de Nossa Senhora da Conceição. No ano seguinte, retomam o projeto. Partem da Bahia para Pernambuco no final de junho. Mas o vento contrário os leva "ao morro de São Paulo, barra de Tinharé, doze léguas da Bahia, aonde estivemos onze dias, sem fazer tempo para continuarmos a viagem". Por fim, eles saem da Ilha de Tinharé no dia 2 de julho "e, aos 14 do mesmo dia de S. Boaventura, perto do meio dia, deitamos ferro no arrecife de Pernambuco".

Parece brincadeira, mas era assim mesmo. Como se não bastassem tempos e ventos adversos, havia os corsários, quase sempre franceses, de que já falamos. Rechaçados de lugares onde a vida colonial ganhara já alguma forma, esses corsários se voltaram então, concentradamente, para o comércio com os índios de Sergipe. O mar não seria, portanto, naqueles tempos, espaço para uma comunicação fluente entre a Bahia e Pernambuco. Ficava-se naquelas águas, à mercê de monções – e de canhões. No dizer do historiador sergipano José Anderson Nascimento, na coletânea *Sergipe del Rei*, "as viagens marítimas entre a Bahia e Pernambuco eram mais difíceis e perigosas que entre aquela capitania e Portugal".

Por terra, a comunicação era igualmente complicada. Entre a sede da administração colonial e a exitosa capitania de Duarte Coelho, ficava o atual Estado de Sergipe – terras se estendendo entre a margem esquerda do Rio Real e a margem direita do Rio de São Francisco. Colonos baianos – Garcia d'Ávila à frente – haviam já ultrapassado o Itapicuru, levando seus rebanhos até à beira do Rio Real. A partir daí é que estava o problema. Sergipe (de *cirigype*, ciri-gy-pe, "no rio dos siris", informa Theodoro) era, na época, terra de tupinambás hostis ao domínio lusitano. "Localizado entre dois focos de colonização já estabelecidos e prósperos – Bahia e Pernambuco – o território entre o Rio Real e o São Francisco continuava até o terceiro quartel do século XVI sob controle dos nativos que, aliados aos franceses, resistiam às investidas dos portugueses. Além de impedirem a expansão dos colonos e a ligação por terra entre os núcleos de povoamento sediados na Bahia e em Pernambuco, eles representavam uma ameaça à segurança dos núcleos já estabelecidos além do Rio Real e à integridade da Colônia portuguesa, devido à aliança com os franceses", escreve a antropóloga Beatriz Góis Dantas, em "Os Índios de Sergipe". Tratava-se, então, de finalizar e consolidar a conquista lusa do Rio Real e cercanias.

O espaço territorial hoje sergipano era ocupado por diversos grupos indígenas – boimé, caxagó, aramuru, carapotó, etc. – mas, principalmente, pelos índios tupinambás e pelos kiriris, do tronco linguístico macro-jê. Em Sergipe, ainda segundo Beatriz, os tupinambás "eram seguramente os mais numerosos", distribuindo-se por cerca de trinta aldeias, que, embora distantes umas das outras, "eram unidas entre si por laços de parentesco e interesses comuns, desenvolvendo conjuntamente uma série de ações relacionadas principalmente com alianças matrimoniais e atividades guerreiras". Muitos desses tupinambás, que dominavam então a fachada litorânea de Sergipe, estavam concentrados na margem esquerda do Rio Real. Eram inimigos dos tupi-

Índios tupinambás, Hans Staden.

nambás da Bahia – e não poucos deles foram arrancados dali à força, para trabalhar como escravos em terras baianas.

Índios, corsários e marés dificultavam e mesmo impediam, portanto, os contatos entre a Cidade da Bahia e Olinda da Nova Lusitânia, que deveriam formar o eixo central da presença portuguesa nos trópicos brasílicos. Logo, o poder lusitano concluiu que era preciso conquistar e colonizar Sergipe, submetendo ou expulsando os ameríndios e afugentando dali as naves piratas que vinham da França. E foi o que se fez. Na definição sintética, *pars pro toto*, de Acrísio Tôrres de Araújo, em sua *História de Sergipe*, esse processo de conquista e colonização se assentou num tripé: "o evangelho, o curral, a espada". O evangelho – os padres da Companhia de Jesus, que lá implantaram aldeamentos. O curral – a expansão da pecuária a partir da Casa da Torre, sob o comando de Garcia d'Ávila. A espada – as investidas militares, culminando na expedição de Cristóvão de Barros, que terminou por estabelecer o arraial de São Cristóvão na foz do Rio Sergipe. E a empresa foi árdua, desdobrando-se de 1575 a 1590, quando, finalmente, o território sergipano foi incorporado à Colônia portuguesa.

Mas vamos por partes. Quando assumiu o posto de governador geral, em 1573, Luiz de Brito e Almeida trazia uma ordem clara do rei D. Sebastião: conquistar as terras atualmente sergipanas. "Pelo sertão deste rio [Real] há muito pau-brasil, que com pouco trabalho todo pode vir ao mar, para se poder carregar para estes reinos. E para que esta costa esteja segura do gentio, e os franceses desenganados de não poderem vir resgatar com ele entre a Bahia e Pernambuco, convém ao serviço de Sua Majestade que mande povoar e fortificar este rio, o que se pode fazer com pouca despesa de sua Fazenda, do que já el-rei D. Sebastião, que está em glória, foi informado, e mandou muito afincadamente a Luiz de Brito, que neste tempo governava este Estado, que ordenasse com muita brevidade como se povoasse este rio, no que ele meteu todo o cabedal", informa Gabriel Soares de Sousa.

A primeira tentativa colonizadora se deu pela via missionária. Catequética. Uma tentativa pacífica – ao menos, em tese. Para tentar recompor o quadro, vamos acompanhar aqui uma carta do jesuíta Inácio de Toloza, escrita na Bahia, com a data de 7 de setembro de 1575. Conta o padre que se organizou na Bahia, naquela época, uma missão, chefiada pelo jesuíta Gaspar de Lourenço. Partindo da aldeia de Santo Antonio, situada em terras de Garcia d'Ávila, Lourenço levou consigo o irmão Solônio e vinte índios neófitos. O governador ajuntou, a essa equipe, "um capitão, com alguns homens brancos, com desejo de fazer lá uma povoação", acrescenta Toloza. A jornada foi feita a pé, com o grupo alcançando o Rio Real no dia 28 de fevereiro de 1575.

Detalhe: Anderson Nascimento sustenta que o capitão enviado pelo governador era Garcia d'Ávila: "Ao evangelho e não às armas; à paz e não à guerra, entregou-se a missão de conquista da nova capitania. Padre Gaspar Lourenço, seu companheiro João Solônio, vinte neófitos da aldeia de Santo Antonio e mais vinte soldados capitaneados por Garcia d'Ávila propuseram-se estabelecer povoação em lugar apropriado na direção do Rio Real [...] próximo ao local onde atualmente está situada Santa Luzia do Itanhy, despertando no espírito indígena sérios receios, pois não viram na presença dos padres e dos soldados senão um disfarce para cativá-los e entregá-los indefesos aos seus senhores". Se a informação é correta, Garcia d'Ávila terá participado, então, de três empreitadas para conquistar a região. Mas vamos em frente.

A desconfiança ameríndia era um fato. O padre Toloza a registra em sua carta. De acordo com ele, enquanto muitos índios se rendiam à sedução da palavra missionária, outros a recusavam, ameaçando matar os padres ou fugindo para terras interioranas. Havia, sobretudo, o receio indígena diante da presença do capitão e de seus soldados, acampados no Mangue Seco, dentro da foz do Rio Real. Notícias sobre a escravização de índios pelos brancos circulavam amplamente em meio às aldeias da região. E o fato de soldados acompanharem os jesuítas fazia com que os índios ficassem com um pé atrás, duvidando de que as intenções dos missionários fossem apenas religiosas.

De qualquer sorte, a obra catequética prosseguia. Os inacianos atraíam poderosos morubixabas daqueles campos, como Surubim, Aperipê e Serigi. E conseguiram fundar então, no que hoje é Sergipe, as aldeias jesuíticas de São Thomé, Santo Ignácio e São Paulo, que se iam consolidando. Mas os portugueses já vinham aprontando em outras partes – e continuaram a aprontar por ali. "A pregação do padre Gaspar Lourenço começa a ser contestada pelos índios, ex-escravos fugidos, que diziam que o padre queria abrandá-los para depois os escravizar, como já tinha acontecido de outras vezes. Os franceses também alertaram sobre isto. Os soldados indisciplinados começaram a criar conflitos com os índios e a amancebarem com as índias, roubando aos índios as suas mulheres, irmãs e filhas, prejudicando a catequese dos jesuítas", resume Emmanuel Franco, em *A Colonização da Capitania de Sergipe d'El-Rei*.

Como a catequese não andava com a desenvoltura esperada, revelando-se insuficiente para promover a colonização de Sergipe, o governador resolveu inverter as peças do jogo: em vez dos jesuítas na dianteira e dos soldados na retaguarda, decidiu colocar os soldados na linha de frente. A primazia, agora, era militar. E assim se formou a expedição comandada por Garcia d'Ávila. Nas palavras de Gabriel Soares, o governador Luiz de Brito mandou "Garcia d'Ávila, que é um dos principais moradores da Bahia, com muitos homens das ilhas e da terra, para que assentassem uma povoação onde parecesse melhor", na região cortada pelo Rio Real.

Garcia foi "com uma expedição armada à sua custa contra os franceses e tupinambás do Rio Real, regressando vitorioso com submeter os bárbaros, expulsar os intrusos e fundar a povoação e capela de Santa Luzia", escreve Theodoro Sampaio. Infelizmente, não temos maiores detalhes acerca dessa campanha belígera. De qualquer modo, ela não foi tão exitosa como leva a crer o texto de Theodoro, nem redundou em fracasso, como pensa Frei Vicente do Salvador. Garcia venceu batalhas, mas não ganhou a guerra, é o que se pode dizer. A póvoa de Santa Luzia, por sua vez, não se manteve de pé. Não teve recursos para resistir ao assédio dos índios. Além disso, na opinião de Gabriel Soares, estava muito mal localizada – "porque estava longe do mar, para se valerem [os moradores] da fartura dele, e longe da terra boa, que lhes pudesse responder com as novidades costumadas".

Daí o julgamento colonizador injustamente desdenhoso de Frei Vicente do Salvador. É certo que Garcia não conseguiu expulsar os tupinambás. É certo, ainda, que o arraial de Santa Luzia não vingou. Mas é igualmente certo que, como os jesuítas, ele contribuiu para o processo da colonização. Com Gaspar Lourenço, o evangelho entrou nas aldeias. E sabemos que a prática curraleira é, também, uma prática colonizadora. Vaqueiros, currais e reses são elementos de colonização. E, àquela altura, a pecuária já tomava conta dos campos que iam do Rio Itapicuru ao Rio Real. Mas, como os índios permaneciam assenhoreando as terras da margem esquerda do Rio Real, o próprio governador decidiu assumir o comando das operações militares, numa expedição da qual fez parte o mesmo Garcia d'Ávila.

"Com a chegada de D. Luiz de Brito com as tropas, os morubixabas Surubim e Aperipê recebem com desconfiança. D. Luiz de Brito ao se aproximar da Aldeia de Santo Ignácio, uma das aldeias índias convertidas pelo padre Gaspar Lourenço, ataca, vence e marcha para outras aldeias. Os franceses tinham ensinado aos índios a manejar armas de fogo, mas a superioridade de armamentos dos portugueses vence os índios. Os índios se agrupam na aldeia de São Thomé, a primeira denominada pelo padre Gaspar Lourenço, se refugiam na igreja, julgando ser um lugar sagrado, pois foi ali que começou a catequese. D. Luiz de Brito, sem respeitar o lugar, profana, ataca e vence. Morrem muitos índios, entre eles Surubim, e são aprisionados Serigi, Aperipê e mais mil e duzentos índios. Os prisioneiros são levados para a Bahia e, resistindo à escravidão, são maltratados e todos morrem dentro de um ano", sintetiza Emmanuel Franco.

Uma *razzia* cruel e arrasadora, como se vê. Mas a verdade é que seu sucesso foi meramente militar, não se traduzindo em dimensão colonizadora. "D. Luiz de Brito, ao vencer os índios e os franceses, voltou com as tropas para a Bahia e não colonizou a área", comenta o mesmo Franco. E, com a retirada do governador geral do Brasil para a sede administrativa da Colônia, os índios retomaram seus lugares. Pior: cresceu a presença francesa na região. E assim, por mais quinze anos, os tupinambás continuariam senhores da margem esquerda do Rio Real e da orla marítima de Sergipe.

Zona indígena, terra inconquistada. Mas o Rio Real e Sergipe não saíam dos planos dos colonos e das autoridades coloniais. O Governo da Bahia organizou então, em 1589, um poderoso exército para realizar o velho projeto. Eram três mil homens armados, entre colonos, soldados e índios aliados dos portugueses. No comando, Cristóvão de Barros. E a expedição tomou o rumo do Rio Real. Emmanuel Franco: "O exército de Cristóvão de Barros marcha por terra, partindo de Salvador. Uma coluna segue pelo sertão [...] com mil índios e cento e cinquenta homens [no vocabulário de Franco, "homens" = brancos], em direção aos rios Itapicuru, Real e território de Sergipe, seguindo a vegetação menos densa dos tabuleiros ou Campos Gerais. A outra coluna, com mais homens [sic] e índios civilizados segue próxima ao litoral, pela Mata Atlântica, abrindo estradas, fazendo pontes, aterrando brejos para permitir a passagem de peças de artilharia. Uma coluna ajudando a outra, a do litoral [...] devastando as aldeias dos índios, tangendo-os para a frente e matando os que podem. Seiscentos índios são mortos nestas lutas, enquanto morrem apenas seis portugueses. A luta era desigual entre arco e flecha e armas de fogo. Era uma verdadeira caçada humana – os índios vão recuando para o norte".

Veio, então, o confronto final. Os índios haviam se fortificado na várzea do Vaza-Barris, entre esse rio e o de Cotinguiba, atual Rio Sergipe. Era uma verdadeira fortaleza (e uma burrada estratégica, como logo se viu): três cercas de pau a pique e, em seu interior, vinte mil índios flecheiros. Tratava-se, na verdade, do resultado de uma aliança formada por várias aldeias indígenas, a fim de fazer frente aos invasores. Seu comandante era Baepeba, o principal morubixaba das aldeias litorâneas de Sergipe. E foi para essa superfortaleza tupinambá que convergiram as duas colunas do exército capitaneado por Cristóvão de Barros, "homem sagaz e prudente e bem afortunado em as guerras" (Frei Vicente do Salvador), que fora, ainda jovem, capitão-mor que governava o Rio de Janeiro, onde liquidou a resistência dos tamoios. Lá chegando, as tropas de Cristóvão de Barros sitiaram a grande aldeia fortificada. Ato contínuo, passaram a controlar as fontes de água. E esperaram para ver.

Bem. O cerco teve início no dia 23 de dezembro de 1589, antevéspera do Natal. E assim ficaram postados, frente a frente, os dois exércitos. Volta e meia, pipocavam escaramuças, tiros e flechas clareando o ar, com perdas para ambas as partes. Os dias foram passando. E, com a passagem dos dias, crescia a sede ameríndia. A falta de água foi ficando insuportável. Desespero. Havia que romper o cerco. De qualquer forma. E assim, à entrada de janeiro de 1590, noite mesma do Ano Novo, deu-se a grande batalha. Noite de gritos, de fogo, de fúria, de sangue, de gente estrebuchando pelo chão. Conta Frei Vicente do Salvador que os índios começaram a sair em levas das cercas, "indo os mais valentes diante despedindo nuvens de frechas, com que forçavam os nossos que por aquela parte estavam não só a dar-lhes caminho, mas ainda a lhes irem fugindo; porém o general [Cristóvão de Barros], atravessando-lhes diante, a brados e com o conto da lança os fez parar e voltar aos inimigos até os fazer tornar à cerca, onde, entrando os nossos após eles, lhes mataram mil e seiscentos e cativaram quatro mil".

Após essa vitória tão sanguinolenta quanto espetacular, Cristóvão de Barros deu ao território um nome mestiço, tipicamente tropical, expressivo da conquista lusitana daqueles domínios tupinambás: Sergipe d'El-Rei. De imediato, com o fito de criar uma nova capitania, fundou um arraial nas margens do Cotinguiba, exatamente a meio caminho entre o Rio Real e o de São Francisco, dando-lhe o nome de São Cristóvão. Com isso, a realidade da região do Rio Real agora era outra, firmando a base para o avanço do processo construtivo luso-brasileiro. Colonos e boiadas tinham caminhado gradualmente de Açu da Torre para o Itapicuru – e daí para o Rio Real. Agora, com o triunfo sobre tupinambás e franceses, a obra prosseguiria, currais se espalhando e se implantando em solo e tempo propícios.

CAPÍTULO 10

Sob o céu do sertão

O sertão: são muitos. Podemos falar do sertão do Rio das Contas, por exemplo. Ou do sertão sanfranciscano. No momento, todavia, vamos fazer uma expedição por apenas um desses muitos sertões. Vamos partir da região de Feira de Santana e Irará para a região de Tucano, Monte Santo, Quijingue, Jeremoabo, Canudos, Monte Santo, Bendegó, Uauá, Chorrochó, já na divisa de Curaçá e Rodelas, fronteira com Pernambuco. À região do Raso da Catarina. Da caatinga, da chuva escassa, da seca.

Ao longo do século XVII, alguns criadores de gado ganharam terrenos da coroa portuguesa, deslocaram-se para o interior e se fixaram em fazendas, na zona onde hoje se ergue a cidade de Feira de Santana. No final daquele século, essa zona passou a ser a paróquia de São José das Itapororocas, nome de um dos pequenos povoados que se iam formando em fazendas, à margem dos caminhos do gado. Uma dessas fazendas, situada perto do arraial das Itapororocas, chamava-se Sant'Anna dos Olhos d'Água. Uma fazenda de extensão considerável, onde havia uma capela dedicada à Senhora de Santana e a São Domingos.

"Algum tempo depois da construção da capela, tornou-se ela um ponto de encontro para o povo do distrito, que aí se reunia para fazer orações, visitas e negócios. Dessa maneira, a pouco e pouco se ia desenvolvendo uma feira periódica em Santana dos Olhos d'Água. A feira, que teve início no primeiro quartel do século XVIII, deu o seu nome à atual Feira de Santana [...] Uma vez localizada, a feira tornou-se

Na página ao lado, cangaceiros em trajes típicos e devidamente paramentados. O vestuário lembra ao mesmo tempo trajes militares e roupa de gala, servindo de ampla proteção nos deslocamentos da caatinga. Sem deixar de atender a vaidade dos bandoleiros.

uma parte da vida econômica e social de toda a circunvizinhança e suficientemente importante para ser considerada um arraial florescente junto à capela de Santana dos Olhos d'Água", no relato de Rollie E. Poppino, em *Feira de Santana.*

Essa feira se implantou numa posição especial, privilegiada, o que vai, mais tarde, explicar seu crescimento notável e o da cidade a que ela deu origem. Uma posição geograficamente estratégica, zona de transição entre o litoral e o interior baianos. Transição em termos estritos de geografia, mas, também, no sentido ecológico. Pelo clima, pelo regime de chuvas, pelos tipos de solo, pela vegetação.

Também Irará (antiga Vila da Purificação dos Campos) se encontra, junto com outras cidades atuais, nessa área de passagem entre o Recôncavo e o sertão. Basta lembrar que a região está parcialmente incluída no chamado "polígono das secas". E que, ao percorrê-la, andamos sobre típicos terrenos sertanejos e em meio às cortantes composições da flora catingueira. Mas, ao mesmo tempo, pisamos no massapé, solo tão característico dos espaços úmidos do Recôncavo. Na velha *Enciclopédia dos Municípios,* do IBGE, resume-se: "O município [de Irará] é cortado pela linha divisória do Recôncavo com o nordeste baiano, dividindo o território municipal de leste para sul. De acordo com a vegetação, as denominações locais dadas aos terrenos são tabuleiros, caatinga e massapé, sobressaindo o último, nos limites do Recôncavo, pela fertilidade do solo".

Quando os colonizadores luso-brasileiros chegaram às terras das atuais cidades de Feira de Santana e Irará, a região era habitada, obviamente, por grupos indígenas. Mas não por grupos tupis. O supracitado Rollie E. Poppino fala de aimorés e paiaiás. Outros autores se referem, ainda, a kariris-sapuyás (houve um aldeamento jesuítico deles, a Aldeia de Pedra Branca, origem da atual cidade de Santa Terezinha, que não fica longe de Feira e Irará) e a maracás.

Uma das referências mais antigas aos paiaiás aparece na poesia de Gregório de Mattos, o Boca do Inferno. Gregório, para desmascarar a suposta "pureza de sangue" de nossa nobreza seiscentista, apontava-lhe sempre sua ascendência ameríndia. Nossos nobres eram, no fim das contas, "fidalgos caramurus", seres mestiços, "impuros", descendentes de índios polígamos e canibais. Por trás de sua fachada lusitana, estava o guerreiro paiaiá, que infernizou a vida de portugueses e brasileiros, nos primeiros tempos coloniais. Os paiaiás se concentravam tanto em terras da Jacobina quanto nas do Paraguaçu. Deixando de parte a linha litorânea, dominada pelos tupinambás, a área do Vale do Paraguaçu era habitada por paiaiás, maracás e sapuiás. Os paiaiás eram, portanto, índios interioranos, "sertanejos", vivendo entre as cercanias da Serra da Jacobina e da Serra do Irará.

Bandeirantes baianos já haviam atravessado as terras desses índios do sertão. No século XVII, elas foram alcançadas pelas chamadas missões rurais da catequese e pela frente pastoril de conquista e colonização, com novos donos de sesmarias e curraleiros tangendo o gado. Naquela época, o trabalho missionário deixou de se concentrar na linha do litoral, para partir em busca dos espaços interioranos, mais distantes, pelos sertões. Foi quando os jesuítas fizeram contato com os paiaiás do sertão de Jacobina. De outra parte, como foi dito, avançavam passo a passo as boiadas e os currais.

O que significa que a colonização luso-brasileira da região de Feira de Santana e do Irará não seguiu o modelo da do Recôncavo – mas, sim, o padrão do expansionismo das casas da Torre e da Ponte (ou de Nizza). A distinção é relevante. A unidade colonizadora do Recôncavo foi o engenho – ou, mais precisamente, o complexo fabril e cultural formado por casa-grande, engenho e capela. Já a unidade colonizadora da região em que se encontram Feira e Irará – na verdade, a unidade básica de colonização do sertão – foi o curral. No caso de Irará, o modelo se definiu na década de 1670, quando uma carta régia premiou João Peixoto Viegas com uma sesmaria e ele se implantou nas terras do lugar. No caso de Feira, as coisas começaram mais ou menos pela mesma época. A partir de meados do século XVII, criadores de gado principiaram a migrar para a região, abrindo fazendas.

Ainda Poppino: "No século XVII, o Recôncavo dedicava-se com tamanha exclusividade à produção de cana-de-açúcar que os criadores de gado eram obrigados por lei a procurar pastagens no interior para o gado de sua propriedade. A área do atual, município de Feira de Santana estava dentro da vasta sesmaria de Tocós, doada em 1609 a Antonio Guedes de Brito [...] As guerrilhas com os holandeses, ao longo da costa, e com indígenas do interior prejudicaram a exploração eficiente da sesmaria, até o terceiro quartel do século; mas, depois de 1650, numerosos *ranchos* de gado aí se estabeleceram. Uma grande porção da sesmaria reverteu para a Coroa e foi concedida em menores porções a outros criadores, para os quais foi relativamente fácil comprar ou ocupar as terras [...] Em consequência disso, toda a área da paróquia de São José das Itapororocas, pelos meados do século XVIII, estava coberta, aqui e ali, de ranchos de gado".

É evidente que a chegada de curraleiros e vaqueiros não fez cessar os conflitos com os índios naquela região. Pelo contrário, acirrou. Alguns curraleiros desejavam, muito simplesmente, que aqueles índios sumissem do mapa. A tal postura bélica correspondia a reação dos indígenas que atacavam vaqueiros e queimavam currais. Nessa batalha pela terra, os índios levaram a pior e terminaram por jogar a toalha. Muitos abandonaram a região de que tinham sido senhores. Outros, diversamente, se renderam ao domínio dos novos moradores. Foram se fazendo vaqueiros, ocupação em que costumavam se sentir inteiramente à vontade. E se misturando com os recém-chegados, no processo de formação de uma população mestiça – mameluca, cabocla ou "brasilíndia", para empregar a expressão de Darcy Ribeiro.

As informações históricas disponíveis indicam que foi insignificante o número de negros que acompanhou os criadores de gado, quando eles resolveram se instalar pioneiramente na região. Rigorosamente, um curral não teria maior necessidade de contar com mão de obra escrava. É certo que havia negros por aquelas terras, mas autossegregados, escondidos em quilombos, como o distante Orobó, que teve longa vida. Os mais próximos, ao contrário, foram destruídos pelos próprios curraleiros. Desse modo, a presença preta, nesse novo mundo social que começava a se formar, não teve realmente maior peso. Os pretos só foram chegar mais tarde, em consequência do desenvolvimento da agricultura local. Com as plantações de algodão, em Feira. Com as de fumo, em Irará. As atividades dessa lavoura comercial exigiam emprego de mão de obra em escala consideravelmente maior do que a solicitada pela pecuária. E os donos das plantações resolveram o problema com a compra de escravos negros no Recôncavo. No século XVIII, havia já um bom número de pretos e mulatos na região. Mas nada que sequer se aproximasse da realidade escravista e racial da Baía de Todos os Santos e seu Recôncavo.

De todo modo, pretos e negro-mestiços chegaram ali com seus legados genéticos e culturais, para, assim, gerar novas misturas regionais. Mestiçagem e sincretismo. É o que explica a presença de mulatos e do samba de roda em Irará, assim como a presença de mulatos e de práticas e cultos de origem negro-africana em Feira, caracterizando nossa referida *zona de transição* também na dimensão antropológica e biocultural. Apesar desses parentescos, contudo, a região está definitivamente fora do círculo do Recôncavo e de sua "civilização do açúcar". O que se delineou ali, bem ao lado dos canaviais do Recôncavo, foi um mundo de fazendeiros e vaqueiros. "Outra vida, outra economia, outra cultura" – na síntese de Eurico Alves Boaventura, em seu *Fidalgos e Vaqueiros*. Em vez da varanda da casa-grande, das moendas e das frotas de saveiros das grandes plantações de cana de açúcar, a casa de fazenda, a extensão do pasto, o aboio dos vaqueiros, o passo lento das boiadas. Era a cultura do cabra, a cultura do couro, a cultura sertaneja.

Feira de Santana, espaço de convergência de estradas, foi-se firmando, por sua posição estratégica, como feira de gado e centro de comércio. Rollie Poppino, mais uma vez: "Desde os tempos coloniais

Feira de Santana substituiu a antiga feira de gado, de Capoame, atual Dias D'Ávila, e se transformou numa cidade de porte, assentada no comércio e na agricultura.

até ao presente deve Feira de Santana a prosperidade [...] à situação de passagem forçada das vias de comunicação para a Bahia [...] A estrada principal na paróquia de São José das Itapororocas era a que seguiam as boiadas no rumo dos mercados consumidores do Recôncavo [...] Antes do fim do período colonial, as estradas para animais convergiam de todas as partes da Província para Feira [...] As mais importantes eram aquelas que começavam em Juazeiro, Xique-Xique e Barra, no Rio de São Francisco. A estrada de Feira para Cachoeira alcançava o término do caminho trilhado pelas boiadas, que procediam do Vale do Jequitinhonha, em Minas Gerais".

Ao tempo em que abastecia de carne bovina a cidade de Salvador e o Recôncavo, Feira de Santana trazia mercadorias desses lugares, distribuindo-as para terras sertanejas. Tornou-se, assim, um espaço de encontros, trocas, contatos. A chamada "porta para o sertão" – que se completaria, de resto, com uma cidade que viria a nascer ali bem perto, a cerca de 50 km de distância, no mesmo sertão de Tocós: Serrinha. De acordo com Tasso Franco, em *Serrinha – A Colonização Portuguesa numa Cidade do Sertão da Bahia*, Serrinha teve sua origem num pouso de tropeiros e boiadas, à margem do caminho de gado aberto de Salvador à distante Juazeiro, já no Rio de São Francisco. Posseiros e arrendatários achavam-se por aquelas terras na passagem do século XVII para o XVIII. Segundo o jesuíta Antonil, em seu célebre *Cultura e Opulência do Brasil*, Serrinha era, em 1711, "lugar de excelentes moradores e onde havia excelente rancho e algumas fazendas de criação de gado". Mas o vilarejo só começou a ganhar forma na década seguinte – e então principiou a caminhar. "O local desenvolveu-se por dois motivos básicos: era o trajeto obrigatório da estrada de Salvador ao São Francisco, rumo ao Piauí, por onde passavam as boiadas, e tornou-se ponto de negócios", escreve Tasso Franco.

Caminhando mais no tempo, observam Alfredo José Porto Domingues e Elza Coelho de Souza Keller, no volume Bahia, da União Geográfica Internacional: "Também cidade de contacto, com posição semelhante à de Feira de Santana, Serrinha foi ponta de trilhos da Viação Férrea Federal Leste Brasileiro, ainda no século passado [XIX] [...] Como ponta de trilhos, Serrinha desenvolveu uma função de concentradora dos produtos sertanejos exportados, então, pela estrada de ferro... [Em meados do século XX] Serrinha divide com Feira as funções de entreposto regional, transacionando, sobretudo, com a zona imediatamente vizinha e com o sertão do norte da Bahia, onde muito se restringe a área de influência daquela cidade".

Mas Serrinha ainda é um ponto de passagem e transição, misturando caatinga e massapê, apresentando toques e cantos do assim chamado "candomblé de caboclo". Não é, ainda, o sertão de Tucano, Jeremoabo, Canudos, Monte Santo, Bendegó. O sertão clássico da caatinga, tal como ele se gravou fundamente na memória e na imaginação brasileiras, graças a escritos como *Os Sertões* de Euclydes da Cunha, ao baião de Luiz Gonzaga, Humberto Teixeira e Zé Dantas, ou a filmes como *Vidas Secas* (Nelson Pereira dos Santos, baseado no texto de Graciliano Ramos) e *Deus e o Diabo na Terra do Sol*, de Glauber Rocha – o sertão que mais radicalmente se distingue, em todos os sentidos, da paisagem natural, humana e simbólica da Baía de Todos os Santos e seu Recôncavo chuvoso, onde nunca se viu uma seca.

A conquista, a colonização e o povoamento luso-brasileiros dessa vasta região que vamos focalizar – denominando-a, para simplificar, de sertão de Canudos – foi um processo que não merece ser esquecido. Uma obra de bandeirantes, curraleiros e missionários, em encontros, confrontos e misturas com diversos grupos indígenas, seguidamente aldeados pelos catequistas (jesuítas, capuchinhos franceses, franciscanos), como aconteceu em Ribeira do Pombal, antiga Canabrava de Santa Teresa, por exemplo, ou em Nova Soure, ex-aldeia de Natuba. Avanço que se deu a partir do litoral, na altura do Rio Itapicuru, entrado o século XVII. Avanço em direção a Ribeira do Pombal, à Serra da Jacobina, ao Vaza-Barris, à barra do Rio Salitre, ao sertão de Rodelas, às margens do Rio de São Francisco.

Adiante, em princípios do século XVIII, a descoberta das jazidas auríferas de Jacobina contribuiu, decisivamente, para incrementar a colonização e o povoamento regionais. Povoados foram brotando por aquelas terras áridas. Brotando e ganhando forma, mesmo que muito lentamente. Como nos lembra o historiador Luís Henrique Dias Tavares, no ano de 1759, Jeremoabo contava com apenas 32 choupanas e 252 moradores. Mas as coisas iam acontecendo. Os rebanhos de gado bovino e caprino se espalhavam sempre mais pelas terras do semiárido

Jacobina, cujas serras alimentaram os sonhos de bandeirantes e entradistas atrás de ouro e pedras preciosas.

baiano. Jazidas de salitre atraíam atenções. Construções foram, enfim, se projetando naqueles ermos, em póvoas e depois cidades de aspecto bem diverso do que se costumava ver nos núcleos urbanos do litoral.

Construções como a capela de Conceição do Coité. A Igreja de Nossa Senhora do Monte, no Conde. A capela da Santíssima Trindade de Massacará, na atual Euclydes da Cunha. A matriz de São João Batista, na Jeremoabo do final do século XIX. A própria casa do Barão de Jeremoabo. A Casa de Câmara e Cadeia de Inhambupe. A capela de Santo Antonio, em Queimadas, e a Igreja de Senhora Santana, em Tucano. As coisas de Monte Santo, antigo Piquaraçá ou Pico Araçá, espaço de fé, de procissão e peregrinação, onde se diz que o capuchinho Apolônio de Todi fez um milagre, dominando um tufão com as suas orações.

Mesmo assim, tudo muito pobre, espaçado, rarefeito. Tanto é que Euclydes da Cunha ainda vai descrever a região nos termos de uma *terra ignota*: "...transpondo o Itapicuru, pelo lado do sul, as mais avançadas turmas de povoadores estacaram em vilarejos minúsculos – Massacará, Cumbe ou Bom Conselho – entre os quais o decaído Monte Santo tem visos de cidade: transmontada a Itiúba, a sudoeste, disseminaram-se pelos povoados que a abeiram acompanhando insignificantes cursos de água, ou pelas raras fazendas de gado, extremados todos por uma tapera obscura – Uauá; ao norte e a leste pararam às margens do São Francisco, entre Capim Grosso e Santo Antonio da Glória [...] Apenas naquele último rumo se avantajou uma vila secular, Jeremoabo, balizando o máximo esforço de penetração em tais lugares evitados sempre pelas vagas humanas, que vinham do litoral baiano procurando o interior".

Além da fé, do misticismo e mesmo do messianismo, todo esse extenso sertão, estirando-se de Feira de Santana no sentido das margens do Rio de São Francisco, viu-se marcado pela violência. Por uma violência generalizada, praticada por todas as classes e grupos sociais. Violência de ricos, de remediados, de pobres e de miseráveis. Famílias poderosas lutaram entre si – ferozmente – por todo o interior baiano, do sertão do Rio das Contas ao sertão do São Francisco. Nesse contexto, cresceu solto o banditismo. O mundo áspero dos jagunços e dos cangaceiros.

Na observação genérica do historiador Braz do Amaral, a guerra de conquista da região deixara uma herança de costumes ferozes. E as autoridades coloniais, mesmo que eventualmente quisessem, não

Jeremoabo, matriz de São João Batista.

conseguiam manter sob controle aqueles espaços abertos, amplos e distantes. "No tempo do Conde de Sabugosa [governador da Bahia de 1720 a 1735] foram presos e degolados alguns dos temíveis facínoras do sertão", informa o historiador. Mas para acrescentar que a ação dos governantes, no combate ao crime, nunca se fez de forma regular – e sim "por espasmos".

A propósito de Feira de Santana, Rollie E. Poppino abre o foco: "...o crime era a regra, desde que se instalaram os primeiros povoados na região. Tradicionalmente, a zona era refúgio dos escravos fugidos e dos criminosos evadidos das povoações da costa. As forças policiais ou militares estacionadas em Feira de Santana nunca foram suficientes para manter a lei e a ordem. Expedições armadas podiam ser enviadas para ocupar a cidade, mas era coisa simples para os criminosos escapar para o mar [...]. Entregue aos seus próprios recursos, o povo de Feira de Santana quase não respeitava a lei escrita. Os atos de violência não constituíam privilégio de nenhuma classe, pois que os proprietários e os funcionários locais frequentemente resolviam as suas divergências pela força das armas. Com o desenvolvimento do comércio, bandos de salteadores formaram-se para atacar os boiadeiros e negociantes de gado [...] Ninguém se aventurava a viajar desarmado pelo interior ou mesmo para a feira semanal".

Na história desse banditismo, que não deixou de ter um certo cunho ou viés de reparação social, projetou-se a figura de Lucas da Feira, escravo foragido. Era um homem realmente ousado. E comandava um grupo que atormentou (e muito) a vida dos fazendeiros de Feira de Santana e dos comerciantes de lá – ou que para lá se dirigiam em busca de bons negócios. Estima-se que Lucas e seus homens, em alguns anos de ação, mataram mais de 150 pessoas. Negociantes da feira, principalmente. Na verdade, as atividades coordenadas ou orientadas por Lucas levaram, praticamente, à paralisação da feira que distinguia a cidade. Foi somente em 1848 que o ex-escravo derrapou numa cilada e foi despachado preso para a Cidade da Bahia. No ano seguinte, foi julgado e enforcado. E nada menos do que três dias de celebração marcaram o acontecimento em Feira de Santana.

Mas é claro que as agitações armadas regionais não se limitaram ao círculo do banditismo. Sabe-se que não foram poucos os feirenses a participar da campanha pela independência da Bahia, que teve o seu desfecho no 2 de julho de 1823, com a expulsão definitiva dos militares portugueses que aqui se encontravam. Entre tais feirenses, todos se recordam na Bahia, ainda hoje, do nome de Maria Quitéria de Jesus Medeiros, que se alistou como soldado, como homem, nas forças nacionais – e depois foi ao Rio de Janeiro dar a notícia oficial da vitória a Pedro I.

Além disso, a região de Feira de Santana conheceu, também, as agitações federalistas baianas, que culminaram na revolta que se gravou em nossa história com a denominação de Sabinada, em decorrência do nome de seu principal comandante, o médico e jornalista Francisco Sabino Álvares da Rocha Vieira, um mulato sofisticado, bissexual, de olhos azuis, leitor de Tocqueville e Rousseau. Como lembra Paulo César Souza, em *A Sabinada – A Revolta Separatista da Bahia (1837)*, Feira de Santana participou das articulações rebeldes, com o fornecimento de armas e dinheiro. Escreve Paulo César: "Um comerciante de Feira testemunhou a insatisfação vigente em sua vila: ele não se sentia

Entre os feitos baianos da luta pela Independência está o alistamento de Maria Quitéria de Jesus Medeiros. Como as mulheres, à época, estavam impedidas de servir ao exército, ela se alistou como homem e, passado o conflito, foi pessoalmente comunicar a ousada iniciativa ao Imperador.

seguro, disse, por ter 'falado contra o partido da capital [os rebeldes sabinos de Salvador], que ali [em Feira] tinha bastantes apaixonados'. Em janeiro, depois de renovadas e confirmadas as notícias sobre movimentação armada [em Feira], o coronel Rodrigues Falcão Brandão partiu de Cachoeira com uma tropa, e dissolveu o foco insurgente".

Mas a coisa não parou por aí. Pouco tempo depois, tentando romper o cerco imposto a Salvador, cerca de 400 revoltosos partiram à noite, em várias lanchas baleeiras, atravessaram a baía, desembarcaram no Paraguaçu e tomaram o rumo de Feira de Santana. Comandados por Higino Pires Gomes, nascido em Santo Estêvão, os rebeldes entraram, então, em combate com as forças adversárias. Depois dessa batalha em Feira, desorientado, Higino Pires Gomes fugiu sem destino certo para o vasto sertão.

No relato de Poppino, lemos: "No começo de março de 1838, os chefes da Sabinada já previam que seriam forçados a abandonar a Cidade de Salvador. Só poderiam continuar a revolução com uma base forte em outro lugar. Por essa razão, Higino Pires Gomes, com quase quinhentos homens, dirigiu-se para Feira de Santana, onde os federalistas lhe prepararam uma recepção entusiástica. Gomes e os seus homens entraram em Feira de Santana sem encontrar oposição, conquanto as unidades locais da Guarda Nacional tivessem recebido ordem para defender a vila. Algumas horas depois, todavia, Feira de Santana foi atacada por forças imperiais despachadas de Cachoeira. Os federalistas conseguiram derrotar as tropas que haviam sido mandadas contra eles, porém, somente à custa de grandes perdas. Antes que pudessem, todavia, tirar vantagem da vitória, os rebeldes tiveram notícia de que os chefes da Sabinada haviam sido capturados na Cidade do Salvador. Gomes desligou, então, de qualquer compromisso os seus homens, que se espalharam pelo interior".

Mas o grande acontecimento no sertão nordestino da Bahia, ao longo de todo o século XIX, foi, sem dúvida alguma, a Guerra de Canudos. O que aconteceu ali foi uma poderosa expressão do messianismo popular brasileiro, mobilizando-se em torno da figura forte e carismática do cearense Antonio Vicente Mendes Maciel, chamado o Conselheiro e mesmo Bom Jesus Conselheiro. Projetando-se acima dos beatos e profetas que vagavam pelo sertão, Antonio Conselheiro

Arraial de Canudos.

acabou no centro de um dos fenômenos mais dramáticos da história brasileira, recriado na prosa genial de Euclydes da Cunha, em obra hoje clássica.

Antonio Conselheiro vivia peregrinando e pregando pelos sertões da Bahia e de Sergipe, seguido por um cortejo sempre crescente de homens e mulheres, pessoas de todas as idades, de velhos a crianças. Em junho de 1893, ele se estabeleceu, com a multidão que o acompanhava, no vale do Vaza-Barris, na área da antiga fazenda Canudos, então abandonada pelo seu proprietário e convertida num povoado mínimo, de algumas poucas palhoças, casebres de barro e palha. Com a chegada do Conselheiro e da gente que com ele vinha, Canudos logo se transformou em um arraial com um número considerável de moradores. Conselheiro o rebatizou com o nome de Belo Monte.

A concentração de gente em Belo Monte assustou os poderosos. E começou a provocar reações. Proprietários rurais reclamavam que aquele arraial, atraindo como ímã poderoso os trabalhadores da região, desestruturava inteiramente a produção das fazendas. Padres se incomodavam com aquele profeta popular que falava em nome de Deus e magnetizava uma legião sempre maior de fiéis. Políticos arengavam sobre ameaças à ordem estabelecida. A grande imprensa baiana atacava duramente o Conselheiro, e a gente de Canudos, agora já era definida como uma multidão de fanáticos e jagunços. Canudos, por sua vez, se expandia sem parar. E, quanto mais se expandia, mais temor despertava. Era uma vasta comunidade rural popular cuja existência se tornara intolerável para os ricos e poderosos.

Veio então a repressão armada, organizando-se como campanha bélica contra rebeldes supostamente antirrepublicanos. Em novembro de 1896, destacou-se uma primeira expedição militar, destinada a deter os "conselheiristas" que se dirigiam a Juazeiro. Houve confronto no povoado de Uauá. Tiros e mortes. Os "conselheiristas" bateram em retirada – as tropas voltaram para Salvador. Em janeiro do ano seguinte, nova expedição. Seiscentos soldados bem armados. Desta vez, o alvo era o próprio arraial (já com dimensão citadina) de Canudos. Ferida por ataques de surpresa, emboscadas guerrilheiras, a tropa repressora foi sofrendo muitas baixas e não chegou ao seu destino. Recuou. Tomou o caminho de volta para a capital.

Viu-se, então, que não seria nada fácil derrotar e destruir Canudos, o Conselheiro, a sua gente. Eles estavam armados e não temiam a morte.

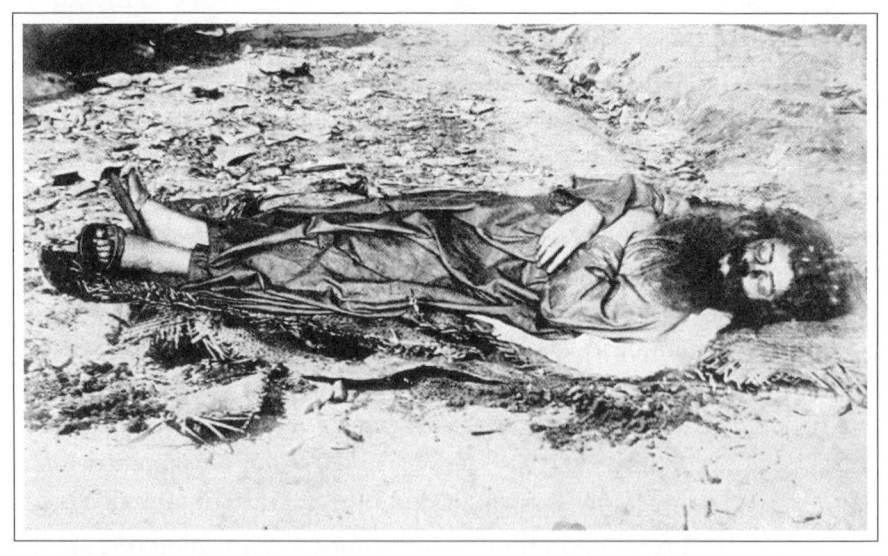

Foto oficial e única de Antônio Vicente Mendes Maciel, o Conselheiro, líder espiritual de Canudos, núcleo messiânico massacrado pelo Exército brasileiro no final do século XIX.

Uma outra expedição foi então organizada. Bem mais poderosa do que as anteriores. Foi a célebre expedição Moreira César, com 1 200 soldados e canhões de alto poder de fogo. O povo de Canudos encarou a barra. Lutou com bravura e inteligência. E venceu a parada. Derrotou Moreira César, seus soldados e seus canhões. Os militares brasileiros ficaram surpresos, atônitos com o desastre – e, mais que tudo, sentiram-se humilhados. Aquilo não podia ter acontecido e, principalmente, aquilo não podia ficar assim. Como um povoado de jagunços e fanáticos, perdido no sertão da Bahia, dava-se ao desplante de humilhar o glorioso Exército nacional, dobrando e enxotando seus oficiais e soldados para fora da região? Tratava-se, agora, de uma questão de honra. De vingança. Canudos tinha de ser arrasado. O Conselheiro e sua gente, varridos do mapa. A qualquer preço. Sem piedade alguma.

Estruturou-se, assim, a quarta expedição militar contra o Belo Monte de Antonio Conselheiro. Generais no comando, armas pesadas, cinco mil soldados (depois, o reforço de mais 1.200). Canudos foi cercado. Mas, para a perplexidade geral do país, não se entregou. Resistiu. E continuou resistindo por três meses. Até o dia 5 de outubro de 1897, quando caiu. Inteiramente devastado. Destruído. Em *Os Sertões*, Euclydes da Cunha registrou: "Canudos não se rendeu. Exemplo único em toda a história, resistiu até o esgotamento. Expurgado palmo a palmo, na precisão integral do termo, caiu no dia 5, ao entardecer, quando caíram os seus defensores, que todos morreram. Eram quatro apenas: um velho, dois homens feitos e uma criança, na frente dos quais rugiam raivosamente cinco mil soldados".

Canudos foi o fim de um mundo. Ao apagar das luzes do século XIX, os ásperos e secos sertões da Bahia assistiram à destruição final da póvoa milenarista de Antonio Conselheiro e seus seguidores. Recorrendo algo livremente à terminologia de Jerzy Szachi, em *As Utopias* ou *A Felicidade Imaginada*, podemos dizer que o que se viu ali, sob aquele amplo azul sem nuvens do céu da caatinga, foi uma espécie de "utopia monástica". Vale dizer, o projeto de agrupar comunitariamente, num determinado espaço, pessoas que partilhavam as mesmas crenças e as mesmas esperanças. Em Canudos – reflexo popular do "sebastianismo" –, sertanejos e sertanejas pobres juntaram seus trapos em casebres esquálidos, a fim de se concentrar em seu cristianismo "de penitência e apocalipse", à espera da volta de Dom Sebastião, saindo com seu exército do meio das ondas do mar. À espera da "grande chuva de estrelas" e do Juízo Final. À espera do Reino dos Céus.

Virada a página daquele século, o sertão continuou às voltas com o cangaço, agora no reinado de Virgulino Lampião, e viu passar a Coluna Prestes. Duas tribos de cavaleiros andantes, ainda que bem distintas entre si. O cangaço seduzia e amedrontava as populações sertanejas. Havia fascínio por aquela vida viril, que não se submetia à rotina a serviço dos senhores rurais, nem às ordens das autoridades públicas. Mas havia, também, o medo de topar com um cangaceiro, numa vila ou numa estrada qualquer, mesmo sob a lua mais branda.

Regra geral, um indivíduo se tornava cangaceiro quando, vítima de alguma injustiça, resolvia não baixar a cabeça, mas se vingar na base do rifle ou do punhal. Cometido o crime, não havia retorno. Era empurrado para a margem maldita da sociedade. E acabava no cangaço. No "banditismo social", para lembrar a expressão algo inadequada do historiador Eric Hobsbawm, em *Primitive Rebels*. Ao entrar para o cangaço, o sujeito adotava um novo modo de vida. Essa passagem – no caso do bando de Lampião, por exemplo – era assinalada ritualmente. O recém-chegado ganhava um nome novo. E a sua diferença, com relação ao grosso da massa camponesa, estampava-se logo em seus gestos, em seus cabelos, em suas vestes.

Em princípio, os "bandidos sociais" (vingadores, justiceiros, etc.) são vistos como criminosos tanto pelos senhores rurais quanto pelo Estado. Em princípio, ainda, esses mesmos bandidos não deixam de ser aplaudidos e vistos como heróis pela gente do campo. Mas, nos dois casos, é preciso matizar as observações. Veja-se o exemplo do bando de Lampião. Os sertanejos o encaravam de modo ambivalente, entre o aplauso e a condenação. Essa ambivalência correspondia à própria ambiguidade lampiônica. Aqueles cangaceiros tanto podiam vingar a honra de uma mocinha ultrajada, quanto ultrajar a honra de outra mocinha. Ambivalentes eram também as relações dos cangaceiros com os grandes proprietários rurais e os representantes do aparelho estatal. Inexistia um antagonismo entre o cangaço e o "coronelismo". De qualquer modo, o fato é que as estrepolias armadas dos cangaceiros marcaram a vida e o imaginário sertanejos.

Virgulino Ferreira, o Lampião, mais famoso cangaceiro que durante duas décadas cruzou os estados nordestinos desafiando autoridades e amedrontando as populações interioranas.

Lampião entrou no Estado da Bahia em 1928. No início do ano seguinte, invadiu Queimadas, saqueou o comércio local, matou soldados. A partir daí, passou a atuar entre Sergipe e Bahia. Era dificílimo bloquear as ações de seu bando. Ainda em princípios da década de 1930, foi preciso criar as Forças de Operações do Nordeste (FON), para dar combate aos cangaceiros. Tropas iam no encalço deles pelo interior da Bahia. Pela região de Sento Sé, de Campo Formoso, de Jacobina, de Senhor do Bonfim. Refregas e tiroteios se sucediam. Mas Lampião e sua Maria Bonita só foram morrer, abatidos por policiais, em 1938. Ambos tiveram as cabeças cortadas e enviadas para o Instituto de Medicina Legal Nina Rodrigues, em Salvador, onde ficaram expostas por muitos anos.

Nem tudo, no entanto, foi tiro, morte, violência. Houve festa, também. Muita festa no sertão. Na verdade, o próprio cangaço era uma festa. Móvel e colorida. Cada batalha era uma folia. Uma algazarra. Tiroteio entre chistes, cantigas, urros, sob uma chuva de palavrões. Em *Lampião – Memória de um Oficial de Forças Volantes*, Optato Gueiros relata uma refrega entre a sua tropa e o bando, ocorrida em 1926, no Riacho Serrotes, onde Lampião "entretinha-se com as morenas bonitas da família Pequeno", tradicional família de bandoleiros nordestinos. Conta Optato que, "no mais aceso da luta", os cangaceiros "cantavam, descompunham, relinchavam e imitavam muitos outros animais".

E se as coisas eram assim no pleno guerrear, mais ainda nos tempos de paz relativa. O árabe Benjamin, que passou seis meses filmando o bando, deixou o seguinte depoimento: "Quando tinha certeza de que estava em lugar seguro e completamente a salvo de ataques da polícia, [Lampião] tocava sanfona dias inteiros". O pessoal adorava um forró e organizava festas para comemorar cada surra dada nos "macacos", cada empreitada bem sucedida, ou simplesmente para farrear. Eram bailes na caatinga, com os cangaceiros tocando (sanfona, triângulo, reco-reco, etc.), dançando e improvisando versos até o sol raiar. Há mesmo um controvertido capítulo do anedotário lampiônico, relativo aos bailes nudistas, ainda hoje objetos de polêmica. Em todo caso, "dançar nós dançava – e muito", como um ex-cangaceiro disse a Correa de Araújo, o pesquisador que, em *Lampião, as Mulheres e o Cangaço*, escreveu: "Os cangaceiros tinham os bailes como seu principal divertimento, tanto é que várias vezes foram atacados, e até mesmo mortos alguns, enquanto dançavam". Mais Araújo: "...a diversão predileta dos cangaceiros era dançar. Dançar ao som da alegre música sertaneja".

Tempo bom de festas, por exemplo, foi o semestre em que os cangaceiros resolveram tirar férias, rumando para uma fazenda chamada Três Barras, na Bahia, quando cerca de 100 pessoas, entre homens e mulheres, transformaram o local num "centro de eternas festas", como disse Optato Gueiros. Havia mulheres nesse período – e a vida sexual no cangaço era animadíssima –, mas os cangaceiros nunca dependeram da presença feminina para cair na gandaia. É Rodrigues de Carvalho, o autor de *O Serrote Preto – Lampião e seus Sequazes*, quem conta: "Os cangaceiros quando querem dançar, a simples falta de damas e de um salão jamais os fez recuar. Dançam mesmo no meio da estrada, uns com os outros, o que chamam *dançar de marmanjo*". E esta natureza festiva e colorida do banditismo sertanejo (sempre sublinhada em suas conversas pela cangaceira Dadá, mulher de Corisco) foi cantada com vivacidade pelo poeta-cangaceiro Zabelê: "A vida é pau com formiga/ Nestas grotas do sertão/ Mas a gente vive alegre/ No bando de Lampião".

Em Feira de Santana, por outro lado, a festa viria a rolar ainda mais à vontade. Criaram a hoje célebre "micareta", o carnaval fora de época que se espalhou por quase todo o Brasil. Feira, como todas as (ou praticamente a totalidade das) cidades do interior da Bahia, cultivava foguetes e bandas de música. Filarmônicas e fogos de artifício. Mas, na primeira metade do século XIX, experimentou algo de inédito e interessante. Ouçamos, mais uma vez, o estudioso Rollie E. Poppino:

"Conquanto o teatro e o cinematógrafo atraíssem muita gente em Feira de Santana, a maioria do povo preferia festividades das quais pudesse participar. O carnaval era o divertimento popular preferido [...] Com as facilidades das comunicações, um grande número de feirenses trocava o carnaval local pelas festas mais espetaculares da capital [...] Os negociantes e os cidadãos de maior prestígio na sociedade feirense decidiram, então, deixar de lado o carnaval, em favor de uma festividade conhecida como a *micareta*, que se comemoraria durante quatro dias, todos os anos, ao fim da semana santa. Para aqueles que haviam assistido às atividades do carnaval na Cidade do Salvador ou em alguma das menores cidades do Recôncavo, a micareta não tinha graça. Para a massa da população, contudo, que permanecera no município, o problema apresentava-se diferente: a micareta era recebida com o espírito do carnaval. Todos os anos, escolhia-se um Rei Momo e elegia-se uma princesa para reinar sobre as festividades, das quais participavam, com vestimentas coloridas, grupos de todas as organizações sociais do município. Em 1950, a micareta era, sem dúvida, a festa não religiosa mais popular do ano em Feira de Santana".

Há quem discorde, dizendo que Feira não inventou coisíssima alguma, apenas copiou com sucesso a festa europeia. Veja-se o que escreve, por exemplo, o publicitário Nelson Varón Cadena, no texto "Je Suis le Carnaval a Chaque Coin", enfeixado na coletânea *Casa do Carnaval da Bahia* (organizada por Paulo Miguez): "Não satisfeitos com o carnaval de Paris, trouxemos também a *mi-carême*, o carnaval quaresmal nascido na França, a primeira versão realizada em 1913, por iniciativa da imprensa baiana. Invejamos a festa quando assistimos no cinema o filme *A Micareme em Paris*, exibido em Salvador em 1907. Continuamos a ver a micareme nas páginas da revista de Pierre Lafitte, o *Je Sais Tout* que, depois, ganharia a versão brasileira *Eu Sei Tudo*.

Na década de 1920, Abílio Bensabath animava-se a lançar uma publicação justamente com esse nome. E a micareme permaneceu até a Associação dos Cronistas Carnavalescos realizar, em 1935, com apoio da Associação Baiana de Imprensa, o concurso para a mudança. Deu e vingou 'micareta', escolhido entre dez sugestões propostas".

Seja como tenha sido, a micareta explodiu em Feira. Tornou-se a grande festa do lugar. E continua sendo, embora novamente circunscrita, municipalizada e, obviamente, sem o mesmo brilho e impacto de tempos atrás. Com a crise do modelo carnavalesco soteropolitano e o refluxo da chamada "axé music", a festa feirense foi ferida em cheio. Porque o interessante foi que, anos antes, com o sucesso nacional dos trios elétricos e da música carnavalesca baiana, essa ideia de um carnaval extracarnavalesco, como fruto algo temporão, acabou se disseminando pelo país. "Micaretas" ainda existem hoje, do centro-sul a Brasília e Garanhuns, no interior de Pernambuco. E a folia é explorada em termos empresariais, gerando lucros para os mais ricos, presença na mídia e alguma fama para os que anseiam pelo estrelato ou o estatuto de "celebridade" local, além de ocupação e renda para os mais pobres. Mas Feira ficou algo órfã nisso tudo.

O antigo povoado de Santana dos Olhos d'Água ganhou *status* de centro pecuarista, concentrando a maior parte dos negócios ligados a essa atividade.

A sorte foi que nem tudo era festa. Em meados do século XX, Feira de Santana aparecia como um movimentado centro de venda de boiadas. Calcula-se que, em 1950, cerca de 115 mil cabeças de gado tenham passado pela feira da cidade. E a qualidade do gado agora era outra, graças à importação de animais. Como a do gado zebu, trazido da Índia, e que aqui se misturou com fêmeas crioulas ou curraleiras, gerando bichos mestiços resistentes e bons para corte. Entre as boiadas que desciam do nordeste baiano para Feira, a parte procedente de Queimadas e Monte Santo se deslocava por um caminho que ia a Tanquinho e Conceição de Feira; a parte que vinha de Ribeira do Pombal e Tucano atravessava Araci, Serrinha e Tanquinho. Eram boiadas que costumavam chegar a Feira aos domingos, passavam a noite em algum pasto e, na manhã seguinte, seguiam para o chamado "campo do gado".

Poppino: "Em 1950, a feira do gado de Feira de Santana era, sem dúvida, a mais notável, no seu gênero, do Nordeste do Brasil. Sua reputação como a feira tradicional do Nordeste espraiava-se por toda a nação. Outras feiras locais, que rivalizavam em tamanho e colorido com a de Feira de Santana, encontravam-se em Quixadá e Baturité, no Ceará, e em Campina Grande, na Paraíba. Nos meados do século XX, porém, Feira de Santana ultrapassara bastante esses mercados. Em todo o Brasil somente a feira de gado de Três Corações, em Minas Gerais, era superior à de Feira de Santana". A essa altura, no entanto, Feira já não dependia tanto do gado para sobreviver. A agricultura e o comércio geravam riquezas. Vegetais e frutas cresciam na região – do feijão às bananas e às laranjas. Produzia-se algum fumo, também, que era vendido para Cachoeira. O algodão, com as suas usinas de beneficiamento. As fábricas de cordas de sisal. De outra parte, Feira era agora o principal centro de comércio de todo o interior da Bahia.

Além disso, a realidade das vias de comunicação e dos transportes se transformara notavelmente. Na segunda metade do século XIX, já se tinha a conexão ferroviária entre Feira de Santana e Cachoeira, com as suas locomotivas e os seus vagões para transporte da gente e do gado. De Cachoeira, tomava-se o caminho do mar para a Cidade da Bahia. Em 1885, com a construção da ponte ligando Cachoeira e São Félix, Feira se conectou com a estrada de ferro que levava à Chapada Diamantina. A partir da década de 1930, contudo, passaram a predominar as chamadas estradas de rodagem. Mais ou menos por essa época, foi inaugurado o trecho final da ligação rodoviária entre Feira e Salvador. E os veículos motorizados – os caminhões, principalmente – modificariam de modo radical a vida da "princesa do sertão". Especialmente, após a construção da Rio–Bahia, ligando o Rio de Janeiro a Feira de Santana, no finalzinho da década de 1940. E Feira foi se tornando a peça central do sistema rodoviário baiano.

Transformações dessa natureza e desse porte não ocorreram, de modo algum, nas terras sertanejas ao norte de Serrinha. Nas extensões de Tucano, Uauá e Canudos. A grande zona semiárida baiana, o mundo da caatinga, não experimentou transformações de relevo ao longo do século XX. Permaneceu muito pobre e praticamente paralisada, com a sua escassez de água, as asperezas ecológicas, a carência de vias de comunicação e meios de transporte, o arcaísmo da técnica agrícola, a falta de escolarização dos camponeses. A ocupação humana continuou rarefeita, com os seus cantadores e mendigos, a sua produção caseira de rapadura e requeijão, as suas criações de bois e de bodes, os seus pastos ralos, a sua lavoura dos dias de chuva, os seus sonhos migratórios para o litoral ou para o sul do país, as suas feiras pitorescas, a longa solidão de seus tabuleiros, a sua construção de açudes e a abertura de cacimbas nos leitos secos e arenosos dos rios, tudo em busca da água rara.

Mas é verdade, também, que alguma coisa mudou na paisagem, como a estrada que, na antiga cidade de Tucano, nascida de um aldeamento indígena, se entroncou com a Transnordestina, crescendo em movimento com o início da construção da grande usina hidrelétrica de Paulo Afonso. Mas realmente nada muito digno de nota. Nada sequer remotamente comparável à expansão e à agitação que se podia encontrar em Feira de Santana. No início deste século XXI, de qualquer modo, a situação deu uma melhorada. A agricultura regional tem avançado. Há projetos de irrigação, propiciando o surgimento de novas culturas (manga, aspargo, cebola, etc.), o que é importante numa zona que, de acordo com dados do governo estadual, possui o maior contingente de população rural, entre as diversas regiões da Bahia. E mesmo minerais chegaram a impulsionar coisas naquele espaço, como aconteceu no município de Teofilândia, vizinho de Serrinha e Araci.

Feira de Santana, por sua vez, foi decididamente em frente, seguindo o caminho que bem ou mal escolheu para si. É hoje um centro industrial e de serviços. Um entreposto de peso. O maior entroncamento rodoviário do Nordeste. O centro do sistema de transportes do sertão baiano. O principal polo estradeiro do país ao norte de Belo Horizonte. A maior cidade baiana depois de Salvador.

Post-scriptum: cantares do cangaço

Havia uma poesia no cangaço, tradição nordestina do cordel, trabalhando temas e formas do mundo ibérico, em sextilhas e redondilhas, de tantas quadras e tontos pés. Havia uma música também, a trilha sonora do cangaço (xote, xaxado, toada, baião, etc.), ao som da sanfona de oito baixos. Havia, enfim, uma *poemúsica*, ali onde palavra e o acorde se mesclavam, ainda no caminho trovadoresco. Poesia, música, poemúsica que acompanharam os cangaceiros em suas andanças e escaramuças pelo mundo sertanejo.

Uma arte inseparável da guerra e da festa. A cabroeira ia pelo meio da noite, fuzis faiscando ao luar do sertão, e a briga estourava no repente, bala para todo lado, incêndio no mato e nas casas, reses abatidas estrebuchando, e o bando entoando trovas guerreiras no meio do fogo. O ato bélico era também estético. O próprio Lampião escreveu: "meu rifle atira cantando/ em compasso assustador/ faz gosto brigar comigo/ porque sou bom cantador". Era mais: multimídia. Artesão, aos 17 anos de idade já sabia fazer tudo que era obra de couro, coisas vaqueiras, tipo sela, perneira, gibão, etc. Músico, tocava sua viola e uma sanfona. Poeta, poetava.

O trovador Manoel Pereira Sobrinho, num folheto cujo título não me lembro agora (talvez "A Verdadeira História de Lampião e Maria Bonita"), tratou-o como "sanfoneiro e poeta de primeira qualidade". Outro conhecedor do assunto, o pernambucano padre Maciel, enfatiza os dons estéticos do Rei do Cangaço (Maciel diz mesmo que Lampião costumava manter conversas em versos com interlocutores que se limitavam à prosa), cuja formação poética se processou entre as versões nordestinas das proezas de Carlos Magno, as narrativas orais sobre cangaceiros famosos como Antonio Silvino e as aventuras de cabras sertanejos romanceadas pelos cantadores em folhetos de cordel.

Lampião curtiu cordel desde a infância – e é natural que tenha extraído daí, como quer Maciel, o seu modelo da personalidade heroica.

O problema é que não há como negar ou confirmar as afirmações de Maciel e Manoel Sobrinho, para ficar nesses dois exemplos. Lampião, com perdão do academismo, não deixou uma "obra". Afora alguns fragmentos, o que há de mais apreciável é um poema autobiográfico escrito do próprio punho, a lápis, em papéis borrados e rasurados, que um soldado das volantes achou num bornal perdido pelo cangaceiro, durante uma batalha. Cito um trecho: "Quando me lembro, senhores, / Do meu tempo de inocente/ Que brincava nos cerrados/ Do meu sertão sorridente, / Sinto que meu coração/ Magoado desta paixão/ Bate e chora amargamente".

Por essa passagem, ao menos, não há razão para duvidar da habilidade poética de Lampião. A forma estrófica é tradicional nesta espécie de poesia nordestina (sete versos de sete sílabas, sendo ascendentes o quinto e o sexto, para a resolução da estrofe no último verso-pé), assim como o esquema rítmico (x-a-x-a-b-b-a). Além disso, a aliteração cerrados-sertão-sorridente é o fino – Sousândrade assinaria. Em todo caso, o texto não só foi mutilado como restou inacabado, havendo ainda indecisões formais (ora Lampião escreve sextilhas vazadas em redondilhas maiores, rimando nos versos pares, ora adota outros andamentos e outras formas estróficas). Mas vale citar mais um trecho, quatro versos que bem caberiam numa composição de Luiz Gonzaga: "Que não se julgue feliz/ O que vive em bom estado/ Que vem a naufragação/ E acaba em mau resultado".

De um modo geral, a poesia do cangaço pode ser caracterizada por seus dois aspectos mais marcantes, que se implicam mutuamente: o frescor da criação e a concretude referencial. Lembre-se uma passagem de "Muié Rendeira" (o grande *hit* da história musical do cangaço, cuja autoria é atribuída aos próprios cangaceiros): "o riacho do Cipó/ já encheu e já secou/ a muié de seu Osório/ Luiz Padre carregou" – aí, a graça da quadrinha, afora seu charme mais geral, está no conhecimento da pessoa de Luiz Padre, companheiro de Lampião desde os tempos do bando de Sinhô Pereira. Outra quadrinha da mesma toada, que também se refere a um cabra de Lampião, de nome Cocada, provável galã do grupo: "Quando vejo rapa-coco/ Só me alembro de Cocada/ Onde tem moça bonita/ As feia num vale nada" (note-se, aqui, que a associação semântica é inseparável da associação sonora: rapa-coco/ Cocada).

Trata-se, em síntese, de uma poesia que não é produzida solitariamente com vistas a um público consumidor. Mas de uma poesia produzida e consumida no interior de um grupo social reduzido e marginalizado, referindo-se sempre a um repertório comum de experiências. Bom exemplo disso são as quadras compostas durante um ataque à cidade pernambucana de Belmonte, quando o bando foi apagar o prefeito local, em resposta a uma surra que ele mandara dar no fazendeiro Ioiô Maroto. Os cangaceiros entraram na cidade às 4 da matina, cantando em coro uma composição que, embora mantivesse o tradicional refrão lampiônico (é Lamp, é Lamp, é Lamp...), incorporava quadras alusivas ao que começava a se desenrolar. Como o trecho seguinte, referindo-se ao fazendeiro que apanhou, ao tenente que deu a surra e ao prefeito que mandou bater: "Ioiô foi desfeitado/ Nós prometemo vingar/ Pontenegro deu a surra/ Gonzaga é quem vai pagar". Ouvindo a cantoria, a cidade entrou em pânico. Principalmente, é claro, o prefeito, que, tentando se refugiar no sótão de sua casa, acabou despencando de lá, direto com a cabeça no chão, morrendo. Resolvida a pendência, o bando se retirou de Belmonte, cantando já uma nova quadra, referida à vitória de Lampião. E o que se pode dizer desta poemúsica é que também ela participou do ataque. O mínimo (e também o máximo) que se deve observar, aqui, é que não estamos diante de uma poemúsica sobre o cangaço, mas de uma poemúsica cangaceira.

Note-se, por fim, que o banditismo social tem apresentado seus próprios poetas no mundo inteiro. Alguns, inúmeros autores de belas baladas, permaneceram anônimos. Outros ficaram conhecidos, a exemplo de Bonnie Parker, contemporânea norte-americana de Lampião. Afora isso, muitos poetas celebraram o banditismo, como o inglês Keats, no maravilhoso "Robin Hood", em busca do tempo perdido na floresta de Sherwood, e o cubofuturista russo Kamiênski, num poema também excelente, "Stienka Rázin", homenagem ao chefe de uma rebelião cossaca do Volga. E o que resta dizer, somando poetas cangaceiros e poetas não *banditti* que celebraram o banditismo, é que o saldo estético é tão bom que quase justifica a bandidagem.

Garimpeiro exibindo bateia numa praça de Palmeiras.

CAPÍTULO 11

Em busca do ouro

O ouro e a fé foram os móveis centrais da expansão planetária dos povos ibéricos, entre os séculos XV e XVI. Espanhóis e portugueses falavam sempre de converter o mundo à cristandade. E de se cobrir de pedras preciosas – ouro e prata, em especial –, tomando tesouros da Terra e de suas águas. De certo modo, pode-se dizer que mesmo o pau-brasil (ou ibirapitanga), cujo comércio imperou em nosso primeiro século de existência histórica, envolvendo índios e europeus (portugueses e franceses, principalmente), foi uma espécie de sucedâneo pobre daquilo que realmente se queria e se procurava: ouro. Metais e pedras de alto valor.

Já na *Carta* de Pero Vaz de Caminha, esse sonho ou desejo de ouro e prata aflora com clareza. Depois de descrever os índios que havia encontrado, Caminha conta que um deles "pôs olhos no colar do capitão [Cabral], e começou de acenar com a mão para a terra e depois para o colar, como que nos dizendo que ali havia ouro. Também olhou para um castiçal de prata e assim mesmo acenava para a terra e novamente para o castiçal, como se lá também houvesse prata".

Mas é claro que gestos são gestos – histórica e culturalmente variáveis, por sinal. Não podem carregar, por isso mesmo, a certidão de palavras precisas. Ninguém nunca soube ou saberá o que aquele índio quis exatamente dizer com seus "acenos". Não haveria certeza alguma sobre suas supostas indicações acerca de ouro e prata. "Isto tomávamos nós assim por assim o desejarmos", observou, como se sabe, o próprio escrivão Caminha, homem prático e realista. O que havia, mesmo, era o desejo lusitano de topar ali com os mais raros e preciosos metais. E foi justamente esse desejo que motivou as bandeiras baianas dos séculos XVI e XVII.

Hoje, quando alguém fala de bandeiras e bandeirantes, todos voltam os olhos, automaticamente, em direção a São Paulo. Mas o fato é que bandeiras marcaram, desde o século XVI, a vida baiana. Tivemos aqui, já naquela nossa primeira centúria, tanto o bandeirismo de apresamento de índios quanto o chamado bandeirismo mineralógico. Expedições como a do espanhol Bruza Espinoza, que partiu de Porto Seguro, em 1533, perlongou o Jequitinhonha e atingiu o São Francisco, mas retornou de mãos vazias. A de Vasco Rodrigues de Caldas, que avançou pelo vale do Paraguaçu, recuando sob as flechadas dos tupinaés. A de Martim de Carvalho, que subiu o curso do Jequitinhonha, para alcançar a serra de Itacambira. A de Sebastião Fernandes Tourinho, que explorou o vale do Rio Doce, trazendo turmalinas. Ou a de Antonio Dias Adorno, neto do Caramuru, que, segundo Luís Henrique Dias Tavares, "chefiou uma expedição de 550 homens (400 índios) [...] penetrou no Rio Caravelas, e dele, por terra, chegou ao vale do Rio Mucuri, no território de Minas Gerais, depois conhecido como Sertão das Esmeraldas". E, em viagem de volta, pousou num engenho de Gabriel Soares de Sousa, no Rio Jequiriçá, "doente e cheio de notícias de ouro e pedras preciosas".

Um pouco adiante, a empreitada ganhou corpo – e pegou fogo. Buscava-se o rebrilho da pedraria rara, como também "descer" do sertão a escravaria indígena. Estima-se, aliás, que, entre 1577 e 1583, cerca de vinte mil índios foram "descidos" do sertão de Orobó para o Recôncavo Baiano. "Descidos" eram chamados os índios capturados nas lonjuras sertanejas e trazidos como escravos para os núcleos urbanos, os engenhos e as fazendas que ficavam no litoral ou em sua vizinhança mais imediata. Dessa procura baiana de ouro e índio, às vezes mais de índio que de ouro, dá-nos conta Frei Vicente do Salvador, ao dizer que a bandeira de Antonio Dias Adorno "achou esmeraldas e outras pedras preciosas [...] mas nem por isso se mandou mais a elas, sinal que haviam lá ido mais a buscar peças que pedras, e assim trouxeram sete mil almas dos gentios topiguaéns". Ainda o frei: "...só sei que ouvi dizer a um dali a muitos anos que aquele fora o tempo dourado para esta Bahia pelo muito dinheiro que então nela corria e muitos índios que desceram do sertão".

Uma outra coisa a ser dita em cores vivas é que tais bandeiras se moviam não somente pelo chão áspero do sertão. Mas, também, em meio às neblinas luzentes do maravilhoso. "De tantas entradas ao sertão se foi formando no ânimo público, através dos sucessos e relatos, a lenda do maravilhoso. Corriam então entre o povo da cidade [do Salvador da Bahia] as versões mais fabulosas. Os sertanistas, a aumentarem o brilho das suas façanhas nas terras longínquas, falavam de animais monstruosos dos rios e lagos do sertão, de cidades encantadas, de gente que andava de pés para trás, de árvores de vidro, do poder misterioso de que gozavam certos pajés, do tacape maravilhoso que, suspenso a uma forca, partia pelos ares, brandido por mãos invisíveis, a desbaratar os inimigos distantes, e tornando ao ponto de partida todo tinto do sangue das vítimas que na luta derrubara", escreve Theodoro Sampaio.

Foi nesse contexto lendário, mitológico-sertanejo, com as cintilações paradisíacas do Novo Mundo, que se organizou a bandeira de Gabriel Soares de Sousa. Ainda Theodoro: "Da 'Lagoa Dourada', sucedâneo brasileiro do *El Dorado* da Guiana, fazia o alvo de custosa e bem equipada expedição de que se encarregava Gabriel Soares a fundar ali um Novo Estado. A prata, dizia-se, era mais abundante do que a de Potosí". Ou, para lembrar palavras mais antigas de Frei Vicente do Salvador em sua já citada *História*, "o intento que Gabriel Soares levava nesta jornada era chegar ao Rio de São Francisco e depois por ele até a Lagoa Dourada, donde dizem que tem seu nascimento, e para isto levava por guia um índio por nome Guaraci, que quer dizer sol, o qual também se lhe pôs e morreu a caminho, ficando de todo as minas obscuras até que Deus, verdadeiro sol, queira manifestá-las".

O mesmo Frei Vicente fornece o roteiro da expedição de Gabriel Soares, primeiro morador do atual Solar do Unhão, vereador e senhor de engenho em Jequiriçá: "Partiram de Jaguaripe e chegaram à serra de Quareru [Guariru], que são cinquenta léguas, onde fizeram uma fortaleza de sessenta palmos de vão com suas guaritas nos cantos, como el-rei mandava que se fizesse [...] Aqui fizeram os mineiros fundição de pedra de uma beta que se achou na serra e se tirou prata, mas o general [Gabriel] e mandou cerrar e, deixando ali doze soldados com um Luiz Pinto africano por cabo deles, se foi com os mais outras cinquenta léguas, onde nasce o rio de Paraguaçu [com os seus 520 km de curso, o Paraguaçu nasce na Chapada Diamantina, na Serra do Cocal, perto do Arraial do Sincorá, na região de Barra da Estiva], a fazer outra fortaleza, na qual, por as águas serem ruins e os mantimentos piores, que eram cobras e lagartos, adoeceram muitos, e entre eles o mesmo Gabriel Soares, que morreu em poucos dias no mesmo lugar, pouco mais ou menos, onde seu irmão havia falecido".

Em seguida, tivemos a bandeira de Belchior Dias Moreia, "verdadeiro batedor dos sertões", como o chamou Capistrano de Abreu. Casado com a índia Lourença, mameluco típico, Belchior se internou no Paraguaçu em 1595. Regressou oito anos depois, afirmando ter encontrado estupendas minas de prata. Mas jamais disse onde esteve. Hoje, historiadores supõem que o que ele encontrou foi metal branco, sim, mas de outra natureza: o minério de galena, ainda agora extraído das minas de Boquira, município situado entre Macaúbas e Oliveira dos Brejinhos, cidade famosa por sua igreja de torre torta – resultado indesejável, segundo se conta, de um coice do diabo – e por seu cristal de rocha.

Do silêncio de Belchior, que mais tarde inspiraria o romance de José de Alencar, nasceu a lenda. Haveria extensas minas de prata rebrilhando no sertão da Bahia. E ele teria deixado, rabiscado em papel ou em couro de barriga ou bexiga de carneiro, o roteiro que levava retamente à prata oculta. Se tais bandeiras não encontraram ouro, no entanto, uma coisa é certa: realizaram a incorporação de terras sertanejas à Bahia e ao Brasil.

Porque o ouro só foi brotar mais tarde, no assim chamado Piemonte da Diamantina. Foi ali que nossa busca incessante de pedras preciosas obteve, finalmente, o brilho de suas primeiras recompensas. Em terras da Missão de Nossa Senhora das Neves (sim: das "neves") – foco de missionários religiosos logo erigido em freguesia de Santo Antonio de Jacobina e, em 1722, na vila que viria a ser a "capital do ouro" da Bahia. "Vila com todos os atributos legais inerentes e centro de trânsito de muitos homens e de muitas riquezas, Jacobina passou imediatamente a concorrer, no seu papel de centro de liderança comunitária, com Salvador e Cachoeira", como assinala o historiador Cid Teixeira.

Verdade é que os esplendores do ouro não demoraram muito a se reduzir a brilhos cada vez mais esparsos e esporádicos – para, enfim, praticamente se apagarem. Nem aquelas minas teriam como resistir por muito tempo à febre e à voracidade com que os homens costumam se atirar em terras onde o metal mais cobiçado é descoberto ou se desvela. Escrevendo sobre a região em inícios do século XIX, Aires de Casal se referiu, apenas de passagem, à existência de ouro. E nos deixou o retrato de uma vila que, mesmo "considerável", não parecia primar exatamente pela opulência: "Jacobina, vila considerável [...] situada à margem esquerda do Itapicuru meridional [...] consta duma grande e vistosa rua, e outras pequenas, todas de casas chãs, quase geralmente de pedra, e alveadas com tabatinga, que há na sua vizinhança [...] Além da igreja paroquial, cujo padroeiro é Santo Antonio, tem duas ermidas [...] Tem mestre régio de Latim e teve casa de fundição, enquanto as minas floresceram".

Já Cid Teixeira, num dos textos do volume *Mineração na Bahia – Ciclos Históricos e Panorama Atual*, nos dá uma outra visão da realidade. Observa que Jacobina recompensava as esperanças de quem ali buscava alguma riqueza. Que do ouro lá tributado, ao longo do século 18, "ficavam excelentes resultados não só para os mineradores como, ainda, indiretamente, para o aparelho fiscal da Metrópole". Ainda de acordo com Cid, mesmo no final do século 19, a Companhia Minas da Jacobina administrava, com bons lucros, a lavra e a exploração do ouro na Bahia.

Adiante, no entanto, cansada, exausta mesmo, a terra quase não tem mais ouro para ofertar. Mesmo que Jacobina ainda seja, nos dias que correm, um centro regional de mineração – e, nos seus arredores e cercanias, se encontrem os garimpos de esmeralda de Pindobaçu e Socotó, além da exploração do cobre de Jaguarari e do cromo de Campo Formoso. Mas o que hoje realmente seduz, naquela região, são as belezas do meio ambiente. São suas serras e cachoeiras. Suas águas térmicas. O orquidário natural. Trilhas em meio às quais uma gente humilde e batalhadora vai compondo o seu artesanato de retalhos, bordados, crochê e tecelagem. Em suma, um quadro que pode fazer a cidade se voltar, mais e mais, para o turismo.

Cachoeira do Buracão em Ibicoara, Chapada Diamantina.

CAPÍTULO 12

Terras diamantinas

O cenário é majestoso: morros e montanhas, picos que alcançam mais de dois mil metros de altura, onde se prolonga, em paredões, o planalto das Minas Gerais. Nuvens carregadas, vindas do litoral baiano, esbarram nessas paredes imensas, desatam-se em grandes chuvas, formando fios, olhos d'água, riachos e rios, que se apressam a correr frios, sob a terra e ao ar livre. Não raro, despencam eles serra abaixo, de súbito, feito espetáculo de águas, em quedas e cachoeiras, como a Glass, também conhecida como Fumaça ou Véu de Noiva, que se dissolve no ar, antes de tocar o chão.

São terras sinalizadas por planícies planaltinas (planalto, por sinal, é plano + alto), serras quebradas, escarpas, capões e baixios, onde, aos morros mais altos, fazem contraponto as lapas e grutas profundas. Nelas, a pedraria rara, o mobiliário mineral vai tingindo de cores variadas – do azul ao marrom e do vermelho ao negro – as águas ferruginosas que se movem pelas rochas, fluindo, em todas as direções, por nichos ecológicos diversos. Nos trechos mais pétreos, plantas brotam em qualquer língua de terra que aceite uma semente. Nos gerais, afloram sempre-vivas, colhidas, sobretudo, pelos moradores de Igatu. E assim vamos vendo um diálogo entre pedra e flor, entre rocha e floresta – e entre elas e a presença humana. Especialmente ali, nos capões dos vales fundos, no sopé das serras e à beira dos rios, onde a floresta estreita e densa se encontra com práticas agrícolas regulares.

A presença humana, ali, é bem antiga. Anterior à chegada dos navegadores lusos a Porto Seguro e à Baía de Todos os Santos. Pesquisando em sítios arqueológicos descobertos algo recentemente, Maria Conceição Beltrão nos fala das figurações regionais da chamada "arte rupestre", sugerindo sóis e cometas, o que a levou a falar de uma tradição pictórica específica, a que deu o nome de "astronômica".

Mas, antes de avançar em terreno histórico, cabe um pequeno aviso. Quando falamos de Chapada Diamantina, estamos nos referindo a duas zonas distintas, apesar de contíguas. De uma parte, fica a zona das lavras, da procura do ouro, do diamante e do carbonato. É a região de cidades como Rio das Contas, Macaúbas, Barra do Mendes, Morro do Chapéu, Mucugê, Andaraí, Lençóis. De outra parte, divisamos as áreas da agropecuária, encarregadas de abastecer, com as suas carnes e os seus vegetais, os polos mineradores. Não são zonas apenas economicamente diferentes – mas, também, culturalmente contrastáveis.

Na zona das lavras, a Bahia viveu dois momentos de riqueza e esplendor. O primeiro, ainda no século XVIII, quando, em torno da futura cidade barroca do Rio das Contas, vila erguida bem à distância do mar, os brilhos do ouro seduziram milhares de pessoas. Caminho e acampamento de negros fugidos e de bandeirantes, Rio das Contas logo compôs o seu casario e uma estrada que a ligava a Livramento do Brumado. Belos prédios e um rico artesanato em prata nos ficaram como sobrevivências admiráveis daquele fausto colonial da assim chamada Chapada Velha.

Segundo os historiadores, Pouso dos Crioulos foi o primeiro núcleo de povoamento colonizador extra-ameríndio da região. Pouso que teria sido fundado, no final do século XVII, por viajantes vindos de Goiás e de Minas Gerais. Pouco tempo depois, o bandeirante Raposo Tavares descobriu ouro naquelas serras e nos leitos de seus rios. Garimpeiros e mais garimpeiros se dirigiram, então, para lá. E ergueram Alto Sertão Baiano, em seguida rebatizado de Santo Antonio do Mato Grosso, primeiro lugar a produzir ouro em quantidade, nas terras do atual Estado da Bahia.

A tese da existência de metais preciosos, naquele espaço geográfico, era antiga. Já no século XVI, como vimos, Gabriel Soares de Sousa seguira para lá à procura dos tais minérios. Na centúria seguinte, as buscas prosseguiram. Estavam em campo, agora, bandeirantes paulistas, empenhados em capturar índios e esquadrinhar o chão. Em seu *Povoamento da Chapada Diamantina*, Josidelte Gomes informa que, entre 1675 e 1681, terras foram distribuídas entre o Paraguaçu e o Rio das Contas. Ao avançar do crepúsculo do século XVII, a colonização alcançara já a Serra do Sincorá. E assim, antes do nascer do sol no século XVIII, colonizadores circulavam com desenvoltura pela região – especialmente, claro, na área da Chapada Velha.

É dessa movimentação que vai nascer o "burgo barroco" de Rio das Contas, núcleo urbano a brotar na ensimesmada Chapada Diamantina, que até então servia como campo para a pecuária extensiva, vivendo como que desligada do mundo litoral. Negros e mulatos, que para lá foram levados como escravos, deixaram descendentes que, ainda hoje, vivem em comunidades relativamente apartadas de tudo, a exemplo de Barra e Bananal, que, por sinal, começaram a se converter, nestes primeiros anos do século XXI, em atrações turísticas. Foi o "ciclo do ouro" que promoveu o deslocamento desses escravos, abrindo caminho para a especificação de mais uma variante mesclada de cultura baiana.

Para Aires de Casal, Rio das Contas é "vila aprazível e medíocre". Mas, ainda nos primórdios do século XIX, Spix e Martius escreviam, já divisando o metal precioso: "A vila do Rio de Contas deve ter 900 habitantes [...] Como o clima pouco favorece a agricultura, a exploração das minas de ouro e o comércio são os mais importantes ramos de

Rio de Contas foi centro de atividade extrativa de ouro no século XVIII, chegando a ter casa de fundição oficial. Da experiência resultou um belo casario colonial, fruto das riquezas ali produzidas.

indústrias dos habitantes, que pela educação e opulência se distinguem do resto da população do interior da Bahia".

Paulistas e mineiros não demoraram a chegar ao lugar. E à sua presença ali somou-se a criação de um forte aparato burocrático e fiscal. São notáveis, mesmo nos dias atuais, os nexos que unem essa zona cultural baiana a Minas Gerais, à cultura que encontramos em Grão-Mogol, no Serro, no Jequitinhonha. Coisa compreensível não somente pelas semelhanças geográficas e econômicas que solidarizaram essas regiões, mas também pelo intenso intercâmbio entre elas, numa época em que foram mais fáceis a comunicação e o transporte, via tropas de burros, entre a Chapada e o Norte mineiro do que entre aquela e o litoral da Bahia.

Em *Jagunços e Heróis*, Walfrido Moraes sugere que as coisas não poderiam ter acontecido de outra forma. Ao contemplar as lavras baianas como um prolongamento da Serra da Mantiqueira, configurando uma unidade geográfica, Walfrido conclui que a Chapada teria, ao humanizar-se, a mesma fisionomia ditada pelas atividades que conduziram à ocupação de Minas – uma região que, de resto, foi povoada primeiro

O diamante atraiu para Lençóis milhares de pessoas, e a exploração intensiva nos rios e nas grunas fez aparecer vários povoados, entre os quais o que deu origem a Lençóis, no Brasil Império.

Garimpo Estrela do Céu. Pelas indumentárias, percebe-se quem são os proprietários e seus trabalhadores. Muitas vezes, sócios-financistas, da cidade, e seus sócios-garimpeiros, dividindo lucros e prejuízos.

pelos baianos, vaqueiros que empurravam, sob céus solitários, os currais do megalatifúndio da Casa da Ponte. O que não significa que não se encontrem, na Chapada, traços culturais do Recôncavo Baiano.

O "ciclo do diamante", posterior aos lucrativos lances auríferos, diz de uma outra história. Teve seu início na década de 1840, levando milhares de pessoas à região e se responsabilizando pelo surgimento de novos assentamentos citadinos como, entre outros, Lençóis, Andaraí, Mucugê e Xique-Xique do Igatu. Formou-se aí uma economia poderosa, que, em certos momentos do seu período de deslumbramento (na verdade, de seus dois grandes fulgores: o que se estende ao final do século XIX e o que chega à Revolução de 1930), superou até mesmo os valores das tradicionais exportações baianas de açúcar e de tabaco, que tomavam rumos internacionais. Foram os tempos em que os diamantes da Chapada e os cacauais do litoral sul deram um outro desenho econômico e social do Estado da Bahia.

Deixando de lado intuições quinhentistas e delírios seiscentistas, as primeiras notícias da existência de diamantes, na Chapada Velha, são de 1817. Data dessa época a passagem dos naturalistas Spix e Mar-

Ruínas em Igatu.

tius pela região, ocasião em que constataram seu caráter nitidamente diamantino. Antes de 1840, todavia, a mineração regional do diamante não prosperou – ou porque os seus resultados econômicos fossem insignificantes, ou porque não se lavrou a zona mais propícia àquelas atividades. A cobiça dos garimpeiros só foi se acender e incendiar, de fato, quando grandes e belas pedras principiaram a aparecer nas margens do Rio Mucugê, dando vida a uma póvoa que seria premiada com o nome de Santa Isabel do Paraguaçu.

Em sua *Memória Sobre os Terrenos Diamantinos da Bahia*, Bendito Marques da Silva Acauã informa que, depois de 1844, em menos de seis meses, mais de 25 mil pessoas chegaram ao local, que, então, passou a se chamar Paraguaçu Diamantino. Povoados proliferaram. A expansão do garimpo criava pontos para o seu próprio apoio e estimulava o comércio. A característica da mineração como empreendimento extrativista e o perfil geológico da Chapada – onde, muitas vezes, a pedra procurada se ofertava sem rodeios nas camadas superiores do cascalho (o chamado "aluvião") – se refletiram, claramente, na organização espacial da população. Vilas e mercados foram seguindo os cursos das lavras, como bases para o fornecimento de gêneros alimentares e entrepostos de compra de diamantes. Alguns deles – como foram os casos, inicialmente, de Santa Isabel do Paraguaçu, atual Mucugê, e de Lençóis –, ganharam projeção, ao concentrar o aparelho administrativo local e se tornar, também, centros distribuidores de artigos extrarregionais.

Àquela altura, segunda metade do século XIX, o Marquês do Paraná já podia dizer, em seu relatório à Assembleia Legislativa da Província, que o diamante era "a mais importante indústria" da zona central da Bahia – e que "seu desenvolvimento e vantajosos resultados" haviam elevado o valor de todos "os produtos e haveres, dando ao comércio uma proporção decupla". Não era outra coisa o que declarava, em sua *Memória*, Gustavo Adolfo de Menezes, administrador dos Terrenos Diamantinos, em fins da década de 1850: "Parece extraordinário tão considerável extração de diamantes em nossas lavras [...] diretamente levados por terra aos mercados das províncias de Minas Gerais e do Rio de Janeiro, e mesmo nas algibeiras de seus possuidores, antes e depois de leis fiscais a respeito. Posso afirmar, sem medo de errar, que esta produção chega, pelo menos, ao duplo da quantidade exportada oficialmente".

Praça principal de Lençóis.

Na Chapada, no começo dessa aventura, as pessoas achavam diamantes até em raízes de jurema. Mais que isso: ciscando de um lado para o outro, galinhas acabavam engolindo diamantes nos quintais e terreiros das casas. E aí se foi estruturando uma sociedade singular, em sua estratificação, em seus costumes, em suas práticas, em suas crenças. Leia-se, por exemplo, um romance como *Maria Dusá*, de Lindolfo Rocha. Em suas páginas, desfilam tropeiros, prostitutas, retirantes, garimpeiros, escravos, bandidos de diversos calibres e uma nascente aristocracia local. São, todos, personagens de um mundo em formação – um mundo que se erguia sobre a exploração do diamante que se exportava, principalmente, para portos e países da Europa.

A partir de um enredo romântico envolvendo um tropeiro de Minas Gerais, uma prostituta e um retirante, Lindolfo Rocha recria mentalidades e condutas daquela sociedade de mineradores. O sonho de prosperidade e enriquecimento repentino, tornado possível pelo "bambúrrio" (achamento de uma pedra de grande valor comercial), faziam, daquele mundo de ostentação e miséria, cenário perfeito para

O uso de pedra rústica na autoconstrução foi generalizado na comunidade de Igatu. Em toda a região, o uso desse material para a construção de currais, muros e alicerces era prática recorrente, e a existência de abundante matéria-prima facilitou sua disseminação.

a violência, o desajuste moral, transgressões de toda ordem. Lindolfo considera o garimpo "um Jogo do Diabo". Mas o fato é que era, também, uma aventura da qual ninguém queria ficar de fora.

O que todos desejavam ali era a fortuna fácil, o enriquecimento súbito e definitivo, na encruzilhada da destreza e da sorte. Mas é claro que as chances de lucros maiores ficavam nas mãos das grandes unidades exploratórias, conhecidas como "Lavras Diamantinas", que utilizavam, sistematicamente, mão de obra escrava (proporcionalmente, o número de pretos e mulatos escuros da Chapada, nessa época, igualava o do Recôncavo). Empresas organizadas, elas representaram, na Bahia, uma alternativa sólida à figura do senhor de engenho, inclusive obtendo ganhos em meio à crise da economia canavieira.

Para a massa dos garimpeiros, nesse período de projeção econômica da Chapada, a vida era mesmo uma peripécia e tanto. Uma aventura que, de resto, logrou abrir, no próprio âmbito da sociedade escravista, um novo horizonte para o trabalho livre, sob a capa de arranjos vários. Ora o sujeito se colocava como "alogado", uma espécie de trabalhador diarista dos dias de hoje, então considerado superior ao escravo, mas cujo prestígio social era praticamente nenhum, uma vez que ele não contava com possibilidades de ascensão social. Ora o cara se encaixava na categoria do "meia praça", personagem dos mais típicos da vida socioeconômica regional, estabelecendo uma relação de "meagem" com o seu sócio financista, que tanto podia ser um modesto "faiscador", pequeno comerciante de pedras preciosas, quanto um rico "capangueiro", intermediário entre lavristas e exportadores.

Nessa economia fundada no jogo entre a organização e o acaso, entre a estratificação social e a sorte individual, pedras podiam, num piscar de olhos, promover um pobre camponês a rico dono de fazendas. E muitos apostaram nisso, tomando o caminho das Lavras, denominação sob a qual ficou conhecida a região de cidades como Lençóis (uma espécie de capital regional), Andaraí, Mucugê e distritos importantes, como Xique-Xique do Igatu. Nos encontros e desencontros dessa gente – pessoas vindas de tantos lugares dessemelhantes –, foi-se plasmando ali uma cultura especial, marcada basicamente pelas vertentes serrano-mineira, sanfranciscana e "baiana", vale dizer, originária do Recôncavo Barroco.

Garimpagem artesanal em leito de rio em Andaraí.

Vindos de zonas ecológicas distintas e trazendo mentalidades igualmente diferentes, esses tipos humanos interagiram, sob os impulsos e as energias do garimpo, na formação do que é possível classificar como a *cultura lavrista* da Chapada Diamantina da Bahia. O "serrano", chegando do norte de Minas ou do alto sertão da Serra Geral da Bahia. O "sanfranciscano", chegando, naturalmente, do Vale do Rio de São Francisco. E o "baiano", filho mestiço de Cachoeira, São Félix, Santo Amaro da Purificação, Jaguaripe, Maragogipe, Nazaré das Farinhas e mesmo da própria Cidade da Bahia.

Da contribuição mineira, Lindolfo Rocha recolheu, no cancioneiro local, documentos exemplares da vida interiorana brasileira, como a seguinte quadra sobre a seca que afligiu a região, no ano de 1860: "Nesse mundão tenho visto/ Mas aqui é que é sofrer/ Aqui é que filho chora/ Filho chora e mãe nãe vê". E trovas como esta: "Meu beija-flor da campina/ Que tiveste o teu condão/ Leva no bico a saudade/ Ao bem do meu coração".

Ainda em *Maria Dusá*, além de registrar a diversidade das contribuições culturais, Lindolfo Rocha recria os variados tipos étnicos circulando pela Chapada: "Via-se aí, em grupos, conversando animadamente, rindo alto, gente de todas as raças e climas, desde o bronco jeje contando pelos dedos das mãos e pés a maior soma de mil-réis ambicionada, ao haussá ladino e valente; desde o caboclo caçado a dente de cachorro, até o mestiço elegante, brasileiro da gema; desde o carcamano e o saltimbanco, meio músico, meio pelotiqueiro, até o europeu polido e aventureiro".

A paisagem humana ganha colorido ainda maior quando o romance se refere ao mundo das profissões locais: quitandeiras açodadas, doceiras belfas, alfeloeiras dengosas. Nas atividades urbanas, tendas, fornos e oficinas funcionavam dia e noite. Alfaiates, costureiras, floristas, sapateiros, ourives, marceneiros e doceiras "não tinham mãos a medir". Entre esses tipos profissionais, Lindolfo se detém sobre o corpo das prostitutas regionais. Sobre as carnes e cores daquelas orquídeas de aluguel. Não era nada incomum elas se transformarem, de um dia para o outro, em negociantes, garimpeiras de alto coturno, hoteleiras e alquiladoras, "abandonando dessarte, sem confissão nem penitência, a poliandria do tom". Essas aberturas no sistema social, permitindo passagens inesperadas e até abruptas, bruscas mudanças de posição, eram vistas como absolutamente normais naquela Chapada oitocentista.

A música impregnava tudo, permeava inteira a área cultural diamantina, até como traço distintivo demarcando distâncias sociais. Passagens de *Maria Dusá* nos dão clara ideia disso. Numa delas, quando Dusá resolve trocar a "vida" pelo "trabalho" (como os termos são reveladores!), uma escrava sua vem no seu apoio, aconselhando com firmeza: "Pode [deixar a prostituição] mesmo, Sinhá. Olhe Sinhá Dedé, Sinhá Julinha, Sinhá Raimunda, do Mucugê. Esta tem com negro, devera! Já comprou vinte e quatro. Negro novo, só! Disse que é pra fazer terno de zabumba, pra tocar em toda festa ganhando dinheiro pra ela".

"Terno de zabumba" ou "terno de barbeiros" era como as pessoas chamavam, ali, um conjunto de percussão e sopro, composto de pífaros, caixas e zabumba – conjunto que comparecia a festas profanas e a cerimônias religiosas, quando recolhia donativos para a Igreja. Os ternos se apresentavam também nos cortejos do 2 de julho, data da independência da Bahia. Levado para a Chapada pelos "baianos", pelos mestiços do Recôncavo, o 2 de Julho logo se transformou numa das mais importantes manifestações públicas locais, embora a região tivesse sido simplesmente inexpressiva, menos do que uma presença calada, na onda das lutas para expulsar as tropas lusitanas que dominaram a Cidade da Bahia, reagindo contra o 7 de Setembro. Talvez o estardalhaço da comemoração da independência baiana, nas cidades chapadistas, deva mesmo ser creditado na conta da afirmação identitária de um grupo migrado. Seja como tenha sido, o fato é que alvoreceres do mês de julho passaram a ser marcados, na região da Glass, por um cortejo sonoro que se colocava sob o signo do *caboclo*.

Ainda em terreno musical, não devemos nos esquecer de que a expressão "pagode" é já empregada no romance de Lindolfo Rocha. No caso, para designar animados bailes populares em bordéis. É num desses pagodes, por sinal, que assistimos à aproximação homoerótica das personagens principais do livro, Dusá e Mariazinha, em diálogo surpreendente no contexto daquele romantismo literário tardio e provinciano. Dusá diz a Mariazinha que era uma "perdida" – e então ouve o que queria ouvir. Mariazinha: "...enquanto estiver aqui, não me caso!" Dusá pergunta por quê. E Mariazinha vai ao ponto: "Porque eu acho você tão bonita, minha santa! e já lhe quero tanto bem [...] que chego até [...] pecar!".

Mas voltemos os olhos, agora, para a opulência e a ostentação da sociedade diamantina do século XIX. Na arquitetura, distinguiam-se os grandes sobrados. Com uma particularidade digna de nota: feitos de adobe. E o uso do adobe, algo paradoxal numa região riquíssima em pedra de toda a sorte, é revelador. Trata-se de uma expressão inquestionável do caráter aventureiro e circunstancial de uma empresa que poderia ser interrompida a qualquer momento, no escassear repentino de uma reserva diamantífera. Custos e expectativas se ajustavam, portanto, à natureza do empreendimento.

Para esses grandes sobrados de adobe eram levados, por sinal, pianos importados da Áustria. A loucura era transportá-los. O trem, anunciado desde 1856 pelo presidente da Província da Bahia, Cansanção de Sinimbu, só foi entregue à população das Lavras em 1888, ano da Abolição da Escravidão. Mesmo assim, a estação ferroviária mais próxima de Lençóis ficava a cerca de 120 km de distância daquele núcleo citadino. Era uma doideira transportar pianos para lá, em lombos de burros ou ombros de negros, a fim de satisfazer caprichos artísticos de donzelas ou semidonzelas regionais.

Cid Teixeira amplia a nossa visão: "As lavras nesse período não interessavam somente a rudes garimpeiros ou a latifundiários taxadores do 'quinto' sobre a pedra encontrada. Eram comissários e procuradores de grandes lapidários e joalheiros que lá estavam fazendo seus bons negócios e, naturalmente, levando para os hábitos locais as novidades de conforto que traziam da Europa. As bebidas fermentadas, as conservas, as roupas de tecidos de superior qualidade, os relógios Patek Phillipe, os sapatos bostock, os fósforos John Kopinks, tudo isto passou a fazer parte do comum dia a dia de homens que alternavam estas europeíces com as necessidades de continuar a ter a bateia, o fifó e o picuá como elementos indispensáveis da vida e do 'status'. Tão europeu e tão fugaz o fastígio diamantino, que não faltaram ogivas de inspiração francesa recriadas nos sobrados de Lençóis. Modos e modas díspares e, não raro, conflitantes, conviviam naquela sociedade adventícia, móvel, com inteira consciência da sua precariedade temporal".

Além disso, existiam as filarmônicas. No tempo da riqueza da sociedade diamantina, seu lugar era especial. A Oito de Dezembro,

Harpa Diamantina, em Lençóis.

aninhada sob a égide de Nossa Senhora da Conceição, era ligada à facção política denominada "liberal". A Dois de Fevereiro, invocando o Senhor dos Passos, vinculava-se ao partido "Libertador". Lembra Walfrido Moraes que, como os laços prendiam filarmônicas a partidos de "brancos", surgiu uma terceira orquestra, sob a invocação de São Benedito, agrupando negro-mestiços. Adiante, as filarmônicas se reestruturaram, ganhando novos nomes: Lira Popular Lençoense e Harpa Diamantina. Conta-se, aliás, que a Harpa Diamantina, filarmônica fundada em 1907 pela elite lavrista, desfilava com um estandarte bordado a ouro, trazido diretamente de Paris – de onde foram importados, também, o instrumental e o fardamento dos músicos.

A literatura chapadista registra, ainda, a vigência do chamado Mineiro-Pau, manifestação igualmente encontrável em cidades e povoados de outras zonas culturais da Bahia. Na Chapada, o Mineiro-Pau era organizado pelos que pretendiam ridicularizar publicamente algum desafeto. Tratava-se de uma espécie de "seresta" grupal, maldosa, no meio da madrugada, em frente à casa da vítima, com trombone e repique de caixas, antecipando um desfecho já previsível, mesmo porque dificilmente haveria quem suportasse permanecer na cidade depois de uma tal (e total) descompostura pública.

Passando da esfera profana à religiosa, vamos encontrar o Jarê, variante regional do assim chamado candomblé de caboclo. O primeiro a estudá-lo foi o antropólogo Ronaldo Sena, natural de Lençóis, em seu *Manifestação Religiosa na Chapada Diamantina*. Sena considera que, embora esse sistema de crenças não tivesse relação direta com a principal atividade econômica da área, que era o garimpo, ainda assim respondia a expectativas psicológicas do garimpeiro, que vivia sempre à espera de um milagre, de um brilho materializando-se diamantino ali na palma de sua mão. Ainda segundo Sena, negros e mulatos levados do Recôncavo, dizendo-se "nagôs", foram os que maior influência exerceram na modelagem do culto.

A estrutura religiosa do Jarê se assenta em um "pai" ou "mãe" de santo – "entendido" ou "curador" –, veículo ou "cavalo" para a manifestação terrena de entidades extranaturais chamadas caboclos. Seu prestígio se mede pelo número de clientes, frequentadores do culto, parentes e vizinhos. Cabe a esse líder espiritual fazer consultas astrais, jogando búzios. A partir dessas consultas, são prescritos "trabalhos", envolvendo medicamentos, cuidados dietéticos e mesmo interdições sexuais.

A prática é, sobretudo, terapêutica. Na cosmovisão do Jarê, digamos assim, o ser humano está imerso num mundo de interconexões permanentes entre fenômenos naturais, espirituais e sociais. Nessa rede em movimento, sujeita a todos os influxos, acontecem desequilíbrios, rupturas nas interconexões, que são os infortúnios e as doenças. Reestabelecer os vínculos, os fluxos fenomênicos, é, então, indispensável para a cura que se quer. E é isso que se faz, ou se pretende fazer, durante a cerimônia de trabalho no terreiro.

Diante do "curador" possuído, em transe, cavalgado por um caboclo, o adepto-consulente é depositado em um círculo de pólvora e velas. No quadro dos princípios religiosos, esse círculo delimita o espaço de mediação entre a pureza da casa de culto, do templo, e a contaminação dos que até ali chegam, desejando a cura. Cantos e orações são então acionados contra as forças causadoras da dor ou aflição. Contra o que dificulta e (ou) atormenta a vida do devoto. A frequência ao terreiro e a adoção de preceitos estabelecidos pelo guia espiritual vão se reforçar mutuamente, no sentido da conquista e da estabilização do bem estar do neófito ou do seguidor do Jarê, forma religiosa que chegou a se disseminar por toda a Chapada Diamantina.

Mas a verdade é que, no campo dos ritos comunitários de significado religioso, o que realmente predomina, em todos os cantos da região, são os festejos católicos. Basta recordar o caso de Lençóis. No dia 2 de fevereiro, dedicado a Nosso Senhor dos Passos, padroeiro da cidade, novenas, desfiles e muita animação popular marcavam a passagem da Noite dos Garimpeiros. Havia, inclusive, uma passeata, que percorria as ruas ao som do "Hino do Garimpeiro":

Senhor Bom Jesus dos Passos
Galgue montanhas, espaços
O louvor de todos nós

São diamantes lapidados
Os corações devotados
Dos mineiros de Lençóis

No romance *Cascalho*, de Herberto Sales, que se concentra na paisagem e na história de Andaraí, terra natal do autor, vamos encontrar o rancho Sinhá do Ouro, onde, envoltos pelo cheiro do incenso, beatos entoavam um hino em louvor a Santa Rita. Mas o que realmente toma conta dos parágrafos e das páginas de *Cascalho* é o mundo do trabalho, das grunas e das grutas, da exploração e da esperança, do rude e perigoso ofício da garimpagem, em meio aos riscos de desabamento das escavações, das lutas pelas áreas mais produtivas da pedraria ambicionada e das relações tantas vezes tensas entre fazendeiros, comerciantes, políticos, alugados, meia-praças, jagunços e valentões. Na verdade, quadras e mais quadras da criação simbólica regional retratam esse universo, com seus muitos acertos e contratos verbais, suas pragas e bordéis, além do incontornável recurso a antigas armas de fogo, como a *Comblain* e a *Mannlicher*:

Nos barulhos do Coxó
Briga até as lagartixa
Os calango de combleia
E elas de manulicha

Mas havia também, evidentemente, a luta pelo poder. Regional – e não somente local. É daí que nasce um livro como *Jagunços e Heróis*, publicado em 1964 por Walfrido Moraes. Trata-se de uma visão exaltada da bravura e da rusticidade do mundo sertanejo e da formação histórico-social das Lavras. Bem vistas as coisas, a familiaridade do autor com o tema o leva a uma leitura romanceada dos acontecimentos, onde a objetividade do registro sociológico cede lugar a uma narrativa algo épica, tecida em torno de sua principal personagem, o regionalmente todo-poderoso "coronel" Horácio de Matos, que Walfrido vai acabar considerando não só como chefe político, mas também como "pai de todos os sertanejos", o que seria, convenhamos, inigualável façanha sexual.

Os acontecimentos se passam nas primeiras décadas do século XX, quando "coronéis" e "mandões", rebentos de clãs latifundiários interioranos, deitam e rolam na cena política brasileira. Com diferenças de região para região. Em Ilhéus e Itabuna, por exemplo, o jogo era mais dinâmico, traduzindo-se numa sucessão de chefes e chefetes regionais. Nas terras atravessadas pelo Rio de São Francisco e na Chapada Diamantina, diversamente, um determinado coronel reinava – estável – por um bom período de tempo. Mas, tanto num caso como no outro, o que se configurava era o mandonismo político.

A artificialidade democrática da assim chamada Velha República incluía, entre seus expedientes legitimadores, eleições em "currais" de áreas recônditas. Oliveira Viana analisou o assunto em *Populações Meridionais do Brasil*. E percebeu que a oligarquização das estruturas políticas brasileiras tinha sido, paradoxalmente, uma consequência da adoção do modelo e dos métodos liberais propostos (ou mesmo impostos) pelo governo central, então sediado no Rio de Janeiro. Da determinação institucional para o funcionamento do sistema político e da ausência objetiva do aparelho estatal na vida dessas comunidades interioranas, emergiu a figura do "coronel", cuja liderança se impõe pela força, na ponta do punhal e do fuzil, e pelo carisma – ambos, força e carisma, devidamente articulados com o poder quase mítico daqueles que dominavam o litoral. Nascido num desses clãs do interior, Horácio de Matos se projetou da Chapada Velha para as Lavras, e daí para a vida política baiana, tornando-se conhecido e respeitado nacionalmente graças às suas peripécias armadas.

De suas guerras locais ("a jagunçada caindo/ que nem mangaba no chão"), disputando uma liderança regionalizada, Horácio avançou para o enfrentamento do Governo do Estado da Bahia, ameaçando ocupar Salvador militarmente, depois de surrar, com seus jagunços, as tropas estaduais. O governo federal se viu obrigado a intervir. Chegou a ameaçar o poder sertanejo com uma arma então novíssima, testada na Primeira Guerra Mundial: o aeroplano. Mas acabou por se acomodar num acordo. Acordo que, em verdade, foi uma vergonha. Sugere mais um "tratado de paz" entre nações inimigas. Nos seus termos, Horácio não só não teve de baixar as armas, como viu reconhecida sua autoridade sobre doze municípios e garantidas, para ele, uma vaga de deputado estadual e outra de federal. Ele poderia "eleger" quem bem entendesse. Foi a vitória do parabelo sobre o aeroplano.

Estava-se, então, na época do "carbonato". Era uma espécie de diamante grosseiro, ao qual nem a natureza se incumbira de dar algum polimento. Um artigo que só passou a ter valor comercial naquele tempo. Em 1919, num jornal da província, Afrânio Peixoto escrevia: "A Revolução Industrial, que se estruturou, que se afirmou, que se nutriu com o ouro dos 'gerais', e se expande, agora, com uma força absoluta, tem fome de diamantes e carbonatos para a fabricação de motores, de máquinas, de engrenagens, de armas para a guerra [...] Os 'subways' de Londres são escavados com os metais duríssimos e preciosos que os garimpeiros dos Lençóis tiram das grunas. O Túnel de São Gotardo é aberto com nossos diamantes. O Canal do Panamá é igualmente rasgado com as nossas gemas [...] E a oficina da Ford, em Detroit, passa a consumir, para polimento das peças que fabrica, nada menos que dez mil quilates, anualmente".

Essa nova demanda do mundo industrial produziu, obviamente, uma nova onda de lucros chapadistas. E Lençóis – conhecida pela qualidade dos seus diamantes, de colorido realmente encantador, entre o róseo, o esverdeado e o azul –, cujo nome parece vir das espumas da queda do Rio de São José, que a corta, queria ser mesmo uma capital regional. A sociedade lavrista deixou-se então embalar pelo devaneio de vir a ser o centro mesmo da Bahia. Sua elite estava exultante. O Recôncavo, pelo menos aparentemente assustado e encolhido, aguardava a passagem desse "bambúrrio", sorte efêmera, como todas as sortes.

Foi a época do auge do poder de gente como Horácio de Matos. Mas veio, então, a Revolução de 1930. E com ela, num primeiro momento, a "caça" aos coronéis nordestinos, vistos, muitas vezes injustamente, como sinônimos de tudo quanto era atraso – político, econômico, social e cultural –, apesar de terem desempenhado certos papéis capitalistas, modernizadores, em lugares como Ilhéus e o litoral sul da Bahia. Ao desarmamento daqueles chefes políticos, implantados no interior do país, seguiram-se as humilhações, coisa que "horacianos" conheciam muito bem, mas do outro lado do balcão. Em Tamboril, tenentes rasparam as barbas alvas do sexagenário coronel Marcionílio de Souza. Em Lençóis, depois de manipular uma metralhadora em praça pública, o tenente Hamilton Pompa deu voz de prisão a Horácio de Matos.

Protestos partiram de muitas partes. Da Igreja Católica, inclusive. Mas o certo era que os dias de Horácio estavam contados. Falaram desembargadores, juízes, políticos, jornalistas. Todos queriam o coronel livre. E ele foi libertado. Ao que se diz, o tenente Pompa soube da notícia em meio a uma tremenda farra. Indignado, foi aos gritos ao Palácio do Governo. Uma sentinela o feriu. Mortalmente. Levantou-se, então, um clamor contra Horácio. Todos, agora, queriam sua cabeça. Um desafeto seu (tio da viúva de um major fuzilado pelos "horacistas", num levante em Lençóis) contratou um guarda-civil para matá-lo. Disseram a ele que Horácio tinha o corpo fechado. Mas o guarda não fez por menos. Reza a lenda que levou a um terreiro de candomblé no bairro do Retiro, em Salvador, as balas com que pretendia assassinar o coronel. E que uma mãe de santo as "curou", passando-as em cruz, durante dias, sobre a vagina. Clara e terrível associação entre nascimento e morte.

O assassinato de Horácio coincidiu com uma crise regional sem precedentes. Esgotaram-se diamantes e carbonatos de superfície. Sobrevieram, rebrilhando, os diamantes da concorrência internacional, aflorando em terras do chamado "continente negro". Na África do Sul, em especial. E as Lavras Diamantinas se foram esvaziando. Não havia mais investimentos. A tecnologia extrativa não conheceu renovação. A população foi rareando, mais e mais. Num espaço geográfico antes tão próspero, tudo se tornou dificuldade, tudo virou abandono. Aos poucos – e de modo melancólico –, começou a definhar um lugar que tinha sido sinônimo de dinamismo e riqueza nos sertões e nos campos da Bahia. Foi a Chapada Diamantina voltando a se ensimesmar, fechando-se no ermo, mais em si mesma, com suas pedras, suas orquídeas, suas garças e suas cachoeiras.

Por mais de meio século, a paisagem não foi outra. A região dos brilhos fáceis do diamante foi conhecer escurecimentos fundos. Mergulhar em sombria solidão. Ficar ali, parada, no silêncio das suas grutas. Até que as coisas começaram a esboçar um novo equilíbrio. A mineração assumiu nova dimensão. A agricultura se modernizou. E a região – com seu acervo ecológico, seu patrimônio histórico, sua riqueza de cultura – projetou-se no horizonte do turismo, atraindo diversos tipos de investimentos e visitantes, que hoje dão algum colorido às veredas e trilhas do lugar.

Vista geral da cidade de Caetité em 1957.

CAPÍTULO 13

Conquista da encruzilhada

O planalto onde hoje se ergue a cidade de Vitória da Conquista é, na verdade, uma grande encruzilhada. Um centro de transações e um ponto de passagem. Um lugar que atrai e distribui muitos caminhos, estendendo conexões – viárias, econômicas, culturais – em direções várias.

Num sentido, podemos nos deslocar no rumo de Poções e Jequié, ambas com o seu gado e com suas manifestações populares de cultura, das cantorias de Reis à festa do Divino Espírito Santo. Em outro sentido, no rumo de Itambé ("pedra afiada", em tupi) e Itapetinga ("laje branca", também em tupi), antigo polo agropastoril da Bahia. E ainda, em outra direção, nos caminhos de um rosário de cidades, como Anagé, Aracatu, Brumado, Livramento, Rio das Contas, Caetité e mesmo Condeúba e Ituaçu, descendo já em direção à Chapada Diamantina. A quilômetros e quilômetros da Cidade da Bahia, o que se vê ali é um planalto de clima temperado, que chega a fazer frio no inverno, quando todos tratam de se agasalhar, vestindo malhas, meias grossas, casacos de lã ou de couro. Suas altitudes estacionam em torno de 850 metros. E suas colinas vão descaindo, suavemente, em direção a amplos vales.

Aquele planalto foi dura e finalmente conquistado, tomado dos índios mongoiós e botocudos (sempre em cena os nossos gueréns), nos primeiros anos do século XIX, quando o governo não hesitou em decretar "guerra justa" aos ameríndios que sobreviviam na região. A propósito, Maria Hilda B. Paraíso relata que o estopim da decretação da tal "guerra justa" foi embebido no combustível de dois fatos. De um lado, esteve a concessão de uma sesmaria à família de João Gonçalves da Costa, em área hoje compreendida pelo município de Vitória da

Conquista. De outro, na firme ou desesperada reação de nossos ancestrais indígenas aos trabalhos da 7ª. Divisão Militar do Jequitinhonha, que ficara responsável pela construção de uma estrada entre as vilas de Fanado e Belmonte. Os índios rejeitavam a introdução da criação sistemática de gado vacum naquelas terras. E muito menos queriam saber de outro objetivo daquele projeto colonizador que começava a devassar sem descanso a região. A saber, a abertura de corredores de comércio visando a áreas vizinhas já em Minas Gerais.

Maria Hilda: "João Gonçalves da Costa e sua família, principalmente seu genro, coronel João Antonio Dias de Miranda, é que vão realizar o projeto de introdução da pecuária na região do Rio Pardo, sob a proteção da 7ª. Divisão Militar. Sua ação estendeu-se pelos rios de Contas e Jequitinhonha [...] Os combates com os vários grupos indígenas da região – Botocudo, Pataxó, Kamakã e Mongoyó – são claramente percebidos na toponímia local: Batalha, Conquista, Sucesso, a capela de Nossa Senhora da Vitória e a Imperial Vila de Vitória, depois conhecida por Vitória da Conquista. Os pedidos de ajuda ao governo provincial eram constantes: machados, facas, facões, carapuças vermelhas, enxadas, chumbo, pólvora e tecidos para que pudessem atingir os objetivos de combate e aldeamento dos índios".

Os índios se deram mal, como não há quem ignore. Em um dos tomos de sua obra *Pequenos Mundos – Um Panorama da Cultura Popular da Bahia*, o pesquisador Nelson de Araújo fez questão de sublinhar: "De 1803 a 1806, os portugueses [luso-brasileiros, também?], vindos de Minas Gerais, moveram em seu território uma sangrenta guerra contra os indígenas, que terminou com o massacre de grande número deles [...]. Durval Vieira de Aguiar, escrevendo por volta de 1888 [em suas Descrições...], expressou o ponto de vista de que o triunfo foi efetivamente uma impiedosa chacina dos índios".

Em 1840, criou-se o município, definido sobre território desmembrado do de Caetité, pequeno aglomerado urbano erguido, há mais de um século, a cerca de 400 km do mar. Sabe-se que esse topônimo nos veio da língua tupi. Mas há controvérsia, ainda hoje, acerca da forma e do significado do vocábulo. Em seu livro *O Tupi na Geografia Nacional*, o velho Theodoro Sampaio deixou uma opinião: "...*caá-etê-tê*, a mata verdadeira, extensa, o matão. Se o vocábulo, na sua forma primitiva,

Conhecida pela qualidade de seu ensino público, Caetité, terra de Anísio Teixeira, ganhou fama com escola como esta.

era *Caitaté*, como querem alguns, dada a sua composição – caá-itá-
-tê – se traduzirá – *penedo destacado na mata*, isto é, pedra de relevo dentro da mata".

Seja qual for o significado último do topônimo – mata verdadeira ou pedra nítida no meio do mato –, a história da atual cidade do Caetité – nascida de um aldeamento de índios caetés, segundo informa Urbino Viana, em *Bandeiras* e *Sertanistas Baianos* – começou bem timidamente, pé ante pé. Basta relembrar que, mesmo nos últimos dias do século XVIII, quando a Bahia já contava com núcleos urbanos populosos e ricos, ela aparecia em nosso mapa como uma minúscula e desimportante vila da comarca de Jacobina: a Vila de Sant'Anna do Caetité, perdida nos confins ao mesmo tempo tristes e luminosos da Serra Geral.

Em sua série de missivas, reunidas sob o título de *A Bahia no Século XVIII*, Luiz dos Santos Vilhena a ela se refere bem de passagem, arrolando-a entre as vilas "de menos conta" da supracitada comarca de Jacobina, ao lado de lugares como Santa Ana do Pambu, Nosso Senhor do Bom Sucesso e Sento Sé (a comarca de Jacobina era, realmente, imensa). Vamos vê-la tratada também, em escritos da época, como

Vila Nova do Príncipe, assim redenominada em homenagem ao futuro D. João VI, então príncipe regente, que morava já no Brasil, depois que a brava corte portuguesa meteu o rabo entre as pernas e fugiu de Lisboa, apavorada pelo avanço das tropas napoleônicas. Felizmente, prevaleceu, para nós, a denominação indígena: Caetité.

Aos poucos, o lugar se foi expandindo. E ganhou outro ritmo. Palavras de Aires de Casal, por exemplo: "Vila Nova do Príncipe, anteriormente Caetité, criada em 1810, está num sítio lavado dos ventos junto à margem duma ribeira, que vai engrossar o Rio do Antonio [...] Nos seus arredores cria-se muito gado vacum, e fazem-se grandes algodoais". Os "naturalistas" Spix e Martius, por sua vez, vão falar de suas casas caiadas, reluzindo ao sol do sertão, e de suas "belas ametistas, célebre pela cor escura". Além de chamar a nossa atenção para o enriquecimento local: "Caetité [...] vem, há vinte anos, explorando, em grande escala, a cultura do algodão e se tornou, por isso, um dos mais ricos lugares do sertão baiano". Também as ametistas já haviam se constituído, àquela altura, em importante artigo de comércio. Além de objetos para a apreciação estética, também já significavam dinheiro.

O Mercado Público era um espaço importante na vida comercial das cidades numa época em que não se imaginava a existência supermercados privados ou *shoppings*. Era uma obra pública prioritária para qualquer prefeito e motivo de orgulho para a população.

É certo que Caetité não chegava a ser uma vila comparável à do Rio das Contas, "considerável e famosa", onde houve um tempo em que o ouro foi moeda corrente, coisa do dia a dia do lugar. Mas já se tornara um foco digno de nota. A seu lado, ficava Vila Velha, a Vila de Nossa Senhora do Livramento, surgida à época da colonização do Vale do Rio Brumado, a caminho do início do século XVIII. Os mesmos Spix e Martius, por sinal, nos deixaram um retrato encantado da região, ao chegar ali à noite, em viagem para a Vila do Rio das Contas: "A lua aparecia no firmamento de colorido violáceo intenso e iluminava, com extraordinário brilho, as montanhas. Serra da Vila Velha. Podíamos facilmente distinguir os seus audaciosos contornos e no lindo vale, os grupos de árvores, cobertas de flores, que exalavam delicioso perfume".

Estava-se, ali, em terras da célebre Casa da Ponte, da família Guedes de Brito. Assim com os Ávilas da Casa da Torre de Tatuapara, a família Guedes de Brito adquiriu enormes latifúndios, doados pela administração colonial, através do instituto da sesmaria. E falar de "enormes latifúndios", a propósito dos Ávilas e dos Guedes de Brito, não é empregar uma expressão pleonástica. Porque o que eles conquistaram e receberam foram vastíssimas terras vastas – pouco importando, no caso, que a construção linguística deixe a gramática contrariada. Estudioso do assunto, o historiador Erivaldo Fagundes Neves recorreu, de resto, a um neologismo perfeito para se referir àqueles mundos de terras: megalatifúndios. E André João Antonil, escrevendo em princípios do século XVIII, diz que as propriedades fundiárias da Casa da Ponte iam do Morro do Chapéu até à nascente do Rio das Velhas, na Serra de Ouro Preto, espaço central de Minas Gerais (chegando, na verdade, à atual região metropolitana de Belo Horizonte). Entre um ponto e outro, a distância linear é de mais de mil quilômetros. Parte da Bahia para o coração de Minas, avançando pelo curso superior do São Francisco – e pelo serão, para encontrar as montanhas mineiras. Abarcando, por isso mesmo, o Vale do Brumado.

"Em fins do século XVII, já havia entre os rios Paramirim e Brumado alguns currais de gado, pertencentes a arrendatários da Casa da Ponte [...] Consta da tradição que a Vila de Nossa Senhora do Livramento, depois Vila Velha, teria suas origens numa fazenda de gado denominada 'Jurema', onde se estabeleceram alguns ranchos de vaqueiros", conta-nos Mozart Tanajura, em *História de Livramento – a Terra e o Homem*. Para acrescentar: "Quando os primeiros exploradores, bandeirantes paulistas, mineiros e baianos, chegaram ao sertão do Rio de Contas, em fins do século XVII e inícios do século XVIII, já encontraram alguns moradores em seus ranchos solitários, vivendo em paz com índios e negros mocambados".

Mas as vilas de que estamos tratando datam do século XVIII. Em meados daquela centúria, Rio das Contas vivia dias de riqueza. Possuía Casa de Fundição e pelourinho. Sobrados. E o ouro reluzia. "Viviam espalhados pelo distrito, nessa época, milhares, talvez, de cristãos novos. Muitos, enredados em devassas, no Reino, ali estavam foragidos e escondiam-se até da própria sombra, assustados, temerosos, guardando-se de tudo e de todos. Mas o sertão era grande, e o ouro, abundante amaciava a atuação dos agentes da Inquisição. A maioria lá permanecia tranquila, folgada, rica, livre mesmo para a prática de heresias", nas palavras de Lycurgo Santos Filho, em *Uma Comunidade Rural do Brasil Antigo (Aspectos da Vida Patriarcal no Sertão da Bahia nos Séculos XVIII e XIX)*.

Situada numa espécie de oásis cercado pela caatinga, à vista da Serra das Almas e da Cachoeira do Brumado, caindo de lá de bem alto, a Vila de Livramento, nesse tempo, apenas engatinhava, com duas ou três dezenas de casas – todas simples, chãs, acachapadas, ou de taipa ou de adobe, cobertas de palha, estendendo-se aos pés da serra. As pessoas, na verdade, moravam preferencialmente nos sítios da vizinhança, vindo à vila mais ou menos regularmente, fosse para a feira ou para festas de religião.

Por essa época, 1755, Miguel Lourenço, um português de ascendência talvez judaica, enriquecido nos trópicos brasileiros, se instalou na fazenda Brejo do Campo Seco, propriedade rural que pertencera à Casa da Ponte, em terras do futuro povoado de Bom Jesus dos Meiras, atual cidade de Brumado – povoado que daria seus primeiros passos na passagem do século XVIII para o XIX. O gado crescia e pastava por ali, no então chamado sertão do Rio das Contas, de onde podia ser vendido para o Recôncavo Baiano ou para Minas Gerais. Três filhas de Lourenço vieram a se casar com três irmãos, descendentes dos portugueses de Caetité, que, àquela altura, contava com cerca de mil habitantes.

Catedral Nossa Senhora do Livramento.

Somente no século XIX Livramento vai ter casas mais senhoriais. Dos índios, a esse tempo, restariam bandos algo perdidos, tratando de sobreviver no meio dos matos – e cujos caminhos, por aquelas terras, haviam sido aproveitados já pelos primeiros bandeirantes. "Enquanto o luxo, a riqueza e a devassidão campeavam nas Minas de Rio de Contas, Vila Velha vivia quase esquecida", anota Mozart Tanajura. Mas para também nos dar informação importante. Em inícios da década de 1830, explodiu, na Cidade da Bahia, o movimento "mata maroto", de perseguição aos portugueses. E logo o movimento chegou a Rio das Contas, onde havia muitos lusos, atraídos pela fartura do ouro: "Sabe-se que chegou a haver mortes e muitos 'marotos' tiveram que deixar a vila às pressas, dirigindo-se para o Recôncavo e daí embarcando para Portugal. Os que ficaram se homiziaram na zona do distrito de Vila Velha como lavradores e criadores, mudando de nome para não serem perseguidos [...] Datam desta época na região estabelecimentos agrícolas formados pelos portugueses em Livramento, Paramirim, Água Quente e Caetité".

Por volta de 1840, Vila Velha ou Livramento era já um centro agrícola na Serra Geral. E continuou a crescer. Ganhou a nova igreja de Nossa Senhora do Livramento. Ganhou coronel, boticário, vigário e milícia. Antes disso, às primeiras décadas do século XIX, como vimos, Caetité se convertera, graças, sobretudo, à sua produção algodoeira, num dos mais ricos empórios do sertão baiano. Num dos núcleos urbanos mais importantes da região. Possuía quatro praças, vinte ruas cortadas por travessas estreitas, batalhão da Guarda Nacional e Santa Casa de Misericórdia.

De 1808 a 1812, foi construído o Sobrado do Brejo, casarão de dois andares, inteiramente caiado em seus adobes vermelhos, "a mais imponente residência daquele sertão", no juízo do já citado Lycurgo Santos Filho, que também informa: "O Sobrado do Brejo foi construído de sorte a poderem seus moradores repelir ataques porventura empreendidos pelos indígenas da região – estava-se em 1808 e no sertão ainda existiam tribos semicivilizadas [sic] – e 'cabras' malfeitores, bandidos acoitados na caatinga". Era a mansão-fortaleza do Campo Seco, onde o embrião de Brumado (nome que lhe foi dado somente em 1931) se movia. Curiosamente, reza a tradição local que o senhor do Sobrado do Brejo morreu não por um ataque externo, mas de facada desferida por um de seus escravos, que fugiu em seguida para a Serra das Éguas, refúgio da onça pintada – onça canguçu, onde morreu de fome, tendo o seu esqueleto reconhecido, tempos depois, pelo gibão de couro que envergava no momento em que aplicou a facada fatal.

Na década de 1840, como foi dito, Vitória da Conquista se separou de Caetité. Mas, em vez de se afastar, iria acentuando, em direção ao futuro, sua influência sobre a região, de caráter culturalmente amineirado. Em 1877, por seu turno, foi reconhecida a Vila de Bom Jesus dos Meiras, situada à margem do Rio do Antônio, afluente do Brumado. Durval Vieira de Aguiar, em suas *Descrições Práticas da Província da Bahia*, a retratou nos seguintes termos: "O povoado da Vila, apesar de estar demarcado e esquartejado, à moderna, para alinhadas edificações, compõe-se ainda de três compridas ruas seguidas, que desembocam em duas espaçosas praças; a primeira das quais, junto ao rio, é o ponto de descanso e pousada das tropas de animais em trânsito; a segunda é a do comércio, onde se acha a velha Matriz e a decente casa da Câmara, edificada pelos moradores, e onde também se fazem as feiras, muito escassas, nos sábados, para cujo mercado fizeram um barracão. A edificação é geralmente de casas baixas, caiadas e de telhas".

Apesar do que se disse, contudo, o que se impôs sobre aquele espaço geográfico, como uma cortina pesada e densa, foi a paralisia. Em meados do século XIX, as casas daquelas póvoas eram praticamente desmobiliadas. O conforto era mínimo nesse aspecto – e se é que se pode falar de "conforto". Mesmo nas residências dos privilegiados, dos senhores locais. E a grande maioria das pessoas, ali, sem dispor de talheres, ainda recorria às mãos para comer. Ou seja: vistas naquele momento e naquela conjuntura precisa, os pequenos núcleos urbanos regionais, que contavam com número reduzido de habitantes, pareciam definitivamente determinados, por algum decreto superior, a cumprir as mesmas tarefas, a repetir os mesmos hábitos, a cultivar os mesmos costumes, a insistir nas mesmas práticas, a usar as mesmas roupas, a ostentar as mesmas crenças, a fazer os mesmos gestos, a falar as mesmas coisas.

A rotina só foi rompida ali – com sangue, punhais e tiros – pela explosão da luta entre dois poderosos clãs sertanejos, o dos Mouras e o dos Canguçus, na qual esteve envolvida, como o próprio estopim do confronto, a família materna do poeta Castro Alves, pois que tudo começou com o sequestro (consentido) de uma tia sua, ainda muito jovem, chamada Pórcia, pelo irmão mais moço de Exupério Pinheiro Canguçu, que viria a ser o último senhor do Sobrado do Brejo. A história ficou célebre, desde que se tornou tema de um romance de Afrânio Peixoto, *Sinhazinha*, e foi recontada, em cores vivas e fantasiosas, pelo romancista Jorge Amado, em seu *ABC de Castro Alves*.

"Dissensões entre famílias, degenerando em conflitos sangrentos, ocorreram com frequência em vários pontos do país, nos séculos passados [...] Tais desavenças assumiram por vezes o caráter de pequena guerra ou luta prolongada, organizando-se os partidos pela tomada de posição de famílias aparentadas e amigas, verificando-se assaltos isolados e ataques em bando às pessoas e propriedades do campo adverso. Consequência do regime patriarcal, no qual o poder da família era mais forte do que o exercido pelo Estado, a luta de clãs originou-se, de uma ou outra forma, do desejo de vindita ou desforra. Quando afrontada por este ou por aquele motivo, reunia-se a grei e por conta própria decidia a represália [...] E [tais guerras] eclodiram sempre pelos mesmos motivos: questões de honra, rivalidades políticas e econômicas", comenta, a propósito, Lycurgo Santos Filho.

A luta entre Mouras e Canguçus, no sertão de Brumado, Caetité e Rio das Contas, ocorreu mais ou menos na mesma época em que Militões e Guerreiros brigavam lá pelas bandas de Pilão Arcado e Sento Sé, outro lance virulento desse conhecido aspecto da vida social sertaneja. A história começou com a viagem de duas moças solteiras da família Castro – Pórcia e Clélia Brasília, que logo viria a ser a mãe de Castro Alves, nascido na fazenda Cabaceiras, na região de Muritiba, no Recôncavo Baiano. Para o qual, de fato, elas estavam se dirigindo, em regresso de uma temporada na fazenda paterna, no alto sertão. Uma viagem extremamente longa e cansativa, que se realizava por etapas, parando em uma que outra fazenda que se achava no caminho, para o necessário descanso. Foi justamente assim que Pórcia e Clélia Brasília acabaram pousando na casa-grande dos amigos do Brejo Seco, em Bom Jesus dos Meiras, a fim de recuperar forças, antes da última etapa da viagem – oito dias a cavalo por caminhos de terra, atravessando os campos em direção a Curralinho, atual cidade de Castro Alves.

E aconteceu então o que não estava no *script*. Leolino Canguçu – jovem de 18 anos, recém-casado, mas de temperamento fogoso e aventureiro – apaixonou-se perdidamente pela bela Pórcia, "jambo queimado pelo sol da seca", que então estava entre os 15 e os 16 anos de idade. E Pórcia correspondeu ao namoro, deixando-se levar pelo sedutor sertanejo. Mas o enamoramento mútuo não ficou por aí. A situação engravesceu. Não se sabe ao certo se Leolino impediu que retirassem a moça do Sobrado do Brejo, como quer Pedro Calmon, em sua *História de Castro Alves*, ou se foi raptá-la no meio do caminho, como acredita Jorge Amado, tomando-a à força de sua comitiva viajora e levando-a na garupa do cavalo, em disparada pela noite. O fato é que o jovem Canguçu não abriu mão de sua conquista – se é que não foi a moça quem tomou a iniciativa no jogo amoroso, já que coisas assim só costumam acontecer quando as mulheres o desejam.

Bem, conta-se que Pórcia ficou três semanas no amplo Sobrado do Brejo, onde pôde amar à vontade o seu Leolino. Mas a afronta – um homem casado tomar, para sua amante, a filha solteira de um amigo – não ficaria impune. Pelo velho e rígido código moral dos sertões, tal fato equivalia a uma declaração de guerra. E a guerra veio. No dia 16 de dezembro de 1844, em hora oportuna, quando Exupério e Leolino se achavam ausentes, a casa-grande da família Canguçu foi assaltada. Pórcia foi retirada à força do sobrado – e à força levada para Curralinho. O clã dos Mouras – ao qual pertencia o político e líder abolicionista Marcolino de Moura – ajudou a família de Castro Alves na empreitada. E assim começou a luta dos Canguçus contra os Mouras, ainda hoje viva na memória dos sertões. Para a família Canguçu, era lógico, natural e esperável que os Castros quisessem de volta a sua flor. E que recorressem às armas para obtê-la. Mas por que os Mouras – família de amigos e mesmo de parentes próximos dos Canguçus – foram se intrometer no assunto? Aquilo revoltou a gente do Sobrado do Brejo.

A partir daí, emboscadas, tiros e mortes marcaram a vida dos dois clãs. Leolino não recuperou sua amada Pórcia, recolhida (e bem vigiada) no Recôncavo. Mas apunhalou um dos mais respeitados chefes da família Moura e despachou um outro para o além, com um tiro certeiro de clavinote. E ele mesmo foi assassinado, a mando dos Mouras, no povoado de Grão-Mogol, interior de Minas Gerais, em princípios de setembro de 1947. A disputa clânica, no entanto, só foi terminar adiante. Dizem que por interferência da loja maçônica a que eram filiados indivíduos de ambas as famílias em guerra.

Mas vamos abrir o plano e retomar a narrativa regional. Ainda na década de 1850, ao findar as lutas entre Mouras e Canguçus, a estrada de Vitória da Conquista para Ilhéus mais não era do que uma picada aberta na mata, com índios – "mansos" e "brabos" – circulando com alguma desenvoltura por suas margens. Mesmo assim, por ela desciam constantes tropas e boiadas, deixando o sertão em busca do porto litorâneo. Nesse tempo, Vitória da Conquista já praticava, lucrativamente, a engorda do gado magro. Boiadas que vinham pelos caminhos de Caetité, ou do Vale do Rio Gavião, ali paravam para tomar algum fôlego, para recuperar forças, antes de se lançar à arrancada final rumo à Cidade da Bahia e seu Recôncavo. Mais tarde, esse gado magro para engorda seria adquirido, em boa parte, nas terras nortistas ou nordestinas de Minas Gerais. Chegou-se mesmo a se desenvolver ali, tanto em Conquista quanto em Jequié, a prática do aluguel de pastos, com vistas à engorda do gado que se comprava magro em outras regiões.

Mas não devemos apressar o passo. Mesmo na última década do século XIX, Vitória da Conquista era cidadezinha bastante acanhada, recolhida em suas lonjuras planaltinas. Vivia relativamente só. Isolada. Estagnada. Seus dias se moviam na rotina de sempre. Seu horizonte não apresentava maiores novidades. As coisas só iriam, de fato, mudar, por ali, quando virada fosse a página do século XIX e a região ingressasse na centúria seguinte. Mesmo assim, a mudança não se faria sentir de imediato. Até a estrada de rodagem aberta para Jequié, na década de 1920, pareceu favorecer menos a ela do que a esta, que logo seria alcançada, também, pelos trilhos da Estrada de Ferro de Nazaré. Entre 1920 e 1940, de fato, Jequié, com os seus imigrantes italianos, irá crescer, expandir-se com rapidez pelo território que um dia pertenceu a Maracás.

A estagnação antes mencionada a propósito de Conquista, no entanto, foi tomar conta de toda a região de Aracatu, Brumado, Caetité, Livramento e Rio das Contas. Basta pensar no simples fato de que tais pacatos pousos urbanos se agitavam e se coloriam com a mera chegada de caixeiros viajantes, que para eles levavam notícias e novidades da vida e do comércio de centros maiores e bem mais ruidosos. Caixeiros que, nascidos em outras paragens, em Valença ou em Cruz das Almas, arrebatavam, inclusive, os corações das mocinhas do lugar, fosse em Brumado ou em Caetité – e, não muito raro, casavam-se com elas, providenciando uma ruptura no padrão das uniões quase sempre endogâmicas que vigoravam por aquelas terras, com tios desposando sobrinhas, primas se unindo a primos, e assim por diante. Enfim, aquelas eram vilas e vidas tradicionais, rotineiras, estancadas no tempo. Vilas de cavalhadas, de festas religiosas, de reisados, de fogos de artifício, de presépios natalinos, de fogueiras e foguetes e licores de São João. Lugares, aliás, de marcadas, embora reduzidas diferenças sociais, já que a riqueza, quando ali havia, era riqueza modesta.

Em todo caso, Caetité não fazia má figura nessa época, lugar até climaticamente agradável. "Estamos, com efeito, nos primeiros dias de janeiro, no auge da estação quente, e entretanto temos as manhãs frescas, as noites visitadas por brandas aragens, o céu limpo e brilhantemente estrelado, ar frio por vezes, marcando então o termômetro 19° centígrados", conta-nos Theodoro Sampaio, em relato de 1879 sobre uma viagem sua à Chapada Diamantina. (Naquele tempo, aliás, o sertão, assim como Salvador, era bem mais fresco). E o mesmo Theodoro nos dá boa notícia geral dali, ao dizer que Caetité, com seus oito mil habitantes e ruas arborizadas, suas casas bem construídas e com água canalizada, "apresenta ao viajante um aspecto de côrte do sertão. Há aqui uma boa e culta sociedade, muita urbanidade e delicadeza, na gente do lugar". Objetivamente, "como empório comercial que é destes sertões apartados, Caetité constituiu-se o centro irradiante de uma viação ordinária e bastante ativa".

Mas a estagnação regional foi um fato. E relativamente duradouro. O caso de Livramento não deixa de ser exemplar. Já em pleno século XX, na década de 1940, animais ainda pastavam soltos em suas ruas – nas quais, de resto, alguns moradores não vacilavam em fazer as suas hortas, mesmo que pequenas, para consumo caseiro. A grande novidade local, nesse período, era uma beleza: a praça iluminada com lampiões de querosene (que, por sinal, clareavam muito bem). Lampiões acesos ao cair da noite, mas apagados rigorosamente às 21 horas, quando, então, todos se recolhiam às suas casas e um funcionário municipal se encarregava de fechar – a cadeado – a cancela que dava acesso à cidade, de modo a evitar que animais reinassem tão soberanos em suas vias. Naquela cidade, que só viria a ter agência bancária na década de 1960, as mulheres ainda tomavam banho de cuia. E era a rapadura que adoçava as coisas, num tempo em que sal e açúcar branco eram artigos de luxo. A propósito, Mozart Tanajura nos faz uma revelação interessante: "Entre moças e rapazes [de Livramento ou Vila Velha] circulavam cadernos de confidências, contendo perguntas de ordem sentimental, social, ou íntima, como esta: 'Onde gostaria de passar a lua de mel?' Alguns respondiam que em New York. Nesse tempo, não havia avião nem automóvel [...] e a viagem até Cachoeira, para embarcar para Salvador, era feita em lombo de burro, durante dias".

Em Brumado, na mesma década de 1940, ao anoitecer, ligava-se um aparelho de rádio em frente ao prédio da Prefeitura, onde todos se reuniam, bem vestidos e cheirosos, para ouvir notícias, acompanhar novelas, vibrar com programas musicais. Também Brumado apagava cedo suas luzes – e isso já em plena década de 1960. Às dez horas da noite, as lâmpadas piscavam três vezes, a intervalos curtos e regulares, sinalizando que "o motor" seria desligado. Isto é: que as lâmpadas se apagariam. Os mais bem postos na hierarquia social deixavam, então, a parte de cima da praça, enquanto os mais pobres despovoavam a de baixo, onde ficavam casas comerciais. Daquele horário em diante, quem quisesse alguma diversão ou comer alguma coisa que fosse aos botecos e ao bordel, bebericando e rangando ao som de algum bolero brega ou sucesso não menos brega da então chamada Jovem Guarda, sob a luz de antigos fifós e candeeiros, que projetavam sombras em paredes de adobe, muitas vezes apenas levemente caiadas, quase sempre algo irregulares.

A grande virada de Jequié e Vitória da Conquista – que, com Itambé e Itapetinga, criariam uma espécie de comunidade econômica de base pastoril – foi ocorrer na década de 1950, com a construção da estrada Rio–Bahia, a BR-324. Jequié já vinha se firmando, antes, como entroncamento rodoviário. Como uma espécie de Feira de Santana mais afastada de Salvador e do Recôncavo. Como "ponto natural de convergência de estradas", mas que ainda enviava boiadas a pé até Tanquinho, para que aí elas fossem embarcadas nos vagões da Estrada de Ferro do Leste Brasileiro. E ambas, Jequié e Conquista, deram os seus saltos. Escrevem, a esse respeito, Domingues e Keller, naquela

Vitória da Conquista desenvolveu forte segmento pecuário, e os fazendeiros construíam na cidade palacetes imponentes para denotar suas fortunas.

década de 1950: "Nesta área de habitat rural disperso, escasseiam os núcleos urbanos e os povoados. Duas cidades, entretanto, se destacam, crescendo como centros regionais, graças à situação geográfica que as fez nós de comunicações: Vitória da Conquista e Jequié [...] Em situação geográfica semelhante, localizadas na área de transição entre a zona úmida da mata e a semiárida da caatinga, centralizaram as trocas comerciais que se efetuavam nessa faixa intermediária entre áreas economicamente diversas".

Jequié e Conquista haviam se transformado, em suma, em "cidades de contato". Foram beneficiárias da grande rodovia nacional aberta centralmente para o Nordeste. Mesmo seus desenhos urbanos se modificaram então, sob a atração quase hipnótica da fita asfáltica acinzentada, que funcionava como verdadeiro ímã, chamando para si e em sua direção, entre outras coisas, pequenos hotéis, pensões e postos de gasolina. Passaram, assim, a ser cidades cultural e morfologicamente afetadas pela estrada. A partir de Conquista, abriu-se ainda uma estrada de rodagem que se desenrolava para o litoral, buscando Ilhéus. Mas não foi só. Por essa mesma época, outros pontos da região também se agitaram. Econômica, social e culturalmente.

Ainda no século XIX, o último senhor do Sobrado do Brejo, Exupério Pinheiro Canguçu – leitor de Longfellow, Defoe e Molière, para não falar de autores de obras de caráter científico – teve a ousadia de instalar um forno para produção de ferro, com minério encontrado em propriedade sua, na hoje célebre Serra das Éguas. O empreendimento fracassou. Mas, décadas mais tarde, naquela mesma Serra das Éguas, em Brumado, de onde o fazendeiro extraíra minério de ferro, descobriu-se magnesita. Casualmente. O que se procurava por ali era outra coisa: a rocha matriz das esmeraldas da Serra das Éguas. E ela revelou um calcário com altíssimo teor de magnésio. Pesquisas e análises técnicas concluíram, em seguida, que ali existiam enormes jazidas do mineral. Criou-se, então, uma grande empresa, com capital internacional, para a exploração da magnesita – de magnesita e talco – em terras da região.

Na época, examinando a situação econômica baiana em seus diversos setores, Clemente Mariani escreveu: "As mais interessantes jazidas em exploração ativa são as de magnesita e talco, no municí-

Forno de magnesita em Brumado.

pio de Brumado, as quais, lutando com indescritíveis dificuldades de transporte, fornecem toda a matéria-prima calcinada para a indústria de refratários básicos que abastece a siderurgia nacional e grande parte do talco usado pelas indústrias de perfumaria, de produtos farmacêuticos, de tintas e de pneumáticos, e poderiam realizar grande exportação, se dispusessem de transporte".

Mesmo a estrada de rodagem que levava de Brumado a Vitória da Conquista, naquela época, era precária demais, com seus buracos, suas "costelas de vaca", suas curvas altamente perigosas. Uma pista de terra cortando a caatinga e a mata-de-cipó, ainda entre suçuaranas. Mas os resultados da empreitada vieram. Primeira fornada em 1947, primeira exportação para a Europa em 1956. Dali em diante, aquela mineração se afirmou de vez no panorama da Bahia, que é hoje, como se sabe, o maior produtor brasileiro de magnesita. Com a implicação óbvia de que tal desenvolvimento viria para modificar, de modo radical, a vida e o destino de Brumado, cidade até então adormecida, com seus umbuzeiros e juazeiros, às margens do Rio do Antônio. Cidade que logo se tornaria relativamente populosa, com agitada vida comercial.

Apareceram também as águas-marinhas de Itambé e as águas-marinhas de Vitória da Conquista, com toda a luz dos seus azuis. Em

Caetité, pessoas e luzes prosseguiram acesas na faina dos garimpos de ametista. Como ainda hoje não deixa de acontecer. Os solos do município foram revelando ainda, aqui e ali, outros minérios. Mais recentemente, as atenções se voltaram todas – num arco que se estende da esperança em dias melhores a preocupações e temores de inspiração ecológica, ambientalista – para a suas reservas de urânio.

Hoje, Vitória da Conquista, como Jequié, é um importante centro regional. Além de polo de comércio e de serviços, fazendo a sua influência se estender em múltiplas direções, avançou no caminho da agropecuária e, mais recentemente, no sentido da cafeicultura e da produção industrial. Desmembrada finalmente de Itambé, Itapetinga seguiu seu caminho, convertendo-se em cidade de economia localmente forte, fundada na pecuária e na produção de laticínios. A região da Serra Geral, por sua vez, incrementou sua antiga produção de algodão (que vem, como se viu, do período colonial) e permanece como uma das mais importantes zonas de mineração da Bahia, com a magnesita de Brumado, seu principal centro, e as velhas e belas ametistas de Caetité.

Ponte sobre o Rio São Francisco em Bom Jesus da Lapa.

CAPÍTULO 14

O vale sanfranciscano

Seres humanos chegaram há muito tempo na região do Rio de São Francisco. Há milênios. E não pode haver maior surpresa no fato: o ambiente natural, ali, favorecia o – e mesmo convidava ao – assentamento de agrupamentos humanos, pelas condições de vida que oferecia. Água, terras férteis, peixes, raízes e frutas. Tudo em forte contraste com a caatinga que é cortada pelo grande rio.

Especialista no assunto, o arqueólogo Carlos Etchevarne expõe: "O Rio São Francisco, que em seu curso médio atravessa um grande território de caatinga, transformou-se em um eixo referencial para os grupos indígenas do interior, permitindo a subsistência em todas as estações do ano. Efetivamente, as incursões para exploração dos recursos da caatinga poderiam ser feitas com distâncias que permitissem o retorno sem dificuldades ao São Francisco, ou seja, aos locais com água permanente. Por outra parte, nas margens desse rio e em suas numerosas ilhas, era possível uma subsistência mais farta, combinando a piscosidade das águas com a fertilidade dos solos, aptos para a horticultura e com uma mata ciliar composta, entre outras espécies, de grandes árvores frutíferas".

A arqueóloga Gabriela Martín, autora de *Pré-História do Nordeste do Brasil*, faz o mesmo tipo de consideração: "A grande bacia do São Francisco foi um centro de atração e caminho natural de grupos indígenas pré-históricos desde tempos remotos, milhares de anos antes da colonização portuguesa". E prossegue: "Em torno do sétimo milênio encontramos já populações pré-históricas assentadas no médio e baixo São Francisco, instaladas em grutas pouco profundas e em terraços próximos do rio. Formavam grupos pouco numerosos que viviam em bandos e se deslocavam, com grande mobilidade, percorrendo grandes extensões ao longo do rio sem afastar-se muito dele, pois era ali que encontravam seu alimento. Acampavam, temporariamente, perto do rio, onde preparavam seus instrumentos de pedra e osso para caçar e pescar e se estabeleceram, também, nas margens de antigas lagoas, resíduos do vale arcaico".

Entre os exemplos que dá de tais assentamentos pré-históricos, Gabriela cita a Gruta do Padre, hoje submersa sob as águas do lago artificial de Itaparica: "Nela habitaram homens pré-históricos há 7.000 anos e que sobreviveram caçando e pescando nas margens do grande rio. Em tempos posteriores, por volta de 2.000 anos antes dos tempos presentes, fora utilizada também como cemitério indígena, e ali eram depositadas as cinzas dos defuntos previamente queimados, às vezes com suas armas e enfeites que consistiam em implementos de pedra, colares de contas de osso, dentes de animais, sementes e pequenas vasilhas de cerâmica, seguramente utilizadas para oferendas".

Nas margens hoje baianas do São Francisco, nos sítios arqueológicos denominados Itacoatiara I e II, encontram-se instrumentos e resíduos de lascamento, que datam de 2.300 a 400 anos atrás. Na região de Rodelas, foram achados instrumentos de pedra lascada e lâminas de machado bem antigas – diz Etchevarne que a presença humana nas dunas sanfranciscanas remonta a mais de 800 anos antes dos dias presentes. Há, ainda, a chamada "arte rupestre", grafismos inscritos em pedra. Como no chamado Canyon das Pinturas, na Serra do Mulato, em Juazeiro, com painéis de motivo geométrico.

Fala-se mesmo, ainda, de uma "tradição pictórica São Francisco", signos em suporte pétreo, que, na Bahia, espalham-se por um território que vai da Chapada Diamantina ao vale sanfranciscano. Etchevarne: "São as figuras abstratas, geometrizantes, que singularizam esta tradição [pictórica São Francisco]. Nela sobressaem as composições de campos retangulares ou quadrangulares, com divisões internas, preenchidas com faixas, linhas e pontos. Na policromia das figuras distinguem-se várias tonalidades de vermelho, amarelo, branco e preto".

Mais tarde, mas ainda bem antes do início da colonização lusitana das terras atualmente brasileiras, estabeleceram-se, por ali, índios dos troncos linguísticos tupi-guarani e jê, construindo aldeias, abrindo roças, caçando, pescando, guerreando e amando. Cultivando seus cantos, suas crenças e seus mitos. Os portugueses só foram avistar a foz do São Francisco, pela primeira vez, no dia 4 de outubro de 1501. Era um grande, imenso rio, chamado Opará pelos indígenas que habitavam a região. E como os navegadores lusos (ou a serviço de Portugal) denominavam, em conformidade com o calendário cristão, os acidentes geográficos que iam encontrando, o rio ganhou novo nome. Era aquele o dia de São Francisco de Assis. E assim foi rebatizado o rio. O Opará se converteu, então, em Rio de São Francisco.

A colonização luso-brasileira da região, contudo, só foi começar mais tarde. Mais uma vez, obra de curraleiros e missionários. Mais uma vez, a presença da Casa da Torre, da Casa da Ponte, de jesuítas (que iniciaram seu trabalho, na chamada Missão de Rodelas, em 1685), de capuchinhos, de carmelitas. Quase diariamente exibindo confrontos entre senhores de sesmarias e representantes da Igreja Católica, em consequência de suas visões não coincidentes sobre os índios.

Em 1627, um grupo de elite de trinta homens da Torre de Tatuapara saiu numa expedição em busca de ouro e prata. Explorou a região da Serra de Jacobina, onde entrou em confronto armado com os acroás, grupo indígena do povo timbira, da família jê. E chegou à barra do Rio Salitre, alcançando as margens do São Francisco na região da atual cidade de Juazeiro. Em consequência da peripécia, a Casa da Torre ganhou terras no São Francisco. Terras e mais terras. Acima e abaixo da hoje chamada Cachoeira de Paulo Afonso. Para cima, em direção ao Salitre e a Juazeiro. Para baixo, chegando à vizinhança do litoral.

De outra parte, expandia-se também o "megalatifúndio" (a expressão é de Erivaldo Fagundes Neves, em *Uma Comunidade Sertaneja: da Sesmaria ao Minifúndio)* da Casa da Ponte, com mais de 300 léguas de extensão, margeando o São Francisco. As fronteiras entre as propriedades da Torre e da Ponte, nesse caso, eram bem nítidas – e, num certo sentido, muito interessantes. Na margem então pernambucana, a Torre de Tatuapara; na margem ainda hoje baiana, a Casa da Ponte. Assim, como acentuou Capistrano de Abreu, em *Capítulos de História Colonial*, a margem esquerda do grande rio, "pertencente a Pernambuco por todos os títulos, ficou de fato baiana, foi povoada por baianos".

Seja como for, os currais avançaram e foram dominando a região sanfranciscana. Tal expansão, como de praxe, se deu através de enfren-

Cachoeira de Paulo Afonso, no Rio São Francisco, 1869.

tamentos bélicos com grupos indígenas. A busca de minas de "metais preciosos" e o caminhar monótono das boiadas significaram, desde sempre, guerra aos índios. As tropas dos conquistadores eram formadas de mamelucos (vale dizer, descendentes de índios) e índios "mansos", amigos ou aliados, que eram recrutados e armados em milícias, para dar combate aos índios "bravos" dos sertões. E aí se deu um dos episódios mais chocantes de toda a história da conquista do hoje chamado Nordeste. Foi o massacre de índios executado em 1676, em área do Rio Salitre. Podemos acompanhá-lo através de uma narrativa da época, a *Relação de uma Missão no Rio de São Francisco*, redigida pelo frei Martinho de Nantes, que acabou envolvido, ele mesmo, na guerra.

Índios rebelados haviam matado 85 pessoas, entre donos de fazendas e seus escravos, nos dois lados do Rio de São Francisco, numa extensão de cerca de trinta léguas. Ficaram, então, senhores daquelas terras, alimentando-se do gado ali existente. O Governo decidiu, em resposta, que era "justa" a guerra contra os revoltosos – e Martinho, que missionava na região, foi intimado a se engajar naquele esforço bélico, com os índios de seu aldeamento de Aracapá. Quem lhe passou a ordem foi o coronel Francisco Dias d'Ávila, então senhor de Tatuapara. Martinho quis escapar, enviando somente seus índios, mas eles se recusaram a partir para o *front* sem o seu sacerdote. E lá se foi o frei. A caminho do confronto, todavia, Martinho já encarnara a figura do guerreiro conquistador, passando a designar com a palavra "inimigo" os índios rebeldes do Rio de São Francisco. "Marchamos ao encontro do inimigo, que estava a quarenta léguas rio acima", escreve ele então.

Para continuar: "Depois de vários dias de marcha, descobrimos os inimigos por meio de seis cavaleiros bem montados, que os encontraram sem que eles os percebessem [...] Pouco tempo depois percebemos alguns índios que atravessaram o rio numa canoa. Desconfiamos que nos houvessem visto ou que se estivessem prevenindo para não serem surpreendidos; porque, no dia seguinte, encontramos, antes do nascer do sol, cinco espiões, dois a cavalo e três a pé, a meia légua para cima do rio. Os dois que estavam a cavalo se atiraram por terra e se meteram num matagal fechado, às margens do rio, onde foram agarrados pelos nossos índios; os três outros se salvaram fugindo em direção à selva fechada, em que não foi possível segui-los".

Assistiu-se, então, ao primeiro ato da matança, brevíssimo prelúdio do que estava por vir. Um dos espiões presos informou que o "inimigo" vinha em direção à tropa. O outro espião não teve tempo de abrir a boca. Um soldado avançou rapidamente e atravessou o seu corpo com dois golpes de espada. Adiante, os luso-brasileiros e os índios seus aliados deram de cara com os adversários. "Fez-se uma carga contra eles sem muito resultado, uma vez que os índios, batendo-se a flechadas, ficam em movimento contínuo e movem-se com tanta rapidez, que não é possível fazer pontaria com o fuzil; olham sempre para a arma apontada e mudam rapidamente de posição". Nesse movimento desconcertante, jogo ágil de corpo e atenção fixa nos fuzis, os índios rebeldes conseguiram se defender ao longo de uma légua e meia – quase dez quilômetros! –batendo organizadamente em retirada, até alcançar as margens do Salitre. "Atravessaram-no rapidamente a nado, protegidos por um grupo de índios que sustentava o campo e que vieram manter-se nas margens desse pequeno rio coberto de mato, donde atiravam com fuzis".

Emerge, aqui, um aspecto importante. Além de se moverem com as próprias pernas, tanto os índios sublevados quanto os aliados dos luso-brasileiros montavam cavalos. E, além de flechas, disparavam balas. Ou seja: graças à já duradoura convivência com europeus e seus descendentes mestiços, eram índios que tinham aprendido a galopar pelos campos e a manejar armas de fogo. Índios que haviam incorporado, ao seu repertório ancestral de técnicas e táticas de guerra, dois novos e revolucionários elementos: o cavalo e o fuzil. Mas voltemos ao campo de batalha.

"Nossa gente não ousou atravessar o rio, pois que ficaria exposta aos golpes do inimigo, que atacava protegido", diz Martinho. Novo movimento de peças. "Receando serem dominados, os índios [rebeldes] decidiram se atirar no Rio de São Francisco, que resguardava o seu flanco, para o passarem a nado e, como o fizeram precipitadamente, as flechas, que traziam nas costas, lhes escaparam". Uma visão cinematográfica: "...eu tinha a impressão de que mais de dez mil flechas foram levadas pela correnteza". Os soldados não perderam tempo. Dispararam tiros e mais tiros. Mas como eles estavam afastados, e nadavam mergulhando a todo instante, poucas foram as balas que cumpriram seu destino.

"Chegaram [os índios rebeldes] afinal a uma praia, a oitocentos passos de nós; [os luso-brasileiros e seus índios amigos] atiraram ainda contra eles e, como estavam nus, vimos que alguns foram atingidos [...] perderam cerca de cinquenta homens. Dessa praia, atravessaram diante de nós o resto do rio e, temendo que nós os seguíssemos [...] enveredaram pelos matos, para alcançarem um certo pequeno lago, a seis ou sete jornadas desse lugar".

Os luso-brasileiros e seus índios resolveram, então, fazer uma pausa. Estavam exaustos. E famintos. Saíram à cata de algum gado, que mataram durante a noite. No dia seguinte, no campo do qual os índios rebelados haviam se defendido, acharam "muitos bois mortos e retalhados e muitas cabras, algumas já meio assadas. Mas, como tudo isso já tinha um dia de permeio e ficara exposto ao sol, tudo apodrecera e deixara emanações, que dificultavam a nossa presença. Fomos, então, a três léguas dali, a uma fazenda que os inimigos haviam incendiado depois de haver matado o dono e um negro, de que vimos os cadáveres".

Sobreveio, então, a cena final. A chacina. Com a palavra, uma vez mais, Martinho de Nantes: "Depois de cinco dias de descanso, atravessou-se o rio, os portugueses em pequenas canoas que encontraram e os índios [amigos] e cavalos a nado. Acompanhamos as pegadas do inimigo, que foi encontrado nesse pequeno lago, ou brejo, no interior da terra. Estava quase sem armas e morto de fome. Renderam-se todos, sob condição de que lhes poupassem a vida. Mas os portugueses, obrigando-os a entregar as armas, os amarraram e dois dias depois mataram, a sangue frio, todos os homens de armas, em número de quase quinhentos, e fizeram escravos seus filhos e mulheres".

Bem. Andemos para o século XVIII. Os currais foram se expandindo mais e mais por toda aquela região. Proliferando. Pontilhando a terra com criatórios. Sucedendo-se nas distâncias. Compondo uma rede. E essas malhas de currais formavam, evidentemente, uma espécie de frente colonizadora. Uma frente que, no seu avanço, ia gerando pequeninos arraiais, futuras vilas, algumas das quais chegariam a cidades.

Escreve Eurico Alves Boaventura, numa visão panorâmica: "Vê-se que, em toda parte por onde rolou um aboio vespertino para um pouso, marcando o final de uma *marcha*, ou se acendeu a trempe para o repasto rude de uma tropa, caiu a semente de uma cidade ou vila sertaneja. A história de muita vila, de muita cidade, quando não é o eco de um salmo ou de uma ladainha [...] é a ressonância de um aboiado, de uma estada das grandes boiadas. É uma página do romance das tropas, da crônica das boiadas". Wilson Lins, por sua vez, abordando especificamente o caso da região do Rio de São Francisco, em *O Médio São Francisco – Uma Sociedade de Pastores e Guerreiros*, fez a seguinte observação: "...a lenta penetração baiana foi a que conquistou, realmente, o vale [sanfranciscano] para a Metrópole. A onda baiana subia o rio construindo bases, deixando atrás de si os currais, em torno dos quais nasciam os primeiros núcleos de uma população fadada ao abandono".

Aliás, se algumas póvoas (depois, vilas e cidades) nasceram de currais, e outras dos salmos e das ladainhas de que fala Eurico, a nossa Juazeiro, fronteira a Petrolina, foi produto do cruzamento das duas coisas. De um pouso de tropeiros e de uma empreitada catequética. É o que nos conta João Fernandes da Cunha, em sua *Memória Histórica de Juazeiro*. De uma parte, os homens da Casa da Torre de Tatuapara, em seu avanço, construíram "a famosa estrada que atravessava o Rio São Francisco no lugar denominado Passagem do Juazeiro, por existir ali, na sua margem direita, um frondoso Juazeiro, que oferecia larga sombra aos viajores, servindo, por isso, de ponto de descanso, apropriado também para refeições". Mais tarde, no ano de 1706, os franciscanos estabeleceram ali uma das suas missões, aldeando índios tamaquins (ou tanaquéus) e massacarás. Surgia, assim, a Aldeia de Juazeiro, que não demoraria a ganhar a sua capela. Uma aldeia que, por sinal, se veria completamente isolada a partir de 1722, quando nova estrada foi aberta, a do Pontal, deixando Juazeiro estagnada, sozinha e pobre na margem do imenso rio. Situação em que permaneceria, por sinal, não por pouco tempo, mas por décadas e décadas.

Mais ou menos por essa época, ia-se firmando, na região, a mística do Senhor Bom Jesus da Lapa. Consta que Duarte Coelho, donatário da Capitania de Pernambuco, foi o primeiro europeu a avistar o morro onde hoje se encontra o santuário do senhor milagreiro. Reza a tradição que o fundador do santuário, frei Francisco da Soledade, vivia na gruta com uma onça – e que as ossadas do frei e da fera estão enterradas lá dentro.

Em *O Rio de São Francisco e a Chapada Diamantina*, Theodoro Sampaio nos deixou uma descrição precisa, à maneira euclidiana, do "serrote" sagrado: "Um monte, ou antes um retalho de montanha calcária, isolado no meio de uma planície, com a base quase dentro d'água e a cumeada coroada de cactos e bromélias espinhentas entremeadas de picos, agulhas, pirâmides, minaretes das mais diversas formas", escreve o estudioso santamarense. Prosseguindo: "O calcário gasto pela ação do tempo apresenta aqui as formas mais pitorescas que se podem imaginar. As pontas de pedra, inúmeras, formam grimpas, agulhas, torres; simulam flechas elegantes de estilo gótico, coruchéus rendilhados, recortados, rematados do modo mais esquisito e, por vezes, com uma disposição e simetria tais, que parece que se levanta diante de nós um desses imensos pagodes indianos, em ruínas, cujo pitoresco ainda mais se salienta com o tom verde e com as linhas aprumadas e duras dos cardos que lhe coroam as eminências".

Esse santuário se tornaria o grande polo de atração e irradiação da fé no vale sanfranciscano, encontrando-se definitivamente consolidado entre os séculos XVIII e XIX, quando a região começou a experimentar modificações que, com o tempo, a retirariam de sua longa letargia. Época em que missões e aldeamentos se transformaram irreversivelmente em póvoas e arraiais. Época do incremento da produção de carne, couros e gêneros agrícolas – e, por isso mesmo, época em que a presença negra, até então praticamente insignificativa, vai ganhando maior visibilidade na região. Época em que a vila de Barra do Rio Grande vai-se projetando nítida naquele mundo fluvial, com o seu porto animado, cheio de gente e embarcações.

Entrado o século XIX, já na década de 1830, uma guerra de famílias pipocou na região. Mais precisamente, em Pilão Arcado, hoje cidade submersa sob as águas da barragem de Sobradinho. Foi a luta entre os Militões e os Guerreiros, os dois clãs que dominavam a cidade, que o historiador Cid Teixeira reconta, num dos textos de seu livro *Bahia em Tempo de Província*. Militão Antunes comandava um clã. Bernardo Guerreiro, o outro. Militão se apaixonou loucamente por Sancha Cipriana de Rocha (ou, o que é mais provável, Sancha o enfeitiçou de paixão por ela), casada com um vaqueiro seu. Militão perdeu as estribeiras, envolvendo-se em "violento caso passional". Tomou a mulher de seu vaqueiro e foi viver com ela numa fazenda chamada Caruá, que se tornaria seu quartel-general. No Caruá, o casal vivia junto e já tinha filhos. Mas Sancha não era de brincadeira. Começou a ter um caso com Pedro Francisco da Rocha, agregado da fazenda. "Era a suprema afronta ao fazendeiro, que persegue, para matar, o sitiante [...] Preso e levado para Xique-Xique, o que foi a tortura do agregado pelo amante ofendido ficou na lembrança histórica e na lenda da região", escreve Cid, passando a narrá-la.

"Durante três dias Militão Antunes manteve preso o seu rival e, com amigos, preparou a cerimônia da vingança, discutida nos detalhes. Finalmente, Pedro Francisco foi levado para o Miradouro, ilha fluvial defronte da vila e lá, na presença de muitos, teve amputadas as orelhas, as mãos, os pés e foi castrado. Homem de excepcional resistência física, deixado como morto, conseguiu sobreviver. Tratado, primeiro por pobres moradores da ilha, transferiu-se, depois, para a vila da Barra, onde ainda viveu – testemunho de um tipo de mentalidade – sob a proteção de Maria Clara das Virgens Mariani, tia do Barão de Cotegipe".

Esse e outros episódios fizeram com que Militão Antunes perdesse, para filhos de Bernardo Guerreiro, o prêmio de patentes da Guarda Nacional. Militão se revoltou. Atacou Pilão Arcado. Assediou a vila durante oito dias. E expulsou a família Guerreiro para Sento Sé. Aconselhados pelo pai, que se achava em Salvador, os irmãos Guerreiro, com sua gente, tomaram o rumo do porto do Boqueirãozinho, a fim de embarcar para Rio das Contas. Militão e seus homens foram atrás. Sobreveio a luta, o tiroteio entre as duas facções, em meio ao qual morreu o mais velho dos irmãos Guerreiro.

A essa altura, chegou a força enviada para garantir a ordem e a presença, em Pilão Arcado, de quem por lá quisesse ficar. Oitenta soldados armados. Militão encarou a luta. Depois de um mês, não havia sombra da tropa no lugar. Em seguida, Militão sitiou Sento Sé para liquidar os Guerreiros. Houve resistência. Intervenções de juízes. Até que se chegou a uma trégua. Aparente. Em 1847, um segundo irmão Guerreiro, a caminho da missa do domingo, foi fuzilado por um filho de Militão. Cansado de tudo aquilo, o último dos irmãos Guerreiro se retirou para viver numa fazenda, reconstruindo casa, currais e cercas. Inutilmente. Em agosto de 1850, recebeu a notícia de que Militão vinha para matá-lo. Fortificou-se. Ficou dentro de casa. Resistiu o quanto pôde. Até que saiu de peito aberto para morrer no meio do terreiro fronteiro à casa.

Mas, enquanto o atraso de vida do coronelismo, do banditismo dos ricos e poderosos, puxava o vale sanfranciscano para a barbárie, outros havia que procuravam abrir novos e mais claros horizontes para a região. De uma parte, com o projeto de conexão das vilas e cidades do São Francisco à capital da Província, através da via férrea. De outro, com o projeto de modernização da navegação fluvial sanfranciscana, com a introdução de embarcações a vapor. Ambos os projetos datam de inícios da segunda metade do século XIX. Ambos os projetos só se foram concretizar em fins daquele mesmo século. Mais de quarenta anos entre o início e a finalização dos trabalhos, portanto. Uma lentidão comparável à do caminhar das antigas boiadas. Aprofundando, é claro, o isolamento regional.

Se, em 1817, Juazeiro se vira algo escanteada pelo quase abandono de uma estrada, a Passagem do Juazeiro, que passara a contar, inferiorizada, com a rivalidade do caminho do Pontal, uma outra e nova via de comunicação seria pensada para lhe dar um impulso até então inédito. Tratava-se da então denominada Estrada de Ferro da Bahia ao São Francisco. A ligação Salvador–Juazeiro. Por que foi esse o traçado escolhido, premiando Juazeiro, e não outra cidade da região, para ponto terminal da grande linha férrea? Theodoro Sampaio explica: porque entre Salvador e Juazeiro, afastadas 575 quilômetros uma da outra, ficava "a mais curta travessia entre o mar e a seção navegável do alto São Francisco".

Criou-se, então, uma companhia para a execução dos trabalhos. A "Bahia and San Francisco Railway Company", com sede em Londres. Aqueles foram dias em que, em matéria de negócios internacionais, os ingleses deitavam e rolavam por aqui – até que sua hegemonia fosse desbancada pelos alemães, ao tempo de nossa passagem para o regime republicano. A construção da estrada, como se disse, foi bem mais lenta do que o imaginado. A linha só chegou a Alagoinhas (122 km) sete anos depois de iniciada a obra. Entre crises, dificuldades e paralisações, os 453 km restantes, alcançando Juazeiro, foram construídos pelo Governo da Província. Mas só em fevereiro de 1896 os trilhos fizeram sua entrada em terras de Juazeiro.

Após longa jornada, a Bahia and San Francisco Railway Company entrou em operação, em 1896, ligando Salvador a Juazeiro, num percurso de cerca de 700 km.

Estação da Estrada de Ferro na Calçada, em Salvador.

Comenta Consuelo Novais Sampaio, em *50 Anos de Urbanização: Salvador da Bahia no Século XIX*: "Desde o início, a construção da ferrovia despertou reação negativa entre o empresariado local. Apesar das dificuldades, a estrada de ferro Salvador–Juazeiro foi uma obra importante de articulação entre núcleos de produção e habitação do interior baiano e destes com a capital. Depois dela, várias outras linhas férreas e ramificações foram criadas, integrando o espaço territorial, produtivo e social do Estado, e preparando-o para as grandes transformações que teriam lugar no século XX.

E houve um reflexo importante dessa obra no campo da história etnodemográfica da Bahia. Naquele século XIX, tivemos duas levas migratórias italianas de peso para cá. A primeira foi a de um grupo de presos políticos do Vaticano, que trocou o cárcere na Itália pelo exílio na Bahia. A segunda foi a de mil operários piemonteses que vieram para trabalhar na construção da estrada de ferro que ligaria Salvador a Juazeiro. Thales de Azevedo tratou do tema, em seu *Italianos na Bahia*. Eles vieram trabalhar na Bahia and San Francisco Railway Company. E criaram confusões. Ao longo dos trabalhos construtivos, o engenheiro-chefe da obra, um inglês, queixa-se de sua rebeldia. Diz que uma vez eles chegaram a se reunir num protesto coletivo contra a má qualidade do vinho que lhes era servido...

A outra investida inovadora – e transformadora – estaria no campo da navegação fluvial. Ainda em princípios do século 19, a navegação no Rio de São Francisco era feita em canoas muito próximas do milenar modelo ameríndio. Gabriela Martín: "...balsas e canoas, estas últimas não muito diferentes das pirogas indígenas cavadas a fogo e enxó". Só então as primeiras barcas principiaram a deslizar pelo grande rio, incrementando a vida e o comércio aquático na região. Essas barcas, que logo adotaram cornetas e carrancas, cedo se converteram, no dizer de Wilson Lins, em misto de meio de transporte e casa comercial flutuante, levando de um lado para o outro o colorido de sua gente e de seus produtos.

Surgiu, então, a preocupação com a atualização técnica dessa navegação. Nos meados do século XIX, a governança imperial contratou engenheiros para examinar as possibilidades de promover avanços na navegação sanfranciscana. Exames feitos, tempos passados, armou-se, na cidade de Sabará, em Minas Gerais, o primeiro navio a vapor que cruzaria vitoriosamente as águas do São Francisco. Foi o "Salda-

Barco navegando no Rio São Francisco entre Petrolina e Juazeiro.

nha Marinho". Corria o ano de 1871. No ano seguinte, seria a vez de a Bahia fazer sua experiência, com o vapor "Presidente Dantas". Uma peripécia e tanto. Construído no estaleiro de Ponta de Areia, o navio baiano saiu de Salvador, seguindo de trem até Alagoinhas. Daí, veio em carros de bois até Juazeiro, onde foi montado. E fez a sua primeira viagem: Juazeiro–Januária–Juazeiro. Também com sucesso.

Mas essas viagens, realizadas nos primórdios da década de 1870, embora exitosas, mais não foram do que um ensaio experimental. Provaram a adequação, a viabilidade dos vapores naquelas águas. Mas só no final do século, a partir de 1898, os serviços de navegação a vapor no Rio de São Francisco viriam a ser, de fato, explorados.

A região contava, àquela época, com uma cidade bonita, como Barra do Rio Grande – e com alguns belos e interessantes prédios, de natureza religiosa, pública e privada. Na própria Barra, algumas casas particulares, a casa da Fazenda Torrinha, a Igreja de Bom Jesus dos Navegantes, a Igreja de São Francisco de Chagas. O prédio do antigo Hotel Itapoã, em Bom Jesus da Lapa. O sobrado do "Barão Enéas" e a bela Igreja Matriz de Santo Antonio, em Paratinga, antiga freguesia de Santo Antonio do Urubu de Cima. A Estação Velha, em Juazeiro.

O "Presidente Dantas" tomando lenha em Pirapora, Minas Gerais.

Vapor Malta Machado em Minas Gerais.

Ainda assim, de um modo geral, a região atravessava, naquele tempo, dias de decadência, de paralisia, de relativa solidão. No panorama que traça do final do século XIX, Theodoro Sampaio vai vê-la chagosa, marcada pelo cansaço, com uma paisagem pontuada por edificações arruinadas ou em processo de desgaste e erosão. Paisagem de prédios sujos, carcomidos, abandonados. Pilão Arcado aparece, a seus olhos, como "vila velha, decadente", com suas poucas ruas cobertas de fragmentos de quartzo branco. Xique-Xique nada oferece "de particular e interessante", a não ser o belo cais natural de mármore esbranquiçado, sobre o qual repousa a vila. Barra do Rio Grande, "a antiga e famosa Vila da Barra", tem "aquele aspecto triste e moralmente doentio das coisas que deperecem".

Ainda sobre Barra: "A cidade parece que se converte em uma grande tapera. Por sobre as altas barrancas que dominam o porto, e que se escalam com dificuldade depois de se passar a orla lamacenta da praia, estende-se a casaria baixa desconjuntada, de telhados negros e de feio aspecto, deitando para o rio os muros mal curados de sua cerca. Mais para o interior, abrem-se três ruas longitudinais paralelas, cortadas por becos e vielas sujas [...]. As casas parecem tombar, tal o desaprumo das suas paredes enegrecidas e rachadas. E os escombros das que já tombaram permanecem aí como um atestado da incúria e do abandono, refúgio de animais que se criam soltos e invadidos pela erva que brota com viço nas ruas desertas". A própria igreja setecentista de Santo Antonio, em Paratinga, supracitada como exemplo de beleza arquitetônica da região, estava entregue, então, à sua própria sorte.

Theodoro: "Conquanto solidamente construída, os estragos dos anos, num clima tropical onde as edificações rápido envelhecem e a vegetação tem audácias incríveis, invadindo paredes e telhados, davam-lhe um aspecto de ruína e de abandono". Mais: "Nas paredes sujas e feridas, abriram-se grossas fendas. Viçoso cardo espinhento erguia-se sobre uma aba do telhado fazendo simetria com outro ainda mais viçoso e esgalhado, erguendo-se sobre as telhas do presbitério [...] Num dos braços do alteroso cruzeiro, feito de grosso madeiro, e pintado de negro, o *furnarius rufus*, ou joão-de-barro, construído de argila o seu ninho cônico e polido, lembrando-nos que a natureza primitiva, com todo o seu pitoresco, não havia perdido ainda o seu império nestas paragens remotas, onde a alma do crente está em íntimo convívio com ela".

Em vívido contraste com toda a desolação dessa paisagem, fronteira a Petrolina – "um povoado insignificante", acanhadíssima póvoa de pescadores ribeirinhos – erguia-se, pequenina e agitada, não mais a vila, mas a – agora – cidade de Juazeiro.

Escrevendo em 1817, Aires de Casal se refere ao arraial do Juazeiro, pertencente ao Distrito de Jacobina, para comentar: "mais famoso, que considerável sobre a margem do Rio de São Francisco, em uma das passagens mais frequentadas da Bahia para o Piauí, ornado com uma Capela de Nossa Senhora das Grotas". No final do século, porém, Juazeiro aparece, diante de um fino observador como Theodoro Sampaio, com feições e movimentos diversos: "A cidade do Juazeiro é com razão considerada o empório do sertão do São Francisco. A sua zona de influência comercial que, por um lado, atinge Cabrobó 203 km rio abaixo, por outro, a Januária 1054 rio acima, afetando ainda os sertões do Piauí por Oeiras e Paranaguá e os de Goiás por Palmas e Natividade, é, sem dúvida, umas das mais vastas do Brasil central".

Prossegue Theodoro: "O Juazeiro [...] tinha então para nós, que acabávamos de percorrer uma região áspera, atrasada e tão pouco favore-

Juazeiro em 1950.

cida pela natureza, o aspecto de uma corte do sertão [...] a sua nova e boa igreja matriz, o teatro, uma grande praça arborizada, ruas extensas, comércio animado, porto profundo e amplo, exibindo uma verdadeira frota fluvial, população alegre e ativa de mais ou menos três mil habitantes, davam-nos uma impressão tão favorável de progresso, de riqueza e de atividade que nos alegrava e nos levava a mudar o conceito que vínhamos fazendo deste rio e dos seus adustos sertões".

Além da dimensão material, a região apresentava uma cultura viva e muito própria. Mundo do "ABC do Boi do Estalo", dos barqueiros, dos caboclos, das cantorias, das catiras, das "gaiolas" e das carrancas. Mundo da paçoca, do surubim e das piranhas. Mundo da cerimônia dos assim chamados "penitentes", com suas matracas barulhentas. Mundo de crenças, de lendas, de fé. Mundo de remeiros no rio, mundo de romeiros na terra. Sim. O Vale do São Francisco é todo ele tomado pela fé. Por um catolicismo popular, que tem sua singularidade, com suas rezas e benzeduras, suas promessas e procissões. Um catolicismo popular que, obviamente, não tem nada de puro, trazendo consigo, inclusive, elementos de remotas raízes ameríndias.

Além de contar com a presença de santos da Igreja Católica – com os inúmeros devotos que cultuam Santo Antonio, Santa Terezinha ou

São Gonçalo –, o vale era inteira e densamente povoado por visagens e encantados. Eram essas as crenças que circulavam tradicionalmente, de boca em boca e de geração em geração (ao menos, antes da exitosa entrada em cena da intolerância agressiva dos neopentecostais, chamados "evangélicos"), falando de entidades como a Mãe d'Água, o Surubim-Rei, a Caipora, a Mula-sem-Cabeça, o Pé-de-Garrafa, o Fogo-Azul. Enfim, falando do variado elenco de entidades extranaturais que habitavam ou habitam aqueles matos e aquelas águas, ribeiras, ancoradouros. Mas – sobre tudo e sobre todos – reinava e reina, soberana, a figura maior do Senhor Bom Jesus da Lapa. Bom Jesus toma conta das roças, dos pastos, das lagoas e dos rebanhos. Bom Jesus toma conta do povo.

Todos os anos, no mês de agosto, o Santuário do Bom Jesus da Lapa se enche de uma outra luz. É a época da Grande Romaria. Milhares de pessoas se deslocam em direção à gruta, à lapa do Senhor do Sertão, para fazer pedidos, pagar promessas, agradecer graças recebidas. É um espetáculo religioso que se deixa caracterizar, ao mesmo tempo, pela singeleza e pela imponência. As furnas e estalactites do santuário pétreo soam e ressoam, plenas de vibrações sagradas. Vibrações daquele magnetismo que só se produz nas mais poderosas manifestações da vida religiosa de um povo.

Com a chegada do século XX, a região, como se diz dos pássaros, entra num tempo de muda. Se a dimensão simbólica permanece basicamente com os seus traços e elementos distintivos, o mundo material começa a ganhar outras e novas tintas. O quadro de mudanças, engatilhado e acionado no final do século anterior, vai fazer sentir seus reflexos. A estrada de ferro e a navegação a vapor imprimem, realmente, outro ritmo às rotinas, aos procedimentos e às trocas regionais.

O historiador sanfranciscano João Fernandes da Cunha enfatiza que foram "incalculáveis" os "grandes serviços prestados" pela estrada de ferro ao Vale do São Francisco e, em especial, à cidade de Juazeiro – "quer no transporte da produção regional do São Francisco para o porto de Salvador, de onde muitos dos seus produtos são exportados para o exterior, quer no transporte de todos os gêneros e produtos industriais necessários ao consumo das populações sertanejas, quer, finalmente, no transporte de passageiros, entre Juazeiro e Salvador e vice-versa".

Mas, enquanto os trilhos do trem faziam a conexão do vale sanfranciscano com o mundo exterior, por assim dizer, coube à navegação a vapor, diversamente, voltar-se para o mundo e o mercado internos, no circuito Juazeiro-Pirapora ou, ainda, em entradas por afluentes do São Francisco, para alcançar lugares como Santa Maria da Vitória, Correntina, Barreiras, Santa Rita ou Formosa do Rio Preto, pontos portuários localizados já em terras do oeste baiano. A função principal dos vapores era, portanto, a de viabilizar, agilizar e incrementar as trocas e os deslocamentos – de pessoas e de coisas – ao longo do largo leito do próprio rio e de seus afluentes mais relevantes.

Não é necessário exibir dados estatísticos para demonstrar o fato de que a viação férrea e a navegação a vapor, conjugadas, modificaram substancialmente a vida na região do Vale do São Francisco, em todos os seus aspectos e dimensões. Modificações que prosseguiram em ritmo visível com a construção da ponte que liga Juazeiro a Petrolina e, em 1967, a da rodovia pavimentada que conduz de Juazeiro até a Cidade da Bahia, para, de resto, praticamente condenar a antiga via férrea ao ostracismo, nesse típico, desastroso e perdulário procedimento de, em vez de somar, simplesmente substituir as coisas, atirando fora obras preexistentes, que poderiam muito bem continuar operando.

Mas as mudanças não estacionaram aí. Pelo contrário. Na década de 1970, as águas do Velho Chico viram surgir uma prodigiosa obra de engenharia. A grande barragem de Sobradinho, cuja construção, contando com a tecnologia de ponta da época, se prolongou de 1972 a 1979 e provocou a submersão de quatro antigas cidades da região: Casa Nova, Sento Sé, Remanso e Pilão Arcado. Sobradinho não apenas resolveu antigo problema das condições de navegabilidade do Rio de São Francisco, assunto em questão desde os velhos tempos imperiais, sem que, por mais de cem anos, fosse encontrada uma solução técnica para o caso. Além de responder a antiga demanda, Sobradinho entrou em cena apontando, também, para o futuro.

No texto "O Homem do Vale do São Francisco", Gabriela Martín escreveu: "Se por um lado a construção dos grandes reservatórios das hidrelétricas em Sobradinho, Itaparica [do São Francisco], Paulo Afonso e Xingó causou enormes impactos ambientais e sociais, modificando o fluir pachorrento do Velho Chico, por outro houve a criação de numerosos polos de desenvolvimento e a irrigação de grandes

Pilão Arcado em 1957.

áreas semiáridas antes improdutivas, que prometem um futuro melhor, cada vez mais presente. A segurança do poder energético da eletrificação no Nordeste, tão castigado pelas secas periódicas, significa a curto prazo energia para novas indústrias, perfuração de poços, novas estradas, novos caminhos, enfim, novas esperanças". Mas houve (e há), igualmente, quem não seja tão confiante assim nessa crença desenvolvimentista. De todo modo, *la nave va*. Mas foi por um caminho que nos trouxe a uma situação atualmente terrível, como se verá. Mas não vamos apressar o passo.

Alguns anos atrás, os menos dados aos mistérios do mundo podiam ainda falar do formidável espetáculo da agricultura irrigada. O povo, mais religioso, assistia àquilo como se presenciasse o milagre da irrigação. No começo, aliás, boa parte da população sanfranciscana não acreditava que "aquilo" pudesse dar certo. Mas teve de se render às evidências. De acreditar no que seus olhos, de fato, viam. Pois o que parecia completamente impossível se tornou realidade. E uma realidade com a qual todos passaram a conviver e da qual muitos continuam vivendo. A realidade das uvas, das mangas e dos melões de Juazeiro. A realidade da multiplicação das parreiras do São Francisco. E até a realidade de um vinho sanfranciscano.

Bem. A Barragem de Sobradinho e a agricultura irrigada transformaram para sempre o Vale do São Francisco – e a vida no Vale do São Francisco. Fizeram de Juazeiro um notável polo de fruticultura tecnologizada. Por isso mesmo, um centro de cultivo e exportação de frutas para os mercados interno e internacional. Com isso, a fruticultura baiana passou a contar com mais cerca de 275 mil hectares cultivados – destes, mais de 105 mil irrigados. Era onde mais se produzia. No ano de 2004, o Vale do São Francisco produziu nada menos do que 85 mil toneladas de uvas e mais de 300 mil toneladas de mangas. É claro que, mesmo assim, nem tudo são rosas na região. Longe disso. E muito pelo contrário. Atualmente, a tristeza e o sofrimento vão tomando conta da região a cada dia que passa.

O problema todo foi que fizeram a barragem monumental, mas não cuidaram do rio. O São Francisco foi ficando raso pelo assoreamento. Passou a receber cada vez mais a grossa enxurrada dos esgotos. Perdeu nascentes e afluentes. Viu deixarem de ir por água abaixo boa parte das cachoeiras e corredeiras que oxigenam suas águas. Assistiu ao desaparecimento da quase totalidade das chamadas "matas ciliares" que defendiam suas margens e seus riachos. Etc. E assim, a fartura de seus peixes hoje diz respeito somente ao passado. Com tudo isso e a seca implacável dos últimos anos, Sobradinho foi recuando e já não é mais o maior lago artificial do mundo. Nesse recuo, o cenário ganhou um arremate "cinematográfico", com as ruínas das cidades submersas se projetando, voltando à luz e ganhando moradores.

Em matéria publicada recentemente no jornal O Globo – "O Velho Chico Agoniza" –, falando das ruínas agora novamente habitadas da velha Pilão Arcado, uma das cidades submersas na década de 1970, Ana Lúcia Azevedo escreveu: "No que eram ruas, casas antigas rachadas e desbotadas coexistem com casebres contemporâneos sem pintura, onde o luxo se traduz em cadeirinhas de plástico. A cor vem do amarelo de catingueiras e malvas, que à primeira chuva se abrem em flor. Ninguém mais é enterrado no cemitério. Os túmulos foram quebrados pelas águas, violados depois pelos bichos e nunca mais fechados. Jazem abertos, ossos à mostra, relegados ao descaso e ao esquecimento. Som, só o do vento e do canto da acauã, o gavião que no imaginário nordestino e na composição homônima de Luiz Gonzaga agoura as tardes e chama a seca para o sertão".

Porto de Barreiras: ponto de grande fluxo de mercadorias de todo o oeste baiano.

CAPÍTULO 15

A última fronteira

Comecemos por uma importante curiosidade histórica, olhando mapas do Brasil do primeiro período imperial, depois que Pedro I, intimado a voltar para Portugal, teria dado o célebre "grito do Ipiranga", declarando, de uma vez por todas, a independência nacional brasileira. Ao olhar esses mapas, veremos que, até então, o vasto território que hoje chamamos "extremo oeste baiano", estendendo-se à esquerda do Rio de São Francisco, não pertencia à Bahia. Era, de fato, parte da Província de Pernambuco. Somente naquela década de 1820 – mais precisamente, em 1827 – a região foi definitivamente incorporada ao território baiano. Explica-se. Como forma de punir Pernambuco, em resposta à chamada Confederação do Equador, que, em 1824, rebelou-se contra a monarquia e chegou a pretender formar um outro país, Pedro II simplesmente tomou aquelas terras e as entregou à Bahia.

Na verdade, o atual Estado da Bahia só conseguiu consolidar o reconhecimento de sua extensão geográfica, de seu desenho territorial, na vigência do regime republicano, através de convênios fixados entre 1919 e 1926. E a discussão realmente mais séria, para se firmar tais acordos, deu-se justamente com Pernambuco, que reivindicava de volta a Comarca do São Francisco, que englobava o que é hoje o nosso extremo oeste, região de rios perenes, chuvas regulares e terras férteis.

Conforme os estudos arqueológicos disponíveis, a ocupação humana da região é coisa bem antiga. De fato, a partir as regiões da Chapada Diamantina e de Irecê – que conheceria, muito tempo depois, dias de considerável prosperidade agrícola, comandando a formação de um dos principais centros nordestinos de produção de cereais –, os achados fósseis mais antigos parecem se avolumar, em comparação com o que se encontra, por exemplo, na linha litorânea, que vai de Salvador a Ilhéus. Na Toca da Esperança, no município de Central, próximo a Irecê, a arqueóloga Maria Conceição Beltrão, do Museu Nacional do Rio de Janeiro, vem realizando, há anos, escavações e levantamentos de sítios, encontrando restos de fauna extinta e objetos rudimentares de pedra, acredita-se que fabricados por mão humana. Os achados se prolongam em direção à região do São Francisco – e alcançam, por fim, o oeste atualmente baiano.

No texto "A Ocupação Humana do Nordeste Brasileiro Antes da Colonização Portuguesa", o arqueólogo Carlos Etchevarne nos fornece algumas informações a esse respeito. Fala-nos, por exemplo, de um sítio de cerca de mil anos de idade em São Desidério. Mas há sítios mais velhos em Santa Maria da Vitória, oscilando entre 4 e 6 mil anos de existência. E sítios ainda bem mais velhos na região de Coribe, município que faz fronteira com Santa Maria da Vitória, São Félix do Coribe, Jaborandi e Cocos.

Deixando de parte os registros arqueológicos, sabe-se que a colonização luso-brasileira do extremo oeste é processo comparativamente recente. Data da segunda metade do século XVIII, quando aventureiros e curraleiros avançaram pelos afluentes da margem esquerda do Rio de São Francisco, em busca de pedras preciosas, mas também criando gado e plantando mandioca, cana de açúcar e algodão. E Pernambuco foi ocupando espaço. Num dos volumes do *Inventário de Proteção do Acervo Cultural da Bahia*, organizado pelo arquiteto Paulo Ormindo de Azevedo, lemos um resumo dessa história, que reproduzo a seguir.

"Campo Largo, atual Cotegipe, foi formada por colonos pernambucanos atraídos pelo Barão de Cotegipe, para a sua fazenda, ali situada. Em 1804, era criada a Freguesia de Sant'Ana do Campo Largo e, em 1820, a povoação foi elevada a vila. Mais ao sul, Rio das Éguas, a descoberta do ouro, no segundo quartel do século passado [XIX], atraiu para a região muita gente, surgindo assim o povoado de Nossa Senhora do Rio das Éguas, atual Correntina, elevada a vila em 1866. Próximo a esta, Porto de Santa Maria da Vitória começou a se desenvolver, em 1850, com a navegação fluvial. Seu dinamismo e acessibilidade usurparam de Nossa Senhora do Rio das Éguas a sede municipal,

Correntina - Cachoeira do Rio das Éguas.

em 1880. Administrativamente, a mesorregião tem sua origem no município de Barra do Rio Grande, fundado em 1752, e que, por emancipações sucessivas, deu origem a Campo Largo (1820), Carinhanha (1832) e Santa Maria do Rio Preto (1840). De Campo Largo (Cotegipe) se desmembraram: Angical (1890) e Barreiras (1891). De Carinhanha surgiram Nossa Senhora do Rio das Éguas (1866), atual Correntina, e Porto de Santa Maria da Vitória (1880). Desse último se desmembrou, em 1890, Santana, e, em 1889, São Félix do Coribe".

Outros municípios foram se formando por aquelas terras, a exemplo de Baianópolis, Tabocas do Brejo Velho, Formosa do Rio Preto, Serra Dourada, Mansidão. Mas o que se quer salientar é que, como se pode ver, trata-se de uma história bem recente – em especial, numa comparação com o que aconteceu na Baía de Todos os Santos e seu Recôncavo, região que apresentava um alto grau de urbanização (para a época) já no século XVIII. Mas vamos caminhar com mais vagar, contemplando historicamente alguns aspectos da vida regional, sem esquecer que a conquista daquelas terras, como de praxe, não se deu sem luta e morticínio de índios: acroás, mocoás e xacriabás, salvando--se os aricobés de Angical (graças a uma missão de capuchinhos), pelo menos por um bom tempo – até à década de 1930 – quando foram atacados por forças policiais e fugiram para os campos de Goiás, sob a liderança de um chefe chamado Sebereba.

Mas vamos adiante nesta nossa excursão pelo oeste baiano. Tome-se, por exemplo, o caso de Campo Largo. No século XVIII, o local já se deixava caracterizar por atividades comerciais e "pela abundância das muitas salinas de sal". Ali, naquele ponto tão apartado de praias, para além do São Francisco, era possível, portanto, obter sal. Um bem precioso, tanto para os colonizadores como para o gado que eles criavam. E esse sal dinamizava o comércio do lugar, que, nessa época, contava com 300 casas. Vinha gente dos mais diversos lugares – desde Goiás e Minas Gerais – comprar o sal fabricado pelos habitantes de Campo Largo.

Em *Barreiras, uma História de Sucesso – Resumo Didático desde as Origens até 1902*, Ignez Pitta de Almeida rememora: "...livros antigos descrevem a fabricação do sal em Campo Largo: cavava-se a salina e colocava-se o produto dentro de um grande saco feito de tecido de algodão. Pendurava-se este saco em quatro esteios, pondo-se embaixo um pote, e adicionava-se água ao conteúdo do saco, que dissolvia o sal e ia pingando no pote, enquanto a areia ficava retida. A água salgada ia então para uma grande panela, onde era fervida, mexendo-se com uma colher de pau até que se evaporasse todo o líquido, ficando o sal em estado sólido. Era embalado então em sacos feitos de couro de boi e estava pronto para seguir nas tropas de burros para Goiás, Jacobina e outros lugares, enquanto seguia nas canoas e barcas a vela através do Rio de São Francisco e seus afluentes para Minas Gerais e outros lugares situados na bacia sãofranciscana".

Não é menos interessante o caso de Barreiras – espaço físico que antes recebeu as denominações de Tapera e Fazenda Malhada –, município desmembrado de Campo Largo/Angical, cidade situada às margens do Rio Grande, que parece ter sido habitada, antes da chegada dos luso-brasileiros, pelos já mencionados índios xacriabás ou chacriabás. Em meados do século XVIII, uma sesmaria foi concedida pelo governador de Pernambuco a um certo Joam Martins, onde viriam a se desenvolver, com o tempo, a agricultura e a pecuária. Eram 50 léguas de terra na região de Angical, área que abarcava o sítio onde hoje se encontra Barreiras. "Todas essas áreas pertenciam ao município de Angical, e os fundadores [de Barreiras] foram os barqueiros que comercializavam tecidos, calçados, remédios, especiarias, em troca de rapadura, cachaça, cera e mel silvestre", escreve Suely Pinto, em *Simplesmente Barreiras*.

Para acrescentar: "O comércio ficou confirmado quando o barqueiro Plácido Barbosa convidou os companheiros [...] a construírem as primeiras cinco casas junto ao rio, feitas de sopapo (barro amassado, cipós e madeira cortada a machado) [...] Esse lugarejo chamou-se Tapera. Atribuíram sua posse a Francisco José das Chagas que algum tempo depois já possuía alguma criação e se dizia dono de terras, por isso fazendeiro. Então resolveram mudar o nome denominando a terra de Fazenda Malhada. Houve uma parada no desenvolvimento, mas já tinha nascido um lugar em decorrência da existência de um porto fluvial na navegação do Rio Grande. Tal fato aconteceu no ano de 1825".

Abordando igualmente o nascimento da atual cidade de Barreiras e a origem de seu nome, Ignez Pitta de Almeida precisa o quadro: "... por volta de 1825, os primeiros barqueiros chegaram ao lugar onde se situa Barreiras, começando a instalar fazendas e criando a 10 km do porto um povoado que se chamou Buracão, atual Arraial da Penha. O porto era considerado o último do Rio Grande, porque alguns quilômetros acima o curso do rio é tomado por barreiras de pedra à flor d'água, que impedem a navegação de prosseguir. Por volta de 1870 o lugar onde hoje é a cidade de Barreiras era a Fazenda Malhada [...] Junto ao porto, para receber e descarregar as barcas, morava o barqueiro Plácido Barbosa, que foi assim o primeiro habitante de Barreiras".

E mais: "O norte de Goiás, atual Tocantins, não tinha estradas de comunicação com a sua capital a todo os produtos que exportava, principalmente o ouro de suas minas, e todas as mercadorias industrializadas que importava tinham que sair e chegar pelas barcas nesse último ponto do Rio Grande, o que era relevante fator de riqueza para o lugar. Para os goianos, porém, as barreiras de pedras que impediam a navegação de continuar Rio Grande acima, até mais perto de Goiás, barrava-lhes o caminho fluvial, obrigando-os a prosseguir a cavalo. Por isso chamavam aquele lugar de Porto de Barreiras, nome que depois juntaram ao do povoado que ia se formando em torno do porto das barcas, com o nome de São João, em homenagem ao seu padroeiro, São João Batista [...] O primeiro nome de Barreiras foi São João, que os goianos chamavam São João das Barreiras [...] Com o tempo, foi deixando de ser usado o nome São João, ficando apenas Barreiras".

Hoje, quando ouvimos qualquer menção ao oeste da Bahia, o que vem à mente, de modo quase automático, é a extensão, o poder de sua lavoura, materializando-se em toneladas e mais toneladas de grãos de soja. Mas é óbvio que a paisagem regional não foi sempre essa. Pelo contrário. A história de Barreiras, a esse respeito, é exemplar. O que vemos, em seus inícios, é a presença soberana do rio. É a figura de suas barcas, suavemente ancoradas no porto, exibindo ao sol as suas velas claras. O que contava, ali, era a importância dos barqueiros. Era a navegação incessante pelas águas do Rio Grande. Era uma povoação essencialmente fluvial.

No final do século XIX, uma grande mudança. A agitação tomou conta da vida no oeste baiano. Revirou de vez a rotina regional. Um processo que guarda semelhanças, apesar de todas as suas diferenças, com o que ocorreu em nosso litoral norte e em outras zonas do país, como a região amazônica. Foi a época do chamado *rubber boom* – ou do "ciclo da borracha". A nascente indústria automobilística interna-

Barreiras - Rio Grande - Porto de Barreiras, Vapor São Francisco, 1949.

cional começou a consumir, então, imensas quantidades de borracha. E os olhos dessa indústria se voltaram para as grandes reservas vegetais do Brasil. Para os seringais amazônicos, que então receberam multidões de migrantes nordestinos. Até nosso litoral norte ensaiou produzir látex a partir de suas mangabas. E mangaba era o que não faltava nas terras do extremo oeste da Bahia e de Goiás.

Era uma fruta que existia em grande quantidade nessas regiões. E, a partir de cortes ou incisões feitas no tronco de sua árvore, era possível recolher o leite ou látex que, bem fervido, ia-se coagular em borracha. Chamou-se então atenção para a farta existência de mangabeiras no oeste. A demanda mundial pelo produto era enorme. Logo, a perspectiva de produzi-lo era muito mais do que tentadora. E se impôs a todos, sem exceção. O grande lance, agora, era partir para a exploração do látex, extraído das inúmeras mangabeiras da região. Produzir borracha.

"Foi uma corrida do ouro: sendo um produto de exportação com alto valor no comércio internacional, logo milhares de imigrantes vieram para cá [para o oeste], a fim de produzir e exportar borracha. Fizeram suas casas ao redor do porto, onde deixavam as famílias, e iam para os gerais produzir a borracha, que traziam em tropas de burros, para exportar pelas barcas", reconta Ignez Pitta de Almeida. E o processo modificou inteiramente a fisionomia regional. Não poderia ter sido de outra forma. E foi justamente aí, de resto, que São João das Barreiras realmente ganhou forma e se firmou na paisagem do oeste, com suas barcas e, agora, com uma rua de casas com cobertura de telha. Mas a febre durou pouco. Os dias de euforia não resistiram, cedendo lugar ao desânimo e ao desencanto. "Progresso fogo de palha", como o definiu Suely Pinto. E o que aconteceu, então, foi o retorno à rotina. Ao mormaço. Às atividades que vigoravam antes da borracheira.

Além da lavoura e do comércio, havia a criação de gado bovino. Como vimos, o extremo oeste teve, desde muito cedo, a sua economia pastoril. Curraleiros chegaram ali no início mesmo da vida histórica regional. Num documento antigo, datado de 1774, lê-se que os moradores da freguesia de Campo Largo viviam "de muito comércio e de criarem gado vacum e cavalar". Mas não só os de Campo Largo, evidentemente. Vaqueiros vagavam por todos os recantos do oeste da

Bahia, tangendo boiadas ou apenas pequenos cortejos de reses mestiças. Praticava-se ali, ao lado do comércio e de uma agricultura basicamente voltada para a subsistência, a assim chamada pecuária extensiva. E se continuou praticando, ainda que com modificações dignas de nota. Com saltos, até.

A região de Barreiras, por exemplo, até meados do século XX foi, sobretudo, produtora de gado bovino. E se tornou bastante forte no ramo. A propósito, Rollie E. Poppino assinala: "Instalou-se um matadouro em Barreiras, a oeste, depois de 1945. Em 1949, o gado morto em Barreiras, a meio caminho, pelo ar, entre Belém e Rio de Janeiro e destinado à capital da República, excedeu um pouco à produção do matadouro de Feira de Santana. Conquanto de novo se invertessem as posições, em 1950, a concorrência de Barreiras não apresentou sinal de enfraquecimento. Apesar do elevado custo do transporte, a carne de Barreiras voava para a Cidade do Salvador, bem como para o Rio de Janeiro".

De qualquer sorte, a região do oeste baiano, por muito tempo, caminhou a passo lento. Monotonamente. Não contava com um passado de fato rico, por seu isolamento e pela natureza recente de sua formação, e entrou pelo século XX sem maiores perspectivas de futuro. Sua formação histórica recente explica, de resto e obviamente, a quase inexistência, ali, de um elenco de monumentos de maior relevância cultural. No supracitado *Inventário de Proteção do Acervo Cultural da Bahia*, encontra-se o seguinte fragmento: "Das mesorregiões estudadas, esta [o extremo oeste baiano] é a mais pobre de bens culturais, não só por sua baixa densidade demográfica, como pela colonização, relativamente recente".

O *Inventário* identificou somente dezoito edifícios de interesse cultural no oeste, distribuídos por diversos municípios da região. Como a Igreja de Santo Antonio, em Baianópolis. Algumas casas em Brejolândia, Cocos, Santana, São Félix do Coribe e Santa Maria da Vitória. Igrejas e capelas em Santana, Santa Maria da Vitória, Formosa do Rio Preto, Cotegipe, Cocos, Barreiras. O Hotel Paiva e o Cine-Teatro, também de Barreiras. A Igreja Matriz de São Gonçalo, em Serra Dourada, talvez do final do século XVIII.

De outra parte, se o passado do oeste pode ser classificado, em termos históricos gerais da Bahia, como de curta duração, o horizonte de futuro que começou a se desenhar para a região, há algum tempo, revelou-se certamente formidável. A referência, no caso, não é a pequenas mudanças, a inovações que foram introduzidas aqui ou ali, gradual e pontualmente. Como, por exemplo, a construção do aeroporto de Barreiras, a criação de algumas escolas ou a abertura de estradas, em meados do século passado. É certo que essas coisas tiveram sua importância na vida regional. Mas não se trata disso. O que está em tela é algo bem maior. Um espantoso processo de expansão e produção agrícolas. Uma verdadeira revolução rural. Numa escala há pouco tempo simplesmente impensável, no território baiano.

O extremo oeste, hoje, é inteiramente outro. Radicalmente diverso do que foi há algumas décadas. Irreconhecível, do campo social ao plano tecnológico e à dimensão econômica. E isso aconteceu a partir de uma determinada intervenção técnica numa determinada realidade ecológica. Ou, pode-se também dizer, a partir de um casamento preciso e bem estruturado entre a tecnologia e o cerrado.

Já foram feitas referências às conexões que ligavam o oeste ou extremo oeste baiano às terras e gentes do planalto central brasileiro. Em especial, conexões com Goiás, o norte de Goiás, atual Estado de Tocantins. São vínculos antigos – que, no caso de Barreiras, como se viu, datam da primeira metade do século XIX, com as exportações e importações goianas se realizando através do último porto do Rio Grande. Mas, além dessas relações socioeconômicas de comércio, havia também o plano da natureza. Os vínculos ambientais, ecossistêmicos, que aproximavam e aproximam o oeste baiano ao planalto central de Goiás e Brasília.

Os governantes brasileiros, de algumas décadas para cá, costumam classificar a região do nosso oeste no espaço geral do Nordeste do país. O problema é que o conceito do que seja o Nordeste nada tem de rigoroso, do ponto de vista geográfico ou ecológico. O oeste nada tem a ver com Mata Atlântica, Raso da Catarina, agreste pernambucano, etc., etc. Mas tem tudo a ver com o planalto central. A esse respeito, Carlos Etchevarne observou: "...um território [o chamado Nordeste] composto por nove estados se conforma como uma categoria única de análise muito mais do ponto de vista da atribuição simbólica construída historicamente [ideologicamente, seria mais exato dizer] que da unidade geográfico-paisagística propriamente dita [...] para tornar mais imprecisa a definição ambiental do Nordeste, apontamos que as fronteiras com áreas fitogeográficas vizinhas são tênues, quando não inexistentes, como acontece [...] com o cerrado do oeste nordestino e o planalto central".

Foi justamente essa vinculação ecológica que permitiu a grande explosão da lavoura no extremo oeste baiano. Ali também se podiam aplicar as novas técnicas agrícolas de cultivo do cerrado. No centro de tudo – a soja. No volume *Crônicas de Sucesso – Ciência e Tecnologia no Brasil*, uma publicação do Projeto Ciência Hoje, lê-se: "As primeiras pesquisas da Embrapa [Empresa Brasileira de Pesquisa Agropecuária] se concretizaram na área agrícola. As pesquisas permitiram o aumento da produtividade por hectare e viabilizaram o cultivo em regiões antes não vocacionadas para a atividade, como o cerrado [...] Autossuficiente em grãos, o Brasil conquistaria posição de destaque no setor". E ainda: "A soja também foi adaptada à produção no cerrado e é, sem dúvida, o caso de maior sucesso".

Muito curiosamente, duas mulheres estiveram em momentos fundamentais na história da soja no Brasil: a escritora modernista Patrícia Galvão (Pagu) e a agrônoma Johanna Döbeheiner, que, nascida na antiga Tchecoslováquia, mudou-se para o Brasil na década de 1950 e, poucos anos depois, naturalizou-se brasileira. Patrícia Galvão foi uma das responsáveis pela introdução da soja no Brasil. Em viagem pela China, no início da década de 1930, ela conseguiu 19 saquinhos de sementes selecionadas de soja da Mandchúria, que o também escritor Raul Bopp enviou para o Brasil, e foram depositados em viveiros de aclimatação. Já a cientista Johanna Döbeheiner, pelos seus trabalhos de fixação de nitrogênio em vegetais, é hoje considerada "a grande responsável pelo sucesso do plantio de soja no Brasil".

Na época de Patrícia Galvão, todavia, o campo era visto, por nossas populações urbanas, como sinônimo de atraso. De tradicionalismo, conservadorismo e arcaísmo – tanto nas técnicas quanto nos costumes e hábitos de vida. Hoje, ao contrário, o que temos é um campo altamente tecnificado, com computadores, práticas sofisticadas, experiências de ponta, máquinas possantes. O extremo oeste baiano é exemplo disso, inclusive atraindo para lá, por conta de sua nova realidade, todo um novo fluxo migratório.

Num relatório oficial do Governo da Bahia, na parte referente ao extremo oeste, encontramos a seguinte informação: "Principal referência da expansão da fronteira agrícola do Estado da Bahia nos anos [19]70, sofreu grande afluxo de população atraída pelos incentivos governamentais para a implantação da cultura de grãos, sobretudo a soja. O município de Barreiras tem sido o principal depositário desses contingentes migrantes, fenômeno demonstrado pelas altas taxas de crescimento por ele registradas [...] Nesta região, o plantio de soja alcançou altos índices de produtividade, a partir da experiência acumulada pelos imigrantes com essa cultura no sul do país e de sua estruturação em modernos padrões tecnológicos, com produção destinada sobretudo ao mercado externo".

O oeste comanda atualmente a lavoura da Bahia. E Barreiras e Santa Maria da Vitória, ambas situadas às margens de rios navegáveis, são hoje os principais assentamentos urbanos da região. Cidades relativamente populosas, em termos baianos, que cresceram e se modernizaram. Mas outros municípios também se destacam naquele panorama, a exemplo de Correntina, o terceiro mais habitado da região, e São Desidério. É claro que muito se perdeu nesse veloz avanço regional – o "progresso" tem sido, quase sempre, um galope atropelado, que vai atirando coisas fora. No caso do oeste, desapareceram, por exemplo, as barcas que subiam e desciam mansamente o Rio Grande. Assim como desapareceram manifestações culturais populares, a exemplo do "Nazaro" de Angical e Barreiras, que se realizava na noite da Quarta-Feira de Cinzas – um falso enterro chistoso, feito na base de música e muita algazarra, de quem havia se excedido no carnaval.

De outra parte, a corrente migratória, que se formou em direção à região, começa a gerar novas misturas. Gaúchos, paranaenses, mineiros, paulistas, cearenses, pernambucanos e mesmo japoneses circulam, hoje, por diversos cantos e recantos do oeste, gerando, inclusive, um curioso produto ítalo-nordestino: a pizza de carne de bode.

Vaqueiro encourado, vestido para o trabalho na caatinga em Paulo Afonso.

A corte sertaneja

A história da região sanfranciscana pode ser esquematizada em quatro fases distintas. Na primeira, que começa depois de 1550 e se estende até o século XVIII, os desbravadores adentram o território submetendo os grupos indígenas e constituindo enormes fazendas de gado, conhecidas como currais. Dela, os índios saem mamelucos, e sob o signo do couro, a pastorícia assegura a vida econômica naquele ermo do Brasil. Pela enorme estrada aquática, os grupos populacionais, estabelecidos próximos ao rio e em torno a antigos aldeamentos religiosos e currais, transitam, transacionam mercadorias, tocam a vida. Na segunda fase, durante o século XIX, os descendentes dos desbravadores já haviam se constituído em clãs respeitáveis que governavam, de fato, os municípios do Sertão, de Carinhanha a Xique-Xique, de Pilão Arcado a Juazeiro. Os caudilhos sanfranciscanos comandam a rude política local até o século XX, quando, em plena República Velha, a região vive o ápice do coronelismo, e alimenta o sonho autonomista da criação do Estado do São Francisco, como unidade administrativa e política independente. Sucede a essa fase de euforia e projeção a estagnação econômica e o esvaziamento demográfico por sucessivas correntes migratórias para o Sul, enfraquecendo o espaço regional. Finalmente, a última fase, em que o São Francisco está totalmente mergulhado, que é a de nova inserção no desenvolvimento, possibilitada pelo uso energético do Rio, pelo lago de Sobradinho, pelos projetos de irrigação e pelo decantado sistema intermodal de transporte, que possibilita a integração e a economia de recursos e maior conexão com o mercado. Tudo isso em meio à transposição e o assoreamento do rio.

São capítulos decisivos da formação do Brasil, ao longo da vida colonial, imperial, republicana e do recente desenvolvimento capitalista, ou como chamam os sociólogos uspianos, da penetração capita-lista no campo.

Vamos por partes.

Sobre a fase da guerra de conquista que se trava durante mais de dois séculos, Afonso de Taunay, Capistrano de Abreu, Urbino Viana, Teodoro Sampaio – usando relatos antigos e valiosos como os escritos por Gabriel Soares de Souza e João Antonil –, além de Donald Pierson, para ficar apenas nos mais conhecidos, escreveram trabalhos definiti-vos. Esse passado do Vale do São Francisco, momento decisivo da saga da construção do Brasil, se inicia numa baliza mais remota, quando, em 04 de outubro de 1501, um europeu, Américo Vespúcio, avista pela primeira vez a foz do Rio.

O movimento real de expedição ao vale só vai começar, no entanto, quase cinquenta anos depois. Ali estavam instalados inúmeros grupos indígenas, embora o caráter semiárido da região não permitisse po-pulação numerosa. Havia uma limitação natural: secas periódicas e deficiência em vegetação natural comestível. Durante os meses secos do ano, os indígenas desciam até o grande rio para apanharem peixes.

Ao longo da região, estavam instaladas as tribos dos grupos Tupi e Gê, desenvolvendo, na maior parte da área, uma mistura irregular de traços culturais característicos dos dois grupos. Nos diz Pierson – coordenador, nos anos 50, de uma longa pesquisa sobre o vale, publi-cada em três volumes muito bem fundamentados – que, ao tempo do contato europeu, a principal concentração de ameríndios situava-se ao longo do litoral, que era mais fértil. Especialmente a área em tor-no da foz do rio, propícia à habitação de grupos primitivos, devido ao abundante suprimento de peixes, caranguejos, moluscos e camarões. Para o interior, os locais preferidos eram as margens dos afluentes ou tributários e as ilhas.

Gabriel Soares de Souza refere-se aos caetés, na margem esquerda, e aos tupinambás, na direita, em 1587. Abre aspas: Os tupinaes tinham vivido outrora ao longo da costa, e os tupinambás no sertão, onde cer-tas aldeias deles foram fazendo guerra aos tapuias, que tinham por vi-zinhos, a quem foram perseguindo por espaços de anos tão rijamente que entraram tanto pelas terras a dentro, que foram vizinhar com o Rio São Francisco; vendo-se tão apertados de seus contrários, assentaram de se passarem da outra banda do Rio São Francisco, onde se contentaram da terra e assentaram ali sua vivenda, chamando-se de Amoipiras, por seu principal se chamar Amoipira. Fecha aspas para Soares de Souza. Esse costume de atribuir aos grupos os nomes dos chefes se transformou em uso corriqueiro por ali. Os cronistas dão conta de outros exemplos como Canindé, Carapotó e Jandins. Fato, aliás, que vai se projetar da vida estritamente indígena para toda a vida social, como veremos adiante, com o exemplo de um dos principais clãs locais, invadindo os hábitos dos dominadores que, num futuro próximo, em meio ao processo de competição, assimilação e acomodação imposto pela miscigenação desabalada, transformam seus próprios hábitos em meio à convivência.

Mas ali também estavam outros tantos grupos indígenas como os ponta e massacará, no tributário rio Salitre, pancararu, próximo à cidade pernambucana de Cabrobó, os rodela, tuxa, cariri, entre outros.

Os primeiro 50 anos de história do Brasil praticamente não afetaram essa estação ecológica e cultural dos indígenas do sertão, que, até então, não possuía esse topônimo. É em 1553 que o Vale do São Francisco começa, de fato, a ser desbravado. Alguns interesses se somam nessas missões em direção ao interior do território brasileiro: a determinação da corte em achamentos de ouro e pedras preciosas, a necessidade econômica de submissão dos indígenas para finalidade produtiva e a ocupação do território, simultaneamente, pelos representantes da igreja e pelos nossos protocolonizadores, que levaram não apenas o sangue branco para dentro das veias sanfranciscanas, como a pecuária e um projeto diferente de civilização.

As entradas território dentro, que abriam as picadas para as posteriores estradas de gado, foram, durante séculos, as mais importantes vias de comunicação entre as diversas regiões da Colônia e mesmo do Império. Ganharam o nome de bandeiras, e o bandeirismo ou bandeirantismo se transformou numa importante frente política e econômica de efetiva ocupação colonial, servindo à dupla finalidade de apresamento do índio para utilização como mão de obra e exploração de riquezas minerais.

O movimento em direção ao Rio São Francisco teve três diferentes origens: Pernambuco, ao norte do rio, particularmente a área de Olinda e Recife e a que lhe fica em torno, de onde seguiram esses pioneiros em menor número; a Bahia, ao sul e a este do rio, de cuja capital, Salvador, e do Recôncavo adjacente saíram numerosas bandeiras; e, finalmente, São Vicente, Santos e São Paulo onde a distância não foi suficiente para impedir que, através da transposição da serra da Mantiqueira, esses bandeirantes se transformassem em obstinados preadores e guerreiros a quem os indígenas e, posteriormente, escravos fugidos e aquilombados, temiam e ofereciam violenta resistência.

Numa interpretação mais ousada e menos limitada desse empreendimento que marcou a vida brasileira durante mais de duzentos anos, Pierson afirma que os motivos que impulsionavam os homens que dirigiam essas bandeiras eram tão vários quanto os desejos humanos. De fato. Incluíam desde o espírito de aventura e a ambição do prestígio, até a segurança financeira. Alimentavam essa explosiva coragem as descobertas de ouro e prata já realizadas pelos espanhóis em outras partes das Américas. A excitação era tanta, que Peru e Potosi "eram nomes que andavam na boca de todos os aventureiros europeus, encandecendo-lhes a mente". Os paulistas tomaram-se irremediavelmente argentários após a descoberta de ouro, entre 1590 e 1597, nas serras de Jaraguá e Jaguamimbaba, perto da cidade de São Paulo, e Vuturuna, perto de Parnaíba, bem como no rio Sorocaba. A partir de então, observa Afonso de Taunay, qualquer mineral de aparência brilhante era considerado valiosa amostra de prata e enviado imediatamente para ser analisado por peritos. Havia também esperanças de se encontrarem esmeraldas, rubis, safiras e outras pedras preciosas semelhantes às do Oriente.

No que diz respeito ao Rio São Francisco, o que mais subia à cabeça e alimentava a cobiça dos bandeirantes era a fabulosa ideia de encontrar a fascinante Lagoa Dourada. Nesse contexto messiânico sertanejo, se organizou a bandeira de Gabriel Soares de Souza. Teodoro Sampaio observa que "da Lagoa Dourada, sucedâneo brasileiro do El Dorado da Guiana, fazia o alvo de custosa e bem equipada expedição. A prata, dizia-se, era mais abundante do que a de Potosi".

Diz Pierson: "Depois de uma tentativa infrutífera em 1673, João Amaro Maciel Parente conseguiu abrir, em fins do século XVII, o que foi chamado um caminho de sangue da costa sul da Bahia até o alto

São Francisco, recebendo como recompensa do Rei uma concessão de terras de 20 léguas de extensão, onde estabeleceu uma vila." Em 1694, Belchior da Fonseca Saraiva Dias Moreira, bisneto de Belchior Dias Moreira, fez expedição parecida via o rio Curaçá. Dois anos depois, Pedro Barbosa Leal fez o mesmo, atingindo o São Francisco via Jacobina. Quase no final do século XVII, Francisco Dias D' Ávila, filho de Garcia D'Ávila, o segundo, como Mestre de Campo dos auxiliares da Casa da Torre, "levando consigo 900 homens de seu regimento, 200 índios mansos, 100 mamelucos, um corpo de 150 escravos, um comboio de munições de boca e de guerra, e vários missionários", abriu caminho para o Maranhão, submetendo os acroás.

Esse Francisco fez da região uma extensão de seu latifúndio. Chamado por Borges de Barros do mais famoso bandeirante da Bahia Colonial, estabeleceu nas duas margens do Rio, até quase Minas, imensas fazendas de criação, abrindo caminhos de gado entre Jacobina e Minas, via Brumado, Caetité e Palmas do Monte Alto, até o atual município de Feira de Santana. Aliás, essas estradas de gado serviram como meios de transporte e articulação no interior do território baiano, integrando-o e conectando as diversas zonas do pastoreio ao Recôncavo, região doentia para o criatório em decorrência da umidade, e a Salvador. Bem como, ligando a Bahia a Minas, Pernambuco, Goiás e Piauí.

À frente de seus negócios, Francisco Dias D'Ávila manteve luta implacável com os missionários e sesmeiros, até morrer, possivelmente em 1695. Durante sua vida, os limites da Bahia foram transpostos e conquistados aos índios os sertões de Paraíba, Rio Grande do Norte, Ceará, Piauí e Maranhão.

O século XVIII adentra definindo, de certa maneira, uma nova regionalização para o Brasil. A ação baiana, decisiva até aí, foi refreada em nome de interesses estratégicos para o projeto colonial de ocupação territorial. Em 1700, o Governador-Geral, Dom João de Lancastro, enviou duas expedições de Salvador para a área de extração de ouro em Minas, sendo uma com mais 100 homens. Suas tarefas eram encontrar o caminho mais curto possível entre as minas e a cidade do Salvador. Logo no ano seguinte, a corte portuguesa proibiu toda e qualquer comunicação entre Salvador e a área de extração de ouro. Esse fato se responsabilizou não apenas pelo relativo desligamento do

São Francisco da vida litorânea baiana, reorganizando as conexões das novas áreas produtivas da economia colonial, como, principalmente, pelo enfraquecimento administrativo da Bahia, que viu transferido até o Rio de Janeiro os benefícios advindos com o ciclo do ouro e dos diamantes.

A essa altura, estavam liquidadas as resistências dos primeiros ocupantes do Vale. As expedições guerreiras das entradas e bandeiras e as missões religiosas, conjunta ou separadamente, haviam plantado, no sertão do São Francisco, as bases da ocupação. O começo do século XVIII assiste ao fim dos conflitos armados entre índios e bandeirantes e se intensifica a assimilação dos ameríndios pelo grupo então dominante, em boa parte já mamelucado. Casos isolados, como a guerra aos caiapós, no entanto, ainda irrompiam em algumas áreas da região. As missões religiosas reuniam os remanescentes e acolhiam aqueles que não se submetiam aos currais e seus senhores. A guerra de conquista, escravização e ocupação definitiva do Vale reduziu bruscamente a população indígena, auxiliada pela devastação por doenças, dificuldades de adaptação aos novos modos de obtenção da subsistência e, finalmente, pela assimilação e absorção no estoque mestiço dominante. Das guerras, talvez o maior exemplo de resistência tenha ficado com os caetés que, no massacre decisivo, perderam cerca de seis mil guerreiros, mortos com grande crueldade e aprisionados para serem vendidos por "1 mil réis ou o preço (na época) de um cordeiro". Nos aldeamentos dos cativos da cruz, como eram chamadas as missões religiosas no Vale do São Francisco, eles se defendiam e se descaracterizavam, livrando-se ora do apresamento, ora da má sorte e da fome. enchendo o ventre e a alma dos costumes que os tornaram, logo adiante, sertanejos, sanfranciscanos, nordestinos do Brasil. Sob o fogo cruzado da expansão pecuária e bandeirante e a conversão religiosa de capuchinhos e jesuítas, viviam morrendo de medo da morte ou morriam de medo daquela vida, como nos dá conta o relato do Frei Martinho de Nantes, que exerceu atividade missionária na região em 1672. Após admoestar grave e solenemente um índio na sua missão pelo fato de o pobre ter se ausentado de uma obrigação religiosa, se apiedou profundamente do terror infligido ao cativo que, após tremer durante dois dias seguidos, finalmente veio a falecer. De medo, é óbvio, do severo pregador que, sob um assustador hábito preto, ameaçava, num incompreensível latim, o indefeso jê desprovido na noção do pecado.

O fato é que, àquela altura, a ação prodigiosa e guerreira das bandeiras havia se responsabilizado pela definitiva incorporação do sertão ao Brasil, e a prova disso é que, fora da Bahia, a expressão aparece cada vez com mais frequência nos inventários e testamentos de São Paulo desde o final do século XVII. Para o sertão, os paulistas iam para "servir a Sua Majestade na pesquisa do ouro, prata e ferro, abastecer as suas casas, encontrar o seu remédio e dar nobreza a seus filhos".

Capistrano de Abreu considerou que, entre os grandes feitos desses bandeirantes, estão à ligação do Tietê e do Paraíba do Sul ao São Francisco, através da Mantiqueira, a construção de canoas com árvores cortadas na cabeceira do rio, fundamentais para a navegação no Médio São Francisco, onde não havia madeira adequada, e a expansão dos currais até o Parnaíba e o Maranhão.

Tendo o boi substituído o índio, os currais asseguraram a ocupação, dobrando o antigo inimigo, dando sentido econômico ao feito guerreiro, abrindo condições efetivas para a integração do sertão, outrora ignoto, arredio, insubmisso.

Os currais plasmam uma cultura e, sob a influência do vaqueiro, o pastor brasileiro, se refaz a vida sertaneja. A difusão da criação de gado na Bacia do São Francisco resulta de quatro fatores. Em primeiro lugar, a maior parte da área não servia para o cultivo da cana-de-açúcar, realizado na costa, mas produzia uma pastagem natural e, o que se descobriu depois, certas quantidades de sal nas baixadas salobras. Em segundo lugar, o gado exigia pouca mão de obra, consideração primordial numa área de escassa população. Em terceiro lugar, o gado fornecia constante suprimento alimentar, superior ao suprimento de peixes e mariscos. Finalmente, o gado era um produto que não requeria transporte, uma vez que se locomove com os próprios pés, podendo atingir mercados distantes, como, de fato, eram à época. Salvador, por exemplo, estava a dias de viagem, a cerca de 800 km de distância, num tempo em que os trajetos eram feitos em montarias.

Além do mais, as estradas de bois tornaram-se vias regulares de comunicação, ao longo das quais iam aparecendo povoados e vilas.

Sobre a pecuária se construiu uma sociedade, representando a atividade mais do que apenas um ciclo econômico. Dessa época do couro, resultaram utensílios, artefatos, utilidades e um vasto acervo de bens simbólicos relacionados à vida, ao trabalho, aos costumes, aos valores da pastorícia. O gado não fornecia só alimento e recursos para seus proprietários e agregados. As peles dos bois, diz Capistrano, vieram a prover muitas das necessidades da vida cotidiana, como roupas para o mato, camas rústicas para serem usadas sobre o chão, macas, portas de cabanas, vasos para carregar líquidos, mocós e alforjes para carregar provisões, banguês para curtir o couro ou apurar o sal, mochilas para colocar milho para os animais, peias para as montarias, receptáculos para rapé, bruacas, cordas, surrões, bainhas de faca e uma infinidade de itens ligados ao trabalho na fazenda, como selas e arreios, aos costumes domésticos, como guarnições para estocagem de alimentos, e à vida social.

Nas fazendas, edificavam-se casa sólidas e espaçosas, de alpendre, hospitaleiras, currais de mourões por cima dos quais se podia passear, bolandeiras para o preparo da farinha, teares modestos para o fabrico de redes ou pano grosseiro, açudes, engenhocas para preparar rapaduras, capelas e até capelões, cavalos de estimação e escravos africanos que ali apareciam, não como necessidade econômica, mas como símbolo de *status*, magnificência e fausto. Tudo criado pelo mugido do boi.

Uma das coisas mais interessantes e pitorescas que um viajante pode ver no interior do Brasil é a boiada que, às vezes, chega a contar até dois mil animais, tocados por homens a cavalo, vestidos de couro, numa jornada duradoura. A noite toda os boiadeiros cavalgam à volta da boiada, cantando suas cantigas monótonas para impedir que as rezes debandem ou se desgarrem de seus pastos. A aproximação de uma boiada na estrada é também anunciada pelo mesmo canto estranho e penetrante do aboio, onomatopeia precisa, e que tem o bicho no meio.

Se o Recôncavo Baiano e o litoral pernambucano constituíram, com o complexo agrocanavieiro, a primeira bem sucedida experiência econômica do Brasil, o São Francisco foi, além de fornecedor de mão de obra, o mais importante centro pecuário do país durante seus três primeiros séculos de existência. Seu papel foi tão decisivo, que Urbino Viana arriscou dizer que, se não fosse o gado da Bahia, a mineração do ouro em Minas teria fracassado por falta de gêneros alimentícios. A carne e a farinha da Bahia, disse ele, especialmente do São Francisco, "salvaram os mineiros da fome".

Dessa sociedade agropastoril irrompeu um Brasil sertanejo, que um dia foi índio e mameluco. Do vaqueiro nasceram catingueiros, brejeiros, barranqueiros, jagunços e cangaceiros, embora esse seja outro papo. Tão fascinante quanto o anterior, mas que tem de ser contado à moda do sertão, aos poucos, como quem sorve um café quentinho passado à beira do fogo. Melhor dizendo, à beira do rio, porque ali, mais que em qualquer outro lugar, o homem não é nada sem sua terra, e a terra não é nada sem a água que a penetra e fecunda. E água, nesse imenso território do sertão brasileiro, tem um único nome: Rio São Francisco. Então é por ele que vamos recomeçar nossa conversa sobre o segundo ciclo: o tempo assombroso dos jagunços e coronéis, do fervor religioso de Bom Jesus da Lapa, das espantosas histórias de amor e sexo, poesia e luta encarniçada no interior do mais sertanejo espaço brasileiro, onde nasceu e se criou um amigo (admirado) do mais sanfranciscano dos sertanejos que o país conheceu: João Guimarães Rosa. Estamos nos referindo, na linguagem oblíqua do lugar, a um escritor tão fascinante quanto desconhecido. Um alfaiate comunista, de Santa Maria da Vitória, cuja trilogia – da qual falaremos adiante – é dos mais belos e profundos momentos da literatura brasileira. Alguém que não poderia, é claro, passar despercebido diante de Guimarães Rosa, por causa da força telúrica do seu romance e pela qualidade de sua prosa, ambientada e extraída do sumo da vida sanfranciscana.

Wilson Lins, filho de uma das mais representativas cidades do vale, Nossa Senhora do Pilão Arcado, e também do mais famoso coronel da região, Franklin Lins de Albuquerque, observa, no seu *O Médio São Francisco – Uma Sociedade de Pastores Guerreiros* (subtítulo que bem poderia ser trocado por Uma Sociedade de vaqueiros, jagunços, barqueiros, remeiros, catingueiros etc., para ganhar em rigor e precisão), que, já no começo do século XIX, os imensos latifúndios advindos das sesmarias coloniais começavam a se repartir: "... em 1832, a condessa da Ponte, residente no Rio de Janeiro, dava procuração ao Sr. Francisco Antônio Malheiros para vender suas propriedades vizinhas à cidade da Lapa. Antes disso, ou seja, em 1831, o Capitão Plácido de Souza Fagundes comprava aos Srs. Manoel de Saldanha da Gama,

Melo Torres de Guedes Brito e à sua mulher, Dona Joaquina Castelo Branco, em Londres, as terras e benfeitorias de parte da mesma fazenda, a famosa Itaberaba, da Casa da Ponte".

Lins assegura que encontrou evidências da decadência dessas megapropriedades nos velhos inventários existentes no Cartório de Feitos Civis de sua cidade, num dos quais, uma mesma fazenda sesmeira da Casa da Torre, a Gado Bravo, aparece em 1830, retalhada entre mil condôminos. Isso se justificava, em grande parte pelo esvaziamento econômico e hiato administrativo resultantes do encerramento do ciclo do ouro e da transferência do Governo Geral, como se chamava então, para o Rio de Janeiro. Junto a isso, a pecuária, base da riqueza regional, é introduzida nas áreas próximas aos mercados do sul. O impulso inicial, que fez da região uma das áreas de penetração mais desenvolvidas do Brasil Colônia, antes o único caminho a unir o Sul ao Norte, o litoral ao centro do país, havia se exaurido. O velho Chico perdia também sua importância como via de comunicação.

Na melancólica avaliação da antropologia sertaneja de Wilson Lins, começa aí um demorado período de abandono. Os últimos prepostos da Casa da Torre já então deixavam à mercê de seus vaqueiros, na sua maioria descendentes mamelucos, as fazendas que haviam construído à custa de muitos esforços.

A agricultura, implantada no vale com o povoamento, conservou-se como tal, voltada para a sobrevivência, com suas características camponesas, praticada por pequenos produtores, proprietários ou posseiros nas áreas de vazantes, terrenos facilmente inundáveis que margeiam o rio e seus afluentes, em algumas ilhas, nos brejos e próximos às ipueiras – lagoas formadas pelas enchentes. Uma lavoura de espécies de curto ciclo vegetativo, com a pequena produção excedente comercializada intrarregionalmente.

Com a atrofia da pecuária, mais uma vez o rio generoso socorre a população ribeirinha, servindo como meio de sobrevivência para agricultores, construtores de embarcações, pescadores, oleiros e até de morada para barqueiros e remeiros, que, a partir de certa época, passaram a transportar gente e mercadorias de um lado para o outro, de Minas à Bahia. A pesca constituiu sempre um importante recurso econômico local e o mais valioso recurso alimentar para a sua população. Em meio ao esvaziamento do século XIX, as correntes migratórias que determinaram a colonização do vale foram se extinguindo à medida que suas causas também desapareciam.

Mas, aqui, é preciso abrir parênteses. A introdução do negro na história do vale, elemento quase desconsiderado, mas cuja presença deixou vestígios inquestionáveis em todos os aspectos da vida social, embora autores como Wilson Lins não concordem com esse tipo de interpretação. Para ele, os primeiros povoadores, cruzando com as nativas, numa época em que o elemento negro ainda não estava nas cogitações dos colonizadores lusos, criaram, às margens do grande rio, uma raça de mestiços fortes. "Mesmo depois de iniciado o tráfico de negros para o Brasil, continuou sendo raro, no São Francisco, o elemento africano, mais utilizado nos engenhos do litoral e nas fazendas do Sul. A utilização generalizada do escravo negro encontraria as primeiras feitorias do São Francisco entregues a portugueses e mamelucos sem recursos para comprar os cativos de procedência africana – daí o braço negro ter chegado lá com muito atraso e em proporções irrelevantes". Mas o próprio autor reconhece que "surgiu, com a adoção do braço escravo vindo da África, a ameaça dos quilombolas, negros, rebeldes, que fugindo ao cativeiro no litoral, tentavam organizar, nas brenhas, reinos a seu jeito."

Ziglia Zambrotti e José Jorge de Carvalho, que estudaram, no final do século XX, o legendário Quilombo do Rio das Rãs, distante 45 km da cidade de Bom Jesus da Lapa, são da opinião de que as interpretações que minimizam a presença negra no São Francisco, com base na preponderância da criação extensiva de gado, sabidamente pouca absorvedora de mão de obra, não correspondem inteiramente à verdade dos fatos.

Recorrendo ao padre Turíbio Vilanova Segura, afirmam que, mesmo no interior dessa atividade, aí estava presente o elemento africano. Turíbio testemunha que, já com o santuário de Bom Jesus da Lapa, onde ele se encontra, "divisou em Itaberaba currais de vastas proporções, que eram cuidados por alguns portugueses e escravos da África. Havia, distante da gruta uns quinhentos metros, umas choças de índios e, a uma légua, uns currais de gado do Conde da Ponte, aos cuidados de portugueses e africanos".

Curiosamente, os negros, no seu exercício permanente de adaptação criativa, batizaram o Bom Jesus da Lapa com o nome de Lenibé-Furamé. Esse fato foi relatado a Turíbio Vilanova por um Frei de nome Tomás, franciscano que estudava as influências de religiões negras na região.

Spix e Martius, convidados permanentes de todos os textos da historiografia brasileira, que visitaram a região em 1818, mencionam uma fazenda entre os municípios de Caetité e Rio das Contas, onde havia mais de 160 negros. Por aí vão Ziglia e José Carvalho, falando das fugas, capitães do mato, instrumentos de castigo e aprisionamento e inquéritos agrícolas, para concluir que a zona do sertão se transformou num paradoxal paraíso dos quilombos. Ponto de vista também de Clóvis Moura, para quem o negro ali mais se levantou como quilombola que trabalhou pela economia regional. Gilberto Freyre arredonda a tese, fulminando: "Morais Rego aproximou-se da verdade quando, descrevendo a origem do povoamento da região, afirmou que a intromissão de elementos alienígenas na bacia média se efetuou de maneira obscura: elementos brancos, egressos do convívio social e negros fugidos formaram a população misturada e desordenada, vivendo ao sabor de seus vícios e paixões, que o Dr. Diogo de Vasconcelos denominou de facinorosos [...]. Ressalvadas as lavras não houve, no Vale do São Francisco, importação de escravos: o elemento negro consiste em egressos das zonas agrícolas e litorâneas subalternas [...]. O quilombola, ao internar-se no sertão, aliava-se ao índio brabo, também revoltado, como na serra de Tiúba, e assaltavam o Rio São Francisco."

Uma coisa é certa: presente, o negro não foi aí preponderante, nem material, nem culturalmente falando. A etnografia doméstica não demonstra nem comprova a supremacia desse grupamento étnico, fundamental no Recôncavo, minoritário e insulado no sertão, por mais que se queira perceber, na Bahia sertaneja, pujança da cultura afro-brasileira. Ali, está claro, ela é ibérico-ameríndia, embora tenham existido e persistam os traços da contribuição secundária dos afro-brasileiros. Liberto da sua condição de fugitivo, e definitivamente integrado ao mundo sanfranciscano, o africano, misturado ao índio ou ao branco, e mesmo nos limites das muitas comunidades que se preservaram como herança dos quilombos, se rendeu ao sertão, reconstruindo seus valores e crenças nas rudes condições impostas pela natureza e no isolamento social que se tornou regra na época das fugas da escravidão. Aliás, o abrasileiramento é difuso, envolvendo todos as correntes humanas e grupos étnicos que adentraram o vale. Lins observa que "a expansão dos latifúndios trouxe, como era natural, a identificação dos povoadores com a natureza, transmudando-os de portugueses em brasileiros – brasileiros pela moradia, pela alimentação, pelos vestuários, pelos hábitos que iam adquirindo. Ávidos de terra, embrenhados no vale com as suas boiadas, perdiam inteiramente suas características de europeus debaixo da influência do meio geográfico." Sublinhando a complexa inserção do negro na sociedade local, uma tradicional cantiga de remeiro, muito comum entre esses trabalhadores do rio, em meio às canseiras que resultam do desencalhe das barcas, presas a um banco de areia, ou a dominar a força da correnteza, troça com picardia:

Em casa de negro forro
Não se fala em cativo.
Quem tem defunto ladrão
Não fala em roubo de vivo.

Vejamos o caso do quilombo do Rio das Rãs, examinando mais de perto a questão. Ele tem uma história que se confunde com o próprio povoamento do Vale. A história começa com a nomeação de Antônio Guedes de Brito, no distante ano de 1666, para, como Capitão de Infantaria, combater aventureiros de toda espécie, negros e mamelucos hábeis na arte do contrabando, salteadores de estradas, e, principalmente, os ladrões de currais de fago no São Francisco. Dessa missão nasceu uma das poderosas famílias de aristocracia rural brasileira. A Casa da Ponte dos Guedes de Brito rivalizou, durante séculos, com a Casa da Torre dos Garcia D'Ávila, na guerra pela conquista do interior do país. Tão fortes eram que preferiam a convivência pacífica ao enfrentamento belicoso.

Para se ter uma ideia da fortuna e do poder da Casa da Ponte, seu inventário extrajudicial, feito em 1806, revela bens em muito superiores à receita da Capitania da Bahia, e o de 1832, feito amigavelmente, é superior à receita da Província naquele ano. Os restos desse patrimônio somavam, naquela época, 30 imensas fazendas e 20 mil cabeças de gado. Foram os Brito e os D'Ávila os protoaristocratas brasileiros, sem nenhuma dúvida. Com o esvaziamento das sesmarias, o afastamento progressivo dos proprietários de seus currais, os megalatifúndios entraram em crise. Numa propriedade dos Brito, no São Francisco, a Fazenda Batalha, os negros se instalaram e constituíram um quilombo próximo ao Rio das Rãs. Ali estão até hoje, formando uma comunidade rural, hoje já amparada pelo reconhecimento dos seus direitos pelo Governo Federal.

Na solidão sertaneja a que tiveram de se submeter refizeram suas crenças numa prática sincrética compreensível, ali bastante evidenciada, como bem exemplifica o culto da Jurema. Fala Ziglia Zambrotti: "Se os estudos já realizados sobre os cultos de Jurema no Brasil situam-nos entre os cultos afro-brasileiros e atribuem-lhe um caráter sincrético ao catolicismo e ao candomblé, a Jurema do Rio das Rãs apresenta certas características e peculiaridades". Os elementos constitutivos do mito e seus ritos incorporam traços do catolicismo, do candomblé, do espiritismo kardecista e, evidentemente, uma manifesta influência indígena revelada no próprio nome do culto, que deriva do tupi *yu-r-ema*, uma árvore leguminosa cuja beberagem tem importante função na possessão. A reverência a essa planta leva os seguidores dos cultos locais a classificarem o juremado como um estágio hierárquico de envolvimento religioso e, em muitos "terreiros", os cantos rituais incluem louvação à espécie e seus efeitos mágicos:

Você bebeu Jurema
Você se embebedô
Alevanta, forga em pe´,
A fulô do véio juá!
Reina, reina, reina rô!

No Rio das Rãs, o culto é praticado numa igreja – e não no terreiro –, envolve entidades kardecistas, como o médico Bezerra de Menezes, conhecido e respeitado em todos os centros brasileiros. A Jurema do distrito de Enchu, ali, realiza rituais de cura em sessões marcadas de simbolismo do catolicismo popular, sobretudo na realização de rezas, ladainhas e novenas rezadas em um latim elíptico e rural. Santos populares, como São João, Santo Antônio e São Pedro, e os santos de adoração dos negros como São Benedito, Nossa Senhora do Rosário, da Conceição, e Aparecida se misturam a pontos de umbanda. Além dos cantos de estímulo ao trabalho, como "Vai trabaiá que Nagô Véio ajuda vocês", pontos reverenciais a uma entidade intitulada Rei Nagô ali aparecem associados ao uso do pilão:

Você tirou no pilão
Pisei no pilão
O pilão rodou
O que é meu
Foi Deus quem me deu
Quando se separar
Cada um fica com o seu

Fechado os parênteses sobre o negro, voltemos à atrofia quase afásica do século XIX, de onde o sertão, como faz sempre e espantosamente, ganhou força na fraqueza, se projetando valente, jagunço, respeitado, com a atávica resistência indígena e a coragem bandeirante pioneira, sob o comando de homens temidos, nobres sem títulos nobiliárquicos, na vida social e política do Brasil. Essa é a época da insurgência da corte sertaneja, do levante dos mamelucos, dos clãs que, à maneira das antigas tribos, demarcam suas áreas de influência e, nos burgos das cidades ribeirinhas, fazem a história à sua maneira. É desse tempo de afirmação e nobreza agreste que dá conta o ABC antropológico da Carreira Grande, abrindo em modinha um ciclo épico e sangrento, modelar, que, de tão rico e fecundo, gerou uma literatura sem igual, refletindo e excedendo:

Juazeiro da lordeza
Petrolina dos missais
Santana dos cascais
Casa Nova da carestia
Sento-Sé da nobreza
Remanso da valentia
Pilão Arcado da desgraça
Xique-Xique dos bundão
Icatu-cachaça podre
Barra só dá ladrão
Morpará casa de palha
Bom Jardim da rica flor

Urubu da Santa Cruz
Triste do Povo da Lapa
Se não fosse o Bom Jesus
Carinhanha é bonitinha
Malhada também é
Passa Manga e Morrinho
Paga imposto em Jacaré
Januária carreira grande
Corrente meia carreira
Bate o prego em Santa Rita
Pra cagar mole em Barreira
São Francisco da arrelia
São Romão das feiticeiras
Extrema dos cabeludos
Piropora é da poeira.

Estão aí arroladas, no mapeamento cultural do ABC, as vilas e cidades integrantes dessa formação social que inclui a histórica e colonial cidade de Barra, a Carinhanha, Barreiras e Santa Maria da Vitória. Juntas, elas formam uma espécie de unidade ecológica e cultural, cujo processo constitutivo se opera nesse influxo econômico que sucede ao ciclo do couro. Isto é, em pleno século XIX e começos do século XX.

Essa unidade ecológica e cultural tem sua hierarquia. A vida material e econômica fez de Juazeiro sua capital regional. Ali se estabelece uma espécie de suprema corte sertaneja, que articula o sertão com a Cidade da Baía, a capital do Estado, e outras cidades e regiões. Há ali, também, um aparato burocrático e administrativo de peso. Não podemos esquecer que todos os grandes episódios do sertão têm, em Juazeiro, de alguma forma, seu ponto de partida. O mais importante fato político e militar da Bahia do final do século passado, a Guerra de Canudos, resultou de negócios escusos e decisões judiciais equivocadas tomadas em Juazeiro. A recusa da entrega de uma partida de madeira adquirida pela comunidade canudense por parte de um negociante desonesto transformou uma simples transação comercial numa verdadeira guerra entre irmãos.

Por falar em religião, o catolicismo popular ali ganhou uma força incomum. O fervor religioso dos romeiros de Bom Jesus da Lapa é comparado ao dos peregrinos judeus nos velhos tempos da festa da Páscoa, em Jerusalém. Um mundo árido e muito parecido ao crístico cenário bíblico. Nas lendas populares, o Cristo já desceu no sertão diversas vezes, acompanhando romeiros nas proximidades da Lapa, em súbitas aparições. Isso passou a ocorrer desde que o eremita Francisco Mendonça Mar, desencantado com a vida mundana na Salvador seiscentista, resolveu trocar sua próspera profissão de ourives e pintor pela solitária penitência e devoção naquele ermo, onde, barbudo, a maior parte do tempo orando, assistiu espiritualmente as almas errantes de bandeirantes, da indiada, africanos, vaqueiros, garimpeiros e aventureiros de toda sorte no rústico templo esculpido pelo tempo no interior da rocha.

A igreja católica dos mamelucos começou a existir ali pela graça desse estranho português que descobriu, na Gruta da Lapa, em suas salas e corredores, um santuário natural e fez do enorme lajedo sua nave principal, iluminada pelas frestas internas e em tudo parecida a "palácios de mil torres ou catedrais em ruína".

Francisco de Mendonça Mar ali introduziu a imagem do Coração de Jesus por volta de 1691. Portanto, num tempo em que os nordestinos ainda não iam para São Paulo escorraçados pela fome e pela seca, porque o que havia nas bandas do Velho Chico eram índios gês aldeados ou insubmissos. Num tempo em que os paulistas desciam de São Vicente, em suas entradas matadeiras, para buscar ouro e apresar nativos. Nesse tempo de confronto e guerra, Francisco Mendonça transformou-se num apóstolo do sertão, pregando seu evangelho para um povo tão rude quanto temente a Deus, tamanho era o mundo de pecado nos seus corações.

No começo do século XVIII, o clérigo leigo ganhou diplomação sacerdotal, e logo sua Igreja de pedra ganhou turíbulos, castiçais, cálices e lampadários, e seus fiéis multiplicaram-se por toda a região. Na sua aguda pobreza, o apóstolo da Lapa dormia na laje fria acompanhado de uma onça de quem não se apartava. E a fé do povo fez um verdadeiro milagre, beatificando seu pastor e criando, em torno a ele e seu templo sertanejo, estórias fabulosas. Uma mitologia fantástica, que envolve uma enorme serpente que vive presa em uma cova da gruta, ameaçando fugir e voar com suas imensas asas para arrasar a frágil condição humana no vulnerável mundo. E que só não realiza seu feito por causa da devoção e fé dos romeiros, que, a cada terço rezado, conseguem fazer cair uma pena das gigantescas asas da serpente.

Cidade das penitências e das graças, meca das peregrinações, Bom Jesus da Lapa é o centro de catolicismo popular de todo o vale, estendendo sua fama para muito além da Bahia, e reúne, em agosto, milhares de fiéis que, ao modo sertanejo, fazem ali um gigantesco festival religioso, uma espetacular manifestação popular de devoção e fé. Possuídos pelo fervor, cantam benditos, como o que se segue, de grande força evocativa:

Senhor Bom Jesus da Lapa
É Senhor de muita luz
Socorrei o povo todo
Para sempre, amém, Jesus.

Senhor Bom Jesus da Lapa,
Adeus que já vou embora.
Não me despeço para sempre
É somente por agora.

Senhor Bom Jesus da Lapa
Aceitai minha romaria
Que sou romeiro de longe
Não posso vir todo dia.

Quem quiser do padre eterno
Merecer algum fervor
Se apegue com o Bom Jesus
Que é o nosso protetor.

Oh! que dia tão bonito!
Vosso trono eu vou beijar,
Me despeço de vossa Igreja
Logo mais vou viajar.

Senhor Bom Jesus, adeus!
Adeus que já quero ir:
Me lançai a Vossa Benção
Até eu tornar a vir.

Os ABCs, benditos e tiranas em louvor ao Bom Jesus, foram recolhidos numa antologia pelo Padre Turíbio Vilanova e constituem importante fonte documental dos cantares peregrinos, de diferentes procedências, como revela essa exaltação:

Viva o Bom Jesus da Lapa
Viva a sua romaria
Vivam os filhos de Minas
Pernambuco e Bahia.

Os historiadores regionais asseguram que três dessas peregrinações à Lapa jamais foram superadas. A primeira, em junho de 1888, pouco depois da proclamação da emancipação pela Princesa Isabel, quando uma imensa multidão de negros, vinda de todo o sertão, reuniu-se na Gruta "para dar graças ao Bom Jesus, pelo benefício da alforria, demorando oito dias, cantando benditos religiosos, rezando, dando vivas ao Gabinete de João Alfredo, tocando maracás, tambores, pandeiros, cabaças com milho". A Segunda peregrinação, em 1903, com a chegada da nova imagem de Bom Jesus de Salvador, aclamada com entusiasmo delirante pelas ruas da cidade em "meio ao estampido de milhares de foguetes". Finalmente, a de 1923, que reuniu o Go-

O rústico santuário de Bom Jesus da Lapa escavado na rocha.

vernador J. J. Seabra e os coronéis sertanejos, numa ostentatória festa política de unidade oligárquica, aos pés do glorioso Bom Jesu.

Toda essa extraordinária adoração ganhou, ali, uma dimensão muito especial. Isso é possível se verificar em cultos derivados, como o dos penitentes e das lamentações das almas, que existem em diversas localidades sanfranciscanas e nas inúmeras festas religiosas de caráter comunitário.

Donald Pierson, que visitou a região nos anos 50 do século que passou, localizou os principais festejos religiosos durante a Semana Santa, especialmente no Domingo de Ramos e na Sexta-feira da Paixão, quando grupos de crianças percorrem as ruas pedindo esmolas. O que não é de estranhar, uma vez que, em todo o vale, as festas sagradas predominam sobre as seculares, e, em muitos vilarejos isolados, são praticamente as únicas, exceto as associadas à família, ao casamento e ao mutirão, tema de que trataremos a seu tempo.

No baixo São Francisco, Pierson encontrou o culto a Nossa Senhora Mãe dos Homens, atraindo grande número de participantes na colheita do arroz em setembro. Uma tradicional romaria leva a população a uma capela distante, com as pessoas, a pé e a cavalo cantando hinos religiosos. O São João e o Natal são também ocasiões muito festejadas. A tradição local valoriza bastante os festejos de São Gonçalo do Amarante, ali conhecido como casamenteiro das velhas. Tais comemorações, organizadas em torno do cumprimento de uma promessa, estão sincretizadas com ritos indígenas. Sua conotação secular permite o uso do aluá, da sutinga, feitas a partir de uma variedade de mandioca mansa, preparados feitos na Ilha do Toré. A culinária do festejo é também indicativa das composições de diversas influências culturais. Durante o percurso da romaria, em busca da imagem, são cantados versos como os coletados por Pierson:

Lá se vai São Gonçalinho,
Lá se vai São Gonçalinho,
Fora do seu oratório,
Fora do seu oratório,
Acompanhado de anjo,
Acompanhado de anjo,
Também de Nossa Senhora,

Também de Nossa Senhora.

Na hora de Deus, amém!
Na hora de Deus, amém!
Padre, Filho, Espírito Santo!
Aaaá, aaaá, aaaá
Padre, Filho, Espírito Santo!

No detalhado quadro registrado pelo sociólogo americano, os participantes, "todos os quais pareciam gente pobre, formaram em duas filas dirigidas por um homem chamado de guia de roda, um dos quais conduzia e tocava e outro, um pandeiro. Atrás dos guias postaram-se as dançadeiras, conhecidas como contra-guias, cada fila encabeçada por uma moça que iniciava e dirigia o canto":

Puxa a roda por diante,
Puxa a roda por diante,
E vamo vê a luz do dia,
E vamo vê a luz do dia.

Eu vi tanta gente junta,
Eu vi tanta gente junta,
Procurei o que seria,
Procurei o que seria,
Arrependeu um devoto,
Arrependeu um devoto
É São Gonçalo, Gracia!
É São Gonçalo, Gracia!

É a primeira cantiga,
É a primeira cantiga,
Que a São Gonçalo eu canto!
Aaaá, aaaá, aaaá.
Padre, Filho, Espírito Santo.

Lins considera ser essa uma devoção típica, herança dos primeiros povoadores. Os devotos, nos diz, pagam suas promessas com danças que eles chamam de brinquedo, e cada brinquedo é constituído de trinta rodas. Pela graça alcançada, os devotos pagam, ao menos, vinte brinquedos, que são realizados à sombra de árvores com os "Ora viva e reviva! Viva São Gonçalo, Viva!"

Num dos seus romances regionais – *O Reduto* –, reproduz uma dessas entradas de roda de louvor a São Gonçalo:

Nas horas de Deus, amém
Padre, Filho, Espírito Santo
Deix 'eu me benzer prêmero
Para me livra dum quebranto

Ora viva e reviviva,
Viva São Gonçalo, viva!
Viva São Gonçalo, viva!
Meu São Gonçalo foi feito
Da madeira da alfavaca...
O home que não tem rede,
dorme no couro da vaca.

São Gonçalo está com queixa
Do povo da Batateira,
Porque não trouxe a viola,
Nem guia, nem dançadeira.

Em cima daquela mesa
Há duas velinhas acesas...
Ora viva e reviviva
Viva São Gonçalo, viva!
Viva São Gonçalo, viva!
Uma é de São Gonçalo
Outra de Santa Tereza.

A chuva que vem do norte
De longe traz a zuada...
Acordando os seus devotos
Do sono da madrugada.

Despedida, despedida,
chapéu fora da cabeça...

Lá vem o carro cantando,
Cheio de cravos e rosas...
São Gonçalo vem no meio
Escolhendo as mais formosas.

Adeus. adeus, São Gonçalo,
Adeus que eu já vou me embora,
Adeus até para o ano,
Se Deus quiser como agora.

Cavalhadas, ternos de reis, zabumbas (muito frequentes, inclusive nas noites de novenas, que reúnem além do próprio tocador de zabumba, um de caixa e dois de pífanos ou pífaros), Malhação de Judas, e muitos outros festejos como Argolinha e Bailes Pastoris são verificados no São Francisco, mas nada disso é comparável à lamentação das almas, ao culto dos penitentes e ao toré.

Contando com a participação de boa parte das comunidades onde ocorre, como em Juazeiro, na lamentação ou encomendação das almas, realizada na Quaresma, a comemoração da Paixão de Jesus é vista como um esforço dos vivos para auxiliar a alma dos mortos no purgatório, ou, como são chamadas, as "almas santas benditas". O cortejo se realiza em sete paradas, durante as quais se cantam rezas. Iniciado no cemitério ele se dirige a um cruzeiro, onde culminam os ritos. O aspecto fúnebre da cerimônia é reforçado por cânticos tremidos, acompanhados de matracas:

Louvado seeeeja, louvado seeeja,
A paixão do Reeeedeeentor,
doReeeedeeentor!
Que desceu dos céus à terra,
Padeceu por nosso amor.
Irmão que está dor-min-dooo,
Vamos re-miiir as bendita alma,
As alma do pur-ga-tó-ri-o,
dopur-ga-tó-ri-o.,
Um Padre Nosso com a sua Ave Maria,
Seja pelo amoor de Deus, amoor
de Deus, amoor de Deus
Amoor de De-uu-u-us

Os penitentes, encontrados por St. Hilaire em 1817 como "uma procissão de mulatos e negros livres, no Domingo de Ramos, após o anoitecer, deixa a Irmandade do São Francisco em duas filas, vestindo cada participante uma espécie de alva branca que lhes cobria a nuca". Presentes em várias localidades dos sertões, a flagelação era costumeira ao tempo da pesquisa de Pierson em Remanso e Barra, acima de Juazeiro, como na Ilha do Toré, onde seus participantes eram predominantemente pessoas de ancestralidade ameríndia ou africana, ou uma mistura de ambos. A flagelação, praticada geralmente com galhos de favela, é feita numa capela, colocando-se areia no chão para que não fique manchado, num cemitério e em vários cruzeiros. Os açoites dos sacrifícios são desferidos como oferendas pela salvação das almas.

Esse culto é praticado sob reservas, preservando os adeptos sua identidade, mas não sem consentimento e tolerância da comunidade. A flagelação integra um longo rito, que inclui demorado canto de rezas e o uso do búzio, como instrumento que emite um som alto e grave. Uma nota longa, seguida de sons sincopados, anuncia a aproximação do grupo dos penitentes da casa de um de seus integrantes. O chamamento leva ao flagelo, estimulado por cânticos como o que se segue:

> *Corta, corta, disciplina,*
> *Nas costas dos Penitentes*
> *Irmão disse quem se corta não dói*

Donald Pierson recolheu extensa documentação sobre o assunto no seu livro *O Homem no Vale do São Francisco*, do qual extraímos a reza a seguir:

> *Alevanta pecadô!*
> *Vamo fazê oração,*
> *Que é um remédio divino,*
> *De um sagrado coração.*
>
> *Valha-me a cruz Santa de Amargura*
> *E tão alta, é tão segura*
> *Que nos livre do inferno*
> *E a todas as criaturas.*

A tolerância da Igreja e dos políticos é explicada por Pierson como uma forma de manter uma tradição religiosa primitiva, associada aos sofrimentos de Cristo, e não interferir nos costumes de pescadores, lameiros, agricultores pobres, que, unidos pela devoção, transformaram o sofrimento, companheiro de todas as gerações, num ato votivo, de forte conotação associativa e de respeito ao arbítrio do acólito. Alguns padres não apenas têm conhecimento dos integrantes desses cultos como estimulam tais práticas com ofertas, como matracas. Hoje, o culto dos penitentes integra o que os funcionários do Governo chamam de produto turístico.

Nos cultos como o toré, o candomblé, a jurema, o encantado, vamos assistir a vivo exemplo de assimilação e sincretismo. No verdadeiro caleidoscópio religioso vivido em alguns terreiros, símbolos os mais distintos se reagrupam num sistema de crenças capaz até de incorporar elementos do judaísmo, como a Estrela de David, e diversificada mitologia visível em entidades como Santa Bárbara, Senhor São Jorge, São Cosme e Damião, Janaína, Sereia Estrela, Sereia Rosa, Tainha, Peixe Marinho, Beguê, Caboclo Guerreiro, Caboclo Deú, Caboclo Tupinambá, Caboclo Capueira, Seu Peixoto, Zé Baiano, Maria Bonita, etc. Nos ritos desse panteon sertanejo, dançam ainda Malunguinho – um caboclo de Aruanda –, Lampião, Francisquinha, uma neta de nagô, um cigano egípcio por nome Metério, Jurubari e Exuquerê. O cântico do Terreiro do Castelo, realizado com acompanhamento de agitados maracás, durante um rito de possessão, expressa o ecumenismo popular do sertão:

Abre-te, Mesa do Rio Verde!
Cidade de Jurema
É dos Campos verde.
Santa Tereza, me acenda esta luz!

Caboclo de Jurema,
Vem guiado por Jesus,
Meu Deus Sinhô,
Jesus Pai criadô.
Abre os troncos de Jurema!
Senhores Mestres foi quem mandou.

O toré, herança religiosa indígena, se sincretizou de tal forma, que seus adeptos, como os dos candomblés de Juazeiro, se consideram católicos. O toré não só incorpora elementos afro-brasileiros como se autorreconhece, muitas vezes, como "xangô" ou "encantado", reportando-se, simultaneamente, à África e à Europa, sem qualquer problema de identidade puritana. Embora seja um culto antigo de marcada característica cerimonial ameríndia, o toré sofre permanente influência do meio, e não é incomum encontrar os que postulam uma defesa mais intransigente das tradições – chamados caboclos ou mesmo índios – e os que se sentem mais confortáveis assumindo os conflitos e tensões que fazem a tradição evoluir, chamados "brancos" em algumas localidades.

Essa apropriação indígena dos hábitos africanos e europeus, que alguns imaginam ocorrer numa pista civilizatória de mão única, é visível em diversos aspectos da vida social. Pierson encontrou, em 1950, o uso generalizado, entre as classes pobres ribeirinhas, do "fumo de Angola", aí "fumado com uma espécie de narguilé primitivo, composto de uma garrafa comum, de boca estreita, cheia de água e o canudo do cachimbo de maconha, conhecido como marica, mergulhado no líquido". As sumidades floridas da maconha são colocadas no fornilho de barro do cachimbo e acesas com fósforo. O fumo é lavado pelo reservatório de água antes de chegar à boca do fumante".

Fumada em grupo, a maconha circula numa "roda", e seus usuários asseguram, diz o fino observador americano, que produz euforia, vontade de dançar, muita conversa e uma fome intensa. O pesquisador afirma que os oito homens observados comeram o equivalente a "um samburá de camarão". A "roda" era animada por uma canção, intitulada Ajoeie Marica, cujos versos foram recolhidos pelo médico e estudioso baiano Rodrigues Dória, muito tempo antes, em 1910. Dória, que realizou estudos de identificação da maconha com o cânhamo, cultivou a erva com sementes adquiridas no São Francisco.

Sua impressão, no começo do século passado, era a de que "os índios amansados aprenderam a usar da maconha, vício a que se entregam com paixão, como fazem a outros vícios, como o do álcool, tornando-se hábito inveterado. Fumam também os mestiços, e é nas camadas mais baixas que predomina o seu uso, pouco ou quase nada conhecido na parte mais educada e civilizada da sociedade brasileira". Os tempos eram outros.

Ajuê, Marica, ajuê
Diz Marica:

Eu vi uma cobra de corau
E duas salamanta forte

Pra pegá quatro guará
E vi cinco novia
Com medo de seis serpente
E vi sete fera valente
E vi oito em uma levada
E vi nove cobra assanhada
Com dez carreira de dente

José Calazans, recolheu uma variação da mesma cantiga:

Eu sou Enoque afamado porque não tem cirimonha
Em todo lugar que canto
Minha cara é sem vergonha
Deixei de beber cachaça
Agora só fumo maconha

Nas rodas embriagadas das cidades ribeirinhas, colheu ainda versos elogiosos à qualidade do produto de Propriá, que devia ser uma espécie de Cabrobó, Juazeiro ou Irecê, da época:

– Eu me chamo Zé Ceguinho
Não nego meu naturá
Mas a erva só é boa
Quando vem de Propriá

– Cacoré, cacoré, coisa e tá
Tanto faz dá na cabeça
Como na cabeça dá
A erva só é boa
Quando vem de Propriá

À mamelucagem racial, é lógico, tinha de corresponder o consequente processo de mestiçagem dos usos e costumes, aí incluídos aspectos da psicologia social e mesmo linguísticos. O caso da família Sento-Sé é um exemplo singular de sincretismo, numa situação que não costuma ser favorável aos subordinados. Das mais tradicionais da região sanfranciscana, tendo inclusive dado o nome a um dos municípios do vale, ela tem sua origem na violenta luta travada pela conquista do território, no final do século XVI ou começos do XVII. Os portugueses e mamelucos que defendiam a Feitoria de São José da Barra, num terrível combate com os amoipiras, lograram capturar o cacique Centocé e derrotar a indiada. O prisioneiro foi feito escravo. Jovem e hábil, logo assimilou os costumes reinós, adaptando-se a seus hábitos, aprendendo suas técnicas e ajudando decisivamente na conquista das tribos vizinhas. Suas qualidades pessoais ajudaram na consolidação da feitoria e levaram o sesmeiro a buscar sua família no litoral, disso resultando uma paixão e a união entre o índio e a filha do português, provavelmente uma mameluca.

O fato é que o cacique reconquistou, pelo casamento, aquilo que haviam lhe tomado pela força. E dos seus, deu origem a duas famílias: a da corruptela de seu nome e a Nunes, outro importante clã regional, explicando-se, assim, estranho sobrenome, que não possui qualquer significado na língua pura dos colonizadores.

Aliás, a compreensão do significado da família extensa é fundamental para o entendimento da formação social do São Francisco. É desses núcleos familiares que irrompe o chefismo, base sobre a qual o curral, que expulsou o índio, se transforma no reduto, espaço no qual o mandonismo sertanejo encontrará pasto fértil para se consolidar ao longo do século XIX e nas três primeiras décadas do seguinte. Na chefia de uma família poderosa, o coronel local projeta seu poder na vida social, com seus jagunços, e, em seu nome, exerce localmente as funções governamentais exercidas pelo Estado no litoral.

Desses coronéis tratam os dois mais importantes romancistas do São Francisco: Wilson Lins e Osório Alves de Castro. Lins escreveu cinco romances em torno de seu próprio pai: *Os cabras do coronel, O reduto, remanso da Valentina e Responso das almas*, tratando, como disse Jorge Amado, da temática da humanidade e da paisagem "dessa terra e desse rio, com sua dureza de caatinga, com sua violência de enchentes, com seu sabor de sangue, com a política atrasada de séculos, com a exigências da honra e da valentia. Numa sociedade agropastoril, primária, os códigos de honra são um matagal de preconceitos e superstições, onde a qualidade do homem se mede pela capacidade de matar [...]"

Em torno ao coronel e seus jagunços, gira a sociedade local:

Meu fuzi é bom
Minha faca também é
Não nasci para semente

Tou às orde, Coroné

Coroné me dê dinheiro
Pra eu cumprá uma cartucheira
Pra encher de bala de aço
Pra brigar contra os Nogueira

E o jagunço, aí, não se confunde com o cangaceiro, como alude a cantoria:

Quando Deus fez o Brasil
Pricurou ser justiceiro
Deu o Sul para o Exérço
E o Norte pos cangaceiro

Jagunço é o cabra trabalhador que, como agregado, vaqueiro, agricultor, pescador, na caatinga, no rio ou no brejo, tem um ofício regular e só empunha arma quando em missão de honra, chamado pela guerra de um mandão, cuja valentia anda na língua, como na boca de Pedro Gamela, personagem de Lins:

Vou m'imbora desta terra,
Meu mano, ai, a-iêi!
Porque já disse que vô,
Meu mano, ai, a-iêi!
Se não me derem cachaça,
Meu mano, ai, a-iêi!
Vô m'imbora e mato outro
Meu mano, ai, a-iêi!

No repente de um cantador, do romanceiro de Lins, vamos encontrar outro exemplo desse universo de destemor:

Eu não conheço valente,
Eu vivo matando gente
E que a todos ataca,
Eu não encontre algum dia,
Outro de igual valentia
Pra comer ele na faca

A presença e a projeção do coronel e do jagunço se espraiaram por todo o tecido social, a tudo contaminando, e são, nesse mundo de barqueiros, vaqueiros, beiradeiros, remeiros, rezeiros, penitentes e valentes, os dois tipos inseparáveis e predominantes.

A chula de Sussu Flores, mulher do coronel Chico Fulô, inesquecível personagem do romance *Porto Calendário*, do Osório Alves de Castro – autor de uma trilogia admirável sobre a região, de quem Guimarães Rosa confessou querer "ver, abraçar e conhecer para admirar mais" –, anuncia, na boca dos remeiros, uma estranha história de amor dessa abelha-rainha do Vale, em meio à demonstração de poder coronelista:

Sussu sossega
Vai dormir seu sono.
Quer dinheiro diga
Quer carinho toma...

Mulher ardente e adorada do mais poderoso coronel da região do Rio Corrente, "desenfreada, não se continha. Trocava constantemente de amantes, ninguém, lhe resistia. Seu capricho era passar uma só noite com cada um e depois mandar matar o coitado. Coronel Chico Fulô sabia de tudo, mas queria tanto a Sussu sua mulher, dona de seu coração, que lhe dera a fartura e o amor como jamais outra mulher poderia lhe dar, aceitava e permitia".

A vida de prazeres imorredouros findou com a recusa de uma vítima, fugida para os cafezais paulistas, onde se internou nos afazeres da plantação, possivelmente pelas bandas de Ribeirão Preto, o que provocou a cena à seguir:

"Desesperada começou a rasgar a roupa e ficou nua diante dos homens. Sá Né benzeu-se e bateu a mão nas faces e recompôs desalentada. Dizem que a visão do corpo nu de Sussu Flores ficou nos olhos dos soldados e jagunços como uma cegueira escondendo o fugido da vingança do Coronel... Não valeu que Chico Fulô pegasse dois vapores e andasse pelo São Francisco inteiro, com as mãos cheias de dinheiro, com suas armas, jagunçaria e soldados, de Santa Maria e Juazeiro, de Barra e Barreira entrando por Santa Rita Jalapão. E o Coronel Chico Fulô acabrunhado, destruído no seu orgulho, voltou a Santa dos Brejos e pasmou-se de dor. Sussu, sua mulher, tinha morrido de paixão e viu: no seu corpo sobre a mesa não batia nem pulso nem coração, mas estava quente como uma brasa esperando por alguém. Os presentes tiveram dó de Chico Fulô. Seus olhos estavam pesados de água e como se nada tivesse acontecido, curvou-se, beijou a boca de Sussu, a única mulher que amou na vida... E o corpo foi esfriando, endurecendo na palidez branca da morte mostrada na luz das velas".

Esses potentados locais, que já ensejaram teses de mestrado e doutorado, pesquisas de brasileiros e estrangeiros, constituíram, de fato, uma nobreza rude sertaneja, uma corte mameluca e poderosa. Wilson Lins, que defende a tese de abrandamento, com a substituição dos velhos e sanguinários caudilhos pelos mandões moderados da República Velha, relata um caso verídico, envolvendo os coronéis João Duque, de Carinhanha e seu próprio pai, chefe político de Pilão Arcado. Segundo Lins, os dois entraram na oficina de um santeiro em Salvador, onde Franklin ia encomendar um Cristo em tamanho natural para a igreja de sua cidade. "Ajustado o preço, o santeiro queria saber se o Cristo deveria ser representado vivo ou morto. Tendo o chefe de Pilão Arcado ficado embaraçado para informar, de vez que não lhe haviam dito nada a respeito, João Duque, rindo o seu risinho miúdo por trás dos bigodes fartos, interveio na conversa para sugerir:

– Mestre santeiro, mande o Cristo vivo mesmo, pois, se houver necessidade, o Franklin manda matar".

Se o caso pode parecer inventado, a apostasia universal determinada por Franklin não foi. A oposição que lhe fazia o jovem padre local não pôde ser contornada pelo arcebispo, o que levou o Coronel, e toda a cidade, a passar ao protestantismo. O retorno à Igreja só veio com a remoção do padre da cidade de Pilão Arcado.

O caso do coronelismo coincide com o enorme esvaziamento econômico da região. A lavoura cafeeira e o progresso de São Paulo iriam unir, outra vez, esses povos, com a juventude local sonhando: ano que vem, São Paulo me tem. Esse influxo, unindo paulistas e sanfranciscanos, fortaleceu o Brasil, e desse movimento novo, Osório Alves de Castro fez o seu romance de transformação, cujo ciclo se completa com o retorno final para o Velho Chico, onde terras imprestáveis se transformam em empresas, de onde explode em energia as águas represadas no rio da união nacional de cuja forma nasce a indústria, crescem as capitais nordestinas, melhora a vida das pessoas.

O uso das águas represadas do São Francisco para o desenvolvimento do Nordeste se deu, a partir de 1950, época em que o velho Getúlio Vargas e um assessor visionário e talentoso, o baiano Rômulo Almeida, inventaram a Petrobras, a Eletrobras, a CHESF, o BNDES e o BNB, entre outras instituições decisivas para vencer o atraso secular da região. Usando a benevolência e se beneficiando do treinamento americano do pós-guerra, os dois bolaram os instrumentos de desenvolvimento nacional.

A usina de Paulo Afonso se integra a esse esforço de crescimento. Com ela, estava superado o enorme obstáculo da falta de condições para o que progresso regional se viabilizasse. A tese era simples: não havia progresso porque não havia indústria e não havia indústria porque não havia energia. Como não existia quem consumisse energia, para que produzi-la? Paulo Afonso afogou esse papo circular e iluminou o Nordeste, trazendo para o São Francisco um ciclo de progresso.

É verdade que a luz elétrica da Usina só vai chegar às cidades ribeirinhas bom tempo depois. Juazeiro, por exemplo, continuou até os anos 60 abastecida por geradores que eram desligados a partir de certo horário da noite. O que ensejava saídas boemias à juventude e uma enorme audiência ao serviço de alto-falante local, verdadeiro veículo da cultura de massa, que ali levava a voz dos cantores populares da época.

Usina de Paulo Afonso.

Aqui, cabem duas observações. Em primeiro lugar, sublinhar a conexão demográfica e cultural da região sanfranciscana com Sergipe, onde rapazes e moças, como João Gilberto, iam estudar. E onde ele aprendeu a tocar violão. A colônia sergipana sempre foi expressiva em cidades ribeirinhas. Os sergipanos se especializaram em diversas atividades, especialmente comerciais e agrícolas, destacadamente no comércio realizado nas próprias barcas que circulavam São Francisco acima e abaixo. Em segundo lugar, a conexão com o Rio de Janeiro, muito mais presente na vida cultural regional do que a capital da Bahia, até a construção da Rodovia Lomanto Junior, nos anos 70. As rádios ouvidas, as viagens de férias, os hábitos valorizados, o modelo eleito pelo ribeirinho para a vida urbana era, por excelência, carioca. Os carnavais locais eram uma cópia dos carnavais do Rio de Janeiro, com carros alegóricos, desfiles etc., e mesmo bairros da cidade ganhavam nomes tipicamente cariocas, como Flamengo. Os bons casamentos tinham de ter a presença feminina do Rio.

Isso até chegar o Lago do Sobradinho e os projetos de irrigação, a penetração capitalista semeando o desenvolvimento, colhendo empresários agrícolas, assalariando, introduzindo na produção uma parafernália tecnológica sem igual e fazendo aparecer, no sertão, pequenos cultivos exóticos: cana, uva, tâmara, melão, variados tipos de mangas selecionadas, colorindo a paisagem, integrando a agricultura ao mercado, abrindo as portas do sertão para o comércio exterior. Para se ter uma ideia aproximada do que começou a acontecer a partir da década de 70, apenas uma agroindústria de açúcar produzia, em Juazeiro, mais cana que todo o tradicional Recôncavo da Bahia e, hoje, os que acompanham a evolução agrícola, não relutam em colocar os projetos do perímetro irrigado como os mais avançados em todo os país.

No Sobradinho, as profecias conselheiristas voltaram à boca do povo nas canções do rádio:

Vai ter barragem no Lago do Sobradinho
E povo tá indo embora
Com medo de se afogar
O sertão vai virar mar, dá no coração
O medo que algum dia
O mar também vire sertão.

Carro de boi transportando palma para alimentar o gado na seca, em Glória.

Sobre o oeste baiano

O sertão é um mundo

Introdução

De forma bastante esquemática, a história do Vale do São Francisco pode ser dividida em seis momentos marcantes: 1. *Presença indígena* (antes da descoberta, até o século XVI); 2. *Desbravamento do Vale e expansão pecuária* (séculos XVII e XVIII); 3. *Economia* do catado no tempo das minas (século XVIII); 4. *Era do látex* (século XIX); 5. *Luz e progresso* (1928-1964); e o capítulo em curso *O Novo Mundo do Cerrado*. Esses foram momentos que plasmaram a fisionomia da região e lhe conferiram traços distintivos e característicos que, no entanto, nunca foram estáticos e sempre acolheram novas contribuições, nos seus períodos mais ou menos densos de ocupação e exploração. Também nunca foram momentos homogêneos, uma vez que o vale é muito extenso, vasto, imenso. Mas jamais foi um território indiferenciado dos sertões, como creem alguns estudiosos. Um mundo, como o chamou Wilson Lins no seu *O Médio São Francisco*. Na margem esquerda do rio, esse sertão franciscano, com seus gerais e chapadões, campos largos e sem limites rígidos ou definidos, não reconhece linhas imaginárias, nem a cartografia burocrática, integrando municípios de vários estados, formando o universo "roseano" do cerrado brasileiro: "grande sertão, veredas".

Por seu gigantismo geográfico, mas principalmente por sua distância da capital da Bahia, era conhecido até recentemente como *Além São Francisco*. Sua porção baiana inclui o que, a partir dos anos 80 do século passado, passou a se chamar de Oeste, região que faz fronteira com Goiás, Tocantins e Minas Gerais, estados com os quais os municípios baianos dessa parte de nosso mapa sempre guardaram íntimas relações. Fatos observáveis, como veremos mais tarde, no panorama cultural da região.

O Oeste, agora integrado por 14 municípios, foi redescoberto pelos baianos das outras áreas e por brasileiros de diversas paragens, sobretudo sulistas, e vive sua revolução agrícola, desde a implantação da soja nas áreas pioneiras de Barreiras e Mimoso do Oeste, hoje Luís Eduardo Magalhães, mas não só ali como também em São Desidério, Santa Maria da Vitória, Angical, Baianopólis, entre outros. Entre 1964 e 1970, a região passou por um momento difícil de sua história, com a desorganização do sistema de transporte fluvial e a desativação do aeroporto, fase superada quando o Programa de Desenvolvimento dos Cerrados (Prodecer), de 1985, reintegrou a região à economia baiana e levou o estado a realizar ali grandes investimentos. A leitura cuidadosa dos fatos revela que a região de Barreiras nunca esteve isolada ou desvinculada dos processos econômicos nas diversas fases históricas do país, não passando isso de um mito. Para ser mais preciso, de uma meia-verdade, explicada, em parte, pelo etnocentrismo das elites do Recôncavo Baiano, e também, de alguma forma, pelas dificuldades naturais de integrar uma região longínqua à lógica econômica litorânea. Mas essa visão foi contrariada pelos fatos, por uma intensa ligação dos agentes econômicos, pela permanente exploração dos recursos disponíveis e, quando possível, por uma unidade político-administrativa que assegurou nossa territorialidade, impedindo que Minas Gerais e Pernambuco avançassem sobre esse território que, sendo originalmente pernambucano, no período colonial, foi também mineiro para depois ser, definitivamente, baiano, administrativamente falando. Porque, culturalmente, trata-se de uma área tipicamente sertaneja, no que isso significa como contraponto da afro-brasilidade litorânea, marcada pelos laços raciais e étnicos que emolduraram, ali, a colonização e pelas culturas materiais engendradas, que asseguraram a ocupação efetiva daquele espaço fronteiriço do território baiano.

Presença indígena

O homem está no mundo do São Francisco há milênios. Achados arqueológicos realizados a partir de datações radiocarbônicas indicam que, pelo menos, oito mil anos atrás, os índios já viviam margeando o grande rio São Francisco. Na Gruta do Padre, por exemplo, há vestígios de 7.500 anos atrás. Nos sítios de Itacoatiara, foram encontrados instrumentos e resíduos que remontam a cerca de 2.500 anos. Carlos Etchevarne (2006) informa que, em seu curso médio, o rio atravessa um grande território de caatinga e transformou-se em eixo referencial para grupos indígenas do interior, permitindo-lhes a subsistência em todas as estações do ano.

Efetivamente, as incursões para a exploração dos recursos da caatinga poderiam ser feitas com distâncias que permitissem o retorno sem dificuldades ao São Francisco, ou seja, aos locais com água permanente. Por outra parte, nas margens desse rio e em suas numerosas ilhas, era possível uma subsistência mais farta, combinando a piscosidade das águas com a fertilidade do solo, apto para a horticultura e com uma mata ciliar composta, entre outras espécies, de grandes árvores frutíferas (ETCHEVARNE, 2006).

André Prous, em *Arqueologia brasileira* (1992), trata da criação plástica entre esses vários povos e identificou a arte rupestre no norte de Minas Gerais, na Chapada Diamantina, no Vale do São Francisco e em Sergipe. Classificou essa linhagem pictórica de "Tradição São Francisco", em que os grafismos abstratos (geométricos) sobrepujam, amplamente e em quantidade, os zoomorfos e os antropomorfos. Na maior parte dos desenhos, a bicromia é intensa, com traços nítidos e cores vivas.

São muitos e vários os registros. Spix e Martius (1938) afirmam ter visto, em 1818, na serra do Anastácio, uma série de desenhos primitivos, "grosseiros e esquisitos, linhas retas, curvas, círculos, pontos, estrelas que, sem dúvida, provêm dos antigos aborígenes".

Teodoro Sampaio notou, em 1879, inscrições indígenas em uma pedra em Olho d´Água, perto de Piranhas. Carlos Ott (1988) encontrou, em Campo Formoso, num local chamado Buraco D´água, desenhos rupestres pintados em vermelho, mas também em preto e em amarelo, nas lapas de rochas de calcário, às vezes com 20 metros de altura, onde, provavelmente, esses povos ancestrais se abrigavam. Valentin Calderón, em *Notícia preliminar sobre as sequências arqueológicas do Médio São Francisco e da Chapada Diamantina (1967)*, refere-se a antigos ritos de inumação encontráveis no vale sanfranciscano. Em Curaçá, o autor encontrou um sítio-cemitério, com enterramentos em covas rasas, onde o cadáver era depositado em posição fetal, com oferendas em forma de tigelas, de confecção grosseira, ou em posição acocorada em cova circular, com a cabeça protegida por um ou vários vasos, não faltando também, em algumas oferendas em pequenas tigelas, cachimbos de cerâmica em forma de peixes e tembetás de amazonita.

Donald Pierson (1972), no seu clássico *O Homem no Vale do São Francisco* – sem dúvida, a mais importante obra sobre o tema, escrita no começo dos anos 50 e só publicada 20 anos depois –, no capítulo a respeito dos ocupantes originais, trata dessa fase histórica, que deixou pouco ou quase nenhum registro, com muita acuidade. Para Pierson (1972), o caráter semiárido de grande parte da área, com suas secas periódicas e deficiência em vegetação natural comestível, torna improvável que tivesse sido grande o número de população aborígene local. Usando a pesquisa de Hohenthal, baseada em antigos cronistas, Pierson (1972) nos diz que os Tupi e os Gê estavam entre os índios do vale, quase sempre nas proximidades do rio São Francisco ou de seus afluentes.

Gabriel Soares de Souza, que por lá esteve em 1587, identificou Caetés na margem esquerda, Tupinambás na margem direita e, acima destes, Tupinaê, Amoipira e Ubirajara. Fragmentações grupais, lutas intertribais e enfrentamento com os portugueses levavam à constituição de novos grupos, às vezes conhecidos pelo nome de seus líderes.

Nimuendaju (1981), no seu mapa de distribuição dos grupos indígenas no Brasil, relacionou dezenas de tribos na região do vale e destacou três grupos na área de interesse específico desta análise, isto é, no Médio São Francisco: os Schacriabá, entre os tributários Paracatu e Urucuia, no século XVIII, e no Alto Preto, afluente do tributário Rio Grande, em 1818; os Acroá, no trecho alto do tributário Corrente, no século XVII, com outro grupo perto do Rio Grande, e os Aricobé, perto do tributário do Rio Grande, em 1744, e nas cabeceiras do Rio Preto, afluente do tributário Rio Grande (sem datação). Mais quatro grupos foram identificados mais ou menos distanciados da área do território de identidade do Oeste: Tobajara, Amoipira, Tupiná, Ocren e Sacragrinha. Das corredeiras para a frente, estavam implantadas dezenas de outros grupos.

Dos indígenas locais, só subsistiram os Aricobés. Hildete da Costa Dórea (1988), que pesquisou a localização das aldeias e o contingente demográfico das populações indígenas da Bahia entre 1850 e 1882, examinando a documentação da Diretoria Geral dos Índios, unidade administrativa da província que cuidava desses remanescentes, identificou uma em Alta Vereda do Sertão, no município de Angical. "Os índios desta aldeia estiveram em contato permanente, mas os engodos sofridos e o estado de miséria a que foram reduzidos os levaram a uma espécie de regressão no processo integrativo, ao que se poderia considerar um tipo particular de contato intermitente. Quando as condições o permitiam, eram agricultores. Mesmo assimilados e domesticados, os remanescentes dessa etnia sofreram um brutal massacre na década de 30 do século passado, que ficou conhecido como a 'chacina dos Aricobé'. Na realidade, o arranjo ameríndio preexistente, começou a ser desmontado com a chegada dos primeiros desbravadores. O ermo sertanejo foi sacudido pela ambição dos conquistadores, movidos inicialmente pela procura desenfreada de pedras preciosas, prata e ouro. Depois, pela onda de conquista e submissão dos aborígenes. Três frentes partiram em direção ao Vale: uma vinda da Bahia, isto é, de Salvador e seu recôncavo – à frente dela, a Casa da Torre, primeiro núcleo da elite agrária baiana, na sua sanha expansionista de anexação de terras e implantação de currais; outra, menos forte, de Pernambuco – a Casa da Ponte, vinda de Recife e Olinda avançava sobre a margem esquerda do Vale, que lhe era de direito, e outra ainda, mais voraz e violenta, de São Paulo. Esta, inicialmente, esteve voltada para o sul, dirigindo-se depois, com intensa fúria, também para o São Francisco."

Os índios sanfraciscanos estavam no centro dessa onda crescente, que se avolumou com o passar dos anos, e o Vale foi cenário de uma guerra chamada justa pela Coroa e que levou os grupos indígenas locais ao total desaparecimento ou à dispersão em aldeias e fazendas dos grandes proprietários que se misturaram a eles, gerando uma prole mameluca local, gente de 'sangue no olho', "pele brônzea, olhos oblíquos, raça de curibocas puros quase sem mescla de sangue africano", tipo racial característico que está na base da gente local, no dizer de Wilson Lins (1983). Tipos humanos por trás de tipos ocupacionais, como o vaqueiro, o barqueiro, o barranqueiro, o beiradeiro, o remeiro, o brejeiro e os antigos jagunços e mandões.

Sob o fogo dos Garcia D´Ávila e dos Guedes de Brito e debaixo de intensa perseguição dos bandeirantes paulistas e nortistas, os indígenas locais só tinham três alternativas: a escravização, a luta ou o aldeamento em missões religiosas. Isto é: a morte física ou a rendição cultural. Era a lógica do projeto colonial, depois assimilada pelo Império brasileiro. Os aborígenes sanfranciscanos foram, particularmente, resistentes. Desde cedo, sinalizaram sua determinação para a guerra, como bem evidencia o caso do bispo Dom Pedro Fernandes Sardinha, devorado pelos Caetés em 1556, nas proximidades da foz do Rio São Francisco, quando do naufrágio da embarcação Nossa Senhora da Ajuda. Além do bispo, foram devorados o provedor-mor e quase toda a tripulação. Esse banquete custou caro aos indígenas, resultando do episódio uma lei especial legalizando a escravidão dos Caetés, lei logo estendida para a "préia", outras tribos consideradas hostis. A captura e o apresamento constituíram importante atividade econômica, e a escravidão indígena mostrou-se como negócio rentável, principalmente quando associada a outros ganhos. A submissão indígena se estendeu aos "calhambolas", escravos africanos fugidos. Mas essa é uma outra história da cultura do Vale que merece tratamento à parte.

A conquista do mundo

Desbravamento do Vale e expansão pecuária

O primeiro homem branco a visitar o São Francisco foi o navegador italiano Américo Vespúcio, em 1501, em missão oficial de exploração, mas, só a partir de 1550, começou o que se conhece como processo de desbravamento da região. Nessa época, tiveram início as "entradas" para o interior da colônia, voltadas para a obtenção de mão de obra escrava para o trabalho nos canaviais e engenhos do Recôncavo da Bahia e da zona da mata de Pernambuco, empresa fortalecida pelo interesse na exploração das riquezas minerais que começavam a ser descobertas.

A ofensiva partiu de três frentes pioneiras da colonização portuguesa, localizadas no litoral e nas suas proximidades. De Pernambuco, ao norte do rio, particularmente da área de Olinda e Recife, veio talvez o menor número de exploradores; da Bahia, ao sul e a este do rio, na época (porque hoje o espaço territorial da Bahia inclui a margem esquerda do São Francisco até os limites com os estados de Goiás, Tocantins e Minas Gerais), sobretudo de Salvador e do Recôncavo, saíram numerosas bandeiras; e de São Vicente, Santos e São Paulo, de onde se deslocaram três frentes: para o interior do continente sul-americano, alcançando o Paraguai: ao noroeste, rumo ao Vale do Amazonas, e ao norte e a este, em direção ao Vale do São Francisco e ao Nordeste brasileiro.

Basílio de Magalhães (1935) diz que os motivos que conduziam essas entradas eram tão vários quanto os desejos humanos, e incluíam, sem dúvida, a ânsia de aventura, de prestígio e segurança financeira que a descoberta de pedras e metais preciosos e outras fontes de riqueza poderiam trazer. As descobertas de ouro e prata já realizadas pelos espanhóis em outras partes das Américas excitaram a imaginação dos portugueses e de seus associados na época. Peru e Potosi eram nomes que andavam na boca de todos os aventureiros europeus, encandecendo-lhes a mente.

Taunay (1924) também informa que "a rápida descoberta de minas riquíssimas, realizadas pelos espanhóis no México e no Peru, deslumbrava os europeus, que viam chegar ao seu continente, avaro de metais preciosos, estas quantidades imensas de prata e ouro" (TAUNAY, 1924). A ambição aumentava quando pequenas descobertas no interior do território do Brasil indicavam a ocorrência do ouro. Isso diz respeito diretamente aos paulistas, que encontraram ouro, entre 1590 e 1597, nas serras de Jaraguá e Jaguamimbaba; e ouro e prata em Biraçoiaba, no Rio Sorocaba, em 1597.

Observa ainda que qualquer mineral de aparência brilhante era usualmente considerado valiosa matriz de prata e mandado imediatamente para ser examinado por peritos. Havia também esperanças de se encontrarem esmeraldas, rubis, safiras e outras pedras preciosas semelhantes às do Oriente.

Outras expedições tinham sentido administrativo, governamental. O primeiro governador geral, Thomé de Souza, nos primórdios da colonização, autorizou uma dessas com o intuito de realizar um censo administrativo para o Rei de Portugal.

Boa parte das entradas era organizada para atacar grupos indígenas hostis e consumar o apresamento. Alguns outros bandeirantes ou entradistas estavam equivocadamente à busca de mais pau-brasil, madeira de grande valor comercial à época.

Ouro, prata, índio, riqueza, tudo excitava a ambição dos desbravadores que, em momentos de delírio, sonhavam encontrar uma fabulosa lagoa dourada, chamada "Eupana" por vários cartógrafos, que se supunha ser a nascente não só do São Francisco como do Rio Paraguai e de outro formidável rio que descia para o sul, alcançando Cananeia e Porto dos Patos. A crença era de que, ao longo das margens desse lago, viviam populações numerosas que lavravam peças de ouro e pedrarias e usavam como escudos de batalha grandes discos chapeados de ouro e engastados de esmeraldas.

A febre das pedras e as fabulosas estórias moveram as expedições reais, de sorte que, entre o final do século XVI e o seguinte, várias expedições alcançaram o São Francisco com esse intuito.

A prodigiosa atividade dos bandeirantes foi realçada por Saint-Hilaire (1937), que viu os desbravadores do interior brasileiro como integrantes de "uma raça de gigantes". Taunay (1924) assinalou que o século XVII foi especialmente do bandeirantismo, que com ele nasceu e com ele avultou prodigiosamente, preparando, para a centúria seguinte, a consolidação da posse portuguesa.

Capistrano de Abreu (1935) considera como grandes contribuições dos bandeirantes à região do São Francisco as ligações do Tietê e do Paraíba do Sul ao rio nordestino, através da região montanhosa da Mantiqueira, e a construção, com árvores cortadas nas cabeceiras do São Francisco, de canoas para serem usadas no trecho médio do rio, onde não se encontrava madeira para esse fim. Outra contribuição foi a de ajudar os currais a se estenderem até o Parnaíba e pela região onde está hoje o Maranhão.

Toda essa saga, essa aventura, exigia homens de fibra e destemidos. Muitos deles acabaram mortos nos seus deslocamentos e enfrentamentos, que eram movimentos de uma guerra de conquistas. Sim, porque as bandeiras não encontravam apenas as dificuldades da caatinga ou do cerrado inóspito, enfrentavam indígenas desiludidos com a ação colonizadora que lhes retirava a terra e alterava os costumes. A belicosidade resultante desse entrevero não deixava muito espaço ao entendimento.

A etnografia desse contato não é nada agradável. Ao longo do século XVII e começo do século XVIII, várias expedições que deixaram Salvador e o vizinho Recôncavo em direção ao sertão já o faziam com o uso das patas do boi, isto é, implantando seus currais após a conquista da terra. Em 1628, Francisco Garcia D´Ávila, o primeiro da dinastia da Casa da Torre, fez uma incursão ao Vale. Seu neto e homônimo decidiu a guerra na região: tomou toda a área dos indígenas. Com a descoberta do salitre no Vale, a pecuária se fortaleceu.

Taunay (1924) informa que, no final do século XVII, João Amaro Maciel Parente conseguiu abrir um caminho de sangue da costa sul da Bahia até o Rio São Francisco. Recebeu pelo serviço uma concessão de terras de 20 léguas de extensão, onde estabeleceu uma vila. Em 1692, o segundo Francisco Dias D´Ávila, latifundiário do Recôncavo, o mais famoso bandeirante da Bahia colonial, chefiou, por ordem do governador-geral, um grupo de homens para dizimar os índios Acroás, os mesmos que estiveram na região hoje chamada Oeste baiano e dominavam campos imensos que se estendiam a Maranhão, Piauí e Pernambuco.

Como mestre-de-campo dos auxiliares da Torre – assim se autodenominavam os integrantes da expedição de extermínio –, D´Ávila levava consigo 900 homens de seu regimento, 200 índios mansos, 100 mamelucos, 150 escravos, um comboio de munições de boca e de guerra e vários missionários. Era o consórcio hábil e eficaz da espada com a cruz. As consequências, para os Acroás e Schacriabás que habitavam as margens do Rio Iassu, nome dado pelas tribos ao atual Rio Grande, foram funestas. Foi no combate aos indígenas que a Casa da Torre assegurou seu megalatifúndio que chegou ao Piauí e ao Maranhão. Desse combate resultou a sesmaria da bacia do Rio Grande, de onde surgiu a mais antiga fazenda regional e que deu origem à atual cidade de Barra.

Aliás, a Casa da Torre tem papel destacado na submissão do Vale. O segundo Francisco Dias D´Ávila, tetraneto do fundador da sangrenta dinastia, conhecido como "o conquistador do Piauí", ao estabelecer suas fazendas de gado nas margens do São Francisco até perto de Minas, lutou contra os Rodelas, os Anaiós e outros indígenas. Em 1678, pediu permissão ao governador-geral para atacar indígenas no tributário Pajeú, a fim de se apossar de suas terras. Nesse mesmo ano, derrotou os Galaches que, vindos de umas ilhas do Rio São Francisco, invadiram várias povoações, destruindo os currais. Taunay (1924) relata que, em 1680, uma insurreição indígena em todo o Vale foi derrotada por outros índios e escravos, sob o comando de Francisco Garcia D´Ávila, resultando daí uma verdadeira chacina que levantou uma tempestade de protestos por parte dos missionários da região, dada a dimensão de sua brutalidade. Os que não quiseram sujeitar-se à paz foram degolados na Fazenda Pontal. Esse Garcia D´Ávila, informa Jaboatão, acabou louco e abandonado por sua família. Demente e sozinho, segundo Regni Vittorino (1983), "odiado e abandonado por todos, foi procurar abrigo na missão do frei Bernardo de Nantes", que tanto perseguiu e maltratou. A crueldade da guerra atinge a todos, afinal.

O contato racial estava estabelecido, a guerra em pleno curso, e o projeto colonizador alcançando grande sucesso no Além São Francisco.

Ao fazer um balanço em perspectiva desse largo período, Wilson Lins (1983), ele mesmo uma herança genético-cultural desse processo de contato, vai ao ponto. Abre aspas: ao tempo em que davam início à penetração do grande vale, os colonizadores, ao invés de povoarem-no, promoviam o seu despovoamento, matando o gentio que o ocupava. Plantando currais pelo ermo adentro, o explorador branco substituía por boiadas as tribos que encontrava em seu caminho. Matando ou escravizando o índio, o colonizador português, a princípio, realizou uma obra de escravização e extermínio e não de civilização. Por causa da tão propalada falta de braços para a lavoura, que em várias oportunidades iria determinar a paralisação dos engenhos do litoral, generalizou-se a caça ao silvícola, comandada quase sempre pelos próprios governadores, como foi o caso de Luis de Brito e Almeida. Como os padres se opunham à caça aos índios, postulando a sua conversão, os empreiteiros das expedições faziam crer que as tribos sanfranciscanas eram ferocíssimas. As matanças generalizadas aumentaram a resistência do gentio que reagia à ambígua civilidade da escravização. A gente de Pernambuco e Bahia, a quem se deve realmente a conquista do São Francisco, inicialmente agiu como horda inimiga, arrasando o silvícola. Alegando tratar-se de seres muito ferozes, procuravam obter a tolerância dos padres para as suas entradas, cujo objetivo era mais o apresamento de escravos (vendidos a dois cruzados por cabeça) do que o desbravamento da terra ignota. Fecha Aspas. Todavia, conclui o escritor, com todos os seus defeitos e erros, é a tais caçadores de índios que se deve a penetração nas terras do Vale.

Os fatos falam por si. A guerra de conquista, na região do São Francisco, foi – para a desgraça de muitos nativos e tristeza de alguns antropólogos e historiadores conservadores –, ao mesmo tempo, genocida e etnocida. No final, os que não tinham sido dizimados foram, com exceção de alguns remanescentes nos postos indígenas, assimilados e vieram a constituir o estoque básico do nordestino de hoje.

E não foi só contra o gentio que se voltaram os colonizadores. Com o desenvolvimento da colônia, a importação de escravos africanos tornou-se, como se sabe, prática regular na Bahia. E o tráfico de negros transformou-se em um segmento altamente lucrativo do grande comércio que alimentava, principalmente, a lavoura de cana-de-açúcar e os engenhos – que trabalhavam nove meses por ano. Relação social que logo se espalhou para outras atividades econômicas, se transferiu do campo para a cidade e se generalizou na vida social.

A fuga de escravos para regiões inóspitas do sertão também se tornou prática generalizada. Os calhambolas ou quilombolas passaram, portanto, a ser alvo dos capitães-do-mato e preadores de índios. Mas não apenas no plano da fuga ou resistência se encontravam os negros no Vale durante a fase da expansão pecuária, embora autores como Wilson Lins (1983) não considerem a presença negra como significativa no mundo do trabalho. Siglia Zambrotti Doria (1996) e José Jorge de Carvalho (1995), que estudaram em detalhe o quilombo do Rio das Rãs, localizado em Bom Jesus da Lapa, observam que, apesar de alguns historiadores e teóricos da escravidão terem minimizado a presença do negro no São Francisco, eles estiveram ali, mesmo em atividades consideradas como tipicamente brancas, como era o caso da pecuária. Clovis Moura (1986) refere-se a uma carta do Professor Artur Ramos a ele dirigida, em 1946, na qual afirma que "é possível, é quase certo que a influência negra tenha sido na região do São

Francisco maior do que se pensa, podendo mesmo terem sobrevivido certos costumes, inclusive traços de cultura material". Quando o legendário monge, que fundou o Santuário de Bom Jesus da Lapa, chegou ao local onde hoje se encontra o santuário, divisou, em Itaberaba, currais de vastas proporções, que eram cuidados por alguns portugueses e escravos da África. Ainda na região de Bom Jesus da Lapa, havia, em local distante da gruta uns quinhentos metros, umas choças de índios e, a uma légua, uns currais de gado do Conde da Ponte, aos cuidados de portugueses e africanos, segundo o Padre Turíbio Vilanova Segura (1943).

O mesmo Padre Vilanova informa que a intimidade do negro com a religião dos dominantes era tal, que chamavam o Bom Jesus da Lapa, o Cristo sertanejo, de Lenibé-Furamé.

Na formação dos grandes potentados da região, encontram-se famílias que fizeram suas fortunas usando o elemento escravo como peça-chave de suas propriedades. Em Angical, no começo do século XIX, inúmeros pecuaristas possuíam seus plantéis. Era o caso dos Almeida e dos Afonso Machado, famílias tradicionais que estão na base do processo de ocupação do Oeste e que usavam a força de trabalho dos negros regularmente. O patriarca dos Almeida, coronel José Joaquim de Almeida, chegou à região por volta de 1800, trazendo grande número de escravos e dinheiro. Recebeu da própria Coroa a incumbência de demarcar as terras da área e a titulação de "largos tratos nas margens do Rio Grande", inclusive a fazenda Malhada, abrindo lavouras cuja produção de cereais e as apreciadas rapaduras eram enviadas para várias cidades baianas e de fora. Ao acumular terras e dinheiro, a família elegeu um parente senador no Rio de Janeiro. Os Afonso Machado também migraram para ali e, como pioneiros, construíram, em 1841, a capela de Nossa Senhora da Penha. Prosperaram como agricultores usando a mão de obra escrava. Esse era o lado do uso do africano. Obviamente, a escravidão não se configurou ali como forma dominante no mundo do trabalho, mas não deixou de existir e marcar sua presença na vida material.

O lado do abuso, repressivo e violento, se voltava para os fugitivos. De toda parte vinha pancada, desde os tempos mais remotos. Da Bahia, em São Paulo e em Pernambuco. Antônio Guedes de Brito, da

Casa da Ponte, capitão de infantaria e mestre de campo e regente do São Francisco, agraciado com esse título pela Coroa portuguesa, já no século XVII um grande latifundiário com mais de 160 léguas de terras, pacificava índios e combatia quilombolas. Foi agraciado e reconhecido pela metrópole por seus serviços no combate aos aventureiros de toda espécie, negros e mamelucos, hábeis na arte do contrabando, salteadores de estradas e, principalmente, os ladrões de currais de gado.

Do alto da sua autoridade, Gilberto Freyre (1975) opinou que a zona do sertão da Bahia foi um verdadeiro paraíso para os quilombolas. O Vale do São Francisco, isolado, era, por outro lado, uma região ideal para aqueles fugitivos. Morais Rego aproximou-se da verdade quando, descrevendo a origem do povoamento da região, afirmou que a intromissão de elementos alienígenas na bacia média se efetuou de maneira obscura: elementos brancos, egressos do convívio social e negros fugidos. Formaram a população misturada e desordenada, vivendo ao sabor de seus vícios e paixões, que o Dr. Diogo de Vasconcelos denominou os facinorosos. Ressalvadas as lavras, não houve, no Vale do São Francisco, importação de escravos: o elemento negro consiste em egressos de zonas agrícolas e litorâneas subalternas. O quilombola, ao internar-se no sertão, aliava-se ao índio brabo, também revoltado como na serra da Tiúba, e assaltava o Rio São Francisco.

Material e simbolicamente, com mais ou menos inserção, vestígios históricos e culturais comprovam essa presença. Nelson de Araújo (1996) encontrou, na década de 1990, em Angical, na região que chamou de microrregião dos Chapadões do Rio Corrente, uma congada – velho auto afro-brasileiro – de história retraçável, beirando a documental. Atribuiu o registro aos muitos quilombos verificados no local. Curiosamente, seu informante para a manifestação era uma descendente da família Almeida, que partiu do Rio de Janeiro até ali com grande escravaria no início do século XIX. A etnografia de Araújo é quase uma fotografia:

Como de praxe, a congada de Angical, venera Nossa Senhora do Rosário, cuja festa se celebra de primeiro a seis de janeiro. Como também de praxe, tem um rei e uma rainha, anualmente escolhidos. No encerramento da festa, depois da missa, o novo rei e a nova rainha recebem suas coroas na matriz de Sant´Ana, a padroeira da cidade, momento em que os congados dançam dentro da nave. Desde o dia 31, diante da igreja, está levantado um mastro em que se ergue a bandeira de Nossa Senhora do Rosário. Em seu cortejo, os congados conduzem o estandarte da protetora, que é sempre invocada nos cantos.

E por aí segue a detalhada descrição dessa manifestação. Na época em que visitou a cidade, em 1991, eram 24 os congados, fora o rei, a rainha e o rei Congo, organizador do grupo, todos formados por lavradores.

A história e a cultura, portanto, confirmam: o processo de ocupação do Vale não dispensou o negro. Se não é elemento majoritário, como no Recôncavo, ou marcante, como na Chapada Diamantina, ele não é nulo, como sugeriu Wilson Lins. Pode ter sido secundário, mas nunca nulo.

A própria natureza do processo histórico explica isso. Como não era uma área diretamente conectada às atividades de exportação, a região do Rio São Francisco não se estruturou sobre relações escravistas. Usou a força de trabalho escrava, mas edificou sua economia e sua estrutura social sobre outras formas de submissão da força de trabalho. A pecuária nordestina foi a responsável pelo arranjo que instituiu, para alguns, esse feudalismo à brasileira, isto é, uma economia de vassalagem, parceria, submissão e compadrio que se fez sob a pata do boi.

O fato é que a criação extensiva de gado não foi apenas uma atividade econômica. Foi um modo de vida, uma transformação de costumes que colocou uma nova estrutura social no lugar da vida nômade e tribal do Vale. À atividade principal do pastoreio articularam-se outras, como a exploração do sal, a construção de vilas, a indústria do salgado e uma série de artesania de uso vário. Mas, principalmente, o comércio, que rompeu o isolamento, integrou as fazendas produtivas pelos caminhos do gado e do rio e articulou a região a outras regiões, à capital e a outras províncias, depois estados.

Capistrano de Abreu (1935) assinalou que a criação de gado, no São Francisco, foi influenciada por quatro diferentes fatores. Em primeiro lugar, a extensa área não servia para o cultivo de cana que os europeus e seus descendentes desenvolviam na costa, mas produzia uma pastagem natural e, o que se descobriu depois, certas quantidades de sal em diversas baixadas salobras. A exploração em maior escala desse produto no Rio Salitre potencializou ainda mais a expansão pecuária. Em segundo lugar, a criação de gado requeria menos trabalho do que a maioria de outros produtos (consideração primordial em uma área de população escassa) e não exigia traquejo especial. Em terceiro lugar, o gado fornecia a seus proprietários constante suprimento alimentar, superior ao suprimento de peixes e mariscos. E, em quarto lugar, o gado transportava a si mesmo, não necessitando de outro meio que não fossem suas próprias patas, para atingir um mercado mesmo distante.

O sucesso da pecuária foi tal, que o transporte de gado deu origem a uma rede de estradas ligando as regiões produtoras aos principais mercados consumidores e fazendo da atividade um destacado meio de acumulação de riquezas no interior do Brasil, assegurando a presença colonizadora nos sertões mais longínquos. Assim, os séculos XVII e XVIII assistiram, na colônia, ao fortalecimento do compartimento interno de sua economia, à anexação de um vasto território ao mundo produtivo e, depois dos currais, ao surgimento de vilas, povoados e cidades que se edificaram em torno das atividades agropecuárias.

O gado regulava a vida do interior no ciclo que Capistrano de Abreu (1935) intitulou de "época do couro".

As peles do couro, por exemplo, vieram a prover muitas das necessidades da vida pioneira: roupas para o mato; camas rústicas para serem usadas sobre o chão; e mais camas onde pudessem dar à luz; macas onde guardar as roupas; portas de cabanas; "borrachas" para carregar água; mocós e alforjes para carregar provisões e outras coisas; banguês para os cavalos e peias para prendê-los nas viagens; receptáculos para rapé; e bruacas, cordas, surrões e bainhas de faca. Na construção dos açudes, a terra era também transportada por meio de couros, puxados por bois. O couro veio a ser, pois, uma das principais fontes de todos os artefatos (ABREU, 1935).

As feiras, a salga, a lida do vaqueiro e o comércio da carne e subprodutos trouxeram consigo novos costumes, hábitos e profissões. Com o aboio do vaqueiro, apareceram os curtumes, os seleiros, os armeiros, os artesãos de variada procedência que fortaleciam a atividade central e contribuíam, aos poucos, para formar uma nova cultura na região, base da vida sertaneja, centro do comércio e dos negócios.

Os baianos foram pioneiros nessas frentes, mas não os únicos. Seja pelo litoral, atingindo Sergipe, seja pelo interior adentro, ocupando o Vale, atingindo sua margem esquerda, mas também em direção ao sul e ao norte, de tal maneira que alcançaram o Piauí e mesmo o Maranhão. Diz Pierson (1972): "até mesmo a região onde estão hoje os estados do Ceará, Paraíba e Rio Grande do Norte deve em parte seu povoamento a fazendeiros de gado do São Francisco".

Herdeiro do espólio da Casa da Ponte, Manuel Nunes Viana tornou-se um exemplo desses megalatifundiários. No final do século XVIII, com a descoberta do ouro, tornou-se o grande comerciante da região sanfranciscana. Seu inventário, feito extrajudicialmente em 1806, revela bens muito superiores à receita da capitania da Bahia. E o realizado amigavelmente, em 1832, é superior ao da receita da província naquele ano. O resto de seu patrimônio nesse ano somava 20 mil cabeças de gado e 30 enormes fazendas.

Em longa apreciação que merece transcrição completa, Lins (1983) salienta:

"A marcha dos latifúndios através do vale foi profunda: pela margem esquerda, os rebanhos entraram até o Vale do Paracatu, e, pela margem direita, atingiram o Rio das Velhas. Graças à formação desses grandes latifúndios, pôde ser mantida a unidade territorial da colônia, com a criação de caminhos internos, que, convergindo para o Vale do São Francisco, rasgaram acesso a Goiás, Piauí e Minas. A expansão dos latifúndios trouxe, como era natural, a identificação dos povoadores com a natureza, transmudando-os de portugueses em brasileiros – brasileiros pela moradia, pela alimentação, pelos vestuários, pelos hábitos novos que iam adquirindo ou criando. Aqueles homens ávidos de terra, embrenhados nos vales com suas boiadas, perdiam inteiramente suas características de europeus, e a própria estrutura social que pretendiam transplantar de Portugal para a terra bárbara sofria a influência do meio geográfico. O ambiente que os cercava, poderoso e absorvente, terminou por imprimir características próprias, originais, aos agrupamentos humanos com que eles iam mosqueando o sertão. Portugal ficara na costa, caranguejando nos aldeamentos litorâneos, ouvindo os sermões de Vieira, cantando a missa na Sé. Ali, naquele mundo sem fim, de águas barrentas e cachoeiras bravias, o que existia já era o Brasil, contraditório e violento, dando largas ao seu anseio de crescimento."

No panorama cultural do sertão do Vale, em finais do século XVIII, o vaqueiro despontava com destaque entre os tipos ocupacionais. Adiante, ele se transmutaria no jagunço. O catingueiro, plantador das áreas interiores, o brejeiro das áreas alagadiças, o beiradeiro, remeiro, barqueiro e demais categorias ligadas à terra ou à vida nos rios da bacia hidrográfica substituíram o indígena no plano dos dominados. E os megafazendeiros, sucessores dos sesmeiros, constituíram o que Antônio Fernando Guerreiro de Freitas (1992) chamou de "corte sertaneja".

A expansão pecuária vai receber novo alento no avançar do século XVIII, com a descoberta do ouro em Minas e o intenso fluxo de mercadoria que essa nova frente colonial de exploração deflagra. E a margem esquerda do Vale, onde hoje está o Oeste, vai ganhar maior projeção, configurando o seu ciclo mais denso, responsável pelo seu primeiro matiz identitário. Logo, reforçado por outras atividades econômicas e maior grau de complexidade.

São João do Porto das Barreiras

No século XVIII, grandes fazendas e farta agricultura já existiam na margem esquerda do São Francisco. Muito tempo antes, os desbravadores haviam alcançado o tributário Rio Grande e seu último trecho navegável, onde havia uma barreira natural no rio impedindo a passagem de embarcações. Ali implantaram um porto com dois pontos de embarque e desembarque de barcas, batizado como São João, mais conhecido como Porto de São João das Barreiras, localizado em terras da Fazenda Malhada, nome que evidencia, no plano simbólico, a forte presença da pecuária na cultura local. Administrativamente, pertencia ao município de Campo Largo, depois Angical, de onde se desprendeu a maioria dos municípios da região Oeste de hoje, com exceção de Santa Rita de Cássia. Através desse porto, os fazendeiros locais escoavam a produção agrícola: milho, feijão, arroz, rapadura, cachaça. Os barqueiros exerceram, no Rio Grande, papel vital para a colonização. No porto, chegavam também as tropas de burro vindas de Goiás e do Piauí para intenso comércio. Servia para comprar o que vinha da capital da Bahia (querosene, ferramentas, remédios, vinho e tecidos) e vender o que os colonos produziam.

Pelos leitos dos rios e nos lombos dos burros, naqueles tempos lentos, uma dinâmica economia movimentava a vida dos sertanejos e os conectava aos grandes centros consumidores. Pequenos, médios e grandes comerciantes integravam essa cadeia que ligava o litoral ao interior. Antônio Fernando Guerreiro de Freitas (1999) denominou, com propriedade, esse processo de "economia do catado", que ganhou novo dinamismo com a descoberta do ouro em Minas Gerais e do diamante no Brasil Central. A corrida para as minas determinou o surgimento de vários núcleos populacionais em toda a extensão do Vale, constituídos em torno dos currais ao longo dos rios, que foram responsáveis pelo estabelecimento de um ativo mercado de gado e produtos vegetais da região, servindo, posteriormente, como pontos de escoamento de tais produtos para os grandes centros urbanos do Norte, Nordeste e Sul da colônia, localizados nas zonas costeiras. O São Francisco, em geral, se beneficiou desse surto.

A conexão com as minas levou Urbino Viana (1935) a sugerir que, se não fosse o gado da Bahia, especialmente da área ao longo do São Francisco, a mineração do ouro em Minas teria fracassado por falta de gêneros alimentícios: carne e farinha dos currais da Bahia salvaram os mineiros, afirma o autor.

Orville Derby, citado por Pierson (1972), levantou hipótese ainda mais ousada. Para ele, caso a corte portuguesa não tivesse proibido terminantemente qualquer comunicação entre Salvador e as minas, em 1701, o próprio comércio já em curso teria se centralizado em Salvador e não no Rio de Janeiro, como acabou acontecendo. E, para isso, não faltou determinação ao governador-geral Dom João de Lancastro que, no ano anterior, cumprindo sua obrigação, mandou duas expedições até a área de extração do ouro, a fim de encontrar o caminho curto possível entre a Capital do Brasil e as minas. Derby arrisca: caso a corte não tivesse interferido, outra seria a história de Salvador, das minas e do Brasil.

O fato é que as ligações eram fortes e já vinham de antes. Para Euclides da Cunha (1970), o São Francisco se tornou o caminho predileto dos sertanistas visando, sobretudo, à escravização e ao descimento do gentio. Foi, nas altas cabeceiras, a sede essencial da agitação mineira; no curso inferior, o teatro das missões; e, na região média, a terra clássica do regime pastoril, único compatível com a situação econômica e social da colônia. Bateram-lhe por igual às margens o bandeirante, o jesuíta e o vaqueiro (CUNHA, 1970).

O papel desempenhado pelo rio ganhou maior relevo com as minas, quando se definem, segundo Caio Júnior (1976), os novos padrões demográficos brasileiros, configurando o que hoje se chama Centro-Sul. Nesses três quartos do século XVIII, o rio foi uma grande via de força de trabalho, comida e comércio. Muitos, como João Ribeiro (1929), devem ter se fixado nisso quando chamaram o São Francisco de "rio da unidade nacional", que ajudou a ligar a costa nordeste e o Sul, de modo que lugares tão amplamente separados puderam estar administrativa e politicamente unificados.

Esse papel viria, depois, a ser reforçado pela conexão hidroferroviária, quando, no final do século seguinte, o rio se ligou a Salvador por uma estrada de ferro. Um pouco antes, a partir da década de 1860, a "gaiola" fez sair do sertão para Minas, e daí às terras roxas de São Paulo, uma legião de trabalhadores nordestinos que fugiam à opressão da seca e dos mandões locais, fazendo o movimento inverso dos bandeirantes, para colonizar São Paulo. O mais brilhante romancista da região, um humilde alfaiate de Santa Maria da Vitória, Osório Alves de Castro, escreveu sobre esse ciclo, publicando uma trilogia memorável com o linguajar típico dos gerais: *Porto calendário, Maria fecha a porta pro boi não te pegar e Baiano Tietê* (CASTRO, 1990). O último dos livros tive a honra de tirar do ineditismo. Lavradores, beiradeiros, catingueiros e trabalhadores irrompem de suas páginas exultantes: "Ano que vem, São Paulo me tem". A migração brasileira e a busca sazonal por trabalho suscitaram esse deslocamento e possibilitaram aos nordestinos colonizarem o Sul.

Quando o século XIX se anunciava, Barreiras não passava de um pequeno entreposto fluvial. É na condição de porto de "catados" que vai seguir até a segunda metade do século seguinte, quando um fato inusitado provocará uma reviravolta em sua história, colocando o antigo porto do Rio Grande no centro de um surto de desenvolvimento responsável pela elevação da localidade para a posição de povoado e, logo mais, de capital regional.

Na era do látex

Por mais incrível que possa parecer, foi o automóvel o grande responsável pelo que se pode chamar de primeiro momento de desenvolvimento urbano do Oeste, aliás, de muitas localidades do São Francisco, em que pese o fato de que automóvel mesmo, ali era raro. O coronel Franklin Lins de Albuquerque, pai de Wilson Lins e comandante em armas das forças que expulsaram a Coluna Prestes pela fronteira brasileira com a Bolívia – senhor de dezenas de fazendas na região –, deve parte de sua fortuna a essa atividade, que, tendo se iniciado por volta de 1870, garantiu emprego e lucro aos nordestinos durante um ciclo extenso, até por volta da década de 1920.

No porto de São João das Barreiras, a exploração do látex da mangabeira, espécie endêmica, determinou um intenso processo migratório, levando para a região milhares de trabalhadores. As embarcações se avolumavam no Rio Grande e as edificações se espalhavam na área próxima. Para produzir borracha destinada à exportação e à movimentação da moderna economia americana e europeia, o mundo rude do sertão explorava uma árvore nativa e aumentava, com isso, o movimento comercial que boiadeiros e barqueiros já tocavam no porto. Prospera, nessa quadra, o povoado de São João e fortalece ainda mais sua condição de entroncamento das estradas de Goiás e Piauí. Em 1881, o antigo povoado já era uma freguesia em franca prosperidade e, dez anos depois, se tornou distrito de paz do município de Angical. No mesmo ano, emancipou-se como vila, com território próprio, conselho municipal e fórum. Finalmente, em 1902, Barreiras foi guindada à condição de cidade quando já possuía 2.500 habitantes em sua sede e mais de 600 residências na área urbana. Não era grande coisa, se levada em consideração a hierarquia das grandes cidades da Bahia à época, ou mesmo a ocupação mais densa do Vale, que tinha cidades de projeção como Barra, Juazeiro e, do lado pernambucano, Petrolina. Mas era um início promissor no quadro do Oeste fracamente povoado, com uma rala densidade demográfica e uma imensidão territorial (dez, vinte vezes maior que o Recôncavo Baiano).

Sem dúvida, a irrupção, na Chapada Diamantina, de novo surto mineral no país, a partir de 1845, contribuiu também para a dinamização da economia sanfranciscana. A exploração do diamante em vários municípios baianos, como Lençóis, Andaraí e Mucugê, constituiu, de repente, um grande mercado consumidor no centro da província, deslocando milhares de pessoas entusiasmadas com a possibilidade da fortuna. Durante quase 30 anos, a garimpagem nas lavras abriu uma nova alternativa de acumulação na Bahia, com consequências positivas para o comércio e a agricultura. A "economia do catado" ganhou, com as lavras diamantinas, novo alento, logo desfeito quando retrocedeu à economia de enclave.

Uma pecuária extensiva forte, o excedente gerado pela extração do látex e um comércio regional intenso formaram, na região, uma elite poderosa que, na historiografia regional, se transmuta na categoria ideológica de "famílias tradicionais", que vão exercer importante missão na condução dos negócios, da administração pública e da política. Esses núcleos de poder familiar estruturados após séculos de história, incluem cariocas, mineiros, pernambucanos, baianos da região e da Chapada, enfim, têm diferentes procedências étnicas, mas se formam sob o caldo da cultura local, da dedicação à cidade, do amor ao torrão e do escancarado bairrismo.

Alguns desses clãs merecem destaque pelo que representaram no plano econômico, político e social. Os Vieira de Melo, naturais de Campo Largo, progrediram vendendo rapadura e cachaça e se projetaram formando os filhos na capital. Um deles, Antonio Vieira de Melo, diplomou-se em Direito e foi diretor do Teatro Municipal do Rio de Janeiro. Outro, Arnoldo, seguiu a carreira diplomática e foi embaixador do Brasil em vários países. Almiro, formado em Medicina, retornou a Barreiras e tomou gosto pela política, tendo sido, por duas vezes, prefeito da cidade. Tarcilo, advogado, foi deputado federal e líder do governo na época de Juscelino Kubitschek.

Outro desses potentados regionais foi o clã dos Balbino Carvalho. Essa família saiu de Barra e chegou a Barreiras no final do século XIX. A matriarca, Feliciana Carvalho, enriqueceu colocando os filhos no trabalho das barcas, transportando produtos agrícolas como "borracha" e carne seca para comercialização no porto de Juazeiro, de onde traziam produtos industrializados. Ricos e poderosos, ganharam enorme prestígio local e nacional. O coronel Egmídio Balbino foi prefeito de Barreiras e grande entusiasta da urbanização da cidade. Seu irmão, Antônio

Balbino de Carvalho, fazendeiro, capitalista, foi um empreendedor, deixando uma fortuna considerável para seus dois filhos. Um deles, Antonio Balbino de Carvalho Filho, estudou Direito no Rio de Janeiro e Economia na Sorbonne, mas tinha a política no sangue. Foi deputado, de 1937 a 1947, ministro da Educação e Saúde no governo Vargas, ministro dos Negócios, Indústria e Comércio de Jango Goulart, senador e governador da Bahia (1955-1959). Dois feitos de destaque do seu governo: a criação da Comissão de Planejamento Econômico (CPE), agência estatal que ganharia a sociedade baiana para a ideia do planejamento, vital na superação da economia agroexportadora, e a construção do Teatro Castro Alves, que, infelizmente, incendiou antes de ser inaugurado. Ao morrer, em 1992, Balbino legou para os herdeiros imensos latifúndios, passados quase como morgadios coloniais. Uma dessas propriedades, com milhares de hectares, foi escolhida em Barreiras, pelo governo Waldir Pires, como modelo para a reforma agrária na Bahia, bem conduzida pelo primeiro secretário da pasta, o escritor e político Euclides Neto. Era propriedade do deputado Nei Ferreira, genro de Balbino e dono de mandato sempre renovado à custa da ingenuidade do eleitorado e de suas carências. Eu estive nesse assentamento como repórter, no final dos anos 1980 e fiquei impressionado com a enormidade da propriedade onde já estavam centenas de famílias de posseiros.

De volta ao tema, o influxo da dinâmica suscitada pelas lavras, pela exploração do látex e pelo comércio garantiram o primeiro instante de fulgor regional, destacando a região no mapa geoeconômico do estado que acabava de nascer com a República.

É sob o signo desse processo constitutivo que Barreiras vai liderar – nas duas primeiras décadas do século XX – um surto modernizador na região, um capítulo luminescente na história do Vale, embalado pelo progresso técnico e o grande contentamento trazido pela luz elétrica. Um feito de significado muito amplo, pois a Bahia havia acabado de ganhar sua primeira usina geradora de energia hidroelétrica, de hulha--branca, como se dizia, em substituição ao carvão de pedra importado que alimentava os lampiões nas vias públicas, residências e repartições. Menina dos olhos do Governo Seabra, a Usina de Bananeiras, no Recôncavo Baiano, entre as cidades de Muritiba e Cachoeira, começou a ser construída em 1906, mas a Primeira Grande Guerra atrasou enormemente sua inauguração, que só veio a acontecer na década de 1920.

Luz e progresso

O século XX chegou para a região do Oeste como uma quadra promissora, de crescimento e progresso. Ela já era notável desde o final do século XIX, tanto na cidade quanto na área rural. Alguns proprietários, como Severiano Angelo da Silva, destacaram-se pela ação modernizante. Na Fazenda Limoeiro, situada alguns quilômetros acima da cidade, ele construiu seu próprio porto, que passou a ter uso generalizado, constando inclusive dos mapas da época. Esteve à frente de várias iniciativas inovadoras no campo produtivo e se orgulhava de ter implantado a primeira usina beneficiadora de arroz e algodão da região, usando a força da água para movimentar as máquinas, uma vez que não havia energia elétrica disponível. Além da roda d´água na usina de descaroçamento, Severiano introduziu no Oeste o gado zebu.

Mas o condutor, a figura de primeiro plano de toda essa onda de mudanças que vieram do final do século XIX e se avolumaram no início do século XX foi Geraldo Rocha. Sua família procedia de Barra e sempre esteve ligada aos negócios e à política local. Rocha se formou em Engenharia em Salvador e implantou a energia elétrica em Barreiras em 1919, a partir da queima da madeira e do uso do vapor d'água. Essa primeira revolução técnica despertou o empresariado local para os ganhos com usinas de beneficiamento do algodão, arroz e milho.

No ano seguinte, Geraldo Rocha, em sociedade com seu irmão Francisco e Antônio Balbino de Carvalho, constituiu uma empresa, a Sertaneja Agropastoril, para tocar o projeto de uma hidroelétrica. Após a construção de um canal, a usina foi finalmente inaugurada em 1928, iluminando as noites da cidade e dando grande impulso à economia, que assistiu à modernização da agricultura, à implantação de um matadouro-frigorífico e até de uma fábrica têxtil. Era a segunda hidroelétrica baiana, o que aumentava ainda mais o orgulho e o contentamento dos habitantes da região. Ademais, o simbolismo da luz, o efeito mágico que produzia sobre a população, acostumada a andar às escuras, causou um forte impacto nas pessoas diante dos resultados concretos do progresso.

A melhoria das condições gerais da cidade atraiu à região muita gente seduzida pela possibilidade de uma vida melhor. Profissionais liberais, médicos, dentistas, farmacêuticos, gente do comércio, professores encontravam ali oportunidade de trabalho, e a cidade passou a funcionar como uma espécie de polo regional de serviços.

É nesse compasso de crescimento que a cidade recebe a notícia da construção de um aeroporto, em pleno governo Vargas. Sua posição geográfica estratégica, no coração do Brasil, com certeza levou o Estado Novo a essa opção. A necessidade de estimular a aviação e aumentar a segurança dos voos fazia de Barreiras o local ideal para uma base de abastecimento. As obras do aeroporto, que começaram em 1937, se consumaram em plena guerra, quando os americanos passaram a usar suas instalações para operações na Segunda Guerra Mundial.

Na memória local, esse ciclo de progresso regional se interrompeu na década de 1960, quando, ao mesmo tempo, o governo federal esvaziou a navegação e desativou o aeroporto, passando o controle do tráfego aéreo para o aeroporto de Brasília. Em termos econômicos, o maior desastre adveio, no entanto, da interrupção do fornecimento de energia, comprometido com a nova administração realizada pelo poder público, que decidiu encampar a hidroelétrica, levando-a ao fechamento completo dois anos depois. Seus efeitos gerais foram nefastos para a vida de Barreiras. Resulta desse momento infeliz (1964-1970) um período curto de lassidão, que será definitivamente encerrado na década de 1970, quando uma reviravolta, uma revolução agrícola, sacode todo o Oeste. Ela começa com o pequeno grão da soja, mudando completamente a paisagem, os costumes, a cultura, a vida dos que aí estavam e dos que "descobrem" Mimoso, São Desidério, Angical, Baianopólis, Formosa do Rio Preto, enfim, o cerrado baiano, que se abre para a fronteira agrícola do país, atraindo capital, trabalho e a atenção dos estudiosos e acadêmicos.

Uma sensível memorialista local, Lélia Rocha (1996), rememorando o bucolismo de seu tempo, refere-se a Barreiras como "pequena urbe, polo de uma região longínqua e isolada, contida da exaltação". Descreve proustianamente a típica sociedade rural onde nasceu na segunda metade do século XX, sociedade católica e tradicional, que passou a mandar seus filhos com alguma posse para estudar em Brasília:

"Em 1941, financiado pelos americanos, ganhamos o maior campo de aviação nacional, como auxílio no transporte de tropas e mercadorias, no apoio às operações da guerra mundial. Era uma rosa dos ventos, com oito pistas, no nosso planalto particular, cujo acesso dependia de uma estrada romântica, meandrosa, descortinando, a cada quilômetro, maravilhoso cenário, envolvendo o Rio Grande e suas verdes matas marginais. Formações rochosas singulares silenciavam os visitantes pela excentricidade de suas formas. Uma ida ao aeroporto era uma aventura gostosa para seus habitantes carentes de lazer público.

Mas a meninada satisfazia-se com banhos no Rego; a colheita do 'caju', às margens do rio de Ondas; a fuga para 'banhar' no rio Grande, um ramalhete de flores cintilantes, quando fustigado pelos raios solares, em eterno movimento. No cais, as 'gaiolas' e as barcas ornadas com suas carrancas sombrias faziam a festa da população com seus silvos longos e alegres. Mas o toque da despedida aguda e melancólica induzia às emoções incontidas, transformadas em lágrima pela separação de parentes, amigos e amores, para os mistérios da ausência.

Na sua evocação dos tempos idos, a autora chama a atenção para esse mundo em que viveu, "típica sociedade rural que fofocava nas calçadas de suas casas, enquanto observava a meninada brincando de cirandinha, chicotinho queimado, camaleão, cabra cega, giribita, nos areões das ruas descuidadas".

Eventos tradicionais, profanos, folclóricos e religiosos são lembrados no texto que se detém, especialmente no Nazaro, típica festa irônica local, que encerra simbolicamente os arroubos da materialidade do Carnaval.

Nesse extremo-oeste, e não só em Barreiras, mas também em Angical, Nelson de Araújo (1996) assim viu o Nazaro, singular costume da noite de Quarta-feira de Cinzas: "Trata-se de uma sátira a quem se excedeu no Carnaval, pois de tais excessos morreu o Nazaro, supostamente levado à sepultura pela noite da Quarta-feira de Cinzas. Este é o motivo por que os amigos não permitem que seja visto no estado em que ficou. A punição para os que desobedecem é serem eles próprios, ou suas casas de portas e janelas abertas, maculados pelo pó do café, a farinha de trigo e quejandos que lhes atiram". Em 1991, Nelson de Araújo (1996) ainda assistiu à manifestação, moderada, "para não incorrer nos excessos que critica". Com alguma variação, o Nazaro se firmou como típica manifestação do folclore regional.

Festa do Divino, terno de reis, bumba-meu-boi e reisados, entre outras manifestações culturais, foram verificados pela pesquisa de Nelson de Araújo (1996), numa "Barreiras que vem atraindo emigrantes de muitos estados, sobretudo do Rio Grande do Sul, Paraná, São Paulo, Ceará e Pernambuco". Que tendo, à época, pouco mais de 40 mil habitantes, via também chegarem os japoneses.

Os gaúchos e os paranaenses convergiram para a vila de Mimoso do Oeste, numa proporção mais ou menos idêntica de 45% para cada agrupamento. Os gaúchos tentaram criar um dos seus Centros de Tradições Gaúchas, que não foi avante. Hoje, há uma mais ampla associação de moradores da populosa vila, em que se acham envolvidos. Na convivência familiar, preservam seus costumes, inclusive as danças típicas. Mas não são uma colônia exclusivista. Cultivam o que é seu e estão interessados no que é baiano (1996).

Um novo momento se anunciava no cerrado brasileiro. Um novo capítulo na história do Sertão da Bahia, tendo o Oeste como cenário privilegiado.

O novo mundo do cerrado

Desde 1970, a expansão da fronteira agrícola baiana para a região dos cerrados vem atraindo, para vários municípios, brasileiros de muitos lugares: gaúchos, mineiros, paulistas, paranaenses. E não só brasileiros: para a região acorrem também agricultores de outros países, que encontraram, no Oeste, excelentes condições de prosperidade. Gente de toda parte, portanto, que encontra, no agronegócio, oportunidade excepcional de crescimento. No imenso vazio demográfico regional, velhas cidades e cidades novas integram-se à agricultura mecanizada, vivenciando uma experiência cultural inovadora e integrativa. Inovadora porque representa a tão decantada penetração do capitalismo no campo. Integrativa, pois uniformiza o Oeste no quadro agrícola desenvolvido do país que abre, desde algum tempo, um intenso processo de mudança social, instituindo o meio técnico no mundo rural. Isso cria, portanto, uma nova mentalidade entre os produtores, responsável pela nova cultura caipira ou sertaneja que, além de sua lógica material, tem seu estilo nas preferências estéticas que vão da moda à música, do tipo de automóvel aos hábitos culinários, dos erres puxados das palavras ao modo de vida rural-urbano que nasce com o agronegócio.

Tudo isso advém do contato entre o que preexistia e o que se coloca como novidade. Mas, no Oeste, a chegada do avião no terreiro da fazenda não sufocou o Nazaro local, nem a mecanização agrícola fez desaparecer o folguedo rural, como o bumba-meu-boi. Evidentemente, o progresso inovou na forma de preparação dos alimentos, massificou o churrasco gaúcho, que deixou de ser comida de gente de fora e passou a ser servido ao lado da carne do sol, do torresmo e da jacuba. Interferindo na vida, no vocabulário e nos hábitos locais, os que chegavam mudaram, principalmente, a paisagem humana e ambiental da região. Se algum lugar na Bahia viveu, nas últimas três, quatro décadas, um processo de mudança que não pode, de forma alguma, ser reduzido à condição de mero crescimento econômico, esse lugar foi o Oeste baiano.

Ali não aconteceu apenas o que Milton Santos Filho chamou, muito criativamente de passagem dos "tempos lentos" do universo tradicional para os "tempos rápidos" do mundo moderno. O que houve foi algo ainda mais denso e significativo. Quantitativa e qualitativamente falando. Esse novo povoamento, o desbravamento e a exploração regional representam a colonização efetiva da área, incorporando terras improdutivas, transferindo população, introduzindo tecnologias avançadas, acumulando capital e modernizando a vida da região. Tudo em meio ao intenso contato interétnico, num típico e veloz processo de expansão agrícola. Vários estudos oficiais e acadêmicos que analisam a incorporação dessa antiga "área de reserva" chamam a atenção para a diversidade de modelos aí existente. Se olharmos, por exemplo, o conjunto diversificado que inclui Angical, Baianopólis, Barreiras, Canopólis, Catolândia, Correntina, Cotegipe, Cristópolis, Formosa do Rio Preto, Jaborandi, Luis Eduardo Magalhães, Mansidão, Riachão dos Neves, Santa Maria da Vitória, Santa Rita de Cássia, São Desidério e Wanderley, o que vamos ver não será algo uniforme. Ao contrário: aí convivem o que poderia se chamar de agricultura tradicional com a agricultura moderna; a policultura camponesa de subsistência e o agronegócio de exportação. Mas é a empresa rural que comanda o processo.

A ocupação desse espaço tão vasto quanto heterogêneo tem se dado pela diversificação das atividades econômicas. Tendo começado com a soja, o agronegócio hoje envolve, num modelo diferenciado, o milho, o arroz, o feijão, a fruticultura, a cotonicultura, a avicultura e a pecuária moderna, atividades que vêm transformando agricultores familiares em empresários modernos. Aliás, essa é a principal resultante sociocultural desse processo. Não importa a naturalidade, os que chegam ali, quase sempre, têm uma origem pequeno-burguesa. Incentivos governamentais, custo da terra e excepcionais condições de mercado asseguram a rápida transição social, sublinhando a ascensão desses "novos baianos" emigrados que jamais encontraram oportunidades semelhantes em suas cidades de origem.

Fazem, à sua maneira, o mesmo que os bandeirantes fizeram à sua época, obviamente com novos padrões de civilidade e objetivos distintos.

Alguns dados quantitativos servem para fixar o tamanho e a profundidade dessas mudanças advindas nas últimas décadas.

O caso de Barreiras é um exemplo. Sua população, que era de pouco mais de 40 mil pessoas na década de 1980 – em grande parte atraída pela expansão da fronteira –, pulou para quase 140 mil, de acordo com o último Censo do IBGE de 2010. Foi um crescimento de 531%. Cerca de três milhões de toneladas de grãos resultam da atividade agrícola local, toda ela mecanizada e que viu crescer o número de pivôs para irrigação de 376, em 1993, para quase o dobro, em 2001, beneficiando mais de 60 mil hectares. Essa paisagem, inimaginável há algum tempo, é hoje cartão postal da região que, fotografada do alto, mostra as belas mandalas vivas proporcionadas pela uniformidade dos plantios e as figuras geométricas bem delineadas dos canteiros agrícolas que encantam a quantos chegam de avião à área.

O surto renovador aí foi de tal intensidade, que algumas localidades, de repente, viraram cidades. É o caso de Mimoso do Oeste, nascida como um pequeno posto de abastecimento explorado por gaúchos e logo transformada num dinâmico polo produtivo, administrado por gaúchos e paranaenses. Sua identidade étnica, oriunda da condição de um enclave sulista no sertão, estimulou várias iniciativas separatistas – sempre cara aos gaúchos –, o que, afinal, aconteceu em 2000, com a criação do município de Luís Eduardo Magalhães. Essa nova realidade é um exemplo da mudança qualitativa nos padrões locais de crescimento e a introdução de um novo elemento cultural a enriquecer o processo de mudança social em curso.

Aqui abro parênteses para destacar o espanto de um amigo que visitou, recentemente, a região, com o intuito de divulgar implementos agrícolas. Conheceu um norte-americano de pouca escolaridade que, junto à sua família, toca uma grande propriedade mecanizada, para onde vai todos os dias e de onde retorna para sua residência, em Barreiras. Quase um *farmer* – como, aliás, se antecipou Baiardi (2004) – nos sertões brasileiros. A globalização do cerrado, que já se dava pelo lado da destinação do produto, efetivou-se, portanto, também do lado da produção, com a incorporação da força de trabalho e de agentes produtivos de fora.

Tamanha mistura deve deixar atônitos os puristas da identidade cultural. Tal diversidade, no entanto, com mais ou menos intensidade, sempre marcou a colonização local. As várias etnias indígenas locais deviam olhar o europeu da mesma forma como os baianos assistiram à chegada de habitantes de outros estados, e depois de outros países. Todos, afinal, se abaianaram à medida que as condições e as necessidades sociais estabeleciam códigos de entendimento e trocas simbólicas e materiais.

Certamente, esse é um momento denso da vida local, com a substituição de antigas estruturas e a construção de uma nova forma de exploração material baseada na aplicação de muita tecnologia e pesquisa científica. Sem pesquisa científica, aliás, não existiria o Oeste, tal como ele é hoje. Foi o trabalho de melhoramento genético da soja feito pela Empresa Brasileira de Pesquisa Agropecuária (Embrapa) que transformou os chapadões e fez surgir um programa de desenvolvimento induzido, previamente fixado. Esse, também, é um novo componente da cultura local. O meio técnico assim exige. Isso explica a difusão do ensino universitário, a universalização do ensino básico e a qualificação permanente da mão de obra, que já não pode ser mais a do simples trabalhador manual do campo.

Outro dado novo nesse velho mundo do cerrado é a urbanização das cidades, ou a mudança da dinâmica espacial entre cidade e campo. A circulação de riquezas e a necessidade de infraestrutura e moradia pressionaram a bucólica vida das provincianas cidades regionais, e a renda circulante garantiu uma demanda inusitada para o comércio e os serviços, que diversificaram o perfil da ocupação e da mão de obra urbana – antes quase toda dependente de empregos públicos – e trouxeram consigo hábitos modernos, lazer diferenciado e novas oportunidades para a população.

Em síntese, o Oeste é o espaço pioneiro da modernização da agricultura baiana, cuja nova identidade nasce de uma multiplicidade de tipos (não se podem esquecer os camponeses ou pequenos agricultores e a agricultura familiar, a diversidade de elementos, o conjunto diferenciado de valores, dessa nova conformação rural-urbana, a integração econômica e a imposição do meio técnico). Tudo puxado pela pressão do agronegócio que, com sua força centrífuga, aproxima a agricultura da indústria, o campo da cidade, a vida caipira do espaço metropolitano, o sertão do mundo.

O sintagma Além São Francisco hoje não significa rigorosamente nada na região dos cerrados. A vertigem do desenvolvimento pôs no esquecimento essa fase pretérita da história regional. A conexão com o mercado e a ligação física e simbólica com o país ganharam novo impulso. O que a "gaiola" significou como elemento de dinamismo no transporte de mercadorias e pessoas, na segunda metade do século XIX, na região, aproximando distâncias e aumentando a integração intra e inter-regional, a Ferrovia Oeste-Leste fará agora, de forma mais rápida e eficiente. Com mais de 1500 quilômetros de extensão e gastos superiores a R$ 7 bilhões, ela vai ligar Barreiras a Ilhéus, formando um corredor de transporte e dinamizando as economias contempladas. Uma das mais importantes obras do Programa de Aceleração do Crescimento (PAC), do governo federal, a ferrovia vai aumentar a competitividade do agronegócio e estimular novos polos agroindustriais e de exploração de minérios.

O novo mundo do sertão sanfranciscano sinaliza um decisivo processo de descentralização da economia baiana e um novo tempo na formação sociocultural desse imenso território do estado. Desconsideradas as fronteiras burocráticas e administrativas, nesse espaço se encontram 35 municípios, numa área de quase 200 mil km², onde vivem mais de um milhão de pessoas. Servido por três rodovias, com boa malha hidroviária, aeroporto e, num futuro próximo, por uma ferrovia moderna, o Oeste, localizado a poucas horas da Capital do Brasil, vizinho de vários estados brasileiros, é o contraponto mais expressivo da nova economia rural ao velho modelo de ocupação produtiva herdado do Brasil Colônia. Sua emergência é sinal de novos padrões de integração da sofisticada cadeia produtiva do agronegócio e de renovação cultural e econômica, numa região da Bahia cujo ritmo de crescimento sempre foi muito lento e tradicional. É como se um novo Brasil estivesse surgindo, com uma economia diferente, uma gente nova e um grande futuro pela frente. Tudo ainda se formando para poder ser definido com precisão. Com imenso potencial, mas riscos também. Não se pode esquecer de que grandes cultivos mecanizados estão sempre associados ao uso intensivo de agrotóxicos, e eles tornam as águas subterrâneas cada vez mais impróprias para o consumo humano. Além disso, nesse tipo de lavoura, há sempre o perigo da desertificação ecológica, isto é, da exaustão do solo para finalidades agrícolas. Tudo, portanto, nesse mundo em formação, está se constituindo em seus elementos marcantes, que logo poderão ser percebidos com mais clareza e objetividade. O fato é que, no Oeste mecanizado, há muito do Além São Francisco índio, negro e europeu. E, além desse contexto étnico, o convívio da agricultura camponesa ou familiar com a empresa rural revela, no campo, a emergência de um Brasil novo, marcado por continuidades e mudanças. Na Bahia acontece, de forma concentrada e pela primeira vez, uma experiência de colonização inusitada, que, ao invés de forçar a saída do retirante, cortejo trágico de migração a sangrar a frágil economia nordestina, inverte a lógica dominante: atrai colonos sulistas (e estrangeiros) para seu espaço sociocultural.

Saveiros típicos do Recôncavo no cais de Maragogipe.

Promessas ao vento

Ao longo de 2014, era já visível, para quem quisesse ver, que o Brasil começava a sair perigosamente dos trilhos, rumando para uma das maiores crises de toda a história nacional. Àquela altura, desenhara-se já uma combinação fatal. De um lado, o "crescimento" era praticamente nenhum. De outro, o governo maquiava as coisas, segurando a inflação provisoriamente na base de um controle artificial de preços. As classes populares já começavam a experimentar o arrocho salarial. Investimentos inexistiam. A classe média afundava. O desequilíbrio fiscal, mais que um fato, era já um escândalo. Enfim, o país principiava a entrar em parafuso.

Na campanha eleitoral daquele ano, criou-se uma grande fantasia. Um discurso falso e falsificador sobre o país, trabalhado com todos os potentes truques do *marketing*. Por esse caminho, fizeram, ao menos por um breve tempo, o que a sabedoria popular consideraria impossível: taparam o sol com a peneira. Sobrepuseram um mundo de mentira, ideológica e eletronicamente construído, a uma realidade que se desenhava em perspectiva catastrófica. E essa gigantesca construção falaciosa seduziu e hipnotizou a maioria da população brasileira. A mentira convenceu – e venceu as eleições. Mas era claro que tal fantasia, totalmente descolada da realidade, não teria como se sustentar. Quando apagaram as luzes do espetáculo eleitoral, o que o Brasil viu à sua frente foi o abismo.

Todas as grandes promessas de desenvolvimento e ascensão social foram por água abaixo. Com suas fantasias, o governo gerou realidades cruéis e desesperantes. Os exemplos são incontáveis. Poderíamos mostrar isso a propósito de cada região, de cada cidade e de cada grupo social existentes na Bahia. Para não multiplicar exemplos, todavia, apresento, a seguir, duas situações produzidas pela crise e agravadas pela irresponsabilidade governamental. Num caso, paralisando um processo promissor, o da produção de energia eólica em Caetité. Em outro, desenhando o quadro desolado (e desolador) em que mergulhou Maragogipe, cidade da cerâmica e do carnaval, plantada num pedaço do Recôncavo Baiano.

Caetité: parada obrigatória

A energia eólica é nossa velha conhecida. Sem ela, as caravelas lusitanas não teriam atravessado o mar oceano para ancorar em frente às malocas tupiniquins do nosso litoral sul, nem se aventurado em direção à Índia. De fato, a humanidade sempre procurou acionar a força dos ventos, de modo a gerar energia para os seus mais variados projetos e sonhos. Da segunda metade do século XX para cá, foi inaugurado um novo capítulo nessa antiquíssima história das relações das sociedades humanas com os ventos. Foi depois da grande crise do petróleo, em 1973, no rastro da guerra do Yom Kippur, quando os árabes apanharam feio de Israel. E do despertar de uma consciência ecológica no planeta. Em ambos os casos, a energia eólica apareceu como alternativa. Alternativa aos combustíveis fósseis da OPEP. Alternativa para a configuração de uma matriz energética limpa no mundo, reduzindo a poluição planetária.

É evidente que isso chegou ao Brasil – e à Bahia. Pode-se dizer que o grande alerta para o assunto, entre nós, veio com a crise energética – traduzindo-se no popular "apagão" – ocorrida ao longo do governo de Fernando Henrique Cardoso. Vivendo dias de racionamento, vimos que era preciso ter outros caminhos, possibilidades reais no campo da produção brasileira de energia. Contávamos já com a experiência pioneira da Ilha de Fernando de Noronha e, em 2002, ainda na gestão de Fernando Henrique, o governo lançou o Programa de Incentivo às Fontes Alternativas de Energia Elétrica – Proinfa. A partir daí, a produção de energia eólica começou a se movimentar no país. E a Bahia terminou embarcando nessa história.

Não é pequeno o espectro dos meios geradores de riquezas, em consequência da implantação de parques de energia eólica. E foi justamente isso o que se viu recentemente em Caetité. Curiosamente, aliás, quando se falava de Caetité, em inícios deste século XXI, o assunto que logo vinha à tona era o das reservas de urânio detectadas no município, que, assim, estaria destinado à produção de energia nuclear. Hoje, ninguém mais ouve falar disso. Não sei exatamente o que aconteceu, mas o fato é que ninguém mais se refere em termos nucleares ao futuro energético da região de Caetité. De repente, tudo passou a girar em torno da geração de energia eólica – e é a crise local deste modelo que hoje começa a desesperançar os moradores do lugar.

A implantação do empreendimento eólico repercutiu de forma altamente positiva na vida social e econômica do município. A economia local ganhou novo dinamismo, com a criação de empregos diretos e indiretos. Oportunidades de trabalho duradouro na operação e manutenção do parque, assim como de trabalho temporário na construção civil. Com o movimento, cresceram a renda local e a circulação de dinheiro, trazendo outras obras e empreendimentos e revigorando o comércio. De repente, veio a crise. Empresas do setor eólico foram fechadas. O desemprego se alastrou. A promessa do redespertar socioeconômico regional foi, no mínimo, adiada. E é isso o que aflige hoje a população local, que vê tudo rarear, escassear e mesmo sumir – ao contrário do que o PT prognosticava na campanha eleitoral de 2014, quando promoveu o estelionato que reconduziu Dilma Rousseff ao posto de presidente.

Caetité, neste momento, está parada. Planta-se em compasso de espera. Preocupada. Aflita, até. Torcendo ansiosamente para que os trabalhos eólicos sejam retomados. E voltem a ganhar ritmo. Apesar dos atuais governantes baianos, que até aqui se têm limitado a empurrar a crise com a barriga – ou com a pança, para ser mais preciso.

Maragogipe: a tristeza em cena

A Petrobras atingiu o Recôncavo da Bahia seriamente, de modo direto ou indireto, pelo menos duas vezes. A primeira, diretamente, entre as décadas de 1950 e 1960. A segunda, indiretamente, agora, nesta segunda década do século XXI. Na primeira, gerou uma riqueza espantosa para a região a partir da instalação de uma refinaria em Mataripe. Na segunda, o processo de produção de riqueza foi brutalmente abortado. E aqui a gente vê que a postura covarde e manipuladora do governo federal – deixando que as águas rolem no escândalo do "petrolão", sem assumir uma atitude de claro enfrentamento do problema – contribui fortemente para produzir um estrago formidável no conjunto total da economia brasileira. E, obviamente, para atirar de repente um segmento do Recôncavo na crise, deixando-o prostrado diante de uma só perspectiva: a do retorno ao isolamento e à miséria.

Nos anos cinquenta e sessenta, com as atividades de prospecção e refino do petróleo, a Cidade da Bahia e seu Recôncavo – o Recôncavo tradicional, histórico, barroco, assentado no triângulo formado por Cachoeira, Santo Amaro da Purificação e São Francisco do Conde – receberam uma injeção poderosa. Um volume de investimentos até então inédito na história econômica da Bahia. A soma desse volume de investimentos e de um aumento notável na massa salarial, por sua vez, resultou numa expansão também inédita do setor da construção civil. É bem verdade que, com suas ações tantas vezes predatórias, a Petrobras cometeu crimes ecológicos e urbanístico-arquitetônicos, poluindo Madre de Deus e destruindo rapidamente grande parte da riqueza e da beleza arquiteturais do Recôncavo, como se viu em Santo Amaro – e Madre de Deus e Santo Amaro são apenas dois exemplos. Com o tempo, as atividades técnicas e industriais foram deixando esse Recôncavo histórico para trás, descendo em direção a lugares como Catu e Mata de São João, deslocando-se em direção ao litoral norte, onde viria a surgir o polo petroquímico de Camaçari. E o velho Recôncavo retornou, assim, à solidão, à paralisia e à pobreza. Mergulhou em funda decadência.

Agora, tudo foi muito mais rápido. Não houve tempo sequer para montar uma rede estável de geração de riqueza, de sustentação do emprego e da renda. O grande sonho se desintegrou antes. Tudo dentro da moldura geral da crise na indústria naval brasileira, em consequência da corrupção na Petrobras e da apatia suspeita do governo de Dilma Rousseff com relação à roubalheira. O que aconteceu foi o seguinte. A indústria naval crescia quase 20% ao ano na década passada. A Petrobras estava cheia de encomendas. E surgiram estaleiros para atender às demandas. Como o nosso Estaleiro do Paraguaçu. Veio, então, a bomba: a ladroagem, as propinas, o financiamento de partidos e campanhas eleitorais, a bandalheira do PT e sua corja de aliados. E tudo foi por água abaixo. Com a corrupção descoberta e em processo de investigação, a Petrobras teve de pisar fundo no freio e cancelar tudo. E o que era a "pujança naval" celebrada em discurso de Dilma Rousseff se converteu num quadro sombrio, com a demissão de quase 30 mil trabalhadores. Os estaleiros, sem dinheiro, se viram obrigados a demitir. E foram fechando suas portas.

Um dos casos mais lamentáveis e vergonhosos é o do Estaleiro do Paraguaçu, na cidade de Maragogipe. Chegou a ter 7.200 trabalhadores e, hoje, mal chega a 500, encarregados agora não de produzir, mas de cuidar da manutenção e da segurança do local. A paisagem é de salas fechadas, equipamentos recolhidos, máquinas mudas e pessoas arrasadas. Maragogipe chegou a entrar em euforia quando o estaleiro chegou. Todos querendo se qualificar profissionalmente. Mulatos do Recôncavo viajando para se especializar no Japão. Etc. E uma febre de empreendedorismo girando em torno da fábrica. Agora, o filme roda pelo avesso. Restaurantes são colocados à venda por qualquer preço. O faturamento do comércio despenca. Um hotel suspende suas obras de ampliação, ficando no prejuízo do já investido. Pessoas paralisam a construção de casas onde tinham colocado todas as suas economias. Enfim, como disse, o quadro é desolador. O que parecia uma arrancada regeneradora da região em pouco tempo se desfigurou num ambiente sombrio de declínio, tristeza, desesperança, degradação.

Dominam a paisagem, agora, as bocas de fumo e o tráfico de *crack*. Foi isso o que nossos governantes produziram, ao deixar que a Petrobras fosse desmantelada e carcomida pela corrupção, a fim de que eles e seus partidos se mantivessem no poder, mesmo que se movendo em meio a uma inacreditável massa de falcatruas e de mentiras. E é isso o que nossos governantes continuam produzindo, quando, em vez de resolverem o que precisa ser resolvido, deixam que a Petrobras prossiga apodrecendo diariamente. Porque a verdade é uma só: quem fecha os olhos ao escândalo várias vezes bilionário da Petrobras, volta as costas ao cotidiano da gente trabalhadora. Mais precisamente, passa aos trabalhadores brasileiros uma mensagem sintética e unívoca: fodam-se. E é isso o que vemos agora à nossa volta, na Bahia, em terras onde outrora vicejaram canaviais e plantações fumageiras hoje decadentes. É a tortura da pobreza que volta a vigorar, numa paisagem novamente estagnada.

Post Scriptum 1: mais do mesmo

Passam-se os séculos, e a realidade permanece: dos dias do "achamento" do Brasil até hoje, a riqueza baiana permanece no mesmíssimo lugar, num exemplo imbatível de alta concentração espacial. Ela começou e se mantém no Recôncavo. Mais precisamente, asfixiada entre Salvador e Feira de Santana, como polos principais, mas espalhando-se pelas áreas imediatamente vizinhas do velho Recôncavo Barroco e do litoral norte. Tivemos um cacau aqui, um diamante ali, mas nada que redesenhasse com nitidez e profundidade, em escala realmente significativa, o mapa produtivo da geração regional de riquezas.

A tentativa mais recente de reverter essa realidade, como estratégia de interiorização da produção e redução das desigualdades internas que desequilibram economicamente a vida baiana, não deu em nada. Foi, na verdade, um fiasco. E aqui nos referimos ao planejamento montado no recorte dos tais "territórios de identidade". Nem um milímetro do resultado que se alardeava, nas previsões oficiais, chegou a ser alcançado. Ainda hoje, a Bahia se deixa caracterizar por uma formidável centralização geográfica das atividades produtivas. Os próprios exames, análises e levantamentos oficiais, feitos pela Superintendência de Estudos Econômicos e Sociais da Secretaria de Planejamento (Seplan) do governo estadual, mostram isso.

O que temos hoje, em matéria de "interiorização do desenvolvimento", é o que já tínhamos há algumas décadas, a exemplo dos distritos industriais de Subaé, em Feira de Santana, e dos Imborés, em Vitória da Conquista, que surgiram na passagem dos decênios de 1960-1970. Do mesmo modo, a extraordinária expansão da agropecuária empresarial contemporânea, do chamado "agronegócio", na região de Barreiras e de São Desidério, cidades e campos da Bacia do Rio Grande, é coisa bem anterior ao "territorialismo" do planejamento atual, que se projetou, a partir do Ministério do Desenvolvimento Agrário, nos primeiros anos deste século XXI. Data, na verdade, da década de 1980 do século passado, assim como dessa época data o *boom* da fruticultura da zona de Juazeiro. Também a indústria calçadista de Itapetinga é anterior aos retalhamentos territoriais. O que significa que esse "neoplanejamento" foi incapaz de gerar a mais mínima mudança estrutural em nossa economia. Nem sequer a famigerada "reforma agrária" andou.

O fetiche dos "territórios" não só não produziu nenhuma novidade profunda no campo do planejamento estadual, como o máximo que conseguiu, em termos "práticos", foi gerar uma espécie de *frisson* quilombola, feito sob medida para aquecer ideologicamente a militância "progressista" entrincheirada nos gabinetes da burocracia estatal. Do lado de fora desses prédios, o que a Bahia mostra ao país é a sua incomparável legião de desempregados e de "beneficiados" pelo Bolsa Família. Ou seja: em vez de apresentar planejamento e resultados, permanecemos sob o signo do maior de todos os assistencialismos, com a Bahia caindo para o sétimo lugar no *ranking* econômico nacional. Exibindo vergonhosos índices de desigualdade não só entre municípios, como entre pessoas. Deixando de parte, na realidade, qualquer devaneio de "inclusão social".

Enfim, a riqueza continua onde sempre esteve. Basta dizer que apenas cinco municípios respondem hoje pela metade do PIB baiano e todos eles, à exceção já antiga de Vitória da Conquista, estão localizados no mesmo espaço de sempre: Salvador, Camaçari, Feira de Santana, Lauro de Freitas e Vitória da Conquista. Economicamente, continuamos a ter diante de nós um quadro geográfico que se configura de modo acentuadamente assimétrico. O que parece não ser motivo de maior preocupação em meio às nossas atuais classes dominante e dirigente, onde hoje se refestela (ou se "lambuza", para usar a expressão do seu representante maior na região) a "nomenklatura" petista.

Post Scriptum 2: entre dotô & gomar

É muito estranho. Dizia-se que a proliferação de instituições de "ensino superior" (vai entre aspas, sim – porque, do jeito que as coisas andam em nosso meio acadêmico, "universotário", esta fórmula verbal só pode ser gozação com a cara da gente) e de cursos técnicos, disseminando-se fora da capital baiana, que concentrava tudo, daria outro colorido aos nossos processos intrarregionais de produção de riqueza e geração de cultura.

Não é o que temos visto. Escolas se empilham sem maior consequência visível, além do brilharete dos anéis e diplomas. Há tempos, a Escola de Agronomia de Cruz das Almas deixou de ser uma ilha, um ponto absolutamente solitário no mapa educacional da Bahia. Hoje, vemos uma rede estadual de ensino universitário somando-se à presença de entidades de cunho federal, como a Universidade do Recôncavo. São nada menos do que quatro universidades estaduais, com seus *campi* distribuídos por três dezenas de municípios. E é só isso mesmo o que parece (ou o que se consegue) contar: números de instalações.

Até porque a intervenção estatal, nesse campo, não chega a se pautar por critérios exatamente claros e rigorosos, que, de fato, respondam a necessidades tecnoeducacionais e de desenvolvimento de nossas diversas regiões econômicas e culturais. O que existe é, principalmente, o jogo político-partidário e eleitoral. Sobrepõe-se a tudo a questão da permanência deste ou daquele grupo no poder, com a manutenção do controle do aparelho estatal. Vale dizer, o critério para a criação de uma instituição universitária é político-econômico, não educacional. Político e econômico simultaneamente, atendendo a interesses e ditames da classe dominante regional. Da pequena elite que pode transformar, em ações públicas, seus desejos e caprichos. Daí o espetáculo a que assistimos: implantação de *campi* e cursos que não fazem questão de ter qualquer relação com a realidade da região em que são oferecidos. Trata-se, na verdade, de uma espécie de oferta sem demanda – ou de uma demanda puramente ornamental, "paisagística", por assim dizer, no sentido de que ser premiado com a implantação de uma universidade significa prestígio para o município e para o grupo político-econômico que o controla e conduz.

Em suma, nossa interiorização educacional tem sido meramente quantitativa. Ornamental e quantitativa. Não tem gerado a mão de obra qualificada que os mercados regionais de trabalho solicitam, nem um time primoroso de agentes ou produtores socioculturais que fermentem ou emprenhem essas regiões, projetando-as com nitidez em nosso horizonte geral de cultura. Nem repercussão na dimensão técnica ou pragmática, nem interferência digna de nota na dimensão simbólica da existência social.

Um exemplo definitivo disso pode ser encontrado em Vitória da Conquista. É possível falar, sob este aspecto, de uma espécie de, digamos, paradoxo planaltino. Porque Conquista é invariavelmente citada como exemplo bem sucedido da expansão educacional baiana para o interior. No entanto, ao apontar os obstáculos que o distrito industrial dos Imborés encontra pela frente, impedindo a sua plena e expansiva operação, os empresários indigitam, de imediato, a carência regional no plano da qualificação profissional. Como conciliar a afirmação de que Conquista é um polo educacional exitoso, tanto no plano do ensino técnico quando no do ensino dito "superior", com a constatação empresarial de que não há mão de obra qualificada na região? Os empresários, certamente, não estão mentindo. Eles precisam dessa mão de obra para sobreviver. O que acontece é que é necessário repensar e reorientar a oferta pedagógica dos cursos técnicos e universitários da região. Urge adequar a educação à realidade local. Adequar de fato, objetivamente. No semiárido, por exemplo, trata-se de enfrentar e superar os problemas existentes, não de ficar promovendo celebrações "relativistas" do mundo catingueiro. E quando isso será feito?

Mas aqui ainda não está o mais grave da situação. O problema mesmo é que, a essa alienação geral, soma-se a subpolitização generalizada, que empobrece o pouco ou muito pouco que se pretende ensinar ou produzir, no campo do conhecimento. Tudo hoje, no ambientezinho universitário, é "ideologizado" – e no sentido mais estreito e rasteiro da expressão. Ataca-se até o velho Euclydes da Cunha por ele ter dito que a caatinga era um inferno. Não, isso não é "politicamente correto". Não se deve dizer que o ambiente da caatinga tem nada de hostil. Nem mesmo o calor. Na verdade, para quem não é elitista ou preconceituoso, a caatinga é o verdadeiro Jardim do Éden...

Não estou brincando. Leiam o livro *Canudos: Desenvolvimento e Emancipação*, editado pela Universidade do Estado da Bahia. É uma coletânea de escritos assinados por professores doutores da instituição, onde podemos encontrar joias como esta (assinada por um certo Juracy Marques, que, embora escreva canhestramente, se apresenta como mestre em Ciências da Educação, doutor em Cultura e Sociedade, pós-doutor em Ecologia Humana e Antropologia): "Cansei de escutar tantas aberrações ditas sobre o Sertão, sobre nós, e interpretar isso como uma literatura inaugural de uma sertanidade específica. Misericórdia! Que nada! Essas grosseiras interpretações estão na origem desse fantasma que transformou os complexos sistemas identitários de um Povo, de uma civilização, os caatingueiros e caatingueiras, em um oceano de ossificados preconceitos e uma corrente escravizadora de violentos processos de discriminações". E o cara ainda diz que Canudos foi vítima de duas guerras: a promovida pelo Exército e a promovida pela literatura, sob o comando de Euclydes da Cunha, agora convertido numa espécie de Moreira Cézar das Letras. E qual guerra terá sido a mais prejudicial e destrutiva? O pós-doutor não nos diz... Explicitamente.

Bem, como o semiárido é paradisíaco, presumo que sejam miragens aquelas procissões que passam pedindo o fim da tortura da seca. E o mínimo que me ocorre dizer, a quem acha que a caatinga é sinônimo de sonho ambiental, é o seguinte: eis aí o tipo de gente que, ao contrário do resto do planeta, deve estar torcendo ansiosamente para a chegada, o mais rápido possível, das tais das mudanças climáticas... Porque aí todos nós poderemos partilhar, gozosa e fraternalmente, o prazer imenso de viver sob um calor de rachar. Definitivamente livres da chatice litorânea das chuvas. Do frescor da Chapada Diamantina, com sua intragável proliferação de cursos de água. E das intoleráveis, torturantes brisas do mar.

Para encerrar, não posso deixar de me lembrar aqui de Edgard Santos, o criador da Universidade da Bahia, no meado do século que passou. Edgard e Anísio Teixeira foram, sem dúvida, os dois grandes nomes de toda a história educacional baiana até hoje, ambos às voltas não somente com questões e questiúnculas pedagógicas, mas empenhados, sobretudo, em mudar a feição e a função das coisas, num projeto ou processo geral de reconfiguração sociocultural da Bahia. E seus pontos de vista, embora partissem de premissas bem diversas, convergiam em alguns pontos essenciais. Na importância dada ao ensino técnico, por exemplo, assim como na visão da universidade como espaço experimental de vanguarda. E, no plano de algumas de suas maiores apostas, Edgard poderia fazer coro com Anísio, quando este declarou que "ter por norma estimar os rebeldes" era um dos princípios norteadores de suas ações.

Edgard temia que a universidade caísse no mero decorativismo social e cultural, cedendo à ânsia geral da busca desordenada de diplomas e assim renunciando à sua missão maior para se converter em mera fábrica de doutores. E é justamente isso o que estamos vendo hoje na Bahia. Em vez da luta por uma escolaridade fundamental sólida, pelo investimento em qualificação técnica e pela consagração da universidade como espaço de produção de informações socialmente relevantes, a atual proliferação baiana de instituições universitárias não tem resultado em mais do que numa usina de distribuição de diplomas, a caminho do que Edgard costumava definir, ironicamente, como "uma sociedade inteiramente doutoralizada". Ou seja: está-se formando uma Bahia de doutores e pós-doutores, não uma Bahia de agentes capazes de transformar nossas realidades técnicas, sociais e culturais.

Monge franciscano no Convento da Ordem Terceira de São Francisco, em Salvador.

A face hegemônica da Bahia

Dimensão sócio-histórica

O Recôncavo Baiano se impõe, de forma ofuscante, sobre as demais regiões do estado, seja qual for a forma com a qual nos aproximemos desse espaço. Seja qual for o prisma pelo qual o tema seja abordado. E isso é mais que compreensível. Fatores históricos, econômicos, sociológicos, políticos, administrativos e culturais contribuem para realçar a fisionomia do conjunto humano que se espalha nessa área litorânea, sublinhando sua importância no contexto da formação baiana e sua influência no plano nacional.

Autores de variada procedência reconhecem o peso e a significação socioantropológica regional e a face hegemônica do Recôncavo da Bahia no quadro do processo histórico estadual. De forma difusa, quando os brasileiros em geral – inclusive os baianos – empregam o topônimo "Bahia" ou, mais propriamente, a expressão "cultura baiana", estão referindo-se a uma realidade perfeitamente delimitável, específica. Tratam, como estabelecemos no capítulo inicial deste livro, de um espaço cultural que se estende em torno do golfo que lhe serve de baía e ancoradouro e suas áreas adjacentes. Uma região que apresenta um alto grau de homogeneidade ecológica, genética e cultural, em decorrência da sua formação histórico-antropológica.

Por isso, o mais apropriado é falar do Recôncavo e da sua Baía de Todos os Santos, uma vez que o espaço territorial não pode ser dissociado da imensa lâmina de água que a ele está integrada socioambientalmente. Trata-se, na verdade, de um sistema geo-histórico secular, cujo dinamismo dos primeiros momentos foi assegurado pela convergência de vários fatores, como a plantio açucareiro, a escravidão africana e um eficiente sistema de embarcações a vela. E, depois, o fumo e novas experiências econômicas e tecnológicas que esquadrinharam seu solo e subsolo ao longo de um extenso período da nossa história. Engenho, navegação e escravidão constituíram, segundo Ubiratã Castro de Araújo, a base técnica e econômica que permitiu a espacialização duradoura de um conjunto de relações socioculturais que conformaram a própria identidade da Bahia como capital colonial e província imperial.

Não bastasse a densidade histórico-antropológica decorrente do passado secular, fomentando a concentração demográfica, econômica, política e administrativa no espaço do Recôncavo, os mais importantes ciclos posteriores – à exceção da exploração do cacau no sul da Bahia – tiveram a região como berço de suas atividades. Caso, por exemplo, da prospecção e do beneficiamento do petróleo, tema devidamente tratado por um clássico da sociologia brasileira, L. A. Costa Pinto, em trabalho escrito durante o transcorrer do primeiro experimento realmente industrial da Bahia no século XX. Sob a ótica da continuidade e da mudança, o Recôncavo de Costa Pinto é visto como um anfiteatro no qual o passado do Brasil e o futuro da Bahia se encontram na rica experiência da indústria do petróleo. Sob um dos céus mais azuis do mundo, poetiza o sociólogo, a Baía de Todos os Santos abre a grande boca e alarga o fundo colossal, em cujo costeiro recortado, que tem um circuito de aproximadamente 200 quilômetros, abrem-se outras enseadas, esteiros, angras, sacos e lagamares. Sua extensão, em linha reta, é de 70 quilômetros, que se adentram da Barra Falsa à Vila de São Francisco, e outros tantos distam, na direção Este–Oeste, de Periperi à foz do Rio Paraguaçu, que nela desemboca. A abertura imensa, medida do Farol de Santo Antônio da Barra à Ponta do Garcez, tem a bagatela de 18 milhas marítimas e, dentro do golfo, encontram-se 35 ilhas. É nesse anfiteatro que o autor localiza as cidades barrocas que os portugueses implantaram na América, fundamentalmente comerciais e que dão sustentação à sua economia, a um modelo de sociedade e certo estilo de vida.

Após quatro séculos de vida rural, a região assiste à chegada das torres de petróleo, e o gás queimando, nas noites de Candeias, Catu, Pojuca e adjacências, ilumina a noite do Brasil com o sonho da autonomia energética. Preocupado com as implicações sociais trazidas por esse surto de desenvolvimento, Costa Pinto analisa os contrastes regionais e hierarquiza as atividades econômicas e as características culturais da "área social", enquadrando os 23 municípios que compunham esse espaço, na época, num modelo tipológico que inclui subtipos, áreas de transição e regiões de fronteira. A saber:

1. Zona da pesca e do saveiro – na orla marítima e nas ilhas.
2. Zona do açúcar – nas terras do massapé.
3. Zona do fumo – mais recuada do litoral.
4. Zona da agricultura de subsistência – área descontínua, conjunto de manchas, roças de mandioca, milho, feijão etc., que se espalham pela região, com destaque em direção ao sul e sudeste.
5. Zona do petróleo – na época, crescente, definindo seus limites ecológicos pela invasão de outras zonas, mas centrada nas terras do massapé açucareiro, nas ilhas e na orla.
6. Zona urbana de Salvador – de características metropolitanas, ou quase, cuja existência, crescimento e função se dá como centro de consumo, comércio, redistribuição, serviços, de influência política, controle administrativo, vida intelectual e contatos com o mundo –, representando um dos principais fatores, simultaneamente, de unidade e diversidade do conjunto.

Afora o saque da função metropolitana da cidade, cujo desfecho o autor prevê, o texto é exemplar na compreensão da unidade regional e da diversidade local, quando sublinha os elementos de semelhança e os traços distintivos no interior do sistema. E, sobre esse tema, é valioso o raciocínio de Costa Pinto pelo que apresenta de originalidade. Embora não enverede pela questão artística ou cultural propriamente dita, ele sugere pistas importantes para a percepção das variâncias e subvariâncias, identidade e diferenciação, questões vitais para a compreensão da pluralidade e do sincretismo que, adiante, serão referidas neste ensaio.

Para fechar o contributo do sociólogo baiano, vale a pena acompanhar de perto sua visão panorâmica a respeito da importância de Salvador e da Baía de Todos os Santos para a unidade regional.

De fato, quer no plano estritamente geográfico, quer no mais largo sentido ecológico, o golfo tem sido o ponto focal de convergência da vida dos núcleos humanos que em torno dele, se desenvolveram; de outro lado, Cidade do Salvador, mercado consumidor centro-político administrativo, porto e porta de passagem dos contatos e relações com o mundo, é ponto dominante na região que margeia a baía e representa, no plano econômico, social e político, o *núcleo de onde partem influências aglutinadoras sobre todo o Recôncavo*, que tende cada vez mais a se transformar numa grande região metropolitana cercando sua capital, com a qual mantém laços crescentes de comércio material, social e psicológico. O maior ou melhor grau de "eficiência" com que a capital tem desempenhado esse papel tem sido objeto de análises e discussões; ninguém pode negar, entretanto, que ela desempenha e historicamente sempre desempenhou, uma natural função de fator básico no processo de integração da unidade regional do Recôncavo.

Toda a experiência contemporânea ao advento da Petrobras – inclusive o enorme e admirável esforço liderado por Rômulo Almeida para ganhar a sociedade baiana para a ideia do planejamento como instrumento governamental de mudança social, tão bem estudado por Antônio Paim e Carlos Santana – só reforçou a centralidade de Salvador nesse contexto, atuando sempre como Capital do Recôncavo, mais do que como Capital da Bahia.

O fato é que a passagem da exploração do solo para o subsolo na região, a suplantação de formas anacrônicas de trabalho e suas heranças letárgicas no espaço regional e o aparecimento do óleo negro no lugar do açúcar branco recolocam o Recôncavo como região produtora de destaque e novo palco de mudanças, mais uma vez, no centro vital da sociedade baiana. Concentrando, portanto, investimentos, renda, capital, trabalho e um conjunto diversificado de bens e serviços, bem como a renovação da infraestrutura local. A região assiste, com a montagem da indústria petrolífera, a um renovado e mais vigoroso ciclo de expansão, realçando sua importância e projeção no espaço geoeconômico da Bahia.

Essa concentração excessiva irá se fortalecer ainda mais nos momentos de industrialização baiana que sucedem a montagem da Refinaria Landulpho Alves, em Candeias no ano de 1952, e os experimentos inovadores de Rômulo Almeida no seu glorioso empenho para diversificar a economia baiana.

A tal metropolização institucionalizada de Salvador só vai se verificar no início da década de 1970, quando o Centro Industrial de Aratu (CIA) já havia se tornado realidade e quando se articulava, no interior do aparelho do estado, o advento do Complexo Petroquímico de Camaçari (Copec).

Analisando o processo de urbanização da capital, Paulo Henrique de Almeida considera que os efeitos multiplicadores dos investimentos industriais no CIA, na década de 1960, e no Copec, nos anos 70, foram mais do que significativos e não podem ser negligenciados. Mas chama a atenção também para as transferências federais e os investimentos estatais e privados em outros ramos da economia que não o industrial. Para os serviços e para o turismo. E para as características concentradas desse fenômeno sociodemográfico que se verifica, grosso modo, na capital e adjacências, colocando Salvador na condição de "metrópole absoluta".

Em síntese, a dança capitalista moderna apenas estimulou a função da antiga metrópole colonial. Seu espaço de influência ampliou-se com a substituição das atividades econômicas nos sucessivos ciclos históricos, assegurando sua função aglutinadora, sua centralidade e presença na vida da sociedade local em diferentes épocas.

Tamanha importância social e econômica acabou interferindo no campo da produção simbólica, na cultura, no espaço imaterial. De forma que, em certo sentido, a *baianidade* de nossa alma, em boa parte, está referida a esse contexto sociocultural, responsável pela formação de valores, hábitos e costumes locais mais arraigados e pelas expressões artísticas e culturais da região, conjunto que inclui um leque de bens ligados aos planos material (produção, tecnologia, alimentação, moradia etc.), estético (coreografia, dramaturgia, música etc.) e espiritual (religiosidade, folguedos, ritos etc.). Planos que, como os ligados às atividades produtivas, também se ressignificaram no tempo e se reconfiguram num jogo de permanente diálogo com a realidade, seus imperativos e determinações. E que requerem uma avaliação específica, uma aproximação socioantropológica, para se tornarem mais inteligíveis e sujeitos ao necessário entendimento. Isso significa dizer que os signos identitários do Recôncavo – aliás, de qualquer espaço cultural ou "território de identidade" –, têm de ser tomados numa perspectiva diacrônica e histórica, centrada em agentes específicos, capaz de ir além da visão puramente sincrônica que se satisfaz com categorias puramente genéricas e descontextualizadas ("o branco", "o índio", "o negro"). Há de se pensar o plano cultural em seu transcurso real, localizadamente, em resposta à diversidade de ritmos históricos, atores sociais e contextos ecológicos que caracterizam o processo construtivo.

Da mesma forma que a economia e a história – e, de alguma maneira, a sociologia – tratam as questões estruturais ligadas aos processos mais amplos, respondendo pela explicação da substituição do açúcar pelo petróleo, do trabalho escravo pelo assalariado, do multicolorido sistema flúvio-marítimo do saveiro pelo transporte ferroviário e rodoviário, a antropologia tem de olhar para os processos culturais ligados ao mundo simbólico, estabelecendo a correspondência e a dialética entre os planos e promovendo uma leitura em diagonal do processo e da dinâmica da vida sociocultural. Da convivência, mesclagem, mistura e do sincretismo que nem sempre aparecem como "precisões", com a nitidez ilusória de apreciações de prancheta. Ao contrário: irrompem com frescor e confusão, desafiando a inteligência de todos, de forma lacunar e fragmentada. Demandando articulação e leitura crítica.

O contexto cultural

Antes de se abordar o tema concreto do contexto cultural, convém relembrar algumas definições do que Costa Pinto, referindo-se ao belo cenário regional chamou de anfiteatro. Seguindo essa mesma linha de reflexão, porém mais próximo da geografia humana que da sociologia do desenvolvimento, o geógrafo Milton Santos fisionomizou o espaço como um conceito histórico, mais do que uma unidade fisiográfica. Que poderia ser enriquecida com a designação de espaço cultural. Para efeito desse trabalho, território de identidade, marcado pela pluralidade e sincretismo, como veremos no tempo devido.

Santos fala de vários, e não apenas de um único Recôncavo. Espaço presidido e nucleado por Salvador, à maneira de Costa Pinto, mas visto a partir de uma tipologia diferenciada, segundo suas atividades produtivas e cristalizações socioeconômicas, herdadas e fixadas na tradição sub-regional. Nos fala de um recôncavo canavieiro, fumageiro, mandioqueiro e da cerâmica, pesqueiro e litorâneo, e um recôncavo ao norte da cidade, a lhe servir de lenha e carvão vegetal.

Para delimitar o espaço e lhe dar mais concretude e visibilidade, Maria Brandão considera o recôncavo histórico e cultural – área da Grande Salvador – como a mancha contida na face litorânea da Zona da Mata, entre os rios Sauípe e Jequiriçá, formando uma faixa em semicírculo de cerca de 50 a 70 quilômetros de largura, em torno da Baía de Todos os Santos. Respeitados os seus limites históricos e culturais, sugere quarenta municípios que se incluem nesse conjunto, o que corresponde, mais ou menos, ao espaço eleito por este trabalho como foco de observação. São eles, por ordem alfabética: Amélia Rodrigues, Aratuípe, Cachoeira, Camaçari, Candeias, Catu, Conceição do Almeida, Conceição de Feira, Conceição do Jacuípe, Cruz das Almas, Dias D'Ávila, Dom Macedo Costa, Governador Mangabeira, Itanagra, Itaparica, Jaguaripe, Lauro de Freitas, Madre de Deus, Maragogipe, Mata de São João, Muniz Ferreira, Muritiba, Nazaré, Pojuca, Salinas da Margarida, Santo Amaro da Purificação, Santo Antônio de Jesus, São Felipe, São Félix, São Gonçalo dos Campos, São Francisco do Conde, São Sebastião do Passe, Sapeaçu, Saubara, Simões Filho, Teodoro Sampaio, Terra Nova, Varzedo, Vera Cruz e Salvador.

Para efeito deste ensaio, o espaço considerado envolve parte do que hoje se chama Litoral Norte da Bahia, tomando como fronteira os limites da antiga Tatuapara, fazenda dos Garcia D´Ávila, que hoje inclui a cidade de Lauro de Freitas; adentra o território para a vizinha e industrial Camaçari, se projeta para o interior alcançando Pojuca e Catu, para depois seguir em direção a Conceição de Feira. No seu limite externo, esse arco se dirige a Cabaceira – às margens do Rio Paraguaçu –, Castro Alves, alcança Santo Antônio de Jesus, infletindo para Nazaré das Farinhas e, depois de atravessar essa linha imaginária, atinge Salvador. No miolo desse imenso arco de mais de dez mil quilômetros quadrados, encontram-se 34 municípios e suas distintas experiências socioculturais, uma população de quase quatro milhões de indivíduos e a maior parte da riqueza material da Bahia. Aí estão também, na capital e adjacências, a maior parte dos serviços, o aparelho administrativo do estado e uma possante e dinâmica vida cultural, que inclui manifestações tradicionais e modernas, populares e eruditas, espontâneas e empresariais, conformando um vivo segmento que envolve milhares de pessoas, desde manifestações mais simples e pontuais, como as rodas de capoeira e o bumba-meu-boi, até produções milionárias e espetaculares como o carnaval. Nesse espaço onde o tradicional e o moderno se entrelaçam e onde, permanentemente, a criatividade artística e cultural inventa novas manifestações, a continuidade e a mudança sempre estiveram presentes, como forças que dinamizam o processo produtivo no campo material e simbólico. Talvez seja essa a característica cultural mais visível do Recôncavo. Sua capacidade sincrética de misturar, embolar, confundir e recriar os signos, num permanente processo de assimilação e inventividade, que abre a imaginação para o novo sem sufocar o passado. Adiante, o tema será retomado, ao serem estabelecidas as configurações estéticas de produção cultural da região e seus determinantes étnicos.

Nelson de Araújo foi pioneiro na preocupação de entender a cultura popular numa perspectiva propriamente antropológica. Em sua trilogia *Pequenos Mundos – Um Panorama da Cultura Popular da Bahia*, o escritor e pesquisador postula um entendimento do tema, seguindo uma trilha um tanto quanto conservadora da compreensão da cultura, mas que, ressalvado o termo "folclórico" – que pode substituído pela expressão "cultural" –, lança luzes sobre o palco onde se desenrolam ricas manifestações, captadas por sua etnografia nos anos 80 do século passado. Feito que merece destaque e validação, porque realizado à custa de muito esforço pessoal e pouquíssimo recurso (ao contrário do *Guia Cultural da Bahia*, produzido pelo governo estadual em 1998, cujos resultados o aproximam de um mero catálogo telefônico, desfocado e desprovido de qualquer interpretação socioantropológica, que mistura indiscriminadamente manifestações tradicionais e contemporâneas, expressões populares com eruditas e industriais, e assim por diante).

Nelson entende por "região folclórica" um determinado espaço geográfico onde se acumulam traços da cultura popular que lhe são específicos, com provas de permanência no tempo. Pode ultrapassar as fronteiras de uma determinada região cultural, penetrando em outra contígua, ou delimitar-se restritamente dentro de uma única que lhe seja mais extensa. E é nessa direção que inclui Salvador e seu Recôncavo como uma "região folclórica". Daí se expandiu ao redor, em raio de imprevisível certidão, um grande número de criações populares, que incluem variado catálogo: capoeira, maculelê, lindro-amor, nego-fugido, terno de reis, afoxé, as várias variantes do samba, cheganças, danças várias, como a de São Gonçalo, e uma infinidade de outras expressões conectadas a um sistema de vida consolidado. O autor chama isso de um conjunto de costumes de inarredável marca "baiana", regulares e arraigados, como a culinária e a indumentária, um complexo de crenças que deriva do catolicismo popular, dos cultos religiosos de origem africana e dos cultos cívicos, como o 2 de julho. Todo esse complexo, diz Nelson, esse imponderável psicossocial que envolve e condiciona as criações não atribuíveis ao Recôncavo (porém de antiga e intensa presença), as recriações com o selo próprio do seu povo e as de comprovada origem local – tudo isso, em seu conjunto, é que valida a afirmação de ser o Recôncavo e Salvador uma região "folclórica" – outra vez reafirma-se aqui que melhor seria dizer "cultural" –, com fisionomia própria, específica, singular. Mas onde reside essa marca identitária? Como, afinal, ela se construiu e se fixou? E, por analogia, como ela se diferenciou das demais para se afirmar como tal, dotada de fisionomia e cores próprias?

A abordagem do assunto exige, antes de tudo, uma breve consideração preliminar. Embora a região, o espaço e o território tenham a sua identidade, eles não são subsistemas fechados em si mesmos. O fato de estarem conectados, desde cedo, a uma baía e sua economia, conectada ao mundo, impõe permanente troca simbólica e renovação de seus signos. Além do mais, internamente, a região sempre guardou relações intensas com outros espaços culturais da Bahia, até por sua posição estratégica de porta de entrada para o sertão e meio de escoamento de mercadorias e transporte de pessoas. O caminho das águas oceânicas e rios regionais facilitou esse fluxo de bens, pessoas e signos. Embora a Baía de Todos os Santos possua muitas e belas ilhas, o Recôncavo nunca foi, nesse sentido, uma "ilha cultural", isolada e pura. No passado, é sabido, em tempos anteriores ao surgimento do avião e ao advento dos meios elétricos e eletrônicos de comunicação social, uma cadeia de montanhas poderia condenar uma vila ou uma cidade ao isolamento e à solidão. Não é o caso dos rios. Eles sempre significaram o avesso da montanha: em vez de obstáculo, quando navegável, significam passagem. Estrada aquática por onde circulam e se disseminam, desconhecendo divisas, os mais variados elementos e práticas da cultura. Cantos, rezas, utensílios e crenças deslizam à flor da água, no bojo de saveiros, barcos e canoas, difundindo-se por seus afluentes e pelos atracadouros que vão pontuando suas margens. Nesse sentido, a geografia premiou o território do Recôncavo, com suas cidades ribeirinhas e litorâneas e sua conexão às baías do Iguape e de Todos os Santos. Possibilitando, naturalmente, o processo integrativo do espaço pela facilidade de comunicação e pelo fluxo de bens materiais e culturais, contribuindo para a troca, o relacionamento e a integração de vários núcleos populacionais.

Mas não foi a natureza a responsável pela formação cultural, especificamente. Ela surgiu de circunstâncias históricas precisas. Dadas. Vejamos, de perto, um processo que vem de longe. A configuração de uma base cultural no Recôncavo decorreu de um processo histórico concreto que comportou assimilações, aculturamento, invenções e novas fusões. Tome-se a questão dos influxos negro-africanos, por exemplo. A Bahia de Antônio Vieira e Gregório de Mattos, nesse campo, era uma Bahia banto, povoada de calundus, quilombos e inquices. Já a Bahia de Jorge Amado e Dorival Caymmi é uma Bahia predominantemente jeje-nagô, tomada de axés, ilês e orixás. O fato só é compreensível se for levado em conta que os bantos aqui estavam desde o início do século XVII, como demonstra Luiz Vianna Filho no seu livro *O Negro na Bahia*. Os nagôs, assim como os jejes e, em menor número, os haussás, só chegaram à Bahia mais tarde, entre os séculos XVIII e XIX. Aliás, foi a grande migração jeje-nagô que gerou o atual modelo do terreiro de candomblé, elemento identitário elaborado no contexto da escravidão como invenção ou reinvenção brasileira de ritos africanos originais. Orixás, que, no continente africano, eram cultivados em locais distintos e distantes entre si, passaram a partilhar, aqui, o mesmo sítio.

Hoje, nos diz Antônio Risério, quando alguém ouve a expressão "cultura baiana", pensa, de modo quase que natural, em afoxés e orixás. No entanto, os nagôs chegaram aqui como estrangeiros, em levas sucessivas, cultuando deuses que ninguém conhecia e falando línguas que ninguém entendia. Foi somente ao longo do século XIX que esses iorubanos e seus descendentes se integraram à vida baiana para modificá-la em profundidade, dando um outro desenho e um outro sentido à fisionomia biocultural da gente da Baía de Todos os Santos e seu Recôncavo.

Tal configuração põe em xeque ideologias que se cristalizam no conceito estático, museológico, a-histórico de "identidade cultural". É desse redimensionamento étnico que se desdobram as "marcas" culturais do Recôncavo, a criação ou produção simbólica da região, do campo artístico ao mais propriamente intelectual. A antropologia baiana de Nina Rodrigues, Vivaldo da Costa Lima e Júlio Braga vem justamente disso.

No terreno literário, se o que há de negro na poesia de Gregório de Mattos é nitidamente congo-angolano, os nagôs irromperão em estreia ficcional no romance *O Feiticeiro*, de Xavier Marques, perfeito paisagista do final do século XIX, que deixou vivas telas da Baía de Todos os Santos no romance praieiro *Jana e Joel*. Dessa matriz descende *Jubiabá*, de Jorge Amado, e *Viva o Povo Brasileiro*, de João Ubaldo Ribeiro. Aliás, o Recôncavo é pródigo em termos literários. Mesmo nesse terreno, sua sombra se projeta sobre as demais regiões, atenuada aqui ou ali, pontualmente, no São Francisco e no Sul, onde surgem alguns romances de peso. Desse mesmo solo iorubaiano vão se projetar, no espaço da música popular brasileira, os nomes de Dorival Caymmi e Caetano Veloso.

A vida artística baiana guarda, portanto, grande relação com esse universo simbólico jeje-nagô. Em seus signos, sentimentos, desejos mais profundos e visão de mundo, os povos africanos acabaram, por circunstâncias históricas específicas, influindo decisivamente nos modos e trejeitos, hábitos e invenções, costumes e preferências locais.

Essa Bahia litorânea e mulata do Recôncavo foi, num passado recente, contraposta a outra, sertaneja e milenarista, avessa aos orixás e submersa num catolicismo popular e processional que gera fenômenos como as romarias de Bom Jesus da Lapa.

É clássica a contraposição feita por Euclydes da Cunha em *Os Sertões*. De um lado, o sertanejo, antes de tudo, um forte; de outro, os tais mestiços neurastênicos do litoral. Euclydes via a autenticidade como uma espécie de marca registrada do sertão, ao passo que haveria um Brasil postiço, corrompido e cosmopolita na extensão praieira. O que ele vê no sertão, antes de mais nada, é a paisagem atormentada, o martírio da terra. No interior desse quadro, vai situar o martírio do ser humano. "O martírio do homem, ali, é o reflexo da tortura maior, mais ampla, abrangendo a economia geral da vida. Nasce do martírio secular da Terra". O ser humano em questão é, obviamente, o sertanejo, "rocha viva da nacionalidade".

E assim como vê a diferença climática entre o território interiorano e a orla marítima, ele também verá a dessemelhança antropológica entre o habitante do litoral e o morador do sertão. Etnicamente, a fachada atlântica é, sobretudo, o espaço de cruzamento de brancos e negros, tendo, como produto típico, o mulato. Enquanto o sertão, por sua vez, aparece como o reino da mistura de brancos e índios, gerando mamelucos.

Essa mesma visão, que opõe processos de mestiçagem em associação com as condições ecológicas distintas e gerando tipos raciais, ocupacionais e sistemas culturais diferenciados, vamos encontrar também em estudos como *Nordeste*, de Gilberto Freyre, e *Brasil, terra de contrastes*, de Roger Bastide. Freyre distingue o Nordeste litorâneo da cultura do açúcar, alongando-se por terras de massapé e várzeas, que vai do Recôncavo da Bahia ao mar do Maranhão, do Nordeste pastoril que se alarga para o interior. O primeiro – e mais antigo – é o Nordeste "onde nunca deixa de haver uma mancha de água: um avanço de mar, um rio, um riacho, o esverdeado de uma lagoa". Nordeste de "árvores gordas, de sombras profundas, de bois pachorrentos, de gente vagarosa e, às vezes, arrendondada quase em sancho-panças." Das casas grandes, mulatas e caboclas. Trabalhadores pardos que labutam com o mar e com o rio. Um Nordeste mais para Leste que para qualquer outra coisa, como o Recôncavo, que pode ser localizado geograficamente como parte do Brasil Atlântico Central.

Roger Bastide acentua essas diferenças levando-as à condição de contrastes. Do plano genético ao plano simbólico, envereda pelo campo de uma semiótica gestual. Para Bastide, "a civilização da cana é também a civilização do negro. O negro lhe deu cantos, risos, danças, o ritmo dos tambores, o modo de caminhar. O jeito de andar do sertanejo, anguloso, duro, ossudo, é inteiramente diferente do andar cadenciado das mulatas que, com um doce balancear de ancas, vão para as fontes, pote de água à cabeça, pés descalços, acariciando a terra" [...] O sociólogo francês vai fundo na sua leitura crítica:

A própria religião modifica-se quando passa de uma zona para outra. À beira-mar, eis o grande apelo místico das igrejas cintilantes de ouro, das cabeças dos querubins alados, ou das cariátides voluptuosamente retorcidas sob o altar dos santos. No sertão, a religião é tão trágica, tão machucada de espinhos, tão torturada de sol quanto a paisagem; religião de cólera divina, num solo em que a seca encena imagens do Juízo Final, e em que os rubicundos anjos barrocos, negros ou brancos, cedem lugar aos anjos do extermínio.

Quanto aos desejos mais ardentes e profundos, "a civilização da cana é uma civilização carnal. A do sertão tem a dureza do osso". O quadro comparativo que se desprende desses autores é claro: de um lado, um Nordeste do gado e do couro, ascético-milenarista, conservador e insulado; de outro, um Nordeste barroco-canavieiro, místico--erótico, com suas praias e orixás.

O Recôncavo encarna, com toda a propriedade, a condição desse Nordeste submetido aos intercruzamentos com negros, e não seria impróprio dizer que, apesar de todo o processo modernizante e urbano, compõe um complexo jeje-nagô nas suas permanências mais consistentes. Do ponto de vista moral e religioso, esse contexto está associado ao processo conversional e de catequese do catolicismo oficial. Plástico, às vezes moderado, outras repressivo, sensível ao contato com os outros e sedento de "novas almas". A mistura, que começou com raças distintas, se projetou para dentro do mundo simbólico e a repressão de uns se amoldou à expansão de outros.

A par de todo o processo de mudança social, o ethos desse tronco cultural frondoso se manteve em pé, produzindo galhos novos, renovando suas folhas e flores num ciclo de renascimento e reprodução contínuo. Muito nítido e ligado às suas origens culturais mais remotas, demonstra a força emotiva, votiva e moral dos descendentes de africanos, que se impôs sob duras condições; duras, mas não suficientes para tirar desses indivíduos a alegria e o gosto pela vida, a brincadeira e a lubricidade.

Nesse berço de erotismo e sensualidade, que fica evidenciado na coreografia e na música do Recôncavo, nas umbigadas do samba de roda e nos meneios de ancas das suas mestiças, Nelson Araújo encontrou, em Simões Filho, a Dança de São Gonçalo, evento enraizado na cultura popular, de origem portuguesa, totalmente apropriado pelo povo e que ganhou uma dimensão provocante. Em recente levantamento da Secretaria de Cultura do Estado da Bahia (Secult), a Dança de São Gonçalo aparece, entre outros locais, até mesmo em Salvador.

No Dicionário do *Folclore Brasileiro*, Câmara Cascudo – depois de mencionar que os devotos do santo traziam "figuras de trigo, cobertas de açúcar e mesmo pães, com formas fálicas" – informa:

> Em janeiro de 1718, Lê Gentil de la Barbinais assistia, na Capital da Bahia, a uma comemoração entusiástica a São Gonçalo. Compareceu o Vice-Rei Marquês de Angeja, tomando parte na dança furiosa dentro da igreja, com guitarras e gritarias de frades, mulheres, fidalgos, escravos, num saracoteio delirante. No final, os bailarinos tomaram a imagem do santo, retirando-a do altar, e dançaram com ela, substituindo-se os devotos na santa emulação coreográfica.

Mesmo em cidades da Região Metropolitana de Salvador, que vivenciaram intenso processo de urbanização, a cultura popular sustentou seus espaços de negociação e contato com a cultura de massa. Em cidades como Camaçari, por exemplo, que evoluiu de pacato balneário para centro industrial, é possível encontrar, nas áreas centrais e periféricas, vivas manifestações de folguedos, expressões artísticas e culturais dessa Bahia mais tradicional. Mandus, cheganças, ternos, artesanato de palha e barro, bumba meu boi e uma variada antologia culinária, marítima, agrícola e religiosa se reproduzem em Monte Gordo, Areias, Barra do Pojuca, Jacuípe, Arembepe e outros distritos e adjacências. A par do mundo avançado da petroquímica e da indústria automobilística robotizada, o pedreiro, o pescador e o pequeno agricultor nativo sustentam suas práticas culturais estimulados pelas novas facilidades advindas com o progresso tecnológico e econômico.

Aliás, a relação criativa, nesse processo de continuidade e mudança, é facilmente verificável em eventos de maior porte, como é o caso do Carnaval. Tema sempre polêmico, mas bom exemplo para nos aproximarmos sem preconceitos da questão da interação entre o *éthos* tradicional e as imposições da mudança. Purismos à parte, nem a guitarra elétrica acabou com a batucada, nem o bloco de trios fez desaparecer os afoxés. Pode-se discutir o grau de organização de cada uma dessas manifestações e a correspondente cobertura que tem da mídia, bem como a respectiva eficiência profissional. Ou "lugar de fala". Mas ninguém de são juízo pode afirmar que o Carnaval moderno tenha deixado de ser elemento identitário da Bahia. Transformado, profissionalizado, mais ou menos empresarial, eis, com o Carnaval, a força da tradição ressignificada e fortalecida a cada ano. Alguns objetarão: perdeu sua espontaneidade porque evoluiu de um contexto provinciano e popular para um evento cada vez mais articulado com a indústria do lazer e do turismo. Não importa. Isso, reafirma sua capilaridade e alcance, que mudam com o tempo, ao sabor das tecnologias, da moda e das imposições socioculturais. Outros advertirão: ele exclui ou não contempla, na devida correspondência, a maioria da população afro-brasileira, a quem se deve a pulsação, o ritmo e a sua beleza coreográfica. Mas nada anula a imensa capacidade de adaptação e inovação dos produtores de cultura envolvidos nesse sistema lúdico, que, é óbvio, numa economia competitiva, deixou de ser guiado pela pândega para ser regulado por mecanismos que unem, cada vez mais, prazer e lucratividade.

Exemplos assim são vistos em várias cidades e em vários níveis de inventividade popular. Há muito que as diversas modalidades de samba do Recôncavo – o duro, com seus passos amarrados, curtinhos, ao contrário do samba de roda, mais coreográfico e desenvolto, o samba chulado, associado à viola, o samba de coco, entre outros – convivem com novas formas de expressão musical suscitadas pela relação entre a base cultural local e a indústria de massa. Nem sempre, no entanto, esses "encontros" são esteticamente felizes. Para lembrar o antropólogo Mércio Gomes, que aqui entra na contramão do esforço em positivar a cultura, às vezes ela é também um dos estraga-prazeres da vontade humana. Penso, aqui, no caso do arrocha e da seresta: esses gêneros se apresentam como epidêmicos nos estratos sociais mais baixos de várias cidades do Recôncavo. Praga que se multiplica e reproduz com a "velocidade do som", improvisando músicos e cantores de qualidade mais que duvidosa. Falo aqui com isenção de modos e expressando weberianamente minhas escolhas pessoais, é claro.

Mas nem só de arrocha e seresta vive o Recôncavo. O repertório é mais amplo. Bárbara Falcón chama atenção para o fenômeno do *reggae* no território, em especial para a cidade de Cachoeira. Mostra como, do samba ao afro-canto e deste ao balanço do *reggae*, a juventude negro-mestiça, entre maconha e evangelismo, reconstrói a própria identidade a partir da música. Misturando tradições locais e influências globais, o *reggae* do Recôncavo enriqueceu o repertório musical da região, projetando artistas e bandas no mercado fonográfico, com um tom étnico, religioso e comportamental que aprofunda o sincretismo cultural, suscita novos diálogos entre a cultura negra diaspórica, no contraponto da chamada "música alienada". Com acentuado caráter político, comportamental e étnico o bonde do *reggae* cachoeirano – que tem também sua vertente evangélica – abriu sua própria estrada no cenário mercantil da música baiana nas duas últimas décadas. O samba-*reggae*, a *axé-music* e o pagode baiano, de forma inventiva e comercialmente exitosa, se incluem nessa encruzilhada recriativa da canção popular da Bahia no mundo contemporâneo, marcada pela manipulação laboriosa das "raízes" afro-brasileiras. Melhor seria dizer, ao invés de "raízes", da nossa imaginação mãos e vozes, quando se apropriam de materiais antigos, novos ou inventados para criar combinações surpreendentes, estilos desconcertantes, novidades fresquinhas e sedutoras. Milton Moura, que realizou uma bela reconstituição de época e inventariou as combinações artístico-musicais no centro da cidade de Salvador, faz um interessante relato das permanências e inovações nesse circuito fértil, que é o Pelourinho e adjacências, relacionando estilos, atores e consumidores desse *mercado* sonoro-festivo da noite baiana.

As combinações podem, em determinado momento, resultar em experimentos verdadeiramente revolucionários. Foi o caso do encontro da cultura popular e da cultura erudita na construção da Universidade Federal da Bahia, tão bem entendido por Antônio Risério no seu livro *Avant-Garde na Bahia*. Para ele, o tropicalismo e o cinema novo resultam da confluência de duas condições básicas: 1) a existência, naquele espaço geocultural, de uma cultura popular viva, organizada, densa e inventiva, e 2) a realidade de uma instituição universitária distante do mormaço e da melancolia e realmente disposta a uma aventura criadora. A UFBA trouxe para a Bahia nomes famosos da música internacional, da dança e do teatro. Desse diálogo resultou a geração de Glauber Rocha e Caetano Veloso. "Foi uma juventude que mergulhou fundo no universo da cultura popular, assimilou criativamente os lances da modernidade estético-intelectual, as faíscas e fulgurações da *avant-garde*, para produzir uma obra rica e inovadora, alterando significativamente o jogo dos signos nos campos estéticos em que interveio – e afetando em profundidade a estrutura da sensibilidade brasileira".

Sob o signo do sincretismo, nos diz o entusiasta ensaísta, a Bahia ajudou o Brasil a se repensar, deflagrando dois movimentos artísticos de grande efeito sísmico numa terra avessa aos abalos de ruptura.

Mas nem sempre as combinações ou processos interativos resultaram em positividades. As inovações culturais e econômicas, técnicas e tecnológicas, aqui ou ali, tiveram, no Recôncavo, reflexos negativos, paradoxais, desagregadores. Às vezes, destrutivos. Vejamos o caso do patrimônio histórico, em especial, do patrimônio arquitetônico. De um lado, abandonado pela insuficiência de modos de sucessivos governos, como é caso de sobrados rurais, capelas e casas grandes de engenhos. De outro, um conjunto urbano posto abaixo e substituído pela tranqueira de uma arquitetura vulgar e empobrecida, advinda dos efeitos econômicos do petróleo, responsável pela degradação do município de Santo Amaro e pela substituição dos elegantes sobrados coloniais por prédios sem harmonia, desprovidos de qualquer valor arquitetônico e de enorme deselegância em meio a um dos conjuntos mais preciosos da arquitetura barroca do Recôncavo.

Noutra ponta, o transporte rodoviário, reorganizando o espaço regional, ao esvaziar Cachoeira e São Felix e fortalecer os cruzamentos de estradas, realçando Cruz das Almas e Santo Antônio de Jesus, de um lado, e Feira de Santana, desmontou um sistema barato e funcional de transporte marítimo, que era parte integrante da paisagem baiana e que está eternizado em telas de Pancetti, Diógenes Rebouças, na música de Caymmi, nos desenhos de Carybé, nas fotos de Pierre Verger. Ou em filmes de Guido Araújo, Roberto Pires e, mais recentemente, Sérgio Machado, com seu amadiano Cidade Baixa. A respeito da estetização do saveiro, deve-se consultar o texto *Saveiros de Vela de Içar: 400 Anos de História*. Embarcação mestiça, aculturada pelo Recôncavo, foi meio de sobrevivência de milhares de pessoas, meio de transporte para o povo e para as mercadorias regionais. O processo de seu fabrico gerou dezenas de estaleiros por toda a região. Estima-se que, em 1950, existiam 1.500 saveiros singrando as águas da Baía de Todos os Santos e os rios do Recôncavo adentro. Lev Smarcevski, um apaixonado por desse tipo de embarcação, realizou dois feitos de amor pelo seu objeto de desejo-transporte. O primeiro, promovendo a reengenharia do barco para adaptá-lo às modernas exigências de segurança e locomoção. Daí adveio a escuna de passeio, em tudo inspirada no antigo barco hindu-baiano. É de Smarcevski também um livro de arte com memória precisa da arquitetura naval, ensinamentos de antigos mestres e uma comovente exposição do uso do graminho na construção de saveiros que carregavam até 30 toneladas de peso movidos exclusivamente pelos ventos. O saveiro, afinal, que poderia ser, por tudo que significou, um bem cultural a ser tombado, simplesmente desapareceu na esteira do progresso, levando com ele dezenas de profissões, ocupações e histórias. Ventos do progresso...

Os impactos em curso

Desde que anexado ao processo histórico da colonização, o Recôncavo e suas baías – a de Todos os Santos e a do Iguape – vivenciaram permanente processo de mudança, mais ou menos intenso, de acordo com o ciclo produtivo e tecnológico em causa. Mesmo antes, embora os ocupantes originais da região não tenham deixado vestígios confiáveis além de sambaquis e cerâmicas, os grupos humanos mais antigos (de até dois milênios antes da chegada lusitana), acredita-se, assentavam-se nas vizinhanças de rios e praias, embora também não tenham deixado registro histórico.

Sabe-se que a designação genérica de "indígenas" ou "brasis", para as etnias que habitavam a América pré-cabralina, é totalmente imprecisa. No território que hoje chamamos Recôncavo Baiano – e que os tupinambás chamavam *kirymuré* e *paraguaçu* –, guerras sucessivas suscitaram a substituição de povos ao longo do tempo. De acordo com Risério, em seu panorâmico e didático *Uma História da Cidade da Bahia*:

> Quando os portugueses, franceses e espanhóis chegaram aqui, o litoral da Bahia era habitado, da foz do Rio São Francisco até a altura da atual

cidade de Ilhéus, pelos índios tupinambás do grupo tupi. Não se sabe precisamente em que época eles invadiram e dominaram a região, mas o certo é que não constituíam uma população autóctone. Isto é, nativa. Até onde sabemos, as terras hoje baianas conheceram, antes da conquista lusitana, a dominação dos 'tapuias', a expulsão dos tapuias pelos tupinaés e, finalmente, a derrota e a fuga dos tupinaés, diante do avanço irresistível da 'máquina' de guerra dos tupinambás (RISÉRIO, 2000).

Portanto, mesmo a ancestral *kirymurê* tinha sua dinâmica pré-colonial movida pela disputa de territórios entre os ameríndios.

A colonização imprimiu um novo e mais intenso ritmo a essas mudanças e pôs em contato povos nunca dantes relacionados. A extensão, profundidade, amplitude e significação da interação entre portugueses, africanos de diversas etnias e povos ameríndios é assunto de clássicos da história e da sociologia brasileira, portanto, dispensa reflexões no recorte deste ensaio. A aventura colonial – que depois se cristalizaria por sua duração em um modo de produção inteiramente novo, como destacou Gorender em *O Escravismo Colonial* – gerou impactos expressivos no espaço eleito para a implantação da cultura canavieira e, ao misturar raças, línguas, crenças, técnicas e culturas diferenciadas, produziu uma sociedade polimorfa, policrômica, polissêmica, inventou, no novo mundo, um mundo novo construído sob a égide lusitana, a subordinação dos ameríndios e a escravidão generalizada, principalmente de africanos.

Séculos de história intensificaram ainda mais essa mistura, instituindo a pluralidade e o sincretismo como elementos marcantes desse processo de aculturação. A catequese, a conversão, a cooptação e a repressão não funcionaram cem por cento, no sentido de impor os valores dos dominantes sobre os dominados. Resultou, de toda essa dialética de enfrentamento, um entrecruzamento permanente e uma adaptação criativa que decorrem do grau de forças do momento e da capacidade de os de cima submeterem e de os de baixo resistirem.

A mistura se refletiu na língua, que se abrasileirou; na raça, que se mestiçou; na religião, que se sincretizou; na comida, que se misturou; no sexo, que se generalizou; e na forma de pensar, sentir e agir, que se pluralizou, com todas as implicações daí decorrentes. Thales de Azevedo e Gilberto Freyre, mestres brasileiros da antropologia, trataram do tema em textos insuperáveis.

Os recentes processos de modernização trouxeram novos dados ao caldeirão cultural do Recôncavo da Bahia: novas tecnologias, migrações secundárias, reordenação do espaço econômico, novos equipamentos, serviços, sonhos e utopias.

Na impossibilidade de ser examinado o conjunto dessas transformações em detalhe, dada a extensão do universo de 34 municípios e a impossibilidade metodológica de apropriação convincente dessa totalidade – que comporta subespaços e variâncias intrarregionais e mesmo no interior das localidades tomadas isoladamente –, optamos pela abordagem hierarquizada, ao modo de uma lente grande angular, concentrando as atenções nos marcos mais relevantes, na hierarquia das cidades mais importantes e que ocupam, atualmente, posição de destaque no cenário da "arquitetura" socioeconômica local, pela condição aglutinadora e pela dinâmica que apresentam, por sua emergência e influência regional, ou ainda pelo capital material e simbólico que possuem.

Ao longo do tempo, a capital baiana não apenas continuou, mas também ampliou seus efeitos integrativos no espaço regional. O crescimento do mercado de trabalho, a metropolização da cidade, a melhoria do sistema de transporte (inclusive com a massificação de *vans*) e das estradas, a inauguração do sistema *ferry-boat* e seu aperfeiçoamento recente, além da telefonia, com a popularização do celular e a democratização do telefone fixo, e da disseminação da *internet*, tudo isso contribuiu para maior comodidade, facilidade de acesso e encurtamento das distâncias.

Mas nada disso, certamente, ajudou a romper o isolamento de algumas cidades, estagnadas e em lassidão. Para isso, seria preciso dinamismo próprio, exploração de sistemas produtivos locais e seus arranjos e exploração de suas potencialidades.

O fato é que Salvador, ao se metropolizar, ampliou a conexão com toda a região, em algumas situações aproximando-se fisicamente de outras cidades, a exemplo de Lauro de Freitas. A antiga Santo Amaro de Ipitanga, submetida pelos D´Ávila e aldeada pelos jesuítas durante a colonização, ingressou no século XX como área isolada e bucólica do litoral. A expansão imobiliária, turística e industrial – via Copec – revolucionou a vida de nativos e veranistas, promovendo a ocupação generalizada da pequena extensão territorial do município. A ponto de Lauro de Freitas liderar o *ranking* das cidades com maior taxa de crescimento demográfico do estado.

Efeito semelhante se desdobrou a partir do polo petroquímico e dos grandes investimentos industriais na região. A orla de Camaçari e seu miolo foram impulsionados pelo fluxo de capital e a duplicação da linha verde, conectando a Bahia a Sergipe, que ampliou os investimentos imobiliários e turísticos ao longo da Costa Atlântica. Megaempreendimentos como os de Sauípe confirmaram a expansão do turismo e do entretenimento em algumas áreas, como Praia do Forte e Guarajuba, que passaram por uma febre inusitada de ocupação, um *boom* residencial e um significativo incremento no comércio e nos serviços, com destaque para bares e restaurantes. Ao charme histórico-lúdico e antropológico de Salvador se somou um tipo de turismo litorâneo que tende a crescer com a incorporação de novos espaços a seu núcleo inicial.

Essas são, digamos, as faces modernas e conectadas ao recente processo de expansão. O velho e bom Recôncavo e suas cidades barrocas também vêm enfrentando acentuadas mudanças. O turismo, que não conseguiu se colocar como alternativa real para algumas dessas cidades onde o estado realizou investimentos em infraestrutura e mesmo em construção de pousadas e hotéis, em decorrência do patrimônio histórico e cultural aí existente, vem sendo relativizado por outros investimentos federais pesados, como é o caso da Universidade Federal do Recôncavo da Bahia, que inclui quatros *campi* e levou, para a região, a perspectiva de formação profissional e acadêmica para milhares de jovens. Seu impacto sociocultural e os efeitos positivos do empreendimento já começam a ser sentidos, devendo contribuir para um intenso processo de mudança social, com a elevação do nível cultural da juventude e os desdobramentos no campo do ensino, da extensão e da pesquisa.

A Universidade Federal do Recôncavo da Bahia (UFRB) tem ainda um sentido integrativo mais forte, uma vez que vem promovendo, em várias áreas do conhecimento, a articulação da região com outras áreas onde estão implantadas universidades públicas, seja na Bahia, em outros estados e mesmo fora do país.

Em municípios que estavam em total lassidão, como é o caso de Cachoeira, São Félix e adjacências, esse tipo de equipamento cultural representou, para a educação e as artes, o que a Petrobras representou, em termos econômicos, para a Bahia na década de 1950.

Mesmo em cidades que já haviam alcançado dinâmica própria, por conta de um desenvolvimento comercial ou agrícola e de facilidades diante de algumas condições estratégicas e fluxos produtivos bem sucedidos, como é o caso de Santo Antônio de Jesus, o investimento no ensino superior significou um marco, um momento novo na história local.

Outros municípios – sobretudo aqueles historicamente mais debilitados, como é o caso de Cabaceiras do Paraguaçu – ainda não encontraram o caminho para a superação da pobreza, apresentando indicadores sociais preocupantes. Outros tantos, mais na periferia regional, tateiam saídas para o marasmo.

Um dado novo e que vai provocar uma alteração profunda na estrutura do emprego local e, certamente, nos padrões de consumo, é a anunciada construção de estaleiros em Maragogipe. Um investimento bilionário (R$ 1,5 bilhão, segundo a imprensa) e milhares de empregos diretos – uns falam em 12 mil no primeiro ano, outros em 30 mil ao longo dos dois projetos previstos – vão sacudir ambientalmente e economicamente a região.

O curioso é que o projeto dos estaleiros retoma a velha tradição da construção náutica, iniciada com a construção dos saveiros e que dinamizava vários portos regionais que resistiram ao tempo – inclusive o de São Roque do Paraguaçu, desativado em 1967, e que agora sediará os megaprojetos náuticos da Odebrecht e da OAS.

Mais recentemente, vem-se falando na ponte para ligar Salvador a Itaparica. Levada a efeito, reforçará os laços de integração do espaço, impondo nova dinâmica às trocas e circulação de bens, materiais e simbólicos e incorporará, com mais força, o espaço além-mar ao centro dinâmico de Salvador, dando substância ao processo de metropolização.

Tudo isso ocorre ainda em meio a permanências e continuidades, é claro. Em meio a tanta mudança, é possível se constatar que os agricultores da região de Muritiba, Governador Mangabeira e proximidades ainda cultivam o fumo com a mesma tecnologia de 300 anos atrás, fazendo o consorciamento com o feijão e o milho para sobreviver, embora a maior parte deles não dispense o celular, a moto e a antena parabólica. Nas áreas mais antigas do experimento canavieiro, os remanescentes organizam-se em "quilombos" – caso do Iguape – e, através desse meio de resistência, pleiteiam a atrasada atenção do estado e da sociedade.

O processo não é uniforme nem homogêneo, mas a mudança social se anuncia intensa, num contexto em que a população, por todas as conquistas recentes, tem aprimorado sua sensibilidade para com o patrimônio material e imaterial que lhe pertence e que vem servindo, muitas vezes, como instrumento de organização e obtenção de direitos ou benefícios. Um exemplo emblemático é a Irmandade de Nossa Senhora da Boa Morte, hoje valorizada internacionalmente como manifestação religiosa e étnica por força de sua tradição, seus ritos e aspectos religiosos e cênicos.

A percepção governamental da cultura como um vetor de desenvolvimento e a compreensão dos agentes da importância de suas manifestações, no quadro de uma sociedade que valoriza cada vez mais o entretenimento e o turismo, indicam que o nicho do Recôncavo mal começou a ser explorado nesse aspecto. A riqueza antropológica, a diversidade cultural, os processos sincréticos em pleno curso e o mosaico culinário, artesanal, sonoro, coreográfico, estético e histórico local são atrativos valiosos para qualquer um que se interesse em conhecer a alma brasileira no que se refere a seu processo de mestiçagem. Com centenários signos da tradição, mas também, é óbvio, com os resultados e subprodutos advindos com a modernidade, no que isso tem de positivo e de problemático.

De qualquer posição que se olhe esse lugar, o que vai se ver é um espaço luminescente, fulgurante. A face hegemônica de uma Bahia que se foi e que aqui se reconstruiu a cada ciclo. E que, no presente, tudo indica, vai se fortalecer ainda mais com a exploração intensiva de suas vocações e uma maior integração de seus espaços interiores. No compasso assinalado pioneiramente por Costa Pinto, de continuidades e mudanças, permanências e inovações, tradição e modernidade.

Centro colonial, espaço metropolitano

Voltemos a nosso ponto de partida. Aliás, onde tudo começou. A construção da capital portuguesa na América levou em consideração necessidades básicas do projeto colonial: um porto, vários fortes e a proximidade da zona produtora, que se espraiava do atual subúrbio para dentro do Recôncavo canavieiro. O projeto foi tão bom, que demorou séculos e transferiu, para a Europa, o doce resultado da acumulação de riqueza, dinheiro que contribuiu para a revolução industrial mudar a face do mundo.

Mas ninguém poderia prever que, no mesmo solo que acolheu essa experiência civilizatória, responsável pela importação de milhões de africanos, pudesse acontecer uma experiência ainda mais rica. Aliás, do seu subsolo. Daí aflorou o petróleo. Ninguém poderia imaginar também que a própria cultura gerada a partir da ocupação econômica do Recôncavo pudesse, ela própria, se transformar em riqueza material, capaz de gerar emprego e renda e fazer fluir o mundo pulsante do turismo e do entretenimento.

Da cidade colonial, que abrigava a burocracia, os serviços e servia de porto e proteção ao projeto do açúcar – uma feitoria forte à beira-mar plantada – à atualidade de Salvador, durante muito tempo chamada Cidade da Bahia, um tempo considerável passou, mas uma constante se fez: a centralidade, a função integrativa da antiga feitoria, que se transformou numa cidade barroca e caminha célere para sua função metropolitana. Pode-se discutir o padrão de sua urbanização, o preço desse progresso, o sentido da modernização, mas ninguém pode deixar de reconhecer o salto, a transformação e, ao mesmo tempo, o aprofundamento de suas funções tradicionais.

No transbordamento da malha urbana, na conurbação com outros espaços regionais, Salvador reafirma a condição de cidade integrativa, concentrando a maior parte não só dos instrumentos de gestão como os meios de produção e difusão cultural. Equipamentos de entretenimento, salas de espetáculo e espaços dedicados às artes, jornais, emissoras de rádio e TV etc. se expressam a partir do espaço da capital, reforçando sua condição de mercado proeminente, lugar de fala e centro de consumo de bens e serviços, ao qual os demais municípios sempre recorrem nas mais diversas esferas de necessidade: desde a saúde até o lazer; do comércio à educação superior; do aceso à moda ao contato com o exterior.

Do mundo escravista ao mundo capitalista, o Recôncavo Baiano não apenas acentuou a sua influência no espaço da economia e da cultura do estado, como também acrescentou a esse processo novas modalidades de hegemonia material e simbólica. A metropolização de Salvador tende a ampliar essa influência, a par de algumas regiões do estado vivenciarem mudanças significativas no campo produtivo e já possuírem algum grau de urbanização. Nada ainda comparado ao quadro da capital e suas cercanias. Tudo indica que esse processo tende agora a seguir sob duas determinações: aprofundar as vocações naturais herdadas de vários ciclos, dando maior substância à integração intrarregional prevista por Costa Pinto. Ao mesmo tempo, Salvador deve se abrir para outros territórios, incorporando variantes e subvariantes culturais de outras regiões do estado, para fazer valer sua condição efetiva de capital da Bahia e não apenas do Recôncavo, sendo centro da diversidade, do sincretismo e da difusão de um conjunto maior de valores e expressões culturais.

Ponte sobre o Rio Jaguaripe em Nazaré - 1967.

Referências bibliográficas

ABREU, João Capistrano de. *Capítulos da História Colonial (1500-1800)*. Typografia Leuzinger. Rio de Janeiro, 1928.

ACAUÁ, Benedito Marques da Silva. *Memória Sobre os Terrenos Diamantinos da Província da Bahia*. In: FERREIRA, Francisco Ignácio, *Dicionário Geográfico das Minas do Brasil*. Rio de Janeiro, Imprensa Nacional, 1955.

AGUIAR, Durval Vieira de. *Descrições Práticas da Província da Bahia*, *apud*, PEREIRA, Gonçalo de Athayde. *Memória histórica e descritiva do município de Lençóis*. Salvador, Of. Da Empresa "Bahia", 1910.

ALMEIDA, Ignez Pitta de. *Barreiras, uma História de Sucesso – Resumo Didático desde a origem até 1902*. Barreiras, Congraf, 2005.

ALMEIDA, Paulo Henrique de. *A economia de Salvador e a formação de sua Região Metropolitana*. In: CARVALHO, Inaiá; CORSO PEREIRA, Gilberto (Org.) *Como anda Salvador*. Rio de Janeiro: Letra Capital; Observatório das Metropoles, 2009.

AMADO, Jorge. *Jubiabá*. Rio de Janeiro: Record, 1982.

_____. *Tenda dos Milagres*. Rio de Janeiro: Record, 1977.

_____. *Terras do Sem-Fim*. Rio de Janeiro: Record, 2000.

_____. *Tocaia Grande*. Rio de Janeiro: Record, 2000.

_____. *Gabriela Cravo e Canela*. Rio de Janeiro: Record, 1978.

_____. *ABC de Castro Alves*. Rio de Janeiro: Record, 1987.

AMARAL, Braz Hermenegildo do. *História da Independência na Bahia*. Bahia, Imprensa Oficial, 1923.

_____. *História da Bahia – Do Império à República*. Bahia, Imprensa Oficial do Estado, 1923.

ANTONIL, André João. *Cultura e Opulência no Brasil*. São Paulo, Cia. Editora Nacional, 1967.

ARAGÃO, Salvador Pires de Carvalho. *Estudos Sobre a Baía Cabrália e Vera Cruz*. São Paulo, Editora Nabu Press, 2013.

ARAÚJO, Acrísio Torres de. *História de Sergipe*. Aracaju, Livraria Regina, 1967.

ARAUJO, Antonio Amaury Correa. *Lampião, as Mulheres e o Cangaço*. São Paulo, Traço Editora, 2004.

ARAÚJO, Nelson de. *Pequenos mundos, um panorama da cultura popular*. O Recôncavo. [Salvador]: UFBA/Fundação Casa de Jorge Amado/EGBa, 1986/1988. Tomos I, II e III.

ARAÚJO, Ubiratan Castro de. *A Baía de Todos os Santos: um sistema geo-histórico resistente*. Bahia Análise & Dados: leituras da Bahia I. Salvador, v. 9, n. 4, p. 10-23, mar. 2000.

AVE-LALLEMANT, Robert. *Viagem pelo Norte do Brasil no ano de 1859*. Rio de Janeiro, INL, 1961.

_____. *Viagens pelas Províncias da Bahia, Pernambuco, Alagoas e Sergipe*. Belo Horizonte, Itatiaia, São Paulo, Edusp, 1980.

AZEVEDO, Paulo Ormindo. (org.), *Inventário da Proteção do Acervo Cultural da Bahia*. Salvador, Secretaria da Indústria e Comércio, 1972.

AZEVEDO, Thales de. *Povoamento da cidade do Salvador*. [Salvador]: Itapoan, 1967.

_____. *Italianos na Bahia*. Salvador, EGBa, 1989.

AZEVEDO, Esterzilda Berenstein de. *Arquitetura do Açúcar - Engenhos do Recôncavo Baiano no Período Colonial*. São Paulo, Nobel, 1990.

BAIARDI, Amílcar. *Desenvolvimento rural e consolidação da moderna agricultura familiar*: de colonos a neo-farmers. Bahia, Análise & Dados: agro baiano, Salvador, v.13, n. 4, 2004.

BAHIA. Secretaria da Cultura e Turismo. *Guia cultural da Bahia*: Região Metropolitana de Salvador. Salvador: Secult, 1998. 3 v.

BARLÉU, Gaspar. *História dos Feitos Praticados Durante oito anos no Brasil*. Belo Horizonte-São Paulo, Editora Itatiaia-Usp, 1974.

BARROS, Francisco Borges de. *Memória Sobre o Município de Ilhéus*. Ilhéus, PMI, 1981.

BASTIDE, Roger. *Brasil, terra de contrastes*. São Paulo: Difel, 1973.

BOAVENTURA, Eurico Alves. *Fidalgos e Vaqueiros*. Salvador, Centro Editorial e Didático/UFBa, 1989.

BRAGA, Júlio. *O jogo de búzios, um estudo de adivinhação*. São Paulo: Brasiliense, 1988.

BRANDÃO, Maria de Azevedo. *Os vários Recôncavos*. Revista do Centro de Artes, Humanidades e Letras. [Salvador], v. 1, n. 1, 2007.

CADENA, Nelson Varon. *Je Suis Le Carnaval a Chaque Coin*. In: MIGUEZ, Paulo (org.), Casa do Carnaval da Bahia. Salvador, 2018.

CALDERON, Valentin. *Notícia Preliminar sobre as sequências arqueológicas do Médio São Francisco e da Chapada Diamantina*. Belém, Pronapa, Museu Emílio Goeldi, 1966.

CALMÓN, Pedro. *História da Casa da Torre*. Salvador, Fundação Cultural do Estado da Bahia, 1983.

_____. *A Vida de Castro Alves*. São Paulo, José Olympio, 1961.

CÂMARA CASCUDO, Luiz da. *Dicionário do Folclore Brasileiro*. São Paulo: Global, 2000.

CAMPOS, Silva. *Crônica da Capitania de São Jorge dos Ilhéus*. COSTA PINTO, L. A. *Recôncavo*: laboratório de uma experiência humana. Rio de Janeiro: Centro Latino-americano de Pesquisas em Ciências Sociais, UNESCO, 1958.

CARDIM, Fernão. *Tratado da Terra e Gente do Brasil*. Rio de Janeiro, L. Leite & Cia, 1925.

CARVALHO, Maria do Rosário Gonçalves. *Os Pataxó de Barra Velha, seus subsistema econômico*. Salvador, Mestrado em Ciências Sociais/ FFCH/UFBa, 1977.

CARVALHO, Rodrigues de. *O Serrote Preto - Lampião e seus Sequazes*. Recife, Sedegre, 1974.

CASAL, Ayres de. *Corografia Brasílica*. São Paulo e Belo Horizonte, Edusp-Itatiaia, 1976.

CASTRO, Osório Alves de. *Porto Calendário*. São Paulo, Símbolo, 1961.

_____. *Maria Fecha a Porta pro-boi-não-te-pegar*. São Paulo, Símbolo, 1978.

CASTRO, Osório Alves de. *Bahiano Tietê*. Salvador, EGBa, 1990.

CORTESÃO, Jaime. *A Expedição de Pedro Alvares Cabral e o Descobrimento do Brasil*. São Paulo, Editora Ailaud Bertrand, 1992.

COSTA PINTO, L.A. *Recôncavo, Laboratório de uma experiência humana*. Rio de Janeiro, Editora Costa Pinto, 1958.

CUNHA, Euclydes da. *Os sertões*. São Paulo: Abril Cultural, 1979.

CUNHA, João Fernandes da. *Memória Histórica de Juazeiro*, http:/www.repositório. ufba.br/ri/handle/ri/6038.

CUNHA, Manoela Carneiro da (org). *História dos Índios no Brasil*. São Paulo-Fapesp-SMC, Companhia das Letras, 1992.

DANTAS, Beatriz Góes. *Os Índios de Sergipe*. In: DINIZ, Maria de F. Leal (org.). Aracaju, UFES/Banese, 1991.

DOMINGUES & KELLER. Alfredo José Porto e Elza Coelho de Souza, *"Bahia", União Geográfica Internacional*. Comissão Nacional do Brasil, 1958.

ETCHEVARNE. Carlos. *A Ocupação Humana do Nordeste Brasileiro antes da Colonização Portuguesa*. São Paulo, USP (44), 2000.

_____. *Escrito na Pedra*. Rio de Janeiro, Versal, 2006.

EXPILLY, Charles. *Mulheres e Costumes no Brasil*. São Paulo, Cia Editora Nacional, 1977.

FALCÓN, Maria Bárbara Vieira. *O Reggae de Cachoeira: produção musical em um porto atlântico*. 2009. Dissertação (Mestrado) - Faculdade de Filosofia e Ciências Humanas, Universidade Federal da Bahia. Salvador, 2009.

FRANCO, Emmanuel. *A Colonização da Capitania de Sergipe Del Rei*. Aracaju, J. Andrade, 1999.

FRANCO, Tarso. *A Colonização Portuguesa numa Cidade do Sertão da Bahia*. Salvador, EGBa, 1996.

FREYRE, Gilberto. *Casa grande & senzala*. São Paulo: José Olympio, 1975.

_____. *Nordeste, aspectos da influência da cana sobre a vida e a paisagem*. São Paulo: José Olympio, 1967.

FURTADO, Celso. *Formação Econômica do Brasil*. São Paulo, Companhia Editora Nacional, 1974.

FILHO, Lycurgo Santos. *Uma Comunidade Rural do Brasil Antigo (Aspectos da Vida Patriarcal no Sertão da Bahia nos séculos XVIII e XIX)*. São Paulo, Nacional, 1956.

FILHO, Luis Walter Coelho. *A Capitania de Ilhéus e a Década do Açúcar (141-1550)*. Ilhéus, Editora Vila Velha, 2000.

FILHO, Luís Viana. *O Negro na Bahia*. São Paulo-Brasília, Livraria Martins Editora-INL, 1976.

FREITAS, Antônio Fernando Guerreiro de. *Eu Vou pra Bahia: a construção da regionalidade contemporânea*. Bahia, Análise & dados: leituras da Bahia I. Salvador, v. 9, n. 4, 2000.

GARCEZ, Angelina. *As Terras da Casa da Torre na Obra de Pedro Calmon*. Salvador, Revista do IHGB, v. 95, 2000.

GONZALES, Erika Marion. Texto inédito s/título.

GOMES, Josidelte. *Povoamento da Chapada Diamantina*. Revista do Instituto Histórico e Geográfico. Salvador: (77), 1950.

GOMES, Mércio. *Identidade cultural no Brasil contemporâneo*: vislumbrando a renascença da cultura brasileira. In: SEMINÁRIO DE CULTURA, DESENVOLVIMENTO E INCLUSÃO, 1., 2009. Aracaju. Anais. Aracaju: Seplan, 2009.

GORENDER, Jacob. *O escravismo colonial*. São Paulo: Ática, 1978.

GUEIROS, Optato. *Lampião – Memória de um Oficial de Forças Volantes*. Recife, Edição Gráfica Recife, 1953.

GUIDON, Niède. *As Ocupações Pre-Históricas no Brasil* (Excetuando a Amazônia). In: CUNHA, Manoela Carneiro da, História dos Índios no Brasil. São Paulo, Companhia das Letras/Fapesp, 1992.

IBGE, *Enciclopédia dos Municípios*. Rio de Janeiro, 1957-1964.

JABOATÃO, Frei. *Catálogo Genealógico das principais Famílias Brasileiras*. Salvador, EGBa, 1985.

JANCSÓ, István. *Na Bahia Contra o Império – História do Ensaio da Sedição de 1798*. São Paulo-Bahia, Hucitec-Edufba, 1966.

LIMA, Vivaldo da Costa. *A Família-de-Santo nos Candomblés Jejes-Nagôs da Bahia*. Salvador: Corrupio, 2003.

LINS, Wilson. *O Médio São Francisco – Uma Sociedade de Pastores e Guerreiros.* São Paulo-Brasília, Companhia Editora Nacional-INL, 1983.

_____. *Remanso da Valentia.* São Paulo, Livraria Martins Editora, 1967.

_____. *O Reduto.* São Paulo, Livraria Martins Editora, 1965.

_____. *Os Cabras do Coronel.* Rio de Janeiro, GRD, 1964.

_____. *Responso das Almas.* São Paulo, Livraria Martins Editora, 1976.

LUHNING, Ângela. *Os sons da Bahia.* Revista da Bahia. Salvador, v. 32, n. 39, [2004]. Disponível em: <http://www.fundaçaocultural.ba.gov.br/04/revistadabahia/musica" www.fundaçaocultural.ba.gov. br/04/revistadabahia/musica>. Acesso em: 3 jun. 2011.

_____. *Música*: Coração do Candomblé, USP. São Paulo, 1990.

MAGALHÃES, Basílio de. *Expansão Geográfica do Brasil Colonial.* São Paulo, Companhia Editora Nacional, 1935.

MARIANI, Clemente. *Análise do Problema Econômico Baiano.* Revista Planejamento, v. 1. Salvador, Fundação de Pesquisa CPE, 1973.

MARQUES, Xavier. *Jana e Joel.* Feira de Santana/Salvador: Eduefs; Fundação Pedro Calmón, 2009.

_____. *O Feiticeiro.* São Paulo, GRD, Mec, 1975.

MARTIN, Gabriela. *Pre-História do Nordeste do Brasil.* Recife, OFPE, 1996.

MASCARENHAS, Cláudio de Carvalho; PEIXOTO, José Augusto Saraiva. *Saveiros de vela de içar*: 400 anos de história – ameaças, potencialidades e propostas. Revista Veracidade. Salvador, v. 4, n. 5, out. 2009.

MATTOSO, Kátia M. de Queirós. *Bahia Século XIX – Uma Província no Império.* Rio de Janeiro, Editora Nova Fronteira, 1992.

MELLO, Edvaldo Cabral de. In: MOTTA, Carlos Guilherme de, *Viagem Incompleta*: A Experiência Brasileira (1500-2000). São Paulo, Editora Senac, 2000.

MENEZES, Clóvis Caribé. *Impactos da modernização da agricultura no Oeste baiano*: repercussão no espaço do cerrado a partir da década de *80.* Salvador, UFBa, 2000.

MENEZES, Gustavo Adolpho de. *Memória descritiva e estatística da riqueza mineral da Província da Bahia*, 1868. In: FERREIRA, Francisco Ignácio, org., Dicionário Geográfico das Minas do Brasil. Rio de Janeiro, Imprensa Nacional, 1885.

MORAES, Walfrido. *Jagunços e Heróis, a civilização do diamante na Lavra Diamantina*. Rio de Janeiro, 1953.

MOREAU, Pierre. *História das Últimas Lutas no Brasil entre Holandeses e Portugueses*. Belo Horizonte, Editora Itatiaia, 1979.

MOURA, Clóvis. *Rebeliões da Senzala – Quilombos, Insurreições, Guerrilhas*. São Paulo, Livraria Editora Ciências Humanas, 1981.

_____. *Os quilombos e a rebelião negra*. São Paulo, Brasiliense, 1986.

MOURA, Milton. *A música no Centro Histórico de Salvador*. In: GOTTSCHALL, Carlota de Sousa; SANTANA, Mariely Cabral de (Org.) Salvador: Centro da Cultura de Salvador, Edufba/SEI, 2006.

SANTANA, Mariely Cabral de (Org.) Salvador: *Centro da Cultura de Salvador*. Edufba/SEI, 2006.

MUKUMA, Kazadi wa. *Contribuição Bantu na Música Popular Brasileira*. São Paulo, Global Editora, s/d.

NANTES, Frei Martinho de. *Relação de uma Missão no Rio do São Francisco*. Salvador, Typografia Beneditina, 1952, ed. fac-similar.

NASCIMENTO, José Anderson. *Sergipe Del Rei*. São Paulo, Companhia Editora Nacional, 1979.

NETO, Sidrach Carvalho. *Santa Cruz Cabrália, Cinco Séculos de História*. Bahia, SCT Edições, 2004.

NEVES, Erivaldo Fagundes. *Uma Comunidade Sertaneja*; da sesmaria ao minifúndio (Um estudo de história regional e local). Salvador, Edufba, feira de Santana, Eduefs, 2008.

NIEMUENDAJU, Curt. *Mapa etno-histórico*. Rio de Janeiro, IBGE, 1981.

NÓBREGA, Manoel da. *Cartas Jesuíticas 1 - Cartas do Brasil*. Belo Horizonte-São Paulo, Editora Itatiaia-Usp, 1988.

OLIVEIRA, Manuel Botelho de. *A Ilha de Maré – Termo desta Cidade da Bahia*. In: RAMOS, Péricles Eugênio de S. (org.). São Paulo, Melhoramentos, 1967.

OLIVEIRA, Chico. *O Elo Perdido – Classe e Identidade de Classe.* São Paulo, Fundação Perseu Abramo, 2006.

OLIVEIRA, Maria Inês Côrtes de. *"Quem eram os Negros da Guiné?" A Origem dos Africanos na Bahia.* Salvador, Afro-Ásia 19/20, 1997.

OSÓRIO, Ubaldo. *A Ilha de Itaparica: História e Tradição.* Salvador, Fundação Cultural do estado da Bahia, 1979.

OTT, Carlos. *Vestígios da cultura indígena no Sertão da Bahia.* Salvador, Museu da Bahia, 1945, Número 5.

_____. *A distribuição tribal e geográfica dos índios baianos.* In: Cultura: o índio na Bahia. Salvador, v. 1, número 1, 1988.

PARAISO, Maria Hilda Baqueiro. *O tempo da dor e do trabalho: a conquista dos territórios indígenas nos sertões do leste.* São Paulo, Doutorado-Usp, 1998.

_____. *Os Botocudos e sua Trajetória Histórica.* In: CUNHA, Manoela Carneiro da, op. Cit.

PEDRÃO, Fernando. *Novos e velhos elementos da formação social do Recôncavo da Bahia de Todos os Santos.* Revista do Centro de Artes, Humanidades e Letras. Cachoeira, BA, v. 1, n. 1, 2007.

PEREIRA, Gonçalo de Athayde. *Memória histórica e descritiva do município de Lençoes* (Kavras Diamantinas). Bahia, 1910.

PIERSON, Donald. *O Homem no Vale do São Francisco.* Rio de Janeiro, Superintendência do Vale do São Francisco, 1972, 3.vs.

PINHO, Wanderley. *História Social da Cidade de Salvador.* Bahia, Prefeitura Municipal, 1968.

PINTO, Suely. *Simplesmente Barreiras.* Salvador, Edição do autor, 1989.

POPPINO, Rollie E., *Feira de Santana.* Salvador, Editora Itapuã, 1968.

PRADO JUNIOR, Caio. *História Econômica do Brasil.* São Paulo, Editora Brasiliense, 1956.

PROUS, André. *Arqueologia Brasileira.* Brasília, UNB, 1992.

RAMOS, Graciliano. *Vidas Secas.* São Paulo, Livraria Martins Editora, 1977.

ROCHA, Lindolpho. *Maria Dusá.* Salvador, P55 Edições, 2011.

ROSA, Guimarães. *Primeiras Estórias.* São Paulo, José Olympio, 1962.

ROSA, Guimarães. *Grande Sertão: Veredas*. Rio de janeiro, Nova Fronteira, 2001.

REVISTA PONTO MÓVEL CIDADE DO SABER. Camaçari: P.M.C., 2010.

RIBEIRO, João Ubaldo. *Viva o Povo Brasileiro*. Rio de Janeiro: Nova Fronteira, 1984.

RISÉRIO, Antônio. *Avant-gard na Bahia*. São Paulo: Instituto Lina Bo Bardi, 1995.

_____. *Uma história da cidade da Bahia*. Salvador, Omar G, 2000.

ROCHA, Lélia. *Dicionário de barreirês*. Barreiras, Edição do autor, 1996.

ROCHA, Lindolpho. *Maria Dusá*. São Paulo, Ática, 1980.

RODRIGUES, Nina. *Os africanos no Brasil*. Brasília: UNB. Coleção Brasilianas, 1982.

SALES, Herberto. *Cascalho*. Rio de Janeiro, Ediouro, 1944.

_____. *Além dos Marimbus*. Rio de Janeiro, EDIÇÕES o Cruzeiro, 1961.

SALVADOR, Frei Vicente do. *História do Brasil (1500-1627)*. São Paulo-Brasília, Edições Melhoramentos, INL, 1975.

SAMPAIO, Consuelo Novais. *50 Anos de Urbanização, Salvador da Bahia Século XIX*. São Paulo, Odebrecht, 2005.

SAMPAIO, Theodoro. *O Tupi na Geografia Nacional*. Bahia, Câmara Municipal, 1955.

_____. *O Rio São Francisco e a Chapada Diamantina*. São Paulo, 1960.

SANTANA, Carlos. *Intelectuais, planejamento e clientelismo*. Salvador: Contexto, 2002.

SAINT-HILAIRE, Augusto de. *Viagens pelos distritos dos diamantes e litoral do Brasil*. São Paulo, Cia. Editora Nacional, 1944.

SANTOS, Milton. *A rede urbana do Recôncavo*. In: BRANDÃO, Maria de Azevedo (Org.). Recôncavo da Bahia: sociedade e economia em transição. [Salvador]: Fundação Casa de Jorge Amado; Academia de Letras da Bahia; Universidade Federal da Bahia, 1998.

SANTOS FILHO, Milton. *O processo de urbanização do Oeste baiano*. Recife, Sudene, 1989.

SCHWARTZ, Stuart B., *Escravos, Roceiros e Rebeldes*. Bauru, EDUSC, 2001.

SENNA, Ronaldo. *Jarê - Manifestação Religiosa na Chapada Diamantina*. Feira de Santana, UEFS, 1998.

SMARCEVSKI, Lev. *Graminho, a alma do saveiro*. Salvador: Odebrecht/Centro Náutico da Bahia, 2001.

SPIX & MARTIUS, Von & Von. *Através da Bahia*. São Paulo, Companhia Editora Nacional, 1938.

_____. *Viagem pelo Brasil: 1817-1820*. São Paulo, Edusp. Belo Horizonte, Itatiaia, 1981.

SMITH, Robert. *Arquitetura Colonial Baiana, Alguns aspectos de sua história*. Salvador, Sec. 1951.

SOUZA, Paulo César. *A Sabinada – A Revolta Separatista na Bahia (1837)*. São Paulo, Editora Brasiliense, 1987.

SOUTHEY, Robert. *História do Brasil*. São Paulo-Brasília, Edições Melhoramentos-INL, 1977.

SOUZA, Gabriel Soares. *Tratado Descritivo do Brasil em 1587*. São Paulo, Companhia Editoras Nacional, 1938.

SOUZA, Itamar de. *Migrações Internas no Brasil*. Rio de Janeiro, Editora Vozes, 1980.

SOUZA, Pero Lopes de. *Diário da Navegação*. São Paulo, Edusp, 2000.

SUPERINTENDÊNCIA DE ESTUDOS ECONÔMICOS E SOCIAIS DA BAHIA. *Estatísticas dos municípios baianos*: Território de identidade Metropolitano de Salvador. Salvador: SEI, 2010. v. 6.

SZACHI, Jerzy. *As Utopias ou A Felicidade Imaginada*. São Paulo, Paz e Terra, 1972.

TANAJURA, Mozart. *História de Livramento – A Terra e o Homem*. Salvador, Secult, 2003.

TAUNAY, Affonso d´Escragnole. *Na Bahia Colonial*. In: Revista do Instituto Histórico Brasileiro, v, 94.

_____. *História Geral das Bandeiras Paulistas*. São Paulo, Tipografia Ideal, 1924, t. 1.

TAVARES, Luiz Henrique Dias. *História da Bahia*. Salvador, Centro Editorial e Didático, UFBa, 1974.

TEIXEIRA, Cid. *Mineração na Bahia – Ciclos Históricos e Panorama Atual*. Salvador, SGRM, 1998.

_____. *Bahia em Tempo de Província*. Fundação Cultural do Estado da Bahia, 1986.

THOMAS, George. *Política Indigenista dos Portugueses no Brasil (1500-1640)*. São Paulo, Edições Loyola, 1982.

TORRES, Mateus. *Carnaval de Maragogipe: "Você me Conhece?"*. In: MIGUEZ, Paulo (org.), Casa do Carnaval da Bahia. Salvador.

WIED-NEUIWED, Maximiliano. *Viagem ao Brasil*. São Paulo, Edusp, Belo Horizonte, Itatiaia, 1989.

VAINFAS, Ronaldo. *A Heresia dos Índios: Catolicismo e Rebeldia no Brasil Colonial*. São Paulo, Companhia das Letras, 1995.

VARNHAGEN, Francisco Adolpho de. *História Geral do Brasil*. São Paulo, Editora Melhoramentos, s/d.

VELOSO, Caetano. *Verdade Tropical*. São Paulo, Cia. Das Letras, 1977.

VIANA, Oliveira. *Populações Meridionais do Brasil e Instituições Políticas Brasileiras*. Brasília, Câmara dos Deputados, 1982.

VIANA, Urbino. *Bandeiras e Sertanistas Baianos*. São Paulo, Companhia Editora Nacional, 1935.

VILHENA, Luiz dos Santos. *A Bahia no Século XVIII*. Salvador, Editora Itapuã, 1968, 3v.

VERGER, Pierre. *Fluxo e Refluxo do Tráfico de Escravos entre o Golfo do Benin e a Bahia de Todos os Santos – Dos séculos XVII ao XIX*. Salvador, Editora Corrupio, 1987.

_____. *Notícias da Bahia, 1850*. Salvador, Editora Corrupio, 1981.

VIANA FILHO, Luiz. *O negro na Bahia*. Salvador: Edufba, Fundação Gregório de Mattos, 2008.

ZAMBROTTI & CARVALHO, Zíglia e José Jorge de. *O Quilombo do Rio das Rãs: história, tradições, lutas*. Salvador, Edufba, 1995.

Balsa no Rio São Francisco em Paulo Afonso - 1952.

Crédito das fotografias

Acervo Fotográfico da Biblioteca do IBGE: páginas 6/7, 8, 27, 38, 40, 55, 70, 91, 92, 96, 101, 102, 111, 114, 135, 150, 156, 162, 163, 164, 181, 184, 185, 196, 208, 211, 215, 218, 228, 232, 235, 242, 244, 246, 263, 266, 268, 271, 274, 280, 299, 312, 314, 346, 358, 384, 396 e 398/399.

Acervo Museu Tempostal: 72 e 86

Almir Bindilatti: 113

Augustus Earle: 187

Benjamin Abrahão: 176 e 193

Benjamin Robert Mulock: 257

Brasiliana Fotográfica: 53 e 261

Brasiliana Iconográfica: 116 (desenho de Charles Landseer)

Camilo Vedani: 50

Domenico Klemi Bonatti: 120

Elaine Quirelli: 123, 132, 142, 202, 208, 214 e 216

Flávio de Barros: 190

Friedrich Hohe: 250

Fundação Oswaldo Cruz: 259 e 260

Hans Staden: 63 e 169

Johann Moritz Rugendas: 60 e 68

Kin Guerra: 24

Livro Relíquias da Bahia, de Edgard de Cerqueira Falcão: 64 e 67

Mapa do Atlas de João Teixeira Albernaz: 98

Marc Ferrez: 65 e 80

Pedro Gonsalves da Silva: 258

Victor Meirelles: 118

Apesar de todos os esforços empreendidos, não foi possível identificar a origem e a propriedade de todas as imagens. Em caso de dúvida ou informação quanto ao crédito de alguma foto, favor entrar em contato com os autores para inserção em nova edição deste livro.

Elevador Lacerda, que liga a cidade baixa à cidade alta, em Salvador, na década de 1950.

solisluna
editora

Este livro foi editado em novembro de 2020
pela Solisluna Design Editora, na Bahia.
Impresso em papel pólen soft 80 g/m²
na Gráfica Viena, em São Paulo.